Avec un ordinateur

BOITE NOIRE Les boîtes noires

Une **boîte noire** est un programme mystère dont il faut percer le secret. Dans un logiciel de géométrie dynamique, une boîte noire peut être un programme de construction et dans un tableur, un programme de calcul.

Dans chaque chapitre, il est proposé de travailler sur une boîte noire.

Télécharge sur le site compagnon le fichier correspondant à la boîte noire du chapitre.

BOÎTES NOIRES DES CHAPITRES 1 À 7 (TABLEUR-GRAPHEUR)

- Dans un tableur, on a généralement cette présentation :

- Lorsque tu saisis un nombre dans la cellule verte, le résultat du programme de calcul contenu dans la boîte noire s'affiche dans la cellule grise. Tu dois trouver quel est ce programme mystérieux.

- Pour cela, tu peux commencer par effectuer plusieurs essais afin d'avoir quelques idées.
- Lorsque tu penses avoir trouvé le bon programme de calcul, teste-le en saisissant la formule correspondante dans la cellule jaune et vérifie que le résultat obtenu est toujours le même que celui de la boîte noire.

BOÎTES NOIRES DES CHAPITRES 8 À 13 (GÉOMÉTRIE DYNAMIQUE)

- Lorsque tu auras le fichier téléchargé, il y a une commande supplémentaire dans la barre d'outils.

C'est la boîte noire !

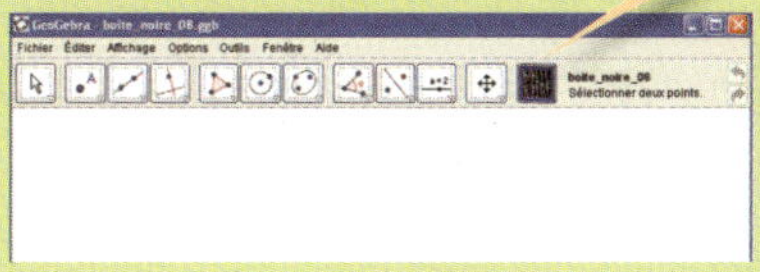

- Tu dois alors utiliser cet outil et essayer de comprendre la construction qu'il permet de réaliser.

- Pour cela, n'hésite pas à effectuer des tracés supplémentaires, à mesurer des longueurs, des angles et à déplacer des objets pour faire bouger la figure.
- Lorsque tu penses avoir trouvé le bon programme de construction, teste-le en faisant cette construction par-dessus celle réalisée par la boîte noire et vérifie que les objets obtenus sont toujours confondus.

Pour finir, écris dans ton cahier le programme trouvé ; il sera ensuite validé par ton professeur.

Collection Myriade

MATHÉMATIQUES 6e

Sous la direction de
Marc Boullis et **Didier Roy**

Ce livre a été écrit par une équipe de professeurs
Marc Boullis
Collège Fontcarrade à Montpellier
Yvan Monka
Collège Albert-Camus à Soufflenheim
Véronique Nicolle
Collège Jean-Baptiste-Say à Paris
Stéphane Percot
Collège Haxo à La-Roche-sur-Yon
Didier Roy
Collège Rambaud à La Brède

Bordas

Sommaire

© BORDAS/SEJER, 2009
ISBN 978-2-04-732424-0

Pour découvrir le manuel

Une **photographie** pour donner du sens au chapitre en le replaçant dans le monde réel, passé ou présent

Les **objectifs du chapitre** avec des renvois vers les exercices permettant de les mettre en pratique

Les activités
courtes et attrayantes pour découvrir les notions

Un **QCM pour revoir** les acquis de l'école élémentaire

Des **fichiers à télécharger** sur le site compagnon pour aider à la réalisation ou à la correction des activités

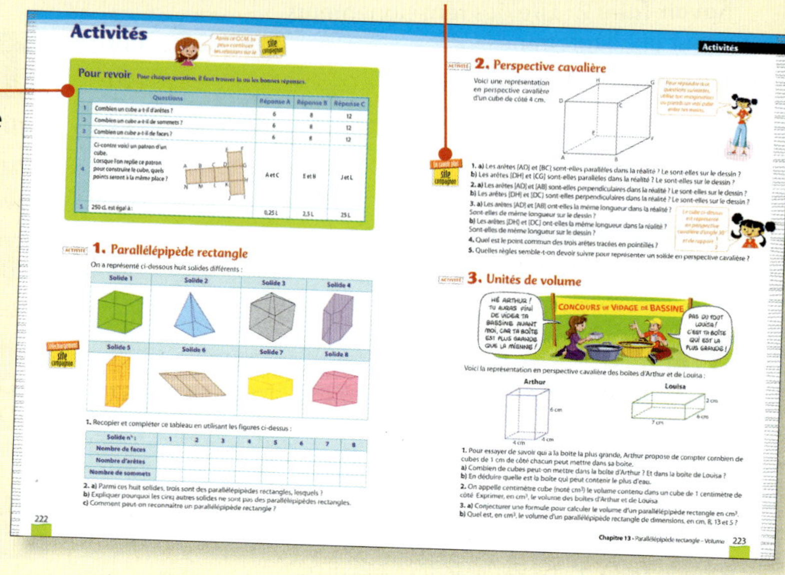

Des savoir-faire
ciblés sur les compétences du programme

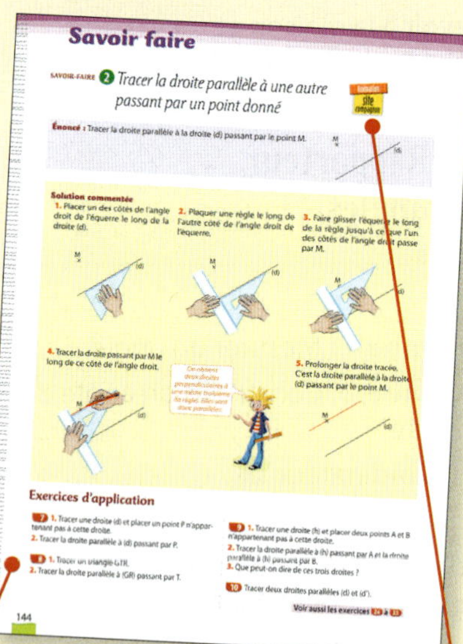

Sur la même page, des **exercices d'application immédiate** et des renvois vers d'autres exercices utilisant ce savoir-faire

Des **animations à télécharger** sur le site compagnon pour montrer le savoir-faire en action

Un cours clair et structuré écrit pour les élèves

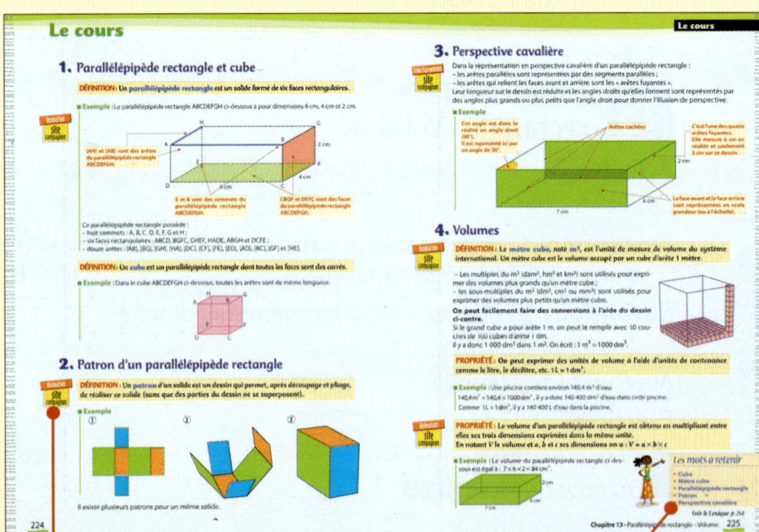

Des **animations à télécharger** sur le site compagnon pour mieux comprendre les définitions et propriétés

« **Les mots à retenir** » pour aider l'élève à retenir l'essentiel

Avec un ordinateur

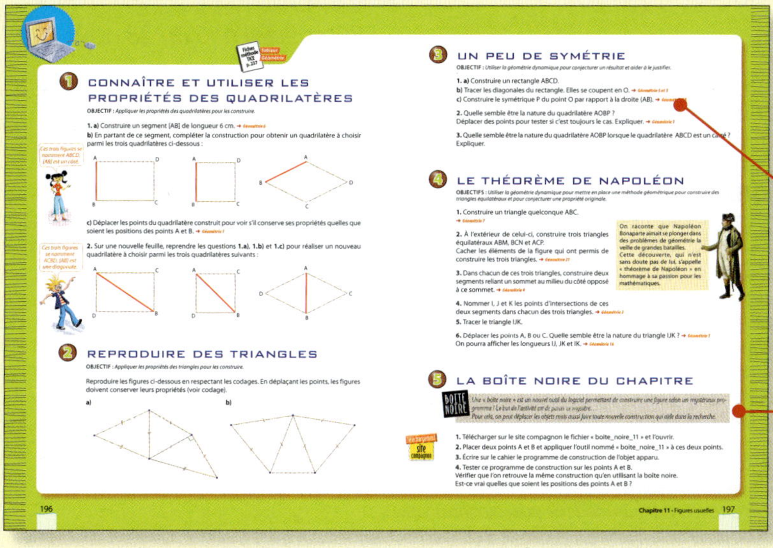

Des activités prêtes à l'emploi, variées et bien adaptées à l'usage des TICE pour faire des mathématiques autrement.

Des **renvois aux Fiches méthode TICE** pour rendre les élèves autonomes

La **boîte noire du chapitre** pour explorer des méthodes d'investigation et approfondir la connaissance des logiciels

Les exercices

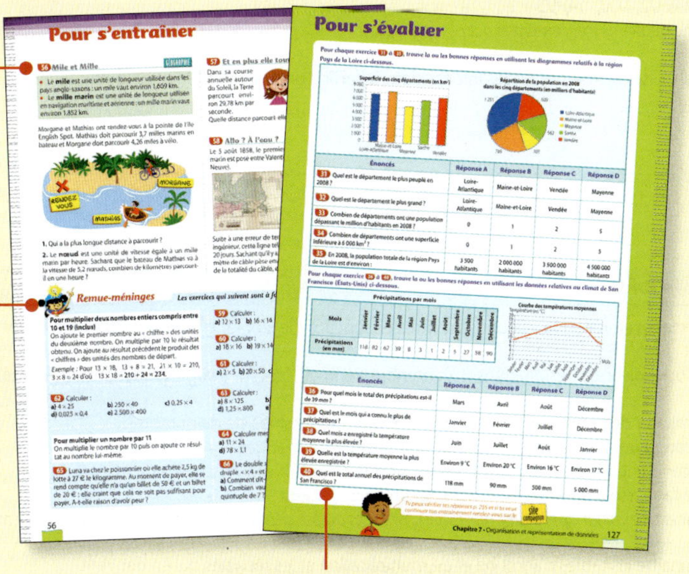

De nombreux exercices gradués et regroupés par objectifs

Des « **Remue-méninges** » pour habituer les élèves à mener des raisonnements non écrits et à les restituer oralement

Un **QCM pour s'évaluer** sur les notions du chapitre, corrigé à la fin du manuel

En fin de chapitre

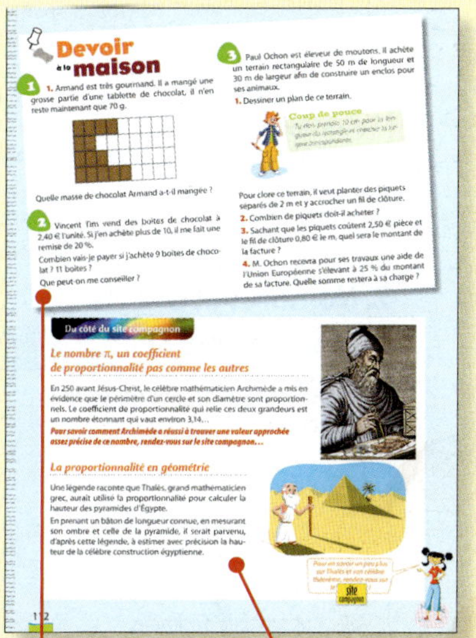

Des **devoirs à faire en temps non limité** pour travailler les notions du chapitre en laissant la place à la recherche personnelle

Une **ouverture sur le site compagnon** qui éveille la curiosité et donne des idées d'exposés

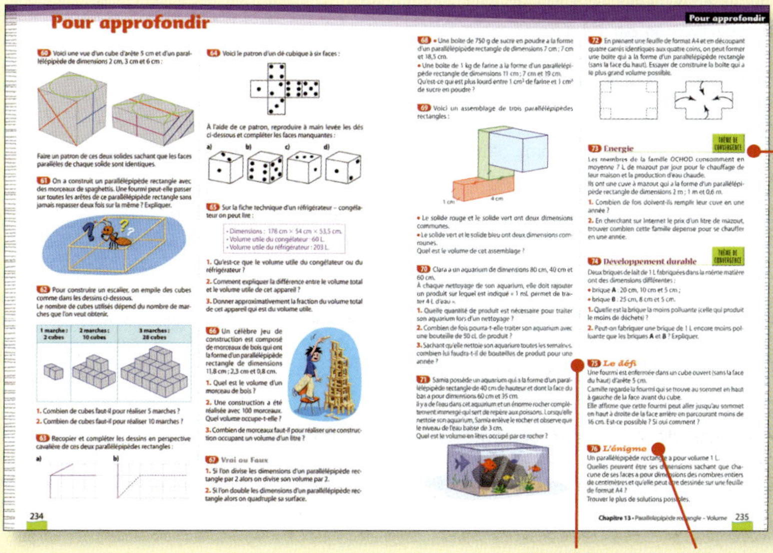

Des exercices portant sur les autres disciplines et les thèmes de convergence

Un **défi** et une **énigme** pour offrir des rendez-vous ludiques et enrichissants

En plus

- **Des COMPLÉMENTS**
  - Choisir la bonne opération, p. 77
  - 10 TP pour faire des mathématiques avec le tableur, p. 131
- **Des FICHES MÉTHODE TICE**, p. 237

Programme de mathématiques de la classe de sixième

BO spécial n° 6 du 28 août 2008

Les points du programme (connaissances, capacités [...]) qui ne sont pas exigibles pour le socle sont écrits en italique. Si la phrase en italique est précédée d'un astérisque, l'item sera exigible pour le socle dans une année ultérieure.

1. Organisation et gestion de données. Fonctions

Connaissances	Capacités
1.1. Proportionnalité Propriétés de linéarité Tableau de proportionnalité Pourcentages	– Reconnaître les situations qui relèvent de la proportionnalité et les traiter en choisissant un moyen adapté : – utilisation d'un rapport de linéarité, entier ou décimal, – utilisation du coefficient de proportionnalité, entier ou décimal, – passage par l'image de l'unité (ou « règle de trois »), – **utilisation d'un rapport de linéarité, d'un coefficient de proportionnalité exprimé sous forme de quotient.* – Appliquer un taux de pourcentage.
1.2. Organisation et représentation de données Représentations usuelles : tableaux Repérage sur un axe Représentations usuelles : – diagrammes en bâtons, – **diagrammes circulaires ou demi-circulaires* – graphiques cartésiens	– Lire, utiliser et interpréter des données à partir d'un tableau : – Lire, interpréter et compléter un tableau à double entrée. – ** Organiser des données en choisissant un mode de présentation adapté :* • **tableaux en deux ou plusieurs colonnes,* • *tableaux à double entrée.* – Lire et compléter une graduation sur une demi-droite graduée, à l'aide d'entiers naturels, de décimaux, de fractions simples 1/2, 1/10, 1/4, 1/5 ** ou de quotients (placement exact ou approchés).* – Lire, utiliser et interpréter des informations à partir d'une représentation graphique simple.

2. Nombres et calculs

Connaissances	Capacités
2.1. Nombres entiers et décimaux Désignations Ordre **Valeur approchée décimale*	– Connaître et utiliser la valeur des chiffres en fonction de leur rang dans l'écriture d'un entier ou d'un décimal. – Associer diverses désignations d'un nombre décimal : écriture à virgule, fractions décimales. – Comparer deux nombres entiers ou décimaux, ranger une liste de nombres. – Encadrer un nombre, intercaler un nombre entre deux autres. – Placer un nombre sur une demi-droite graduée. – Lire l'abscisse d'un point ou en donner un encadrement **Donner une valeur approchée décimale (par excès ou par défaut) d'un décimal à l'unité, au dixième, au centième près.*
2.2. Opérations Addition, soustraction, multiplication et division Multiples et diviseurs Sens des opérations Techniques élémentaires de calcul Ordre de grandeur	– Connaître les tables d'addition et de multiplication et les résultats qui en dérivent. – Multiplier ou diviser un nombre par 10, 100, 1 000. – **Multiplier un nombre par 0,1 ; 0,01 ; 0,001.* – Connaître et utiliser les critères de divisibilité par 2, 5 et 10. – *Connaître et utiliser les critères de divisibilité par 3, 4 et 9.* – Choisir les opérations qui conviennent au traitement de la situation étudiée. – Savoir effectuer ces opérations sous les diverses formes de calcul : mental, à la main ou instrumenté – Connaître la signification du vocabulaire associé : somme, différence, produit, *terme, facteur, dividende, diviseur, quotient, reste.* – Établir un ordre de grandeur d'une somme, **d'une différence,* d'un produit.
2.3. Nombres en écriture fractionnaire Écriture fractionnaire. **Quotient exact.* **Un quotient ne change pas quand on multiplie son numérateur et son dénominateur par un même nombre.*	– ** Interpréter $\frac{a}{b}$ comme quotient de l'entier a par l'entier b, c'est-à-dire comme le nombre qui multiplié par b donne a.* – ** Placer le quotient de deux entiers sur une demi-droite graduée dans des cas simples.* – Prendre une fraction d'une quantité. ** Il s'agit de faire comprendre la modélisation de ce type de problème par une multiplication.* – ** Reconnaître dans des cas simples que deux écritures fractionnaires différentes sont celles d'un même nombre.*

3. Géométrie

Connaissances	Capacités
3.1. Figures planes Notions de parallèle, de perpendiculaire	– Tracer, par un point donné, la perpendiculaire ou la parallèle à une droite donnée. – *Utiliser différentes méthodes.* – Reporter une longueur. – **Reproduire un angle.*
Cercle	– Savoir que, pour un cercle : • tout point qui appartient au cercle est à une même distance du centre ; • tout point situé à cette distance du centre appartient au cercle. – Construire, à la règle et au compas, un triangle connaissant les longeurs de ses côtés
Propriétés des quadrilatères usuels	– Connaître les propriétés relatives aux côtés, aux angles, aux diagonales pour le rectangle, le carré et le losange.
Propriétés et construction des triangles usuels	– Connaître les propriétés relatives aux côtés et aux **angles* des triangles suivants : triangle isocèle, triangle équilatéral, triangle rectangle. – Utiliser ces propriétés pour reproduire ou construire des figures simples. – Construire une figure simple à l'aide d'un logiciel de géométrie dynamique.
** Médiatrice d'un segment* ** Bissectrice d'un angle*	– **Connaître et utiliser la définition de la médiatrice ainsi que la caractérisation de ses points par la propriété d'équidistance.* – **Connaître et utiliser la définition de la bissectrice.* – *Utiliser différentes méthodes pour tracer :* *• la médiatrice d'un segment ;* *• la bissectrice d'un angle.*
Constructions géométriques	Reproduction, construction de figures complexes.
3.2. Symétrie orthogonale par rapport à une droite (symétrie axiale)	– Construire le symétrique d'un point, d'une droite, d'un segment, d'un cercle (que l'axe de symétrie coupe ou non la figure). – Construire ou compléter la figure symétrique d'une figure donnée ou de figures possédant un axe de symétrie à l'aide de la règle (graduée ou non), de l'équerre, du compas, **du rapporteur.* – Effectuer les tracés de l'image d'une figure par symétrie axiale à l'aide des instruments usuels (règle, équerre, compas).
3.3. Parallélépipède rectangle : patrons, représentations en perspective	– Fabriquer un parallélépipède rectangle de dimensions données, à partir de la donnée du dessin de l'un de ses patrons. – Reconnaître un parallélépipède rectangle de dimensions données à partir : • du dessin d'un de ses patrons, • d'un dessin le représentant en perspective cavalière. – Reconnaître dans une représentation en perspective cavalière du parallélépipède rectangle les arêtes de même longueur, les angles droits, les arêtes, les faces parallèles ou perpendiculaires. – *Dessiner ou compléter un patron d'un parallélépipède rectangle.*

4. Grandeurs et mesures

Connaissances	Capacités
4.1. Longueurs, masses, durées	– Effectuer, pour les longueurs et les masses, des changements d'unités de mesure. – Comparer géométriquement des périmètres. – Calculer le périmètre d'un polygone. – Connaître et utiliser la formule donnant la longueur d'un cercle. – Calculer des durées, calculer des horaires.
4.2. ***Angles***	– *Comparer des angles sans avoir recours à leur mesure.* – **Utiliser un rapporteur pour :* *• déterminer la mesure en degrés d'un angle,* *• construire un angle de mesure donnée en degrés.*
4.3. Aires : mesure, comparaisons et calcul d'aires	– Comparer géométriquement des aires. – Déterminer l'aire d'une surface à partir d'un pavage simple. – Différencier périmètre et aire. – Calculer l'aire d'un rectangle dont les dimensions sont données. – Connaître et utiliser la formule donnant l'aire d'un rectangle. – Calculer l'aire d'un triangle rectangle, **d'un triangle quelconque dont une hauteur est tracée.* – Connaître et utiliser la formule donnant l'aire d'un disque. – Effectuer pour les aires des changements d'unités de mesure.
4.4 Volumes	– Déterminer le volume d'un parallélépipède rectangle en se rapportant à un dénombrement d'unités, **en utilisant une formule.* – Connaître et utiliser les unités de volume et les relier aux unités de contenance. – Savoir que 1 L = 1 dm^3. – *Effectuer pour les volumes des changements d'unités de mesure.*

Les animations disponibles sur le site compagnon

1 Nombres entiers et décimaux

Cours
- Lire l'abscisse d'un point
- Placer un point d'abscisse donnée

Savoir faire
- Décomposer un nombre décimal
- Comparer deux nombres décimaux

2 Addition, soustraction

Cours
- Ordres de grandeur

Savoir faire
- Additionner et soustraire des durées

3 Multiplication

Savoir faire
- Effectuer une multiplication posée
- Multiplier par 10, 100, 1 000 et par 0,1 ; 0,01 ; 0,001

4 Division

Savoir faire
- Poser une division décimale
- Poser une division euclidienne

5 Écritures fractionnaires

Cours
- Fractions sur une droite graduée
- Différentes écritures d'un quotient

Savoir faire
- Simplifier une écriture fractionnaire

6 Proportionnalité

Cours
- Reconnaître la proportionnalité
- Utiliser la proportionnalité

Savoir faire
- Appliquer un taux de pourcentage

7 Organisation et représentation de données

Cours
- Lire un graphique cartésien
- Lire des données dans un tableau

Savoir faire
- Lire des renseignements sur un diagramme

8 Règle · Équerre · Compas

Cours
- Vocabulaire du cercle

Savoir faire
- Tracer la droite perpendiculaire à une autre passant par un point donné
- Tracer la droite parallèle à une autre passant par un point donné
- Construire un triangle connaissant les longueurs de ses côtés
- Construire la médiatrice d'un segment à la règle graduée et à l'équerre

9 Rapporteur, angles

Cours
- Angles particuliers

Savoir faire
- Mesurer un angle
- Construire un angle de mesure donnée

10 Symétrie axiale

Cours
- La symétrie axiale

Savoir faire
- Construire la médiatrice d'un segment à la règle non graduée et au compas
- Construire la bissectrice d'un angle
- Construire le symétrique d'un point à la règle et à l'équerre
- Construire le symétrique d'un point au compas uniquement
- Construire le symétrique d'une figure
- Construire le symétrique d'une droite
- Construire le symétrique d'un segment

11 Figures usuelles

Cours
- Symétrie et figures usuelles (triangles particuliers)
- Symétrie et figures usuelles (quadrilatères particuliers)

Savoir faire
- Construire une figure à partir d'un texte
- Construire un triangle
- Construire un triangle isocèle
- Construire un triangle équilatéral
- Construire un triangle rectangle
- Construire un carré
- Construire un rectangle
- Construire un losange

12 Périmètre et aire

Cours et Savoir faire
- Convertir des unités d'aire et de longueur
- Calculer des longueurs, des périmètres et des aires

Exercices
- Comparer des périmètres

13 Parallélépipède rectangle - Volume

Cours
- Propriétés du parallélépipède rectangle
- Du patron au parallélépipède rectangle
- Unités de volume
- Volume d'un parallélépipède rectangle

Savoir faire
- Construire le patron d'un parallélépipède rectangle
- Construire le patron d'un cube

Chapitre 1

Nombres entiers et décimaux

Certains peuples comme les Sumériens, les Égyptiens, les Romains utilisaient des symboles répétés un grand nombre de fois.
D'autres, comme les Babyloniens, les Indiens, les Mayas ont évolué vers un système de position (comme le système décimal).

Je vais apprendre à...

- Utiliser la valeur des chiffres en fonction de leur rang dans l'écriture d'un nombre décimal ► *Exercices 37 à 48*
- Maîtriser les différentes écritures d'un nombre décimal ► *Exercices 59 à 68*
- Placer un nombre et lire l'abscisse d'un point sur une demi-droite graduée ► *Exercices 69 à 73*
- Comparer et ranger des nombres ► *Exercices 74 à 84*
- Encadrer un nombre et intercaler un nombre entre deux autres ► *Exercices 85 à 90*
- Donner une valeur approchée d'un nombre décimal ► *Exercices 91 à 96*

Activités

Pour revoir

Pour chaque question, trouve la ou les bonnes réponses.

	Questions	Réponse A	Réponse B	Réponse C
1	Au 1er janvier 2009, la France comptait soixante-quatre millions sept cent deux mille huit cent cinquante habitants. Ce nombre s'écrit :	64 207 850	640 702 850	64 702 850
2	La partie entière de 417,85 est :	7	417	41 785
3	La partie décimale de 417,85 est :	0,8	41 785	0,85
4	Ludo a 42 CD. Il les range dans des boîtes contenant chacune 10 CD. Combien a-t-il de boîtes pleines ?	40	4	5
5	Dans la figure ci-dessous, la flèche verte désigne le nombre : 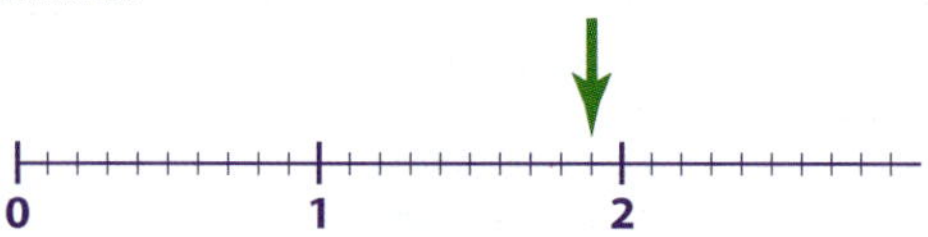	1,9	1,99	1,09

ACTIVITÉ

1. La cible

Arthur, Béatrice, Célia et David jouent aux fléchettes sur la cible ci-contre.

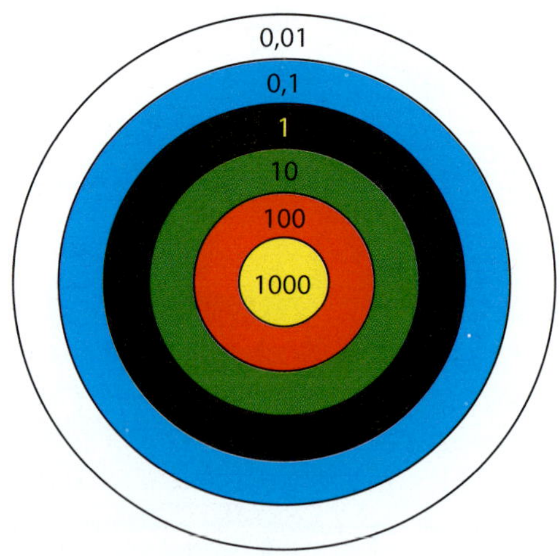

Première manche : ils lancent chacun 6 fléchettes

a) Arthur a lancé 3 fléchettes dans le jaune, 1 fléchette dans le rouge et 2 fléchettes dans le noir. Quel est son score ?

b) Béatrice a lancé 2 fléchettes dans le rouge, 2 fléchettes dans le vert et 2 fléchettes dans le bleu. Quel est son score ?

c) Célia a marqué 1 111,11 points et David a marqué 301,12 points. Dans quelles zones se sont plantées leurs fléchettes ?

d) Qui a gagné le jeu ?

Deuxième manche : avec autant de fléchettes que l'on veut

a) Arthur voudrait marquer 1 000 points en lançant des fléchettes uniquement dans la zone rouge. De combien de fléchettes a-t-il besoin ?

b) Béatrice voudrait marquer 10 points en lançant des fléchettes uniquement dans la zone blanche. De combien de fléchettes a-t-elle besoin ?

c) Célia annonce qu'elle va marquer 0,1 point. Quelles sont les deux façons d'obtenir ce score ?

d) Pour aller plus loin : David annonce qu'il va marquer 1 point. Peut-on trouver toutes les façons d'obtenir ce score ?

ACTIVITÉ 2. Le facteur

Le facteur doit livrer huit colis. La masse de chacun de ces colis est inscrite sur le paquet :

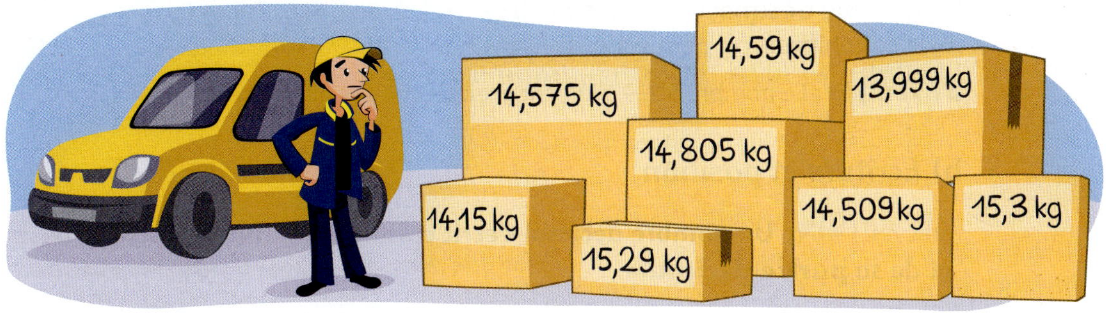

Aider le facteur à ranger ses paquets du plus léger au plus lourd.

ACTIVITÉ 3. Le record de vitesse téléphonique

Lilou adore son téléphone portable mais son forfait est très limité. Ce matin, elle apprend que la star de la chanson Brittany Stirz sort un nouveau disque. Elle s'empresse alors de téléphoner à toutes ses amies pour leur faire part de cette nouvelle, en essayant d'être la plus rapide possible.

Voici le temps passé par Lilou avec chacune de ses amies :

Appel de...	Léa	Chloé	Djamila	Sarah	Marine	Sophiane	Cindy	Charlotte
Temps (en s)	19,98 s	20 s $\frac{3}{100}$	29,690 s	19,893 s	19 s $\frac{91}{100}$	19 s $\frac{956}{100}$	20 s $\frac{18}{1000}$	19,935 s

a) Avec qui Lilou a-t-elle passé le plus de temps ? Le moins de temps ?

b) Classer les appels téléphoniques du plus court au plus long.

ACTIVITÉ 4. Le saut en longueur

Avant les vacances d'été, des rencontres sportives intercollèges sont organisées. Voici les résultats de 10 jeunes athlètes pour l'épreuve de saut en longueur :

Prénom du sportif	Meilleur saut
Tanguy	4,09 m
Cathy	3,83 m
Elsa	3,45 m
Marius	3,54 m
Noé	3,25 m
Océane	4,01 m
Aminata	3,70 m
Zoé	3,89 m
Boris	3,61 m
Kévin	4,16 m

a) Sur une demi-droite graduée de 3,20 m à 4,20 m, placer les performances des 10 sportifs en écrivant la première lettre de chaque prénom.

b) À l'aide de la demi-droite, donner le classement des filles, le classement des garçons et le classement global de cette épreuve.

c) Donner une longueur de saut qui aurait permis à Marius de terminer 2e.

Tu peux prendre 1 cm sur la demi-droite pour représenter 0,10 m dans la réalité.

Le cours

1. Écriture décimale des nombres

a) Vocabulaire

Le **système décimal** utilise **dix chiffres** : 0, 1, 2, 3, 4, 5, 6, 7, 8 et 9.
Avec ces chiffres, on peut écrire tous les nombres.

■ **Exemple :** Le nombre 5 239,67 s'écrit avec six chiffres différents.

b) Écriture et position

DÉFINITION : Un nombre décimal s'écrit comme la somme de sa partie entière et de sa partie décimale.

■ **Exemple :** 5 239,67 = **5 239** + **0,67**.

La position d'un chiffre dans un nombre détermine sa signification.

centaines de mille	dizaines de mille	unités de mille	centaines	dizaines	unités	dixièmes	centièmes	millièmes	dix-millièmes
100 000	10 000	1 000	100	10	1	$\frac{1}{10}$ ou 0,1	$\frac{1}{100}$ ou 0,01	$\frac{1}{1000}$ ou 0,001	$\frac{1}{10\,000}$ ou 0,0001
		5	2	3	9	6	7		

la partie entière est 5 239 — **la partie décimale est 0,67**

place de la virgule

5 239,67 = (5 × 1 000) + (2 × 100) + (3 × 10) + 9 × 1 + (6 × 0,1) + (7 × 0,01)

cinq milliers
deux centaines
trois dizaines
neuf unités
six dixièmes
sept centièmes

c) Les zéros inutiles

On peut rajouter ou supprimer des zéros à droite de la partie décimale ou à gauche de la partie entière d'un nombre décimal, cela ne change pas sa valeur.

■ **Exemples :** 5,3 = 5,30 = 5,300 ; 21,7 = 021,7.

Attention ! 0,81 ≠ 81 ; 708 ≠ 78 ; 740,25 ≠ 74,25.

Le symbole ≠ signifie « différent de ».

2. Écriture fractionnaire d'un nombre décimal

Animation site compagnon

Un nombre décimal peut s'écrire de plusieurs façons.

Exemple : On considère le nombre 234,59. Voici quelques-unes de ses écritures :

- Écriture décimale en chiffres : **234,59**
- Écriture décimale décomposée : $234{,}59 = 234 + 0{,}59 = 200 + 30 + 4 + 0{,}5 + 0{,}09$

ou $234{,}59 = 234 + (59 \times 0{,}01) = (2 \times 100) + (3 \times 10) + 4 \times 1 + (5 \times 0{,}1) + (9 \times 0{,}01)$

- Écriture fractionnaire : $\dfrac{23\,459}{100}$
- Écriture décomposée : $234{,}59 = 234 + \dfrac{59}{100} = 200 + 30 + 4 + \dfrac{5}{10} + \dfrac{9}{100}$
- Écriture en lettres : **deux cent trente-quatre unités** et **cinquante-neuf centièmes**

ou **deux centaines trois dizaines quatre unités cinq dixièmes** et **neuf centièmes**.

Remarque : Pour faciliter la lecture, on écrit la partie entière des grands nombres en faisant des paquets de trois chiffres à partir de la virgule.

Exemple : 87 314 265,25.

Attention à l'orthographe ! « Mille » est invariable.
« Vingt » et « cent » sont invariables quand ils sont suivis d'un autre nombre.

Exemples : 80 300 s'écrit quatre-vingt mille trois cents ;
80 380 s'écrit quatre-vingt mille trois cent quatre-vingts.

3. Demi-droite graduée et abscisse d'un point

Animation site compagnon

Pour graduer une demi-droite, on doit choisir **une unité de longueur** que l'on reporte régulièrement à partir de l'origine.

DÉFINITION : Chaque point d'une demi-droite graduée peut être repéré par un nombre qui s'appelle l'abscisse de ce point.

Exemple

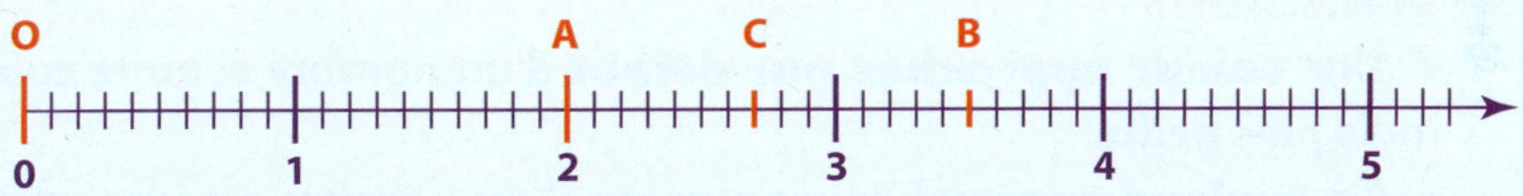

Le point O de la demi-droite graduée ci-dessus a pour abscisse 0 ; on dit que O est l'origine de la demi-droite.
Le point A a pour abscisse 2 ; on écrit A (2).
Le point B a pour abscisse 3,5 ; on écrit B (3,5).
Le point C a pour abscisse 2,7 ; on écrit C (2,7).

4. Comparaison de nombres décimaux

a) Ordre croissant et décroissant

DÉFINITION : Comparer deux nombres, c'est dire s'ils sont égaux ou si l'un est plus petit ou plus grand que l'autre.

Exemples

- $2{,}7 < 15{,}03$ se lit « 2,7 *est inférieur à* 15,03 » (on peut aussi dire « 2,7 *est plus petit que* 15,03 »).
- $3{,}1 > 3{,}067$ se lit « 3,1 *est supérieur à* 3,067 » (on peut aussi dire « 3,1 *est plus grand que* 3,067 »).

Le cours

DÉFINITION : Ranger des nombres dans l'ordre croissant, c'est les ranger du plus petit au plus grand.

■ **Exemple :** $0,7 < 0,89 < 2,47 < 25,2 < 54,1$

DÉFINITION : Ranger des nombres dans l'ordre décroissant, c'est les ranger du plus grand au plus petit.

■ **Exemple :** $124,7 > 78 > 32,3 > 11,7 > 5,8 > 0,96$

b) Encadrer et intercaler

DÉFINITION : Encadrer un nombre, c'est trouver un nombre plus petit et un nombre plus grand que ce nombre.

■ **Exemple :** Voici quatre encadrements de 26,748 :

Au centième près (à $\frac{1}{100}$ près)	Au dixième près (à $\frac{1}{10}$ près)	À l'unité près (à 1 près)	À la dizaine près (à 10 près)
$26,74 < 26,748 < 26,75$	$26,7 < 26,748 < 26,8$	$26 < 26,748 < 27$	$20 < 26,748 < 30$

DÉFINITION : Intercaler un nombre entre deux autres, c'est trouver un nombre compris entre deux autres nombres.

■ **Exemple :** Entre 2,4 et 2,7 on peut intercaler 2,5 ou 2,6 mais aussi 2,41 ou 2,518.

On peut toujours intercaler un nombre entre deux nombres décimaux. Il existe une infinité de possibilités.

c) Valeurs approchées

DÉFINITIONS

- **Une valeur approchée par défaut d'un nombre est une valeur proche de ce nombre mais plus petite.**
- **Une valeur approchée par excès d'un nombre est une valeur proche de ce nombre mais plus grande.**

- Une valeur approchée par défaut d'un nombre est aussi appelée une **troncature** de ce nombre.
- Celle des deux valeurs approchées (par excès ou par défaut) d'un nombre qui est la plus proche de la valeur exacte est appelée un **arrondi** de ce nombre.

■ **Exemple :** Prenons le nombre 2,536.

	Valeur approchée par défaut	Encadrement	Valeur approchée par excès
À l'unité près (à 1 près)	2	$2 < 2,536 < 3$	3
Au dixième près (à 0,1 près)	2,5	$2,5 < 2,536 < 2,6$	2,6
Au centième près (à 0,01 près)	2,53	$2,53 < 2,536 < 2,54$	2,54

Les mots à retenir

- Abscisse
- Comparer
- Demi-droite graduée
- Encadrer
- Intercaler
- Valeur approchée

Voir le Lexique, p. 254

SAVOIR-FAIRE 1 *Maîtriser les différentes écritures d'un nombre décimal*

Énoncés

Ⓐ Donner une écriture fractionnaire du nombre 17,23.

Ⓑ Donner une écriture décimale du nombre $\frac{2\,567}{1000}$.

Solutions commentées

Ⓐ Le dernier chiffre de 17,23 est le chiffre des centièmes.
17,23 peut donc se lire « dix-sept unités et vingt-trois centièmes » ou
« mille sept cent vingt-trois centièmes ».

Une écriture fractionnaire de 17,23 est donc $\frac{\mathbf{1723}}{\mathbf{100}}$.

$$17{,}\underline{23} = \frac{1723}{1\underline{00}}$$

2 chiffres après la virgule — 2 zéros

Ⓑ $\frac{2\,567}{1000}$ se lit
« deux mille cinq cent soixante-sept millièmes ».
Le chiffre des millièmes est le troisième chiffre après la virgule donc 7 sera au troisième rang après la virgule.
L'écriture décimale de $\frac{2\,567}{1000}$ est donc **2,567**.

$$\frac{2\,567}{1\underline{000}} = 2{,}\underline{567}$$

3 zéros — 3 chiffres après la virgule

Exercices d'application

1 Donner l'écriture décimale des nombres suivants :
a) deux mille trois cent vingt-cinq unités ;
b) quatre cent cinq unités trente-sept centièmes ;
c) vingt mille cinq cent huit unités cent trente-trois millièmes ;
d) cinq mille quatre cent sept unités douze millièmes.

2 Donner une écriture fractionnaire des nombres suivants :
a) six cent douze unités six dixièmes ;
b) quatre cent cinq unités trente-sept centièmes ;
c) trois mille cinquante unités cent trente-sept millièmes ;
d) sept mille quatre cent cinq unités treize millièmes.

3 Recopier et compléter les égalités suivantes :

a) $8{,}7 = \frac{\dots}{10}$ **b)** $1{,}49 = \frac{149}{\dots}$ **c)** $52 = \frac{\dots}{100}$

d) $17{,}23 = \frac{17\,230}{\dots}$ **e)** $12{,}5 = \frac{\dots}{1000}$

4 Donner une écriture fractionnaire des nombres suivants :
a) 121,5 **b)** 3 124,81 **c)** 1 010,01
d) 547,128 **e)** 149,250

5 Donner l'écriture décimale des nombres suivants :

a) $\frac{17}{10}$ **b)** $\frac{245}{100}$ **c)** $\frac{2\,487}{100}$

d) $\frac{198}{1000}$ **e)** $\frac{5}{1000}$

6 Écrire une décomposition de chaque nombre ci-dessous selon le modèle suivant :

$$562{,}708 = 562 + 0{,}708 = 500 + 60 + 2 + 0{,}7 + 0{,}008.$$

a) 57,089 **b)** 458,87 **c)** 123,496
d) 102,058 **e)** 147,225

7 Écrire une décomposition de chaque nombre ci-dessous selon le modèle suivant :

$$54{,}415 = (5 \times 10) + (4 \times 1) + (4 \times 0{,}1) + (1 \times 0{,}01) + (5 \times 0{,}001).$$

a) 57,089 **b)** 458,87 **c)** 147,057
d) 78,984 **e)** 102,684

8 Écrire une décomposition de chaque nombre ci-dessous selon le modèle suivant :

$$86{,}45 = 86 + \frac{45}{100} = 80 + 6 + \frac{4}{10} + \frac{5}{100}.$$

a) 57,089 **b)** 458,87 **c)** 79,541
d) 80,095 **e)** 120,808

9 Donner une écriture fractionnaire des nombres suivants :
a) 1 111,11 **b)** 4 124,84 **c)** 17,2154
d) 21,008 **e)** 900,009

10 Donner l'écriture décimale des nombres suivants :

a) $3 + \frac{7}{10}$ **b)** $23 + \frac{40}{100}$ **c)** $97 + \frac{5}{10} + \frac{7}{100}$

d) $8 + \frac{7}{10} + \frac{8}{1000}$ **e)** $5\,000 + \frac{5}{1000}$

Voir aussi les exercices 59 à 68

Savoir faire

SAVOIR-FAIRE 2 *Comparer et ranger des nombres décimaux*

Animation site compagnon

Énoncé : Ranger dans l'ordre croissant les nombres 23,9 ; 21,8 ; 23,5 ; 23,15 et 25,09.

Solution commentée

1. On regarde d'abord les parties entières des cinq nombres :
23 (pour **23**,9) ; **21** (pour **21**,8) ; **23** (pour **23**,5) ; **23** (pour **23**,15) et **25** (pour **25**,09).
Donc 21,8 est le plus petit des cinq nombres et 25,09 est le plus grand.

2. On regarde les parties décimales des nombres qui possèdent la même partie entière : 23,9 ; 23,5 et 23,15.

- 23,**9** est plus grand que 23,**5** car 9 est plus grand que 5.
- 23,**5** est plus grand que 23,**15** car **5**, chiffre des dixièmes de 23,**5**, est plus grand que **1**, chiffre des dixièmes de 23,**15**.

On peut ranger les cinq nombres de l'énoncé dans l'ordre croissant :
21,8 < 23,15 < 23,5 < 23,9 < 25,09

Remarques

- On peut écrire tous les nombres avec le même nombre de chiffres en rajoutant des « zéros inutiles » : 23,5 = 23,50 ; 23,9 = 23,90. Ainsi la comparaison avec 23,15 devient plus facile.
- Pour comparer des nombres, on peut aussi les placer sur une demi-droite graduée :

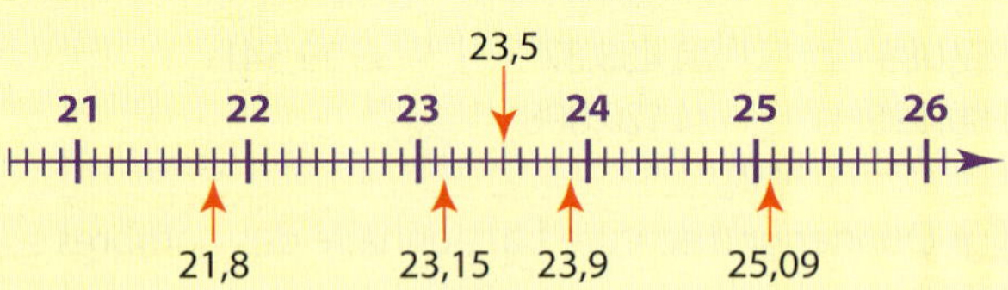

Exercices d'application

11 Comparer les nombres suivants :
a) 19 et 41 **b)** 17 et 13,9 **c)** 42,29 et 29,29
d) 13,67 et 13,93 **e)** 18,145 et 18,3 **f)** 87,89 et 87,809

12 Compléter avec le symbole qui convient (<, > ou =) :
a) 17 … 23 **b)** 9 789 … 9 798 **c)** 46,35 … 35,46
d) 8,705 … 8,507 **e)** 15,02 … 15,2 **f)** 51,13 … 52,103

13 Ranger les nombres suivants dans l'ordre croissant :
23 22,9 23,5 23,47 25,01 23,2

14 Ranger ces animaux du plus lourd au plus léger :

Coup de pouce
1 tonne = 1 000 kg.

15 Comparer les nombres suivants :
a) 926 et 828 **b)** 14 et 14,27 **c)** 72,256 et 27,256
d) 58,777 et 58,803 **e)** 57,241 et 57,3 **f)** 98,898 et 98,8989

16 Compléter avec le symbole qui convient (<, > ou =) :
a) 18 … 81 **b)** 0,086 … 0,0806 **c)** 8,705 … 8,507
d) 5,11 … 5,102 **e)** 7,2 … 7,20 **f)** 0,56 … 0,65

17 Ranger les nombres suivants dans l'ordre décroissant :
11,8 11,804 110,8 10,99 11,75 10,909

18 Ranger ces objets du plus court au plus long :

19 Comparer les nombres suivants :
a) $\frac{124}{10}$ et $\frac{125}{10}$ **b)** $\frac{607}{100}$ et $\frac{670}{100}$ **c)** $\frac{147}{100}$ et $\frac{14}{10}$
d) $\frac{312}{100}$ et 31,7 **e)** $\frac{4\,780}{1000}$ et $\frac{4\,078}{1000}$ **f)** $\frac{123}{1000}$ et 1,22

20 Malgré les chiffres cachés, compléter avec le symbole qui convient (<, > ou =) :
a) 19,8 … 2■, 1 **b)** 0,0■6 … 0,102 **c)** 8,7■4 … 8,70
d) 5,101 … 5,1■2 **e)** 17,2 … 17,1■ **f)** ■,56 … 0,5

Voir aussi les exercices 74 à 84

SAVOIR-FAIRE 3 Donner une valeur approchée d'un nombre décimal

Enoncé : On considère le nombre 18,3762.
- Donner un encadrement de ce nombre au centième près.
- Donner une valeur approchée par défaut de ce nombre au dixième près.
- Donner un arrondi de ce nombre au centième près.

Solution commentée

- Trouver un encadrement au centième près de 18,3762, c'est trouver deux nombres qui respectent deux conditions :
– l'un de ces nombres doit être plus petit que 18,3762, l'autre plus grand que 18,3762 ;
– ces deux nombres ont une différence de 0,01 (un centième).
Ainsi, un encadrement de 18,3762 au centième près est : **18,37** < 18,3762 < **18,38**.
- Trouver une valeur approchée par défaut au dixième d'un nombre, c'est trouver :
– une valeur proche de ce nombre, mais plus petite que celui-ci ;
– une valeur qui ne possède qu'un chiffre après la virgule (qui s'arrête au dixième).
Ainsi une valeur approchée par défaut au dixième près de 18,3762 est **18,3**.
- Trouver un arrondi d'un nombre au centième près, c'est trouver la valeur approchée de ce nombre au centième près qui est la plus proche de celui-ci (valeur approchée par défaut ou par excès).
– La valeur approchée par défaut au centième de 18,3762 est 18,37.
– La valeur approchée par excès au centième de 18,3762 est 18,38.
Parmi ces deux nombres, 18,38 est le plus proche de 18,3762 donc un arrondi de 18,3762 au centième près est **18,38**.

Exercices d'application

21 **a)** Donner une valeur approchée par défaut à 0,01 près du nombre 87,235.
b) Donner une valeur approchée par excès à 0,01 près du nombre 87,235.

22 On considère le nombre 24,6819.
a) Donner un encadrement de ce nombre au dixième près.
b) Donner l'arrondi de ce nombre au centième près.
c) Donner l'arrondi de ce nombre au millième près.

23 On considère le nombre 12,3456.
a) Donner un encadrement de ce nombre au dixième près.
b) Donner l'arrondi de ce nombre au centième près.
c) Donner l'arrondi de ce nombre au millième près.

24 Donner l'arrondi à l'unité près des nombres suivants :
a) 38,3 **b)** 38,7 **c)** 38,5 **d)** 55,499 **e)** 71,601

25 Reproduire et compléter le tableau ci-dessous :

	Valeur approchée par défaut		Valeur approchée par excès		Arrondi	
	à l'unité près	au dixième près	à l'unité près	au dixième près	à l'unité près	au dixième près
234,56						
49,14						
20,03						

26 Charly a besoin d'exactement 15,678 m de câble vidéo pour installer sa parabole de réception satellite.
Quelle longueur de câble doit-il acheter si :
a) le câble est vendu au centimètre ?
b) le câble est vendu au mètre ?
c) le câble est vendu à la dizaine de mètres ?

27 **a)** Reproduire la droite graduée ci-dessous :

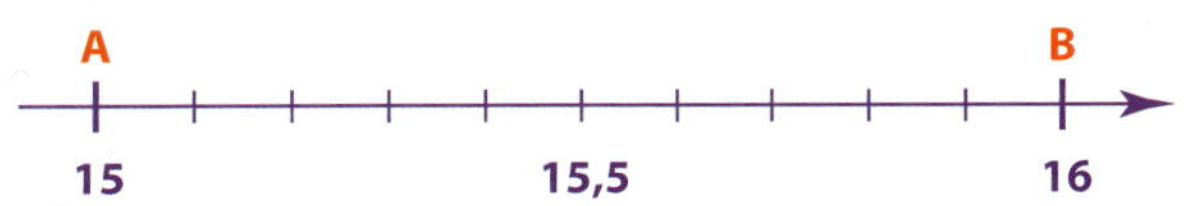

b) Placer le point C d'abscisse 15,67.
c) Le point C est-il plus proche de A ou de B ?
d) En déduire l'arrondi de 15,67 à l'unité.

28 **a)** Construire une droite graduée de 42,70 à 42,80 (une graduation représente 0,01).
b) Placer le point D d'abscisse 42,748.
c) Donner un encadrement de 42,748 à 0,01 près.
d) Donner l'arrondi de 42,748 à 0,1 près.

Voir aussi les exercices 91 à 96

Avec un ordinateur

À la fin du manuel, retrouve tes Fiches méthode TICE p.237 Tableur Géométrie

1 UNE TABLE ROMAINE

OBJECTIF : *Découvrir le tableur (premières formules) en construisant une table de conversion des chiffres romains.*

Dans une feuille de calcul d'un tableur, on souhaite construire une table de conversion des nombres entiers, compris entre 1 et 100, en chiffres romains, sans écrire tous ces nombres à la main.

Voici un extrait d'une table de ce type :

	A	B	C	D	E	F	G	H	I	J
1	1	2	3	4	5	6	7	8	9	10
2	I	II	III	IV	V	VI	VII	VIII	IX	X
3										
4	11	12	13	14	15	16	17	18	19	20
5	XI	XII	XIII	XIV	XV	XVI	XVII	XVIII	XIX	XX
6										
7	21	22	23	24	25	26	27	28	29	30
8	XXI	XXII	XXIII	XXIV	XXV	XXVI	XXVII	XXVIII	XXIX	XXX
9										
10	31	32	33	34	35	36	37	38	39	40
11	XXXI	XXXII	XXXIII	XXXIV	XXXV	XXXVI	XXXVII	XXXVIII	XXXIX	XL

■ Première étape : découverte d'une formule du tableur

Dans un tableur, on peut utiliser des « fonctions ». Parmi elles, la fonction Romain permet de convertir en chiffres romains un nombre entier écrit en chiffres arabes.

a) Ouvrir une feuille de tableur et écrire dans la cellule A1 le nombre entier de son choix.

b) Dans la cellule A2, écrire la formule « = ROMAIN (A1) ». Observer le résultat obtenu. → *Tableur 1*

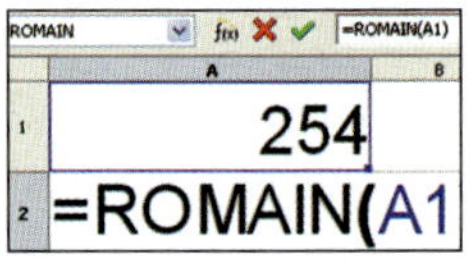

■ Deuxième étape : construction de la première ligne de la table de conversion

1. Ouvrir une nouvelle feuille de calcul dans le tableur et saisir sur la ligne 1 les nombres entiers de 1 à 10 (de la cellule A1 à la cellule J1).

2. Dans la cellule A2, utiliser la fonction Romain pour convertir le nombre de la cellule A1 (nombre du dessus) en chiffres romains. → *Tableur 1*

3. Recopier cette formule dans toutes les cellules de B2 à J2. → *Tableur 2*
On obtient ce résultat :

	A	B	C	D	E	F	G	H	I	J
1	1	2	3	4	5	6	7	8	9	10
2	I	II	III	IV	V	VI	VII	VIII	IX	X

■ Troisième étape : construction de la table de conversion complète

1. Sur la ligne 4, on écrit tous les nombres entiers de 11 à 20. Pour cela, on peut soit saisir au clavier tous ces nombres mais c'est un peu long, soit utiliser une formule qui ajoute 10 aux cellules de la ligne 1 : en D4 on peut écrire « = A1 + 10 » et recopier cette formule sur toute la ligne 4. → *Tableur 2*

2. Recopier la formule de la cellule A2 (« = Romain (A1) ») dans toutes les cellules de A5 à J5 pour convertir en chiffres romains les nombres entiers de 11 à 20. → *Tableur 2*

3. Recommencer les deux dernières manipulations (questions **1.** et **2.**) pour les autres dizaines.
→ *Tableur 2*

2 LE TABLEUR ET LES NOMBRES DÉCIMAUX

OBJECTIFS : *Découvrir et utiliser le tableur (premières formules) et consolider la maîtrise des nombres décimaux (rang et sens des chiffres).*

Dans une feuille de calcul d'un tableur, on a saisi un nombre décimal sur plusieurs colonnes (voir ci-contre).

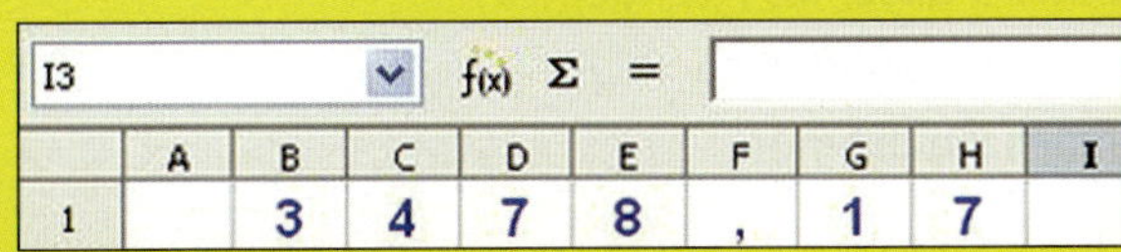

On souhaite utiliser le tableur pour réécrire ce nombre dans une seule cellule de façon automatisée (c'est-à-dire que si l'on modifie le nombre écrit sur plusieurs colonnes, le nombre écrit dans la cellule seule se modifie également de façon automatique).

■ **Première étape : préparation de l'activité (à faire sur papier)**

a) Dans 3 478,17, que représente le chiffre 3 ; le chiffre 4 ; le premier chiffre 7 (en partant de la gauche) ?

b) Utiliser la question précédente pour compléter la décomposition suivante :

$$3\,478{,}17 = (3 \times 1\,000) + (4 \times 100) + \dots$$

c) Choisir un autre nombre décimal et écrire sa décomposition.

■ **Deuxième étape : utilisation du tableur**

1. Ouvrir une feuille de tableur et saisir sur plusieurs colonnes le nombre décimal choisi à la question **c)**.

Ci-dessus, pour 3 478,17 on a saisi le chiffre 3 dans la cellule B1, 4 en C1, 7 en D1, 8 en E1, la virgule (,) en F1, 1 en G1 et 7 en H1.

2. a) Sélectionner une cellule vide (par exemple K1).

b) À l'aide de la décomposition du nombre décimal choisi, écrire une formule de tableur permettant d'obtenir ce nombre dans une seule cellule. → *Tableur 1*
Saisir cette formule dans la cellule vide sélectionnée.

c) Pour vérifier la formule, changer un ou plusieurs chiffres du nombre de départ et vérifier si le nombre écrit dans la cellule vide (en K1 par exemple) est correct.

3 LA BOÎTE NOIRE DU CHAPITRE

BOITE NOIRE

Une « boîte noire » dans un tableur est un programme de calcul mystérieux !
Le but de l'activité est de percer ce mystère…
Pour cela, on peut saisir des nombres mais aussi utiliser des formules qui aident dans la recherche.

1. Télécharger sur le site compagnon le fichier « boite_noire_01 » et l'ouvrir.

2. Saisir un nombre dans la cellule verte et observer dans la cellule grise le résultat de la boîte noire.

3. Faire plusieurs observations puis chercher le programme de calcul mystérieux de la boîte noire.

4. Pour tester un programme de calcul, saisir dans la cellule jaune la formule qui correspond à ce programme et observer si le résultat obtenu est le même que celui dans la cellule grise.

5. Tester plusieurs exemples pour vérifier que les programmes de la boîte noire et de la boîte rouge donnent les mêmes résultats.

6. Écrire sur une feuille le programme de calcul qui semble être celui de la boîte noire.

Pour s'entraîner

Lire et écrire des nombres

29 Écrire en chiffres les nombres suivants :

a) 8 unités sept dixièmes ;

b) 43 unités 5 dixièmes 7 centièmes ;

c) 17 unités 13 centièmes ;

d) 23 unités 7 millièmes.

30 Écrire en chiffres les nombres suivants :

a) 12 dizaines 7 dixièmes ;

b) 25 centaines 4 unités 67 centièmes ;

c) 812 dizaines 9 unités 66 millièmes.

31 Écrire en chiffres les nombres suivants :

a) cent quatre-vingt-cinq unités ;

b) trois mille deux cent douze unités sept dixièmes ;

c) neuf millions huit cent mille trois cent cinq unités douze centièmes ;

d) onze milliards sept cent millions quatre-vingt mille sept cent treize unités cent trente-quatre millièmes.

32 Écrire en lettres les nombres entiers suivants :

a) 780 **b)** 2 368 **c)** 1 450 700 **d)** 32 500 689

33 Écrire en lettres les nombres décimaux suivants :

a) 12,8 **b)** 133,54 **c)** 578,003 **d)** 4 781,168

34 Écrire en lettres les nombres suivants :

a) 87 543 **b)** 7 012 684 570 **c)** 295,147 **d)** 124 478,586

35 **Au xxe siècle** HISTOIRE

Recopier et compléter les phrases ci-dessous avec la date écrite en chiffres puis en lettres :

a) Neil Armstrong est le premier homme à avoir marché sur la Lune. C'était en ……

Si tu ne connais pas les réponses, cherche dans une encyclopédie ou sur Internet.

b) Le Général de Gaulle lance son appel de Londres le 18 juin ……

c) La première Guerre Mondiale a débuté en ……

d) L'équipe de France de football a gagné la coupe du Monde en ……

e) Marie Curie obtient le prix Nobel de Physique pour ses travaux sur la radioactivité en ……

36 **Les nombres cachés dans la forêt** SVT

Retrouver tous les nombres écrits dans le texte ci-dessous et les écrire en lettres :

Le sol des forêts renferme des populations extraordinaires. Dans un mètre carré du sol d'un bois feuillu, on a découvert 162 vers de terre, 1 257 mille-pattes, environ 210 000 petits insectes et presque 300 000 arachnides. De plus, chaque gramme du sol renferme environ 2 000 000 000 bactéries.

Utiliser la valeur des chiffres dans un nombre décimal

37 Une biscuiterie confectionne de délicieux gâteaux au chocolat vendus par boîtes de mille pour les cantines, par boîtes de cent pour les restaurants et par boîtes de dix pour les particuliers.
5 862 gâteaux ont été réalisés aujourd'hui.

a) Avec cette production, combien peut-on remplir de boîtes de mille ?

b) Avec cette production, combien peut-on remplir de boîtes de cent ?

c) Avec cette production, combien peut-on remplir de boîtes de dix ?

d) Si l'on remplit le maximum de boîtes de mille avec les 5 862 gâteaux, puis le maximum de boîtes de cent avec les gâteaux qui restent, et enfin le maximum de boîtes de dix avec le nouveau reste, combien remplit-on de boîtes de chaque sorte ?

38 Recopier et compléter les phrases suivantes à partir du nombre 1 423,687 :

a) Le chiffre des dizaines est …

b) 4 est le chiffre des … **c)** 8 est le chiffre des …

d) Le chiffre des dixièmes est …

e) 3 est le chiffre des … **f)** 1 est le chiffre des …

39 Recopier et compléter les phrases suivantes à partir du nombre 7 425,395 :

a) La partie entière est …

b) Le chiffre des centaines est …

c) Le chiffre des dizaines est ...
d) Le chiffre des unités est ...
e) La partie décimale est ...
f) Le nombre de centaines est ...
g) Le nombre de dizaines est ...
h) Le nombre d'unités est ...

40 Recopier et compléter les phrases ci-dessous :
a) Dans le nombre 742,356 ; le chiffre des centaines est ...
b) Dans le nombre 742,356 ; 4 est le chiffre des ...
c) Dans le nombre 987,654 ; 4 est le chiffre des ...
d) Dans le nombre 987,654 ; le chiffre des dixièmes est ...
e) Dans le nombre 317,527 ; le chiffre des unités est ...
f) Dans le nombre 317,527 ; 2 est le chiffre des ...

41 **Vrai ou faux**
On considère le nombre 12 457,684.
a) 5 est le chiffre des dizaines.
b) Le nombre de centaines est 8.
c) Le chiffre des millièmes est le même que celui des centaines.
d) Le chiffre des dixièmes est 6.
e) Le chiffre des dixièmes est inférieur au chiffre des millièmes.

42 Dans chacun des cas ci-dessous, recopier le nombre proposé en plaçant une virgule au bon endroit pour que l'affirmation suivante devienne vraie :
« Dans les nombres ci-dessous, 7 est le chiffre des centaines ».
a) 1 572 068 b) 187 023 c) 70 754 165

43 Dans chacun des cas ci-dessous, recopier le nombre proposé en plaçant une virgule au bon endroit pour que l'affirmation suivante devienne vraie :
« Dans le nombre ci-dessous, 6 est le chiffre des centièmes ».
a) 1 572 068 b) 120 121 026 c) 1 262 165

44 On considère les chiffres 3, 5 et 7.
À partir de ces trois chiffres, écrire tous les nombres entiers possédant trois chiffres tous différents.

45 On considère les chiffres 2, 4 et 6.
À partir de ces trois chiffres, écrire tous les nombres entiers possédant trois chiffres différents ou non.

46 Je suis un nombre entier à quatre chiffres. Mon chiffre des unités est 7. Mon nombre de dizaines est 145. Qui suis-je ?

47 Je suis un nombre décimal dont le chiffre des dizaines et des dixièmes est 7, le chiffre des centaines et des centièmes est 3. Tous mes autres chiffres sont des 0. Qui suis-je ?

48 Je suis un nombre décimal avec un chiffre après la virgule. Mon nombre d'unités est 245 et mon chiffre des dixièmes est le même que celui des dizaines. Qui suis-je ?

Comprendre la notion de « zéros inutiles »

49 Recopier ces nombres en supprimant les zéros inutiles s'il y en a :
a) 500 b) 035 c) 7 006 d) 514,500
e) 37,0 f) 0 250,700

50 Recopier ces nombres en supprimant les zéros inutiles s'il y en a :
a) 14 000 b) 17,02 c) 17 500,500
d) 03 120 e) 05,0 f) 17 800,00

51 Recopier et compléter avec les symboles = ou ≠ selon les cas :
a) 5,00 ... 5 b) 4,00 ... 400
c) 12,2 ... 12,20 d) 23,10 ... 23,01

52 Recopier et compléter avec les symboles = ou ≠ selon les cas :
a) 15,40 ... 15,400 b) 04,20 ... 4,2
c) 17,2 ... 17,02 d) 13,10 ... 131

53 À partir du nombre 132 465, placer une virgule et/ou ajouter des zéros de façon que :
a) 2 soit le chiffre des unités.
b) 4 soit le chiffre des dizaines.
c) 3 soit le chiffre des dixièmes.
d) 1 soit le chiffre des dixièmes.
e) 5 soit le chiffre des dizaines.

Pour chaque question, tu devras repartir de 132 465.

54 **Population mondiale** GÉOGRAPHIE
Réécrire le texte ci-dessous, avec des nombres entiers ne comportant pas de « zéros inutiles » :

La population des cinq continents
L'Asie est le continent le plus peuplé avec environ 004 130 000 000,000 habitants.
L'Afrique abrite 944,5 millions de personnes, soit 036 000 000 de plus que l'Amérique.
688,35 millions de personnes habitent en Europe et seulement 34 000 000,000 en Océanie.

Pour s'entraîner

Décomposer les nombres décimaux

55 Écrire une décomposition de chaque nombre ci-dessous selon le modèle suivant :

$$412{,}853 = 412 + 0{,}853.$$

a) 12,14 **b)** 147,58 **c)** 547,854 **d)** 102,985 **e)** 501,025

56 Écrire une décomposition de chaque nombre ci-dessous selon le modèle suivant :

$$412{,}853 = 400 + 10 + 2 + 0{,}8 + 0{,}05 + 0{,}003.$$

a) 12,14 **b)** 147,58 **c)** 547,854 **d)** 102,985 **e)** 501,025

57 Écrire une décomposition de chaque nombre ci-dessous selon le modèle suivant :

$$412{,}853 = (4 \times 100) + (1 \times 10) + (2 \times 1) + (8 \times 0{,}1) + (5 \times 0{,}01) + (3 \times 0{,}001).$$

a) 12,14 **b)** 147,58 **c)** 547,854 **d)** 102,985 **e)** 501,025

58 Écrire les nombres suivants sous forme décimale :

a) $(4 \times 10) + (5 \times 1) + (7 \times 0{,}1)$

b) $(7 \times 100) + (8 \times 10) + (4 \times 1) + (7 \times 0{,}1) + (3 \times 0{,}001)$

c) $(3 \times 1\,000) + (2 \times 10) + (5 \times 0{,}01)$

d) $(5 \times 0{,}1) + (7 \times 0{,}001)$

Lier écriture décimale et écriture fractionnaire

59 Écrire une décomposition de chaque nombre ci-dessous selon le modèle suivant :

$$412{,}853 = 412 + \frac{853}{1000}.$$

a) 12,14 **b)** 147,58 **c)** 547,854 **d)** 102,985 **e)** 501,025

60 Écrire une décomposition de chaque nombre ci-dessous selon le modèle suivant :

$$412{,}853 = 412 + \frac{8}{10} + \frac{5}{100} + \frac{3}{1000}.$$

a) 12,14 **b)** 147,58 **c)** 547,854 **d)** 102,985 **e)** 501,025

61 Recopier et compléter les égalités suivantes :

a) $9{,}5 = \frac{\dots}{10}$ **b)** $12{,}87 = \frac{1\,287}{\dots}$

c) $8{,}73 = \frac{\dots}{100}$ **d)** $41{,}87 = \frac{41\,870}{\dots}$

62 Recopier et compléter les égalités suivantes :

a) $11{,}3 = \frac{\dots}{10}$ **b)** $147{,}23 = \frac{147\,230}{\dots}$

c) $24{,}880 = \frac{\dots}{100}$ **d)** $11{,}8 = \frac{118\,000}{\dots}$

63 Reproduire et compléter le tableau suivant en s'inspirant de l'exemple en première ligne :

67,23	$67 + \frac{2}{10} + \frac{3}{100}$	$67 + \frac{23}{100}$	$\frac{6\,723}{100}$
9,048			
	$8 + \frac{3}{10} + \frac{1}{100} + \frac{5}{1000}$		
		$81 + \frac{25}{1000}$	
			$\frac{3\,853}{10}$

64 Écrire les nombres suivants sous forme décimale :

a) $7 + \frac{4}{10} + \frac{8}{100}$ **b)** $11 + \frac{5}{10} + \frac{3}{100}$

c) $23 + \frac{4}{100} + \frac{7}{1000}$ **d)** $7 + \frac{1}{10} + \frac{2}{1000}$

65 Écrire les nombres suivants sous forme décimale :

a) $7 + \frac{4}{10}$ **b)** $9 + \frac{56}{100}$ **c)** $23 + \frac{4}{100}$

d) $119 + \frac{87}{1000}$ **e)** $230 + \frac{1}{1000}$

66 Écrire les nombres suivants sous forme décimale :

a) $\frac{14}{10}$ **b)** $\frac{157}{10}$ **c)** $\frac{25}{1000}$ **d)** $\frac{587}{1000}$ **e)** $\frac{25}{10\,000}$

67 Trouver trois décompositions différentes pour chacun des nombres suivants :

a) 14,87 **b)** 134,075 **c)** 2 146,219

68 Parmi les écritures suivantes, retrouver celles qui sont égales à 32,6 :

a) $32 + \frac{6}{10}$ **b)** trente-deux unités six dixièmes

c) $(3 \times 10) + (2 \times 1) + (6 \times 0{,}01)$ **d)** $\frac{3\,260}{1000}$

Repérer sur une demi-droite graduée

69 Reproduire les demi-droites graduées ci-dessous et compléter leurs graduations :

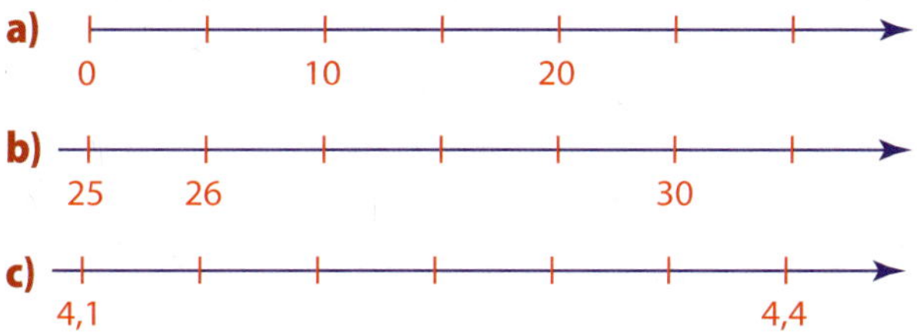

70 Voici une demi-droite graduée d'origine O et d'unité 1 cm :

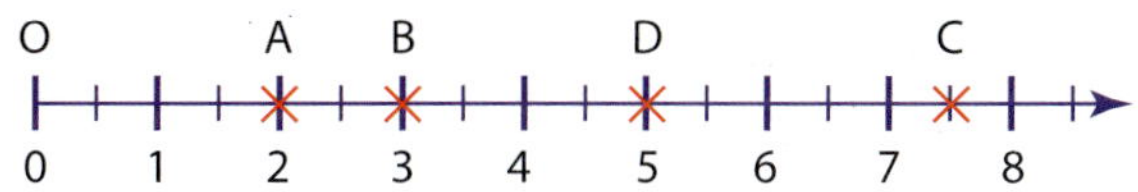

Quelles sont les abscisses des points A, B, C et D ?

71 Voici une demi-droite graduée sur laquelle sont placés les points E et F :

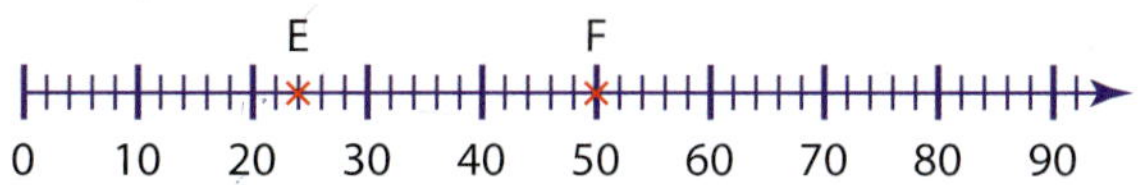

a) Reproduire cette demi-droite.
b) Quelles sont les abscisses des points E et F ?
c) Placer les points G et H d'abscisses respectives 36 et 62.

72 **1.** Construire une demi-droite graduée d'origine O et d'unité 1 cm.

2. Placer les points I, J, K et L d'abscisses respectives 2,5 ; 6 ; 4,7 et 8,3.

73 Sur la demi-droite graduée ci-dessous, lire les abscisses des points M, N, P et Q :

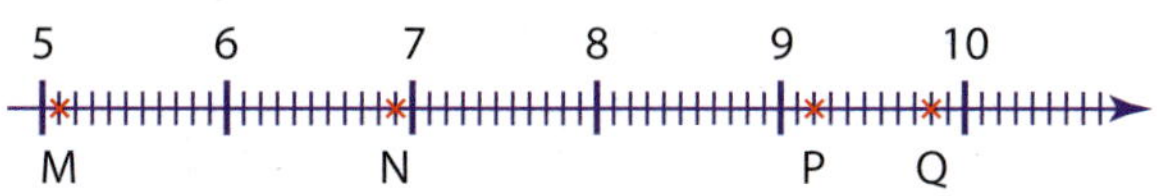

Comparer et ranger des nombres décimaux

74 Comparer les nombres suivants :
a) 12,1 et 13,1 **b)** 24,3 et 34,3 **c)** 36,25 et 36,27
d) 28,78 et 28,708 **e)** 13,7 et 13,70

75 Recopier et compléter avec le symbole qui convient (<, > ou =) :
a) 13,7 … 14,6 **b)** 17,6 … 16,7
c) 24,3 … 24,03 **d)** 11,4 … 11,51

76 Recopier et compléter avec le symbole qui convient (<, > ou =) :
a) 147,8 … 148,7 **b)** 0,2 … 0,19
c) 25,7 … 25,700 **d)** 7,3 … $\frac{74}{100}$

77 Recopier et compléter avec le symbole qui convient (<, > ou =) :
a) $2,7 \ldots 2 + \frac{7}{100}$ **b)** $\frac{257}{1000} \ldots 2,7$
c) $\frac{347}{100} \ldots \frac{35}{10}$ **d)** $9 + \frac{17}{100} \ldots \frac{92}{10}$

78 Recopier en remplaçant les **?** par un chiffre :
a) 17,**?** < 17,15 **b)** 18,32 > 18,**?**2
c) 4**?**,87 < 41 **d)** 15,29 < 1**?**,2

79 Ranger les nombres suivants dans l'ordre croissant :
12,3 12,32 12,03 13,02 12,23

80 Ranger les nombres suivants dans l'ordre décroissant :
7,1 7,01 7,19 7 7,9

81 Ranger les nombres suivants dans l'ordre croissant :
$25,7 \quad 25 + \frac{7}{100} \quad \frac{2\,569}{100} \quad 25,17 \quad 25 + \frac{2}{10} + \frac{7}{1000}$

82 Ranger les nombres suivants dans l'ordre décroissant :
$49,1 \quad \frac{490}{100} \quad \frac{49\,001}{1000} \quad 49 + \frac{1}{100} \quad 49,02$

83 Classer ces lapins du plus léger au plus lourd :

84 **Pays et population** GÉOGRAPHIE

Classer ces pays du plus peuplé au moins peuplé :
- Brésil : 192 000 000 habitants
- Chine : 1 360 000 000 habitants
- États-Unis : 304 000 000 habitants
- France : 65 000 000 habitants
- Inde : 1 150 000 000 habitants
- Indonésie : 238 000 000 habitants
- Royaume-Uni : 61 000 000 habitants
- Russie : 140 000 000 habitants
- Allemagne : 82 000 000 habitants

Encadrer et intercaler des nombres décimaux

85 Encadrer chaque nombre décimal par deux entiers consécutifs :

a) … < 10,48 < … **b)** … < 0,35 < …
c) … < 99,528 < … **d)** … < 17,18 < …

86 En utilisant la demi-droite graduée ci-dessous, donner un encadrement de l'abscisse des points R et S par deux nombres entiers consécutifs :

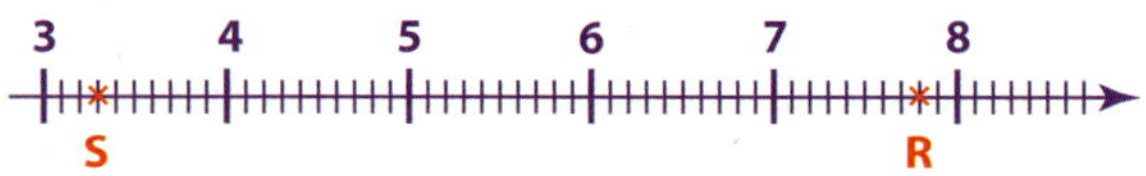

87 Encadrer chaque nombre ci-dessous au dixième près :

a) … < 10,48 < … **b)** … < 0,35 < …
c) … < 99,528 < … **d)** … < 17,18 < …

88 Encadrer chaque nombre ci-dessous au centième près :

a) … < 14,167 < … **b)** … < 0,385 < …
c) … < 17,729 < … **d)** … < 86,19 < …

89 Dans chacun des cas ci-dessous, intercaler un nombre décimal entre les deux nombres décimaux donnés :

a) 12 < … < 23 **b)** 13,2 < … < 14,3
c) 27,7 < … < 27,9 **d)** 25,6 < … < 25,7

90 Dans chacun des cas ci-dessous, intercaler un nombre décimal entre les deux nombres décimaux donnés :

a) 4,2 < … < 4,3 **b)** 7,7 < … < 7,71
c) 9,08 < … < 9,085 **d)** 9,99 < … < 10

Donner une valeur approchée d'un nombre décimal

91 Donner une valeur approchée par défaut au dixième près des nombres suivants :

a) 178,657 **b)** 356,41
c) 38,575 **d)** 22,051

92 Donner une valeur approchée par excès au centième près des nombres suivants :

a) 1 347,784 **b)** 16,587
c) 157,867 **d)** 122,005

93 Donner un arrondi à l'unité des nombres suivants :

a) 17,6 **b)** 256,41 **c)** 38,19 **d)** 22,5 **e)** 16,9

94 Trouver un nombre possédant deux chiffres après la virgule dont un arrondi au dixième est 16,8.

95 Trouver un nombre possédant trois chiffres après la virgule dont un arrondi au centième est 35,47.

96 Reproduire et compléter le tableau ci-dessous :

	Valeur approchée par défaut		Valeur approchée par excès	
	à l'unité près	au dixième près	à l'unité près	au dixième près
458,12				
37,78				
10,05				

Remue-méninges

Les exercices qui suivent sont à faire mentalement

97 **a)** Combien d'unités font 6 centaines et 3 unités ?
b) Dans le nombre 412,5, le chiffre des dizaines est … et le nombre de dizaines est …
c) Combien de dizaines complètes y a-t-il dans 83 unités ?
d) Parmi les nombres : 7,2 ; 7,02 ; 7,19, quel est le plus grand ?
e) Donner deux nombres compris entre 8,5 et 8,51.

98 **a)** Combien d'unités font 8 centaines, 4 dizaines et 6 unités ?
b) Dans le nombre 4 723,8 le chiffre des centaines est … et le nombre de centaines est …
c) J'ai 62 CD rangés dans des boîtes contenant chacune 10 CD. Combien ai-je de boîtes complètes ?
d) Parmi les nombres : 18,5 ; 18,43 ; 18,401, quel est le plus grand ?
e) Donner deux nombres compris entre 7,2 et 7,3.

Pour s'évaluer

Pour chaque exercice 99 à 106, trouve la ou les bonnes réponses.

Énoncés	Réponse A	Réponse B	Réponse C	Réponse D
99 Sept cent mille sept cent sept s'écrit :	707 007	700 707	7 000 707	700 707 000
100 Le nombre 03 250,040 peut s'écrire :	325,4	3 250,4	3 250,40	3 250,04
101 Le nombre 9,47 est égal à :	9,470	$9+\frac{47}{100}$	$\frac{947}{1\,000}$	$9+(4\times 0{,}1)+(7\times 0{,}01)$
102 Dans le nombre 2 347,89 le chiffre des dizaines est :	34	4	234	8
103 $\frac{412\,008}{100}$ est égal à :	41,2008	412,008	4 120,08	41,28
104 Parmi les quatre nombres suivants : 7,3 7,03 7,23 7,09 quel est le plus grand ?	7,3	7,03	7,23	7,09
105 Un encadrement de 8,41 à l'unité est :	$8{,}4 < 8{,}41 < 8{,}5$	$8{,}40 < 8{,}41 < 8{,}42$	$8{,}40 < 8{,}41 < 8{,}50$	$8 < 8{,}41 < 9$
106 Entre 4,1 et 4,3 on peut intercaler :	4	4,2	4,12	4,39

Pour chaque exercice 107 et 108, trouve la ou les bonnes réponses en utilisant la droite graduée ci-dessous.

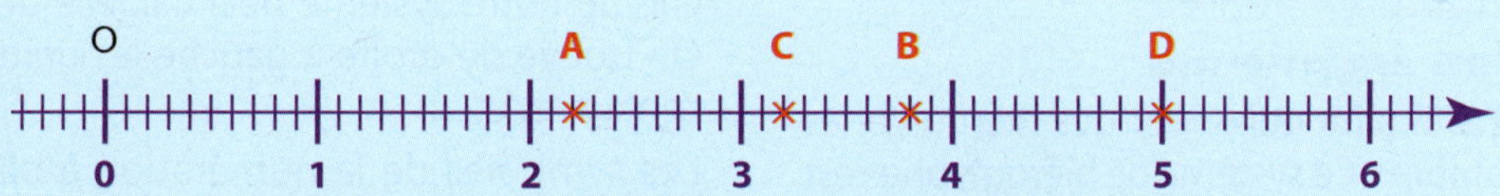

Énoncés	Réponse A	Réponse B	Réponse C	Réponse D
107 L'abscisse du point A est :	2	4	2,2	3,8
108 Le point d'abscisse 3,8 est :	A	B	C	D

Tu peux vérifier tes réponses p. 255 et si tu veux continuer ton entraînement rendez-vous sur le **site compagnon**

Pour approfondir

109 Dans la grille ci-contre, placer les nombres suivants écrits en chiffres :

soixante-quinze ;
mille trois cent quatorze ;
quatre cent vingt-huit ;
trente-huit ; quatre-vingt-neuf ;
cinq cent quatre-vingt-seize ;
dix-huit ; mille neuf cent soixante-seize ; cinq cent vingt-et-un ;
cinq cent soixante-huit ; sept cent quatre-vingt-treize ; quinze.

Son premier chiffre est 7. (colonne D)

	A	B	C	D	E
1			■		
2		■			
3			■		
4				■	■
5	■				

C'est le plus grand des douze nombres. (ligne 5)

110 On considère les chiffres 3, 4 et 5.

À partir de ces trois chiffres, écrire tous les nombres décimaux possédant trois chiffres différents.

Coup de pouce
Attention ! Tu peux utiliser une virgule.

111 Je suis un nombre décimal à deux chiffres après la virgule. Ma partie entière est la même que celle du nombre 324,789. Mon chiffre des dixièmes est le même que celui de mes centaines. Mon chiffre des centièmes est la moitié de celui de mes unités. Qui suis-je ?

112 Victor écrit en chiffres tous les nombres entiers de zéro à cent. Combien de fois va-t-il écrire le chiffre 7 ?

113 Numération égyptienne

Les Égyptiens de l'Antiquité utilisaient des hiéroglyphes pour écrire leurs nombres. Ce système de hiéroglyphes est assez proche de notre système de numération décimale : chaque symbole possédait une valeur (1, 10, 100, 1 000…) et pouvait être écrit jusqu'à neuf fois.

1. En étudiant les trois exemples donnés ci-dessous, retrouver la valeur des sept hiéroglyphes utilisés :

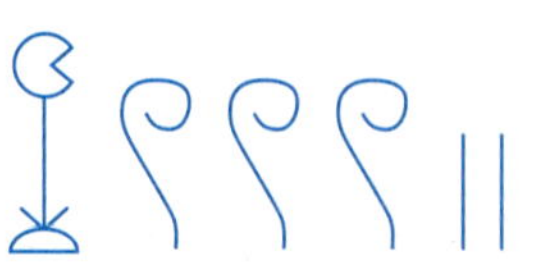 = 1 302

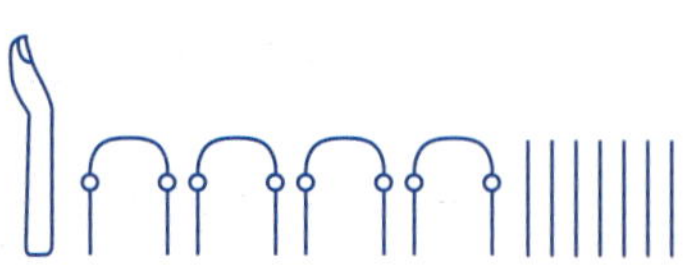 = 10 047

 = 2 311 021

2. Lire les nombres 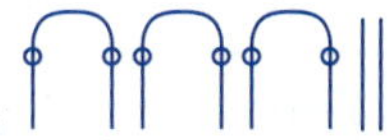

puis 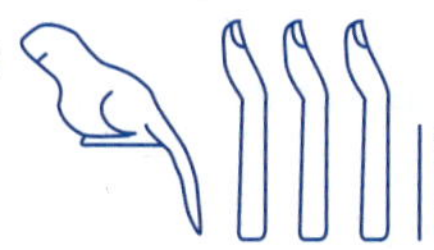 et enfin 

3. Écrire en hiéroglyphes les nombres suivants : 426 ; 527 ; 12 315 et 1 234 000.

114 Numération romaine

Le système de numération des Romains de l'Antiquité a été utilisé en Europe jusqu'à la fin du Moyen Âge. Contrairement à notre système décimal (dix chiffres), le système de numération des Romains utilise seulement sept symboles :

Symbole	I	V	X	L	C	D	M
Valeur	un	cinq	dix	cinquante	cent	cinq cents	mille

Les chiffres romains sont écrits de la plus grande valeur à la plus petite. Par exemple, MDLXII vaut 1 562 et 2 373 s'écrit MMCCCLXXIII.

1. Lire les nombres XVII, MCXXV et MMMLXXXVI.

2. Écrire en chiffres romains les nombres suivants : 328, 2 718 et 2 009.

115 Numération à bâtons

La numération à bâtons, d'origine chinoise, est très proche de notre système décimal, elle utilise dix symboles. On trouve de droite à gauche les unités, les dizaines, les centaines, etc.

Les symboles de la numération à bâtons sont les suivants :

Valeur	0	1	2	3	4	5	6	7	8	9
Symbole	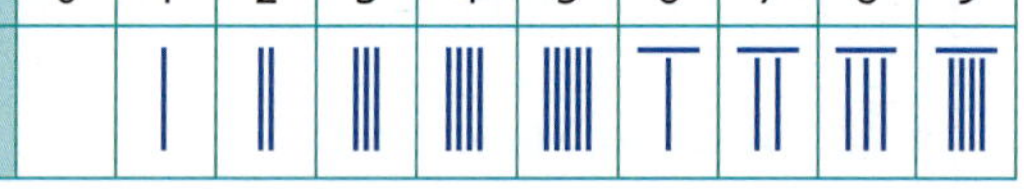									

Malheureusement, dans cette numération, des confusions peuvent intervenir.

Il est ainsi difficile de voir si le nombre  désigne 3 ; 21 ou 12.

C'est pourquoi dans cette numération, on utilise les symboles du tableau précédent uniquement pour les rangs impairs (1er chiffre, 3e chiffre, 5e chiffre, etc.) et des symboles légèrement différents (voir tableau ci-dessous) pour les rangs pairs (2e chiffre, 4e chiffre, 6e chiffre) :

Valeur	0	1	2	3	4	5	6	7	8	9
Symbole										

Ainsi, 214 s'écrit  et 1 733 s'écrit .

1. Lire les nombres  puis 

et enfin .

2. Écrire en bâtons les nombres suivants :
36, 1 111, 9 641 et 134 574.

116 Numération maya

La civilisation maya (qui a vécu en Amérique centrale de 300 av. J.-C. à 1600 ap. J.-C.) avait adopté un système de numération utilisant uniquement trois symboles :

• (un) ▬ (cinq)  (zéro)

Ces trois symboles permettaient d'écrire tous les nombres de 0 à 19 comme le montrent les tableaux ci-dessous :

0	1	2	3	4	5	6	7	8	9
	•	• •	• • •	• • • •	▬	• ▬	• • ▬	• • • ▬	• • • • ▬

10	11	12	13	14	15	16	17	18	19
▬ ▬	• ▬ ▬	• • ▬ ▬	• • • ▬ ▬	• • • • ▬ ▬	▬ ▬ ▬	• ▬ ▬ ▬	• • ▬ ▬ ▬	• • • ▬ ▬ ▬	• • • • ▬ ▬ ▬

Les Mayas écrivaient les nombres plus grands que 19 sur plusieurs étages (de bas en haut), en utilisant les puissances de 20 (20 ; 20 × 20 ; 20 × 20 × 20 ; …).
Ils écrivaient par exemple le nombre 974 de la façon suivante :

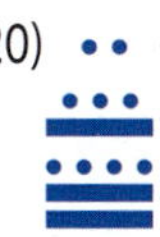

3e étage (chaque • vaut 20 × 20) → 2 × (20 × 20) = 800
2e étage (chaque • vaut 20) → 8 × 20 = 160
1er étage (chaque • vaut 1) → 14 × 1 = 14

800 + 160 + 14 = 974

a) Lire les trois nombres suivants : .

b) Écrire avec le système maya les nombres suivants : 37, 312 et 2 045.

117 Énergie – Environnement et développement durable

THÈME DE CONVERGENCE

Les éoliennes utilisent la force du vent pour produire de l'énergie. Une éolienne peut fournir de l'électricité pour 1 000 personnes en moyenne.
Combien faudrait-il d'éoliennes pour alimenter en électricité une ville comme Lyon (467 400 habitants environ) ?

118 Construction d'une frise chronologique

HISTOIRE

1. Construire une demi-droite graduée de 1890 à 2010 (unité : 1 cm pour 10 ans).

2. Y placer les événements suivants :
B : chute du mur de Berlin (1989)
G : mort du Général Charles de Gaulle (1970)
E : fondation de la CEE – Communauté Économique Européenne (1957)
L : première traversée de l'Atlantique en avion (Charles Lindbergh en 1927)
T : premier et dernier voyage du Titanic (1912)
N : ta naissance

Tu peux rechercher d'autres événements importants de l'histoire du XXe siècle, et les placer sur ta frise chronologique.

119 Environnement et développement durable

THÈME DE CONVERGENCE

L'illustration ci-dessous donne, pour plusieurs objets, le temps nécessaire à leur décomposition naturelle :

Classer ces objets en fonction de leur durée de vie dans la nature.

120 *Le défi*

On considère les chiffres 1, 2, 3 et 4.
Combien y a-t-il de nombres entiers s'écrivant uniquement avec ces chiffres et possédant au maximum quatre chiffres (chiffres différents ou non) ?

121 *L'énigme*

Je suis un nombre décimal qui a quatre chiffres après la virgule.
Mon chiffre des dizaines est le même que mon chiffre des dix-millièmes.
Mon chiffre des millièmes est la moitié de mon chiffre des centièmes.
Mon chiffre des centièmes est le double de mon chiffre des unités.
Mon nombre de dixièmes est le triple de celui de 8,179.
Qui suis-je ?

Devoir à la maison

1 On considère le nombre 3 412 458,897.

a) Quel est le chiffre des dizaines, des centaines, des centièmes ?

b) Quel est le nombre de dizaines, de centaines, de centièmes ?

c) Écrire ce nombre en lettres.

d) Encadrer ce nombre par deux entiers consécutifs.

2

Écris ton âge et ton année de naissance en hiéroglyphes, en chiffres romains, en numération à bâtons puis en système maya (voir exercices **113** *à* **116** *).*

3 Je suis un nombre entier à quatre chiffres. Mon chiffre des unités est 1. Mon chiffre des unités de mille est 3. Mon chiffre des centaines est inférieur à celui des unités. Mon chiffre des dizaines est le double de celui des unités. Qui suis-je ?

4 Voici la date de naissance et la taille de dix joueurs de l'équipe de France de handball ayant gagné la médaille d'or aux jeux Olympiques de Pékin :

Joueur	Date de naissance	Taille
Nikola Karabatic	11/04/1984	1,95 m
Olivier Girault	22/02/1973	1,83 m
Luc Abalo	06/09/1984	1,82 m
Bertrand Gille	24/03/1978	1,87 m
Thierry Omeyer	02/11/1976	1,92 m
Didier Dinart	18/01/1977	1,97 m
Guillaume Gille	12/07/1976	1,92 m
Douada Karaboue	11/12/1975	1,97 m
Daniel Narcisse	16/12/1979	1,89 m
Christophe Kempe	02/05/1975	1,93 m

a) Classer ces joueurs du plus jeune au plus vieux.

b) Classer ces joueurs du plus petit au plus grand.

Du côté du site compagnon

Rends-toi sur le **site compagnon** *pour en savoir plus !*

L'histoire des nombres

Depuis les premières civilisations du Paléolithique (– 30 000 av. J.-C.), les hommes ont toujours eu besoin de compter, mais les systèmes de nombres ont évolué au travers des siècles.

Les Babyloniens, les Chinois, les Égyptiens, les Romains, les Grecs, les Mayas, les Indiens ont tous employé des méthodes différentes pour compter.

Le 0 et le 1

Les ordinateurs peuvent effectuer un grand nombre d'opérations en un minimum de temps. Leurs capacités évoluent constamment pour permettre aux hommes d'utiliser des machines de plus en plus puissantes. Pourtant, l'ordinateur ne connaît que deux chiffres : le 0 et le 1 !!!
C'est ce que l'on appelle le **système binaire**.

Pour en savoir plus sur les différents systèmes de numération, rendez-vous sur le site compagnon.

Chapitre 2

Addition, soustraction

En 1642, Blaise Pascal, mathématicien français, inventa la première machine à calculer : la Pascaline, premier pas vers la calculatrice.

Je vais apprendre à…

- Utiliser le vocabulaire : somme, différence, terme ► *Exercices 26 à 27*
- Effectuer des additions et des soustractions, mentalement, à la main, à la calculatrice ► *Exercices 28 à 40*
- Donner un ordre de grandeur d'une somme, d'une différence ► *Exercices 41 à 46*
- Calculer avec des durées, des horaires ► *Exercices 47 à 48*

Le cours

1. Addition

a) Vocabulaire

DÉFINITIONS
- **Le résultat d'une addition s'appelle une somme.**
- **Les nombres que l'on additionne s'appellent des termes.**

Exemple : 104,9 + 13,31 = 118,21.
118,21 est la **somme** des **termes** 104,9 et 13,31.

b) Propriétés

PROPRIÉTÉ : Dans une addition, on peut changer l'ordre des termes sans changer le résultat.

Exemple : 104,9 + 13,31 = 13,31 + 104,9 = 118,21.

PROPRIÉTÉ : Dans une addition, on peut regrouper les termes de différentes façons.

Exemple : Il existe au moins deux façons de calculer la somme 56,21 + 12 + 13,79.

Méthode 1	OU	Méthode 2
56,21 + 12 + 13,79 = 68,21 + 13,79 = 82		56,21 + 12 + 13,79 = (56,21 + 13,79) + 12 = 70 + 12 = 82

2. Soustraction

DÉFINITIONS
- **Le résultat d'une soustraction s'appelle une différence.**
- **Les nombres que l'on soustrait s'appellent des termes.**

Exemple : 104,9 - 13,31 = 91,59.
91,59 est la **différence** des **termes** 104,9 et 13,31.

Attention ! Dans une soustraction, changer l'ordre des termes change le résultat !

Exemple : 104,9 – 13,31 ≠ 13,31 – 104,9.

3. Ordres de grandeur

Animation site compagnon

- Un **ordre de grandeur** d'un nombre est une valeur approchée simple de ce nombre.
On utilise les ordres de grandeur pour « avoir une idée » d'un résultat de calcul.
- On remplace les nombres d'une opération par des ordres de grandeur de ces nombres. On effectue ensuite l'opération avec ces nouveaux nombres, ils doivent être choisis assez simples pour que l'opération puisse se faire mentalement. Le résultat obtenu est un ordre de grandeur du résultat exact.

Exemple : On cherche un ordre de grandeur de 3 208,6 + 4 317,23.

1. On cherche un ordre de grandeur des termes :
3 208,6 ≈ 3 000 ; 3 208,6 est **de l'ordre** de 3 000.
4 387,23 ≈ 4 000 ; 4 387,23 est **de l'ordre** de 4 000.

2. On calcule un ordre de grandeur de la somme :
3 208,6 + 4 387,23 ≈ 3 000 + 4 000 ≈ 7 000.
La somme de 3 208,6 et de 4 387,23 est donc **de l'ordre** de 7 000.

Les mots à retenir
- Différence
- Ordre de grandeur
- Somme
- Terme

Voir le Lexique, p. 254

SAVOIR-FAIRE 1 *Additionner et soustraire des durées*

Animation site compagnon

Énoncés : Ⓐ Effectuer 5 h 26 min + 2 h 45 min en posant l'opération.
Ⓑ Effectuer 12 h 15 min – 8 h 30 min en posant l'opération.

Solutions commentées

Ⓐ **1.** On ajoute séparément les heures et les minutes.
On obtient 7 h 71 min.

2. 1 h = 60 min. Si le nombre de minutes est plus grand que 60, on le convertit en heures et minutes : 71 min = 1 h 11 min.
Donc 7 h 71 min = 7 h + 1 h 11 min = 8 h 11 min.

3. 5 h 26 min + 2 h 45 min est donc égal à **8 h 11 min**.

```
      5 h 26 min
    + 2 h 45 min
    ------------
      7 h 71 min
donc  8 h 11 min
```

Ⓑ **1.** On soustrait séparément les heures et les minutes.

2. On ne peut pas soustraire 30 min à 15 min car 30 est plus grand que 15.

3. 1 h = 60 min. On transforme 1 h en 60 min dans 12 h 15 min :
12 h 15 min = 11 h + 1 h + 15 min = 11 h + 60 min + 15 min = 11 h 75 min.

4. En remplaçant 12 h 15 min par 11 h 75 min dans l'opération, on peut faire le calcul de départ.
On trouve 12 h 15 – 8 h 30 = **3 h 45 min**.

```
    11 h 75 min
    ~~12 h 15 min~~
  –  8 h 30 min
  -------------
     3 h 45 min
```

Exercices d'application

1 Calculer :
a) 11 h 23 min + 7 h 35 min
b) 5 h 45 min + 2 h 38 min
c) 2 h 20 min + 23 h 50 min

2 Lola fait 1 h 30 min de sieste tous les jours.
Sachant qu'elle s'est couchée aujourd'hui à 15 h 55 min, à quelle heure va-t-elle se réveiller ?

3 Aux jeux Olympiques de Pékin en 2008, le marathon a commencé à 8 h 42 min. Constantina Tomescu a remporté l'épreuve en 2 h 27 min.
À quelle heure a-t-elle passé la ligne d'arrivée ?

4 Diego commence à préparer des pâtes au pesto à 17 h 48 min. Il faut 2 h 43 min pour qu'elles soient prêtes.
À quelle heure Diego pourra-t-il servir ses pâtes ?

5 Calculer :
a) 13 h 45 min – 8 h 24 min
b) 5 h 18 min – 4 h 54 min
c) 8 h 14 min – 2 h 15 min

6 Sophie part de Bordeaux à 11 h 47 min et arrive à Paris à 15 h 51 min.
Combien de temps a duré son trajet ?

7 Momo l'escargot a atteint le potager à 23 h. Sachant qu'il lui a fallu 4 h 24 min pour parcourir les 18,70 m qui le séparaient de ses salades préférées, à quelle heure est-il parti ?

8 Le 16 janvier 2023, le soleil se lèvera à Bordeaux à 8 h 35 min et se couchera à 17 h 48 min.
Combien de temps durera le jour ?

9 Calculer :
a) 17 h 01 min 15 s + 4 h 34 h 50 s
b) 2 h 00 min 58 s + 14 h 59 min 4 s
c) 23 h 45 min 45 s + 18 h 54 min 54 s

10 Calculer :
a) 18 h 02 min 05 s – 3 h 46 min 52 s
b) 22 h – 12 h 12 min 12 s
c) 4 j 18 h 30 min 07 s – 2 j 20 h 48 min 08 s

11 Il est 16 h 32 min. Monsieur Dumont doit avoir terminé les décors d'une pièce de théâtre à 20 h 21 min. Il lui reste à fabriquer une fausse fenêtre et son rideau, ce qui lui prendra 3 h 48 min. Terminera-t-il à temps ?

12 Rémi réalise un petit site Internet. Il commence à construire son site à 9 h 14 min précises. À 18 h 07 min, tout est terminé, son site fonctionne. Sachant qu'il s'est arrêté 1 h pour déjeuner, combien de temps lui a demandé ce site Internet ?

Voir aussi les exercices 47 à 48

Savoir faire

SAVOIR-FAIRE 2 *Poser et effectuer une addition*

Énoncé : Effectuer 24,6 + 2,98 + 7 en posant l'opération.

Solution commentée

1. On aligne les nombres. Pour cela, on aligne les virgules en faisant apparaître les virgules des nombres entiers, 7 = 7,00 (ou on aligne les chiffres des unités).

$$\begin{array}{rcccc} & 2 & 4, & 6 & 0 \\ + & 0 & 2, & 9 & 8 \\ + & 0 & 7, & 0 & 0 \\ \hline \end{array}$$

2. *Étape non obligatoire.* On complète les nombres avec des zéros inutiles (0) afin qu'ils aient le même nombre de chiffres.

3. On additionne les chiffres de la colonne la plus à droite :
0 + 8 + 0 = 8.
On pose 8 au résultat.

$$\begin{array}{rcccc} & 2 & 4, & 6 & 0 \\ + & 0 & 2, & 9 & 8 \\ + & 0 & 7, & 0 & 0 \\ \hline & & & & 8 \end{array}$$

4. On passe à la colonne suivante :
6 + 9 + 0 = 15.
On pose 5 au résultat et on retient 1 au-dessus de la colonne suivante (ou mentalement).

$$\begin{array}{rcccc} & & ^{1} & & \\ & 2 & 4, & 6 & 0 \\ + & 0 & 2, & 9 & 8 \\ + & 0 & 7, & 0 & 0 \\ \hline & & & 5 & 8 \end{array}$$

5. On passe à la colonne suivante :
1 + 4 + 2 + 7 = 14.
On pose 4 au résultat et on retient 1 au-dessus de la colonne suivante (ou mentalement).

$$\begin{array}{rcccc} & ^{1} & ^{1} & & \\ & 2 & 4, & 6 & 0 \\ + & 0 & 2, & 9 & 8 \\ + & 0 & 7, & 0 & 0 \\ \hline & & 4, & 5 & 8 \end{array}$$

6. On passe à la colonne suivante :
1 + 2 + 0 + 0 = 3.
On pose 3 au résultat.

$$\begin{array}{rcccc} & ^{1} & ^{1} & & \\ & 2 & 4, & 6 & 0 \\ + & 0 & 2, & 9 & 8 \\ + & 0 & 7, & 0 & 0 \\ \hline & 3 & 4, & 5 & 8 \end{array}$$

7. 24,6 + 2,98 + 7 est donc égal à **34,58**.

Exercices d'application

13 Poser et effectuer :
a) 468 + 157 **b)** 32,68 + 819,14 **c)** 166 + 5,08

14 Poser et effectuer :
a) 28,76 + 761,46 + 29,8
b) 14 + 68,7 + 186,84 **c)** 377,6 + 1 200,58 + 90,001

15 Mathilde achète 875 g de poisson, 472,5 g de pêches et 184,75 g de noisettes. Quelle masse doit-elle porter ?

16 Marciano doit clôturer trois terrains situés dans trois villes différentes. Le premier a un périmètre de 423,9 m, le second 728,18 m et le dernier 1 907,15 m.
Quelle longueur de grillage doit-il acheter au total ?

Voir aussi les exercices 28 à 40

SAVOIR-FAIRE 3 *Poser et effectuer une soustraction*

Énoncé : Effectuer 36,4 – 26,12 en posant l'opération.

Solution commentée

1. On aligne les nombres. Pour cela, on aligne les virgules en faisant apparaître les virgules des nombres entiers (ou on aligne les chiffres des unités).

$$\begin{array}{rcccc} & 3 & 6, & 4 & 0 \\ - & 2 & 6, & 1 & 2 \\ \hline \end{array}$$

2. *Étape non obligatoire.* On peut compléter les nombres avec des zéros inutiles (0) afin qu'ils aient le même nombre de chiffres.

3. On soustrait les nombres de la colonne la plus à droite : 0 – 2, on ne peut pas. On fait alors 10 – 2. On pose 8 au résultat et on retient 1, on le met au pied de la colonne suivante.

$$\begin{array}{rcccc} & 3 & 6, & 4 & 0 \\ - & 2 & 6, & _{1}1 & 2 \\ \hline & & & & 8 \end{array}$$

4. On passe à la colonne suivante :
4 – (1 + 1) = 4 – 2 = 2.
On pose 2 au résultat.

$$\begin{array}{rcccc} & 3 & 6, & 4 & 0 \\ - & 2 & 6, & _{1}1 & 2 \\ \hline & & & 2 & 8 \end{array}$$

5. On passe à la colonne suivante :
6 − 6 = 0.
On pose 0 au résultat.

```
   3 6, 4 0
 − 2 6,₁1 2
 ----------
     0, 2 8
```

6. On passe à la colonne suivante :
3 − 2 = 1.
On pose 1 au résultat.

```
   3 6, 4 0
 − 2 6,₁1 2
 ----------
   1 0, 2 8
```

7. 36,4-46,12 est donc égal à **10,28**.

Exercices d'application

17 Poser et effectuer :
a) 468 – 157 **b)** 132,57 – 19,14 **c)** 16,6 – 2,05

18 Poser et effectuer :
a) 85,6 – 45,9 **b)** 25 – 6,75 **c)** 248,2 – 5,3

19 Poser et effectuer :
a) 725,6 – 476,84 **b)** 1 251,71 – 634,06 **c)** 116,216 – 21,78

20 Mamie Jo donne 15 € à Charlotte pour acheter un CD. Le CD coûte 12,94 €.
Combien va-t-il rester à Charlotte ?

21 Batman et sa batmobile pèsent ensemble 2 341,24 kg.
Batman seul pèse 82,53 kg.
Combien pèse la batmobile ?

Voir aussi les exercices 32 à 40

SAVOIR-FAIRE 4 *Résoudre un problème à l'aide d'un schéma*

Énoncé : Léonie la Girafe pèse 97 kg de plus que l'an dernier. Sachant qu'elle pèse 872 kg, combien pesait-elle l'an dernier ? Représenter ce problème par un schéma, puis le résoudre.

Solution commentée

- Sur le schéma ci-contre, ce que pesait Léonie l'an dernier est marqué d'un point d'interrogation et est représenté par un segment rouge. Si on lui ajoute 97 kg (segment noir), on trouve ce que Léonie pèse aujourd'hui : 872 kg.

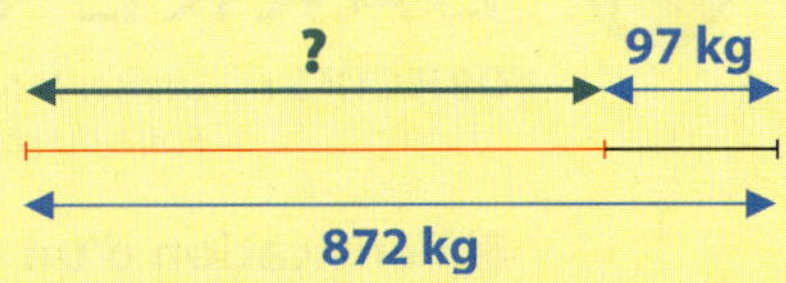

- Le schéma montre que, pour trouver la valeur manquante, il faut soustraire 97 à 872 et 872 – 97 = 775.

L'an dernier, Léonie la Girafe pesait 775 kg.

Exercices d'application

22 Un livreur a 751 kg de marchandises dans son camion. Après avoir livré ses clients du matin, il ne lui reste plus que 328,4 kg à livrer l'après-midi.
Quelle masse de marchandises a-t-il livrée le matin ? Faire un schéma puis résoudre le problème.

23 Milou a parcouru 3 km de plus que Tintin. Le petit chien a fait 7,3 km. Quelle distance a parcouru Tintin ? Faire un schéma puis résoudre le problème.

24 Monsieur Létourdi achète un ordinateur à 814, 75 € et une imprimante à 72,40 €. En arrivant chez lui, il se rend compte qu'il a oublié d'acheter un écran et qu'il avait un bon de réduction de 20 € ! Il retourne au magasin, achète un écran et donne son bon de réduction à la caisse. De retour chez lui, tous calculs effectués, il constate que ses achats lui ont coûté 1 025,35 €. Combien coûtait l'écran ? Faire un schéma puis résoudre le problème.

25 Loïc mesure 7 cm de plus que Safina. Safina mesure 11 cm de moins que Cheng.
Combien Loïc mesure-t-il de moins que Cheng ? Faire un schéma puis résoudre le problème.

Voir aussi les exercices 49 à 59

Avec un ordinateur

À la fin du manuel, retrouve tes Fiches méthode TICE p. 237 Tableur Géométrie

1 SOMMES DE NOMBRES ENTIERS CONSÉCUTIFS

OBJECTIF : *Utiliser le tableur pour conjecturer sur les propriétés de sommes de nombres entiers consécutifs.*

Somme de deux nombres entiers consécutifs

	A	B	C
1	12	13	25

1. Ouvrir un tableur et dans la cellule A1, écrire un nombre entier.

2. Dans la cellule B1, écrire le nombre entier qui suit celui de la cellule A1.

3. Dans la cellule C1, écrire une formule qui ajoute les nombres en A1 et B1. → *Tableur 1*

4. Si l'on change le nombre en A1, est-ce que le nombre en B1 change ? S'il ne change pas, écrire une formule en B1 qui donne le nombre qui suit celui en A1.

5. Écrire successivement 0 puis 1 puis 2 puis 3 puis 4 etc. dans la cellule A1 et observer à chaque fois le résultat en C1. Que remarque-t-on ?

Somme de trois nombres entiers consécutifs

1. Ouvrir une nouvelle feuille du tableur et dans la cellule A1, écrire un nombre entier.

2. Dans la cellule B1, écrire une formule qui donne le nombre entier qui suit celui de la cellule A1. → *Tableur 1*

3. Dans la cellule C1, écrire une formule qui donne le nombre entier qui suit celui de la cellule B1.

4. Dans la cellule D1, écrire une formule qui ajoute les nombres en A1, B1 et C1.

5. Écrire successivement 0 puis 1 puis 2 puis 3 puis 4 etc. dans la cellule A1 et observer à chaque fois le résultat en D1. Que remarque-t-on ?

2 CARRÉ MAGIQUE

OBJECTIFS : – *Utiliser le tableur pour automatiser des tâches de vérification.*
– *Faire du calcul mental (addition et soustraction).*

Vérification d'un carré magique

	A	B	C
1			
2	442	104	474
3	372	340	308
4	206	576	238

1. Ouvrir un tableur et reproduire la situation ci-contre.

2. En D2, écrire une formule qui donne la somme des trois nombres de la ligne 2. → *Tableur 1*

3. En D3, écrire une formule qui donne la somme des trois nombres de la ligne 3. → *Tableur 2*

4. En D4, écrire une formule qui donne la somme des trois nombres de la ligne 4.

5. En A5, écrire une formule qui donne la somme des trois nombres de la colonne A.

6. En B5, écrire une formule qui donne la somme des trois nombres de la colonne B.

7. En C5, écrire une formule qui donne la somme des trois nombres de la colonne C.

8. En D1, écrire une formule qui donne la somme des trois nombres de la diagonale A4, B3, C2.

9. En D5, écrire une formule qui donne la somme des trois nombres de la diagonale A2, B3, C4.

10. Que remarque-t-on ?

Dans un carré
agique, les sommes
s nombres des lignes,
lonnes et diagonales
nt égales à un même
ombre, ici c'est 34.

Réalisation d'un carré magique

1. Ouvrir une nouvelle feuille du tableur et reproduire la situation ci-contre.

	A	B	C	D
1	16			13
2		10		8
3			7	
4	4		14	

2. Les sommes de chaque ligne, de chaque colonne et de chaque diagonale de la feuille doivent être égales à 34. Écrire les formules nécessaires pour le vérifier automatiquement, comme dans la première partie. → *Tableur 1 et 2*

3. Compléter les cases vides pour que ce carré soit magique.

3 EMPILEMENTS DE CUBES

OBJECTIF : *Utiliser le tableur pour faire de nombreuses itérations.*

Préparation de l'activité, à faire sur papier

1. Combien faut-il de cubes :
a) pour faire 1 étage ? **b)** pour faire 2 étages ? **c)** pour faire 3 étages ? **d)** pour faire 4 étages ?

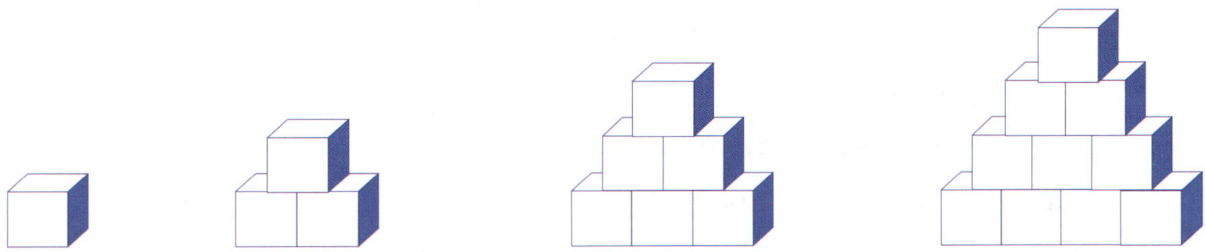

1 étage **2 étages** **3 étages** **4 étages**

2. Combien de cubes ajoute-t-on pour passer :
a) d'1 étage à 2 étages ? **b)** de 2 étages à 3 étages ? **c)** de 3 étages à 4 étages ?
d) Que remarque-t-on ?

Et maintenant… 100 étages !

1. Ouvrir une feuille de tableur. En présentant comme ci-contre, utiliser le tableur pour déterminer le nombre de cubes nécessaires pour 100 étages. Il faut trouver une formule puis la recopier. → *Tableur 1 et 2*

	A	B
1	Étages	Cubes
2	1	1
3	2	3
4	3	

2. Combien faut-il de cubes pour construire 100 étages ?

4 LA BOÎTE NOIRE DU CHAPITRE

BOITE NOIRE

Une « boîte noire » dans un tableur est un programme de calcul mystérieux !
Le but de l'activité est de percer ce mystère…
Pour cela, on peut saisir des nombres mais aussi utiliser des formules qui aident dans la recherche.

1. Télécharger sur le site compagnon le fichier « boite_noire_02 » et l'ouvrir.

2. Saisir un nombre dans la cellule verte et observer dans la cellule grise le résultat de la boîte noire.

3. Faire plusieurs observations puis chercher le programme de calcul mystérieux de la boîte noire.

4. Pour tester un programme de calcul, saisir dans la cellule jaune la formule qui correspond à ce programme et observer le résultat obtenu.

5. Tester plusieurs exemples pour vérifier que les programmes de la boîte noire et de la boite rouge donnent les mêmes résultats.

6. Écrire sur le cahier le programme de calcul qui semble être celui de la boîte noire.

Pour s'entraîner

Vocabulaire

26 Recopier et compléter les phrases suivantes avec les mots *termes, somme, différence* :

a) 14,5 + 11,2 = 25,7 donc 25,7 est la .... des .... 14,5 et 11,2.

b) La .... des .... 41 et 29 est 12.

Coup de pouce
Un même mot peut servir deux fois !

27 Recopier et compléter les phrases ci-dessous :

a) Les .... romains étaient des établissements de bains publics chauds de la Rome Antique.

b) Le .... est un appareil qui sert à mesurer les températures.

c) 124 + 28 + 5 = 157.
Les nombres 124, 28 et 5 sont les .... de l'addition 124 + 28 + 5.

Additions, soustractions

28 Recopier puis effectuer les opérations suivantes :

a)
```
   3 2 4, 3 5
+    8 2, 9
```

b)
```
   2 5 0 6, 8
+    1 4 2, 9 8
```

c)
```
      8 4, 8
+        2, 9 5
+ 4 1 7
```

29 Poser et effectuer les opérations suivantes :
a) 3 456 + 582 **b)** 253,35 + 86,58

30 Poser et effectuer les opérations suivantes :
a) 85,524 + 58 **b)** 6 247 + 24 080,5

31 Poser et effectuer les opérations suivantes :
a) 78,4 + 31,9 + 42,3 **b)** 507,4 + 3,948 + 64,25

32 Recopier puis effectuer les opérations suivantes :

a)
```
   5 8 4, 9 5
-    6 2, 3
```

b)
```
   6 0 5, 2
-  4 7 2, 8 9
```

c)
```
   8 3 2 4, 8
-        2, 0 5
```

33 Poser et effectuer les opérations suivantes :
a) 5 386 – 582 **b)** 125,4 – 18,16

34 Poser et effectuer les opérations suivantes :
a) 412,03 – 282,12 **b)** 5 – 1,008

35 Poser et effectuer les opérations suivantes :
a) 914,357 – 37,358 **b)** 100 000 – 0,1

36 **Propriétés de l'addition**
Calculer astucieusement, en regroupant des termes :
a) 7,5 + 126 + 3,5 + 14
b) 18 + 8,45 + 42 + 6,55

37 **Propriétés de l'addition**
Calculer astucieusement, en regroupant des termes :
a) 820 + 375 + 180 + 625 + 2 000
b) 0,5 + 0,25 + 3,4 + 0,75 + 0,78 + 1,5 + 0,22 + 1,6

38 **Chiffres manquants**
Recopier puis compléter les opérations suivantes :

a)
```
   1 6 . , . 0 8
+  . 4 8 , 4 0 .
   5 . 6 , 0 . 6
```

b)
```
   9 . 0 , . 4 1
-  . 9 2 , 0 0 .
   3 5 . , 6 . 8
```

39 **Fractions décimales et nombres décimaux**

Pour additionner ou soustraire des fractions décimales, on peut utiliser leur écriture décimale.
Exemple : $\frac{321}{10} + \frac{43}{10} = 32{,}1 + 4{,}3 = 36{,}4 = \frac{364}{10}$.

Effectuer de cette façon les opérations suivantes :

a) $\frac{25}{10} + \frac{8}{10}$ **b)** $\frac{254}{100} - \frac{61}{100}$ **c)** $\frac{5}{10} + \frac{75}{100}$

d) $\frac{45}{100} - \frac{4}{10}$ **e)** $2 - \frac{25}{100}$ **f)** $\frac{2}{10} + \frac{2}{100} - \frac{2}{1000}$

40 **Nombres décimaux et fractions décimales**

Pour additionner ou soustraire des nombres décimaux, on peut utiliser des fractions décimales.
Exemple : $5{,}3 + 14{,}68 = \frac{530}{100} + \frac{1468}{100} = \frac{530}{100} + \frac{1468}{100}$
$= \frac{530 + 1468}{100} = \frac{1998}{100} = 19{,}98.$

Effectuer de cette façon les opérations suivantes :
a) 8,64 + 2,5 **b)** 4,2 – 1,25 **c)** 0,3 + 4,125 **d)** 12,003 – 5

Ordres de grandeur

41 Parmi les nombres suivants, trouver l'ordre de grandeur le plus proche de la somme 3 456 + 518 :
3 000 4 000 5 000 3 456 000

42 Parmi les nombres suivants, trouver l'ordre de grandeur le plus proche de la différence 6 780,8 – 2 220,6 :
4 000 4 500 4 500,2 5 000

43 Trouver un ordre de grandeur du résultat des opérations ci-dessous sans les calculer :

a) 4 852,36 + 5 102,12

b) 4 859,86 – 612,9

c) 18,03 – 7,9 + 0,96 – 10,88

44 Pour chacune des opérations ci-dessous, sans effectuer l'opération, retrouver le résultat juste parmi les quatre propositions :

Opération	Résultat A	Résultat B	Résultat C	Résultat D
547,84 + 308,7	239,14	850	856,54	800
95,26 + 13,65	108,91	81,61	118,91	100,91
601 485 – 232	601 717	601 253	369 485	600 253
76,352 – 38,652	37,7	38,7	37,4	115,004

45 Au restaurant avec des amis, Lorenzo se demande si le serveur n'a pas fait une grosse erreur en calculant le total de ce qu'ils doivent pour le repas. Voici leur addition :

3 grillades de sardine	28,30 €
1 tartare de saumon	7,80 €
2 crèmes brûlées	9,90 €
2 glaces au citron	6,10 €
Total :	64,10 €

Calculer un ordre de grandeur de cette addition et dire si le serveur semble avoir fait une erreur importante.

46 Voici les dépenses de téléphone de Noé Bavardus pour cinq mois :

Janvier	Février	Mars	Avril	Mai
49,90 €	51,20 €	102,80 €	34,60 €	81,70 €

Calculer un ordre de grandeur du montant total de ses communications téléphoniques sur ces cinq mois.

Durées et horaires

47 Calculer :
a) 2 h 27 min + 5 h 12 min **b)** 15 h 48 min + 5 h 30 min
c) 16 min 35 s – 4 min 67 s

48 Calculer :
a) 3 h 28 min + 5 h 59 min **b)** 12 h – 4 h 16 min
c) 16 h 35 min 20 s – 4 h 67 min 40 s

Problèmes

49 Monsieur Mulec achète un CD à 14,20 € et un livre à 5,40 €. Il paie avec un billet de 50 €.
Combien la caissière lui rend-elle ?

50 À 13 h 17 précises, le petit Chaperon Rouge aperçoit le grand Méchant Loup caché dans un buisson, ce qui l'empêche de passer. À 15 h 08, le Méchant Loup quitte sa cachette et s'en va dans la forêt.
Combien de temps le petit Chaperon Rouge a-t-il dû attendre avant de poursuivre son chemin ?

51 Raphaël et Alexis ont 32 ans à eux deux. Lucie et Raphaël ont 36 ans à eux deux.
Sachant que Lucie a 17 ans, quels âges ont Raphaël et Alexis ?

52 Malik part en train de Bordeaux à 8 h 45 min. Il arrive à Montpellier à 13 h 20 min. Il se promène dans la ville pendant 2 h 15 min puis repart en train pour Nice où il arrive à 18 h 34 min.
Combien de temps en tout a-t-il passé dans un train au cours de cette journée ?

53 Monsieur Pointilleux est contrarié. Il a demandé trois baguettes de couleur de même longueur.
Or la baguette rouge mesure 2 cm de plus que la baguette verte et 5 cm de moins que la baguette jaune.
La baguette jaune mesure 2,48 m.
a) Représenter la situation par un schéma.
b) Combien mesure la baguette verte ?

54 Dans son laboratoire, le professeur Tournebol fabrique un étrange breuvage. Sur la paillasse, il y a une feuille où est écrite la composition de la potion :
25,3 cL de poussière de Lune, 24 cL d'eau de comète et 40,91 cL de salive de panthère bleue.
Il lui faut 1 L de potion pour guérir le capitaine Kaddock.
a) S'il suit les quantités notées sur la feuille, parviendra-t-il à fabriquer 1 L de potion ? Expliquer.
b) Il décide d'ajouter de l'eau de comète dans sa fiole pour obtenir 1 L de potion.
Quel volume d'eau de comète devra-t-il ajouter ?

55 Le serveur d'un restaurant compte à haute voix : « 12,50 euros plus 5,20 euros plus 3,44 euros plus 7,80 euros ».

a) Quel est le montant de l'addition ?

b) Le serveur s'est trompé, ce n'était pas 3,44 euros mais 34,40 euros.
Rectifier l'addition.

Pour s'entraîner

56 Monsieur Malin veut peser un agneau mais l'agneau est si vif qu'il ne veut pas rester sur la balance. Monsieur Malin prend l'agneau dans ses bras et monte sur la balance, il lit : 106,6 kg.
Il pose l'agneau puis se pèse seul, il lit alors : 84,8 kg.
a) Combien pèse l'agneau ?
b) La balance est mal réglée. Elle compte 500 g en trop. En tenant compte de cette correction, combien pèse réellement l'agneau ?

57 Voici un petit terrain rectangulaire dans lequel le père Lapaille veut mettre un mouton.

Quelle longueur de clôture va-t-il devoir mettre en place pour que son mouton ne s'échappe pas ?

58 Le physicien anglais Newton, né en 1642, est mort en 1727. Le mathématicien allemand Gauss, né en 1777, est mort en 1855. La mathématicienne française Sophie Germain est née 1 an avant Gauss et a vécu 30 ans de moins que Newton. En quelle année est-elle décédée ?

59 Le Meteor Crater est un cratère situé dans l'état de l'Arizona, États-Unis d'Amérique. On pense qu'il s'est formé lors de la chute d'une météorite de 300 000 tonnes, il y a environ 50 000 ans. Le cratère mesure 1 200 m de diamètre et sa profondeur est de 180 m.
Joe descend au fond du cratère et monte sur un rocher. Sachant que Joe mesure 1,78 m et qu'une fois perché sur le rocher, il se trouve à 176,85 m de la surface du cratère, quelle est la hauteur du rocher ?

Remue-méninges

Les exercices qui suivent sont à faire mentalement

60 Calculer :
a) 18 + 15 **b)** 88 + 7 **c)** 124 + 26 **d)** 1 356 + 125
e) 54 – 8 **f)** 754 – 23 **g)** 972 – 631 **h)** 300 – 33

61 Calculer :
a) 28,7 + 14,2 **b)** 5,28 + 3,04 **c)** 10,25 + 5,8
d) 11,8 – 5,5 **e)** 15 – 7,2 **f)** 28 – 2,54

62 Calculer en regroupant astucieusement :
a) 18 + 15 + 12 **b)** 27 + 24 + 106 **c)** 985 + 17 + 15

63 Calculer en regroupant astucieusement :
a) 9,5 + 11 + 0,5 **b)** 175 + 14,7 + 5,3 **c)** 2,75 + 90 + 7,25

64 Quel est le périmètre de chacun des triangles ci-dessous ?

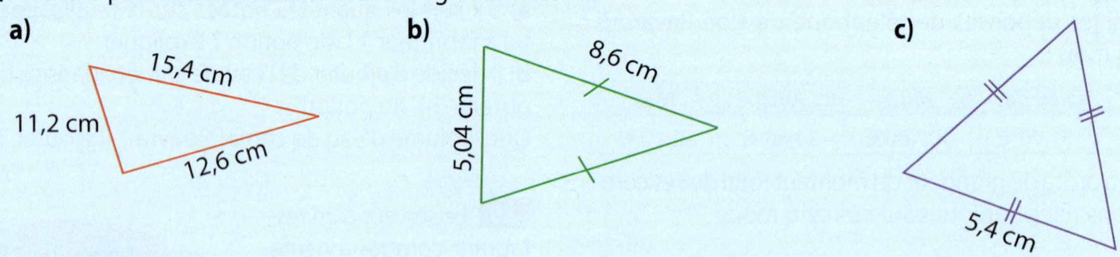

65 Déterminer le dernier chiffre de chacune des sommes et différences ci-dessous :
a) 724 + 325 **b)** 8,026 + 2,438
c) 121,586 + 348,52 **d)** 5 + 15,056
e) 785 – 314 **f)** 802 041 – 702 526
g) 3 285,21 – 1 083,53 **h)** 1 457,521 – 1,03
i) 1 230 450 – 1,09 **j)** 241,46 – 84,578

66 Jo le Chrono est une personne qui aime la précision, il surveille toujours sa montre. Hier, Jo est arrivé à la plage à 11 h 52 min, il est resté 7 minutes sur le sable puis s'est baigné pendant 1 h 12 min. Ensuite, il s'est de nouveau prélassé sur la plage pendant 23 minutes avant de rentrer chez lui.
À quelle heure Jo le Chrono est-il reparti de la plage ?

Pour s'évaluer

Pour chaque exercice 67 à 76, trouve la ou les bonnes réponses.

Énoncés	Réponse A	Réponse B	Réponse C	Réponse D
67 *Calcul mental* 128 + 93 vaut :	35	211	231	221
68 *Calcul mental* 218 000 – 189 000 vaut :	29 000	71 000	407 000	28 000
69 45,23 + 18,077 vaut :	64	63,307	63,54	63,237
70 574 – 12,12 vaut :	562,12	561,88	586,12	Impossible…
71 Quel est l'ordre de grandeur de 4 178 + 7 926 + 9 099 ?	20 000	19 203	21 000	22 000
72 Quel est l'ordre de grandeur de 254,081 – 9,07 ?	240	245	250	260
73 Cheikh Saliou s'achète un CD à 9,40 €, un livre à 13,65 € et un bonbon à 1,20 €. Il a dépensé :	24,25 €	23,25 €	24 €	On ne peut pas savoir, on ne sait pas combien il avait au départ…
74 Un train part de Bordeaux à 6 h 28 min et arrive à Paris à 9 h 25 min. La durée du trajet Bordeaux-Paris est :	2 h 57 min	3 h 03 min	15 h 53 min	3 h 53 min
75 À 13 h 48 min, Henrique s'allonge pour une sieste de 23 minutes. Ensuite, il part en promenade pendant 2 h 01 min. Il revient chez lui à :	11 h 24 min	15 h 72 min	12 h 10 min	16 h 12 min
76 Papy René a 52 ans de plus que Lily. Lily a 3 ans de moins que Pierrot. Donc Papy René a :	55 ans de plus que Pierrot	49 ans de moins que Pierrot	On ne peut pas savoir	49 ans de plus que Pierrot

Tu peux vérifier tes réponses p. 255 et si tu veux continuer ton entraînement rendez-vous sur le site compagnon

Devoir à la maison

1 Inès et Marie ont reçu chacune la même somme d'argent de leur grand-mère. Inès possédait 4,85 € avant leur visite, maintenant elle en a 12. Marie possédait 9,50 €, combien d'argent possède-t-elle maintenant ?

2 Jules et Maya ont 20 ans à eux deux. Si Jules avait trois ans de moins et Maya un an de plus alors ils auraient le même âge. Quels âges ont-ils ?

3 Utiliser le tableau ci-contre présentant quelques personnalités scientifiques françaises pour répondre aux questions suivantes.

1. Quelle personnalité a vécu le moins longtemps ? Quelle est celle qui a vécu le plus longtemps ?

2. Combien de jours après André-Marie Ampère est née Marie-Sophie Germain ?

3. Françoise Barré-Sinoussi, spécialiste en biologie des virus, est née le 30 juillet 1947. Elle a obtenu le prix Nobel de médecine le 6 octobre 2008. Quel âge avait-elle lorsqu'elle a reçu ce prix ?

En savoir plus site compagnon

Nom	Prénom	Naissance	Décès	Spécialité
Pascal	Blaise	19 juin 1623	19 août 1662	mathématicien, physicien, philosophe
Germain	Marie-Sophie	1 avril 1776	27 juin 1831	mathématicienne
Lavoisier	Antoine	26 août 1743	8 mai 1794	chimiste, philosophe, économiste
Buffon	Georges-Louis	7 septembre 1707	16 avril 1788	biologiste, mathématicien, physicien
Ampère	André-Marie	20 janvier 1775	10 juin 1836	mathématicien, physicien
Pasteur	Louis	27 décembre 1822	28 septembre 1895	biologiste, physicien, chimiste
Curie	Marie	7 novembre 1867	4 juillet 1934	physicienne
Descartes	René	31 mars 1596	11 février 1650	mathématicien, physicien, philosophe
Ackermann	Liliane	3 septembre 1938	3 février 2007	biologiste, chimiste

Du côté du site compagnon

Un bel attrape-nigaud !

Le nombre 9 possède de multiples et mystérieuses propriétés, certains disent même que ce nombre est caché dans la date de naissance de toute personne appelée à devenir célèbre.

Prenons, par exemple, la date de naissance d'Albert Einstein, le grand physicien : le 14 mars 1879.

Écrivons cette date en chiffres : 14031879.
Puis mélangeons les chiffres pour obtenir un nombre différent, 81497301 par exemple.
Soustrayons le plus petit du plus grand.
Nous obtenons alors : 67465422.

Maintenant, faisons la somme de ces chiffres :
$6 + 7 + 4 + 6 + 5 + 4 + 2 + 2$.
Cette somme vaut 36 et $3 + 6 = 9$!

Mais c'est la 9-Academy !
Qu'en penses-tu ?
C'est vrai ou faux ?
Deviendras-tu célèbre ou méfiant ?

Dans tous les cas, rendez-vous sur le site compagnon pour tirer cette affaire au clair !

Multiplication

Le Roadrunner est un supercalculateur construit par la société IBM à Los Alamos, au Nouveau Mexique (États-Unis). Il a dépassé le petaflop en novembre 2008.

Je vais apprendre à…

- Utiliser le vocabulaire : produit, facteur ► *Exercice 24*
- Effectuer des multiplications mentalement, à la main, à la calculatrice ► *Exercices 25 à 35*
- Donner un ordre de grandeur d'un produit ► *Exercices 36 à 42*
- Multiplier un nombre par 10, 100, 1 000 ou par 0,1 ; 0,01 ; 0,001 ► *Exercices 43 à 46*

Savoir faire

SAVOIR-FAIRE 1 *Effectuer une multiplication posée*

Animation site compagnon

Énoncé : Effectuer 6,38 × 20,4.

Solution commentée

1. On pose la multiplication sans tenir compte des virgules.

2. 4 × 638 = 2 552.
On peut aligner le 2 sous le 4 pour mieux se repérer.

3. 0 × 638 = 000.
On peut aligner le 0 sous le 0 de 20,4 pour faciliter le décalage nécessaire avec le nombre précédent.

4. 2 × 638 = 1 276.
On peut aligner le 6 sous le 2 de 20,4 pour faciliter le décalage nécessaire avec le nombre précédent.

5. 2 552 + 0000 + 127 600 = 130 152.

6. 6,38 a deux chiffres après la virgule. 20,4 a un chiffre après la virgule. Le produit 6,38 × 20,4 doit donc avoir trois chiffres après la virgule.
Le produit 6,38 × 20,4 est donc égal à **130,152**.

				6,	3	8
×				2	0,	4
			2	5	5	2
+			0	0	0	•
+	1	2	7	6	•	•
	1	3	0,	1	5	2

Exercices d'application

1 Calculer :

a) 468 × 5,7 b) 32,6 × 9,1

2 Calculer :

a) 200 × 70,1 b) 1,4 × 68,72

3 Calculer :

a) 22,4 × 15,7 b) 45,02 × 17

4 Calculer :

a) 4,78 × 2,001 b) 5 204 × 30,3

5 La société API fabrique du jus de pomme. Elle dispose de 48 cuves de 185,6 hL chacune. Quelle quantité de jus de pomme peut-elle stocker dans ses cuves ?

6 Monsieur Ronéop est un expert en vélo. Il a calculé qu'à chaque tour de roue il parcourait 2,17 m. En 15 tours de roue, quelle distance parcourt-il ?

7 Madame Lafon achète 3,5 kg de tomates à 2,34 € le kilogramme. Combien va-t-elle payer ?

8 Dans le rayon électricité d'un magasin de bricolage, il y a 26 rouleaux de câble électrique AF24. Sachant que chaque rouleau pèse 12,8 kg, quelle masse totale représentent tous les rouleaux de câble électrique ?

9 Pour préparer son anniversaire, Ambre a transporté 23 packs de 6 bouteilles de 0,75 L de jus de fruits. Quelle quantité de jus de fruits Ambre aura transporté en tout ?

10 Pour se maintenir en forme, Caroline court 3 fois par semaine. Elle effectue chaque fois 12 tours d'une piste qui mesure 0,542 km de long. Quelle distance parcourt-elle par semaine ?

11 Un triacontakaienneagone régulier est un polygone qui a 39 côtés de la même longueur. Sachant que la longueur d'un côté est 23,08 cm, quel est le périmètre du triacontakaienneagone ?

12 Le Zénith de Strasbourg est une salle de spectacle qui peut contenir jusqu'à 9 975 personnes. La comédie musicale *La clé à molette* a joué à guichet fermé pendant 23 représentations. Combien de tickets environ ont été délivrés pour les 23 représentations ?

Voir aussi les exercices 25 à 35

Animation site compagnon

SAVOIR-FAIRE 2 *Multiplier par 10, 100, 1 000 et par 0,1 ; 0,01 ; 0,001*

Énoncés

(A) Calculer : **a)** 37,8 × 10 **b)** 100 × 247 **c)** 0,5 × 1 000

(B) Calculer : **a)** 37,8 × 0,1 **b)** 0,01 × 247 **c)** 0,5 × 0,001

Solutions commentées

(A)

a) 37,8 × 10 = 37,8000… × 10 = 378,000… = 378.
37,8 × 10 = **378**.

b) 100 × 247 = 100 × 247,000… = 24 700,0… = 24 700.
100 × 247 = **24 700**.

c) 0,5 × 1 000 = 0,5000… × 1 000 = 0500,0… = 500.
0,5 × 1 000 = **500**.

(B)

a) 37,8 × 0,1 = 3,78.
37,8 × 0,1 = **3,78**.

b) 0,01 × 247 = 0,01 × 247,000… = 2,47000… = 2,47.
0,01 × 247 = **2,47**.

c) 0,5 × 0,001 = …0000,5 × 0,001 = …0,0005 × 0,001 = 0,0005.
0,5 × 0,001 = **0,0005**.

Exercices d'application

13 Calculer :
a) 46,8 × 10 **b)** 53,9 × 0,1 **c)** 1,6 × 1 000
d) 0,003 × 100 **e)** 5,02 × 0,01 **f)** 80 × 0,001

14 Calculer :
a) 0,001 × 568 **b)** 48,72 × 100 **c)** 10 × 0,0004
d) 500 005 × 0,01 **e)** 0,1 × 2 **f)** 1 000 × 0,04

15 Calculer :
a) 0,035 × 0,01 **b)** 1 000 × 39,5 **c)** 0,1 × 6
d) 0,001 × 52 **e)** 100 × 68,04 **f)** 0,6 × 10

16 Calculer :
a) 46,8 × 10 **b)** 9 × 0,001 **c)** 100 × 891
d) 10,01 × 10 **e)** 0,001 × 3 000 000 **f)** 0,00001 × 100

17 Recopier et compléter :
a) 25,7 × … = 2 570 **b)** … × 0,45 = 450
c) 164,8 × … = 0,1648

18 Recopier et compléter :
a) 0,01 × … = 15,6 **b)** 0,41 = … × 100
c) 10 × … = 782 000

19 Recopier et compléter :
a) 0,0004 = 0,1 × … **b)** … × 0,001 = 210
c) 1 000 × … = 23

20 Recopier et compléter :
a) 4,44 × … = 0,0444 **b)** 582 = … × 0,1
c) 0,001 × … = 0,5295

21 Recopier et compléter :
a) 11 111 × … = 111,11 **b)** … × 120 012 001 = 120 012,001
c) 0,01 = 10 × …

22 Recopier et compléter :
a) 2,8 × 100 = … **b)** 3 024 × … = 0,003024
c) … × 0,001 = 280 000

23 Recopier et compléter :
a) 0,528 × … = 52 800 **b)** … × 0,00086 = 0,086
c) 1 000 × … = 524

Voir aussi les exercices 43 à 46

Avec un ordinateur

À la fin du manuel, retrouve tes Fiches méthode TICE p. 237 Tableur Géométrie

1 LE TOUR DE MAGIE

OBJECTIF : *Utiliser le tableur pour comprendre le fonctionnement d'un algorithme.*

Dans son grenier, Benoît trouve un vieux livre abîmé dans lequel est expliqué un tour de magie de son ancêtre magicien Permoboullus :

Sur la page, le nombre à soustraire est caché par une tache. Il faut absolument le retrouver !

1. Si le magicien choisit un 3 comme carte de départ et que le partenaire choisit un 5 comme carte, quel est le nombre formé lorsque l'on retourne les deux cartes ?

2. Ouvrir une feuille de calcul de tableur et reproduire la situation ci-dessous :

	A	B
1	Valeur de la carte du magicien	3
2	Valeur de la carte du partenaire	5
3	Nombre formé avec les 2 cartes	
4	Programme de calcul	
5	Valeur de la carte du partenaire multipliée par 2	
6	Résultat précédent augmenté de 2	
7	Résultat précédent multiplié par 5	
8	*Nombre à soustraire*	
9	Résultat du programme de calcul	

3. Trouver une formule pour compléter la cellule B3. → *Tableur 1*

4. Trouver des formules pour compléter les cellules B5, B6 et B7. → *Tableur 1*

5. Trouver une formule pour compléter la cellule B9. Il s'agit de prendre le résultat en B7 puis de lui soustraire le nombre en B8. → *Tableur 1*

6. Trouver le nombre à soustraire (en B8) pour que le nombre formé avec les deux cartes (en B3) et le résultat du programme de calcul (en B9) soient les mêmes.

7. Faire varier la carte du partenaire. Est-ce que le tour fonctionne toujours ?

8. Faire varier la carte du magicien. Est-ce que le tour fonctionne encore ? Sinon, trouver ce qu'il faut mettre en B8 pour que cela fonctionne de nouveau.

9. Que peut-on dire du nombre à soustraire recherché ? Doit-il toujours être le même ?

10. En essayant différentes situations, retrouver le lien qu'il y a entre la carte du magicien et le nombre à soustraire.

11. Recopier le tour sur une feuille.

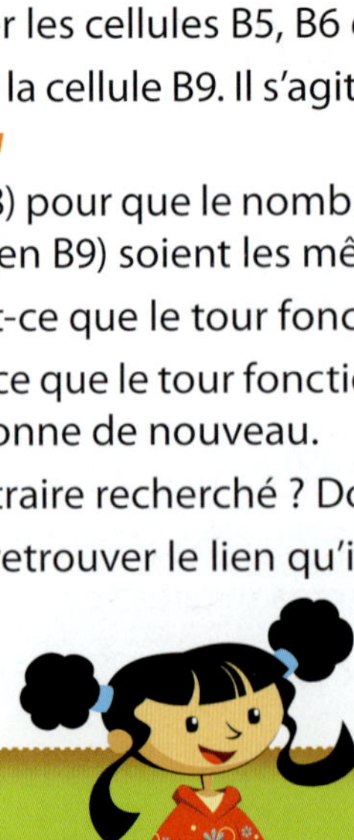

2 VRAI OU FAUX

OBJECTIF : *Étudier des propriétés des nombres à l'aide d'un tableur.*

Pour chacune des affirmations ci-dessous, dire si elle est vraie ou fausse en expliquant la réponse. On peut s'aider du tableur pour tester l'affirmation sur un grand nombre d'exemples.

a) Le produit de deux nombres consécutifs (qui se suivent) est toujours un nombre pair.

b) Le produit de trois nombres consécutifs est toujours un multiple de 4.

c) Le produit de cinq nombres consécutifs est toujours un multiple de 10.

3 LE SECRET

OBJECTIF : *Utiliser le tableur pour automatiser des calculs fastidieux.*

Le 1er janvier, Safina confie un secret à deux amies. Le lendemain, celles-ci le répètent chacune à deux autres amies qui, le jour suivant, le répètent elles-mêmes chacune à deux amies et ainsi de suite.
On suppose dans la suite que toutes les personnes concernées sont différentes.

1. Combien de personnes apprennent le secret le 2 janvier ? Le 3 janvier ?

2. Combien de personnes en tout sont au courant du secret le 2 janvier ? Et le 3 janvier ?

3. On veut savoir combien de personnes seront au courant du secret à la fin du mois de janvier.

a) Ouvrir une feuille de calcul de tableur et reproduire le tableau ci-contre.

	A	B	C
1	JOUR	Nombre de personnes qui apprennent le secret	Nombre total de personnes au courant
2	1		
3	2		
4	3		

b) Remplir la cellule B2. Trouver une formule pour compléter les autres cellules de la colonne B (B3, B4, etc.) ➜ *Tableur 1 et 2*

c) Remplir la cellule C2. Trouver une formule pour compléter les autres cellules de la colonne C (C3, C4 etc.) ➜ *Tableur 1 et 2*

d) Combien de personnes seront au courant du secret le 31 janvier ?

4 LA BOÎTE NOIRE DU CHAPITRE

BOITE NOIRE

Une « boîte noire » dans un tableur est un programme de calcul mystérieux !
Le but de l'activité est de percer ce mystère…
Pour cela, on peut saisir des nombres mais aussi utiliser des formules qui aident dans la recherche.

1. Télécharger sur le site compagnon le fichier « boite_noire_03 » et l'ouvrir.

2. Saisir un nombre dans la cellule verte et observer dans la cellule grise le résultat de la boîte noire.

3. Faire plusieurs observations puis chercher le programme de calcul mystérieux de la boîte noire.

4. Pour tester un programme de calcul, saisir dans la cellule jaune la formule qui correspond à ce programme et observer si le résultat obtenu est le même que celui dans la cellule grise.

5. Tester plusieurs exemples pour vérifier que les programmes de la boîte noire et de la boîte rouge donnent les mêmes résultats.

6. Écrire sur une feuille le programme de calcul qui semble être celui de la boîte noire.

Pour s'entraîner

Vocabulaire

24 Recopier et compléter les phrases suivantes avec les mots *terme, somme, différence, produit, facteur* éventuellement au pluriel :

a) 2,1 × 15,6 = 32,76 donc 32,76 est le **......** des **......** 2,1 et 15,6.

b) La **......** des **......** 24 et 50 est 74.

c) La **......** des **......** 7,5 et 3,2 est 4,3.

Multiplications

25 Poser et effectuer les opérations suivantes :
a) 458 × 14 **b)** 3 200 × 27 **c)** 8 × 24 508

26 Poser et effectuer les opérations suivantes :
a) 78,5 × 38 **b)** 27,05 × 41 **c)** 4 216 × 5,04

27 Poser et effectuer les opérations suivantes :
a) 0,35 × 0,685 **b)** 2 000,2 × 6,06 **c)** 2,924 × 8,8

28 Poser et effectuer les opérations suivantes :
a) 7,14 × 3,85 **b)** 8,015 × 21,21 **c)** 3,3 × 59,5

29 **1.** Calculer le produit 314 × 25 en posant l'opération.
2. Sans poser l'opération, calculer :
a) 3,14 × 2,5 **b)** 0,314 × 0,25 **c)** 0,0025 × 0,00314

30 Une calculatrice affiche :

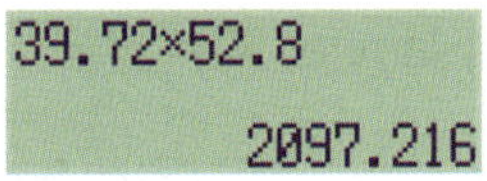

Sans effectuer les opérations, citer les produits égaux à 2 097,216 :

- 3,972 × 528
- 397,2 × 5 280
- 3 972 × 0,528
- 5,28 × 3,972
- 0,003972 × 528 000
- 39 720 × 0,00528

31 Dans la pyramide ci-dessous, chaque nombre d'une brique est le produit des nombres des deux briques inférieures. Recopier et compléter cette pyramide :

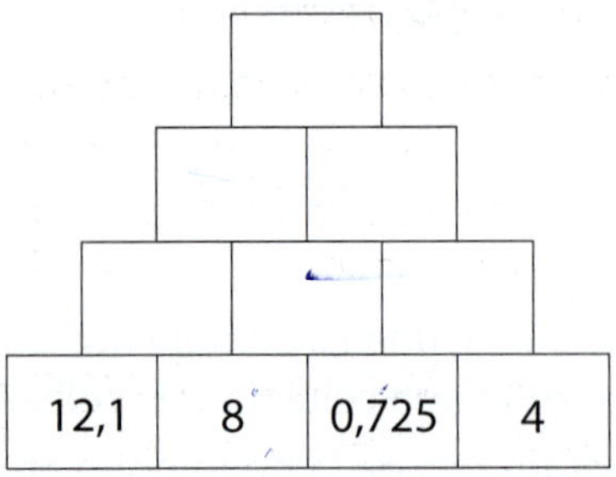

32 Calculer astucieusement les produits suivants en regroupant des facteurs :
a) 2 × 58 × 5 **b)** 82,7 × 25 × 4 **c)** 0,5 × 101 × 8

33 Calculer astucieusement les produits suivants en regroupant des facteurs :
a) 800 × 2,5 × 2 **b)** 0,4 × 53,42 × 25 **c)** 0,125 × 12 × 8

34 Recopier et compléter les opérations ci-dessous avec les chiffres qui conviennent :

a)
```
      3 7
×     • •
---------
    • • 8
  • • 2
---------
  • • • •
```

b)
```
      • •
×     3 9
---------
    • • 2
    8 •
---------
  • • • •
```

35 Recopier et compléter l'opération ci-dessous avec les chiffres qui conviennent :

```
          • • 5 9
×           • 4 •
-----------------
        8 3 • 8
    • • • • •
  • • • • 5
-----------------
  • • • • 1 • •
```

Ordres de grandeur

36 Choisir, parmi les nombres suivants, l'ordre de grandeur le plus proche du produit 32,56 × 51 :
150 1 600 1 400,56 1 500 1 500,56

37 Choisir, parmi les nombres suivants, l'ordre de grandeur le plus proche du produit 0,781 × 72,89 :
70 50 560 60

38 Trouver pour chaque produit ci-dessous un ordre de grandeur du résultat puis calculer sa valeur exacte à l'aide de la calculatrice :
a) 64,75 × 4,823 **b)** 9 874,42 × 6 012
c) 518,03 × 87,9 × 0,96

39 Recopier et compléter les opérations ci-dessous :
a) 3,01 × 998,4 ≈ **...** **b)** 41,02 × 6,98 ≈ **...**
c) 19,89 × 8,02 ≈ **...**

40 Pour chacune des opérations ci-dessous, sans effectuer l'opération, retrouver le résultat juste parmi les quatre propositions :

Opérations	Résultat A	Résultat B	Résultat C	Résultat D
954 × 325	1 279	31 005	224 000	310 050
5 286 × 58	206 588	5 344	306 588	256 588
506,50 × 304	153 976	15 024,50	1 539 760	15 024,2
0,74 × 0,45	0,0333	1,19	0,333	0,2820

41 **Exposition** ARTS PLASTIQUES

Lors de sa dernière exposition d'art, Isabelle a vendu 5 lithographies à 76,30 € pièce, 8 petits collages à 114 € pièce et 11 sculptures en raku à 27 € pièce.
En calculant à l'aide d'ordres de grandeur, dire si Isabelle a vendu pour plus ou moins de 1 800 €.

42 Soukaïna sort du supermarché Trescher en se disant qu'il y a une erreur dans le montant de ses achats. Voici son ticket de caisse :

Trescher	Prix unitaire	Prix total
3,1 kg de carottes	2,40 € le kg	7,44 €
0,820 kg de fraises	5,60 € le kg	5,592 €
12 stylos Scribouil	0,42 le stylo	50,04 €
0,640 kg de dorade	14,5 € le kg	11,28 €
	Total	74,352 €

Soukaïna a-t-elle raison de soupçonner des erreurs ? Si oui, où sont-elles dans le ticket de caisse ?
Répondre sans poser d'opérations et sans calculatrice.

Multiplications par 10, 100, 1 000 ou par 0,1 ; 0,01 ; 0,001

43 Recopier et compléter :

a) 5, 21 × … = 0,00521 **b)** 10 000 × 0,07 = …
c) 0,092 × … = 0,00092 **d)** 500 000 × 0,01 = …
e) 0,001 × … = 212,8 **f)** … × 98 = 0,98

44 Calculer sans poser l'opération :

a) 1 000 × 0,1 **b)** 0,001 × 10
c) 0,01 × 0,01 **d)** 10 × 0,001 × 1 000
e) 0,01 × 0,001 × 100 **f)** 100 × 1 000 × 10 × 1 000 × 10

45 Calculer sans poser l'opération :

a) 5 000 × 300 **b)** 60 × 8 000 **c)** 40 000 × 600
d) 0,002 × 400 **e)** 608 × 0,03 **f)** 7 000 000 × 0,002

46 Twister le chien aime courir. Son maître a remarqué, que tous les jours, Twister fait 10 fois le tour du jardin. Sachant que le périmètre du jardin est de 1 246,52 m, quelle distance Twister parcourt-il en 100 jours ?

Problèmes

47 Chlorophylle, la chatte tigrée, dort en moyenne 15 h 30 min par jour.
Combien de temps dort-elle en tout en 24 jours ?

48 Madame Capbern prépare ses plantations. Elle achète 14 plants de chèvrefeuille à 9,90 € pièce, 21 plants d'œillets d'Inde à 3,50 € pièce et 6 plants d'azalée à 29,50 € pièce.
Combien paie-t-elle ?

49 La distance entre la Terre et le Soleil est environ 150 000 000 km. La distance entre la Terre et la Lune est environ 384 000 km. La fusée Lunatix a fait 200 fois l'aller-retour Terre-Lune.
A-t-elle parcouru plus ou moins que la distance Terre-Soleil ?

50 **Qui a raison ?**

51 Agnès travaille 7 h par jour, 5 jours par semaine. Combien d'heures travaille-t-elle en 27 semaines ?

52 **Comme des poissons** EPS

Tous les élèves d'un collège participent à la journée du relais nautique. Chacun des 655 élèves doit parcourir 50 m de bassin.

a) Quelle distance sera parcourue en tout dans ce relais ?

b) S'il faut 58 secondes pour parcourir 50 m, combien de temps durera le relais nautique ?

53 Dans son album de timbres, Papy Jeannot a rempli 34 pages de 15 timbres et 12 pages de 18 timbres.
Combien de timbres a-t-il en tout ?

54 Isabelle court tous les jours autour de son quartier. Elle effectue 7 tours de 720 m.
Quelle distance en kilomètres parcourt-elle en 32 jours ?

55 **Histoire de cœurs** SVT

Le cœur d'Ahmed bat en moyenne 72 fois par minute, celui de Lulu le moineau bat 500 fois par minute et celui de Jo la baleine grise bat 9 fois par minute.

a) Combien y a-t-il de minutes dans une heure ? Et dans une journée ?

b) Calculer le nombre de battements que les cœurs d'Ahmed, Lulu et Jo effectuent chacun dans une journée, puis dans une semaine.

c) Le cœur d'Ahmed pompe 5 litres de sang par minute. Quelle quantité de sang pompe-t-il par jour ? Et par semaine ?

Pour s'entraîner

56 **Mile et Mille** GÉOGRAPHIE

- Le **mile** est une unité de longueur utilisée dans les pays anglo-saxons : un mile vaut environ 1,609 km.
- Le **mille marin** est une unité de longueur utilisée en navigation maritime et aérienne : un mille marin vaut environ 1,852 km.

Morgane et Mathias ont rendez-vous à la pointe de l'île English Spot. Mathias doit parcourir 3,7 milles marins en bateau et Morgane doit parcourir 4,26 miles à vélo.

1. Qui a la plus longue distance à parcourir ?

2. Le **nœud** est une unité de vitesse égale à un mille marin par heure. Sachant que le bateau de Mathias va à la vitesse de 5,2 nœuds, combien de kilomètres parcourt-il en une heure ?

57 **Et en plus elle tourne... vite !** ASTRONOMIE

Dans sa course annuelle autour du Soleil, la Terre parcourt environ 29,78 km par seconde.

Quelle distance parcourt-elle en une heure ?

58 **Allo ? À l'eau ?** HISTOIRE-GÉOGRAPHIE

Le 5 août 1858, le premier câble transatlantique sous-marin est posé entre Valentia (Irlande) et Trinity Bay (Terre-Neuve).

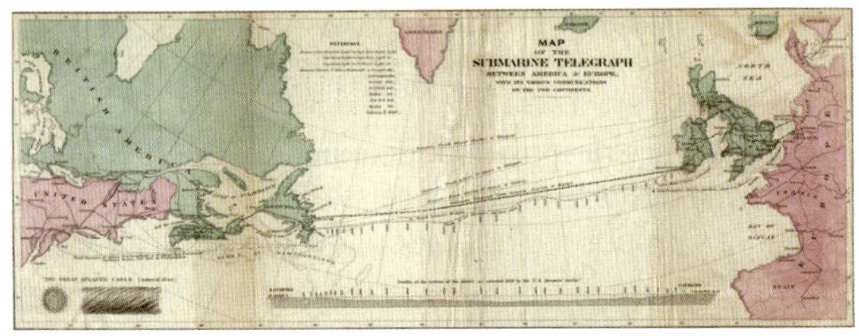

Suite à une erreur de tension électrique commise par un ingénieur, cette ligne télégraphique ne fonctionnera que 20 jours. Sachant qu'il y a 4 200 kilomètres de câble et qu'un mètre de câble pèse environ 1,67 tonnes, donner la masse de la totalité du câble, en tonnes puis en kilogrammes.

Remue-méninges

Les exercices qui suivent sont à faire mentalement

Pour multiplier deux nombres entiers compris entre 10 et 19 (inclus)

On ajoute le premier nombre au « chiffre » des unités du deuxième nombre. On multiplie par 10 le résultat obtenu. On ajoute au résultat précédent le produit des « chiffres » des unités des nombres de départ.

Exemple : Pour 13×18, $13 + 8 = 21$, $21 \times 10 = 210$, $3 \times 8 = 24$ d'où $13 \times 18 = \mathbf{210 + 24 = 234}$.

59 Calculer :
a) 12×13 **b)** 16×14 **c)** 18×12 **d)** 15×17 **e)** 14×16

60 Calculer :
a) 18×16 **b)** 19×14 **c)** 17×17 **d)** 15×18 **e)** 19×19

61 Calculer :
a) 2×5 **b)** 20×50 **c)** $0{,}2 \times 5$ **d)** $0{,}05 \times 0{,}2$ **e)** $500 \times 2\,000$

62 Calculer :
a) 4×25 **b)** 250×40 **c)** $0{,}25 \times 4$
d) $0{,}025 \times 0{,}4$ **e)** $2\,500 \times 400$

63 Calculer :
a) 8×125 **b)** $0{,}8 \times 1\,250$ **c)** $0{,}08 \times 12\,500$
d) $1{,}25 \times 800$ **e)** $12\,500\,000 \times 0{,}00008$

Pour multiplier un nombre par 11

On multiplie le nombre par 10 puis on ajoute ce résultat au nombre lui-même.

64 Calculer mentalement :
a) 11×24 **b)** $1\,200 \times 11$ **c)** $11 \times 0{,}8$
d) $78 \times 1{,}1$ **e)** $45\,000 \times 0{,}11$

65 Luna va chez le poissonnier où elle achète 2,5 kg de lotte à 27 € le kilogramme. Au moment de payer, elle se rend compte qu'elle n'a qu'un billet de 50 € et un billet de 20 € ; elle craint que cela ne soit pas suffisant pour payer. A-t-elle raison d'avoir peur ?

66 Le double signifie « × 2 », le triple « × 3 », le quadruple « × 4 » et le quintuple « × 5 ».
a) Comment dit-on « × 6 » ?
b) Combien vaut le double du triple du quadruple du quintuple de 7 ?

Pour s'évaluer

Pour chaque exercice 67 à 76, trouve la ou les bonnes réponses.

Énoncés	Réponse A	Réponse B	Réponse C	Réponse D
67 245 × 12 vaut :	2 940	294	2 450	257
68 45,23 × 7,8 vaut :	352,184	352,794	53,03	350,794
69 57,4 × 100 vaut :	57 400	5 740	574	0,574
70 0,001 × 124,8 vaut :	0,1248	1,248	12,48	124 800
71 On cherche un ordre de grandeur du produit 26,011 × 3,2. Quel est l'ordre de grandeur le plus proche ?	78	29	75	104
72 Moussa et Paul font des achats au marché. Moussa achète 3 kg de poisson à 16,25 € le kilogramme, 5 melons à 2,10 € pièce et 6 baguettes à 0,85 € pièce. Paul achète 3,5 mètres de tissu à 2,50 € le mètre et 3 paires de chaussettes à 1,20 € la paire. Ils ont dépensé en tout :	76,70 €	767 €	7,67 €	On ne peut pas savoir
73 Patou et Freddy doivent transporter des bottes de paille à l'aide d'une remorque. La remorque peut supporter au maximum 3,5 t et chaque botte de paille pèse 16,4 kg. Sachant qu'il y a 231 bottes de paille, que peuvent faire Patou et Freddy ?	Ils peuvent ne faire qu'un voyage	On ne peut pas savoir	Ils doivent faire plus de deux voyages	Ils doivent faire plus d'un voyage
74 632 × 827 = 522 664 donc :	6,32 × 8,27 = 52,2664	63,2 × 0,827 = 522,664	0,632 × 82,7 = 52,266 4	6,32 × 82,7 = 52,2664
75 En attendant son bus qui arrive dans 41 minutes, Isa court autour du pâté de maisons. Elle fait 13,5 tours de 3 minutes chacun. Avant que son bus n'arrive, il lui reste :	Rien du tout, elle a manqué son bus !	5 secondes	0,5 seconde	30 secondes
76 Nahema a le double du triple de l'argent de Samuel. Samuel a 126 € donc Nahema possède :	378 €	86 €	756 €	189 €

Tu peux vérifier tes réponses p. 255 et si tu veux continuer ton entraînement rendez-vous sur le site compagnon

Devoir à la maison

1 En 2029, pour fêter ses 20 ans, les parents d'Elise lui offrent un stage de pilotage d'une navette spatiale. La formation, organisée par Cosmos 3000, est répartie sur plusieurs périodes :

– trois jours de formation en juin de 4 h 25 min chacun,
– une semaine de formation en juillet de six jours de 5 h 40 min chacun,
– douze jours de formation en août de 6 h 10 min chacun.

1. Au total, combien de temps dure la formation ?

2. 1 h 15 min par jour de formation est consacré au Code spatial. Le reste est consacré au pilotage. Combien de temps Elise va-t-elle piloter au cours de sa formation ?

2 Selon une légende, il y a 5 000 ans en Inde, le roi Belkib s'ennuyait terriblement. Pour tromper cet ennui, le sage Sissa lui apprit à jouer aux échecs.

Le roi, ravi par cette extraordinaire distraction, s'écria :
– Mille mercis, sage Sissa, je retrouve le plaisir de vivre ! Que veux-tu en échange de ce prodigieux cadeau ?
– Rien, roi Belkib, ta renaissance à la vie me suffit.
– Ne m'irrite pas, sage Sissa ! Je t'ordonne de me dire ce que tu veux !
Le sage Sissa détestait les ordres… C'est ainsi que, pour toute récompense, il demanda que l'on dépose des grains de blé sur l'échiquier : 1 grain sur la première case, 2 grains sur la seconde, 4 grains sur la troisième, 8 grains sur la quatrième, et ainsi de suite jusqu'à la dernière case de l'échiquier, en doublant le nombre de grains à chaque nouvelle case.
Le roi éclata de rire et chassa le sage Sissa du palais : « Tu l'auras ton pot de blé, vieux fou ! ».
Hélas pour l'arrogant souverain, cela représentait beaucoup de grains de blé, vraiment beaucoup…

1. Combien doit-il y avoir approximativement de grains de blé sur la dixième case de l'échiquier ?

2. Est-ce qu'il y a plus ou moins de 10 milliards de milliards de grains sur la 64e case de l'échiquier ?

Du côté du site compagnon

La multiplication « par jalousie »

La **multiplication « par jalousie »** (ou *per gelosia*, en italien), a été utilisée en Orient et en Europe entre les XIIIe et XVe siècles.
La « jalousie » est un système de volets orientés de telle façon que les personnes à l'intérieur de la maison peuvent observer l'extérieur sans être vus, ce qui est très pratique pour les personnes jalouses !

Calculons à l'aide de la méthode *per gelosia* le produit 64×27 :

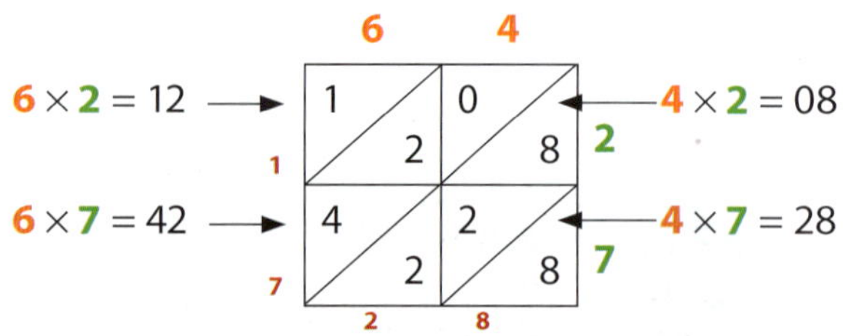

Sur le site compagnon, tu trouveras plus de détails sur cette multiplication un peu spéciale !

• Dans chaque case, on écrit le produit du nombre de la première ligne par celui de la colonne de droite, chiffre par chiffre.
• On ajoute les nombres en diagonale pour obtenir chaque chiffre du résultat, en prenant en compte les retenues. Ainsi, « 8 + 2 + 2 = 12 » donc on met 2 au résultat et on retient 1, « 4 + 2 + 0 + 1 = 7 ».

On obtient finalement $64 \times 27 = 1\,728$.

Chapitre
4
Division

Le symbole « : » que nous utilisons de nos jours pour la division est apparu en 1884 avec le célèbre mathématicien allemand Gottfried Willhelm Leibniz.

Je vais apprendre à...

- Effectuer des divisions euclidiennes et décimales sous différentes formes :
  - – mentale ► *Exercices 57 à 61*
  - – posée ► *Exercices 1 à 16*
  - – à la calculatrice ou avec un logiciel de calcul ► *Activités 1 à 5, p. 68 et 69*
- Définir les notions de multiple et de diviseur ► *Exercices 28 à 35*
- Utiliser les critères de divisibilité ► *Exercices 36 à 42*

Activités

Après ce QCM, tu peux continuer les révisions sur le **site compagnon**

Pour revoir **Pour chaque question, trouve la ou les bonnes réponses.**

	Questions	Réponse A	Réponse B	Réponse C
1	Quel nombre est un multiple de 5 ?	1	22	30
2	Quelle division est correctement posée ?	346 | 4 −36 | 26 | 96 −24 | 2 |	346 | 4 −32 | 26 | 85 −20 | 6 |	346 | 4 −32 | 26 | 86 −24 | 2 |
3	Pour cette division, quelles affirmations sont justes ? 116 | 6 −6 | 56 | 19 −54 | 2 |	19 est le quotient et 2 est le reste	116 est le diviseur et 2 est le reste	116 est le dividende et 19 est le quotient
4	294,6 : 100 est égal à…	29 460	2,946	0,2946
5	Claire, 6 ans, a cassé ses 2 tirelires pour offrir à ses amis 5 lots de cartes à collectionner. Sachant qu'elle a dépensé 8 € en tout, combien coûte un lot de cartes ?	1,60 €	4 €	0,40 €

ACTIVITÉ

1. Division euclidienne

1. a) Dans une bande de papier de longueur 21 cm, combien de morceaux de longueur 5 cm peut-on découper ?
Quelle est la longueur du morceau qui reste ?

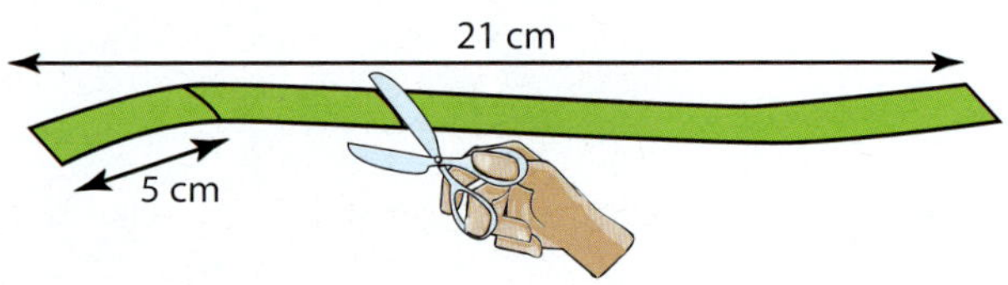

b) Recopier et compléter la division euclidienne ci-dessous associée au découpage précédent :

```
21 | 5
   |----
…  | …
   |
```

c) Recopier et compléter alors l'égalité suivante :

21 cm = … × 5 cm + … cm

2. a) En posant une division, donner le nombre de morceaux de longueur 6 cm que l'on pourrait découper dans une bande de papier de longueur 21 cm.
Quelle est la longueur du morceau qui reste ?

b) Reprendre la question précédente avec une bande de papier de longueur 137 cm.

ACTIVITÉ

2. Division décimale

1. a) Découper six morceaux de même longueur dans une bande de papier de longueur 21 cm.

b) Quelle est la longueur d'un morceau ?

c) Recopier et compléter l'égalité suivante : 21 cm = 6 × … cm.

2. En posant une division, retrouver la longueur des six morceaux de même longueur qui partagent une bande de papier de longueur 21 cm.

ACTIVITÉ

3. Divisibilité par 2, par 5 et par 10

Fiches méthode TICE p.237 Tableur Géométrie

Une méthode pour trouver des nombres divisibles par 5

- Ouvrir une feuille de calcul d'un tableur.
- Dans la colonne A, saisir 20 nombres au choix.
- Dans la colonne B, afficher les produits par **5** des nombres de la colonne A.

→ *Tableur 1 et 2*

1. Que peut-on dire d'un multiple de **5** ?

- Dans la colonne D, saisir 20 nombres au choix.
- Dans la colonne E, afficher les quotients entiers par **5** des nombres de la colonne D.

→ *Tableur 1 et 2*

- Colorer les cellules des nombres divisibles par **5**.

	A	B	C	D	E
1	645	3225		573	114,6
2	167	835		985	197
3	640	3200		54	10,8

2. À partir des résultats affichés, dire comment on peut savoir sans calcul qu'un nombre est divisible par **5** ou non.

Les nombres divisibles par 2 et par 10

1. Comment reconnaît-on un nombre divisible par **2** ?
2. Comment reconnaît-on un nombre divisible par **10** ?

Pour répondre à ces questions, reprends la méthode que tu viens d'utiliser pour trouver des nombres divisibles par 5.

ACTIVITÉ

4. Divisibilité par 3 et par 9

Une méthode pour trouver des nombres divisibles par 3

- Reproduire le tableau ci-dessous et compléter la première colonne en choisissant 20 nombres inférieurs à 1 000 :

Nombre	Somme de ses chiffres	Nombre divisible par 3 ? (oui/non)

- Dans la deuxième colonne, inscrire la somme des chiffres de chaque nombre.
- Vérifier avec la calculatrice si les nombres choisis sont divisibles par **3** et compléter la troisième colonne.

Pour qu'un nombre soit divisible par **3**, quelle condition sur la somme de ses chiffres semble nécessaire ?

Les nombres divisibles par 9

Comment reconnaît-on un nombre divisible par **9** ?

Pour répondre à cette question, reprends la méthode précédente.

Le cours

1. Division euclidienne

Dans une division euclidienne, le dividende, le diviseur, le quotient et le reste sont des nombres entiers.

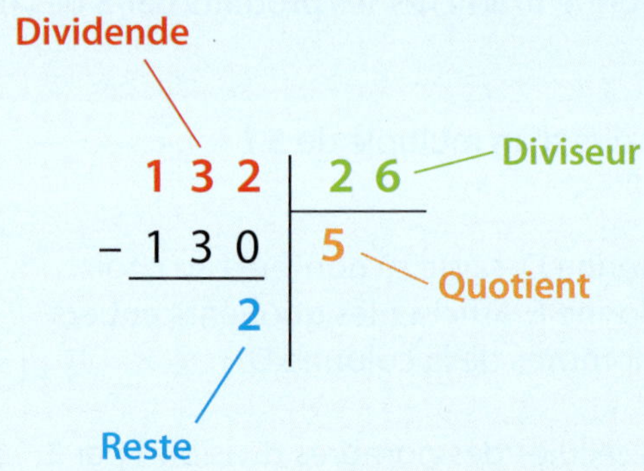

PROPRIÉTÉS

- **Dividende = (Diviseur × Quotient) + Reste**
- **Le reste est toujours inférieur au diviseur : Reste < Diviseur**

Exemple : Un collège accueillera l'année prochaine 132 nouveaux élèves en classe de 6e.
Le principal du collège se demande s'il pourra les répartir dans des classes de 26 élèves.
Il cherche alors combien de fois il y a 26 dans 132 : **132** = (**26** × **5**) + **2** avec **2** < **26**.
Il pourra donc faire **5** classes de **26** élèves mais il lui restera **2** élèves à placer.

2. Divisibilité

a) Notions de multiple et de diviseur

Exemple : **105** = **7** × **15** donc le **reste** de la division de **105** par **7** est égal à **0**.
On dit alors que :
105 est un **multiple** de 7 ; 7 est un **diviseur** de 105 ; 105 est **divisible** par 7.

b) Critères de divisibilité

PROPRIÉTÉS

- **Un nombre est divisible par 2 s'il est pair (il se termine par 0, 2, 4, 6 ou 8).**
- **Un nombre est divisible par 5 s'il se termine par 0 ou 5.**
- **Un nombre est divisible par 10 s'il se termine par 0.**

Exemples : 26 ; 48 et 10 024 sont divisibles par **2**.
855 et 1 250 sont divisibles par **5**.
30 et 2 150 sont divisibles par **10**.

PROPRIÉTÉ : Un nombre est divisible par 4 si le nombre formé par ses deux derniers chiffres est lui-même divisible par 4.

Exemple : 428 836 est divisible par **4** car 36 est divisible par 4.

PROPRIÉTÉS

- **Un nombre est divisible par 3 si la somme de ses chiffres est divisible par 3.**
- **Un nombre est divisible par 9 si la somme de ses chiffres est divisible par 9.**

Exemples : 32 784 est divisible par 3 car $3 + 2 + 7 + 8 + 4 = 24$ et 24 est divisible par 3.
468 est divisible par 9 car $4 + 6 + 8 = 18$ et 18 est divisible par 9.

3. Division décimale

Effectuer une division décimale de deux nombres, c'est trouver la valeur exacte ou approchée du quotient de ces deux nombres.
Lorsque l'on pose la division décimale de deux nombres, deux situations peuvent se présenter.
– Un des restes obtenus est nul. Le quotient est alors un **nombre décimal** et sa **valeur** est **exacte**.
– Les restes successifs semblent se répéter et la division ne se « termine » pas.
Dans ce cas, l'écriture du quotient ne peut pas être exacte et on en donne une **valeur approchée**. Le quotient n'est pas un nombre décimal.

a) Valeur exacte

Exemple : On effectue la division de 45 par 8.

```
   4 5 , 0 0 0 | 8
 - 4 0         |---------
   0 5   0     | 5 , 6 2 5
 - 4     8     |
         2 0   |
       - 1 6   |
           4 0 |
         - 4 0 |
             0 |
```

Lorsque l'on « passe dans la partie décimale » du dividende, on ajoute une virgule au quotient (voir **Savoir-faire 2**, p. 67).

Le reste de la division est nul donc 5,625 est la valeur exacte du quotient de 45 par 8.

b) Valeur approchée

Exemple : On effectue la division de 44,6 par 6.

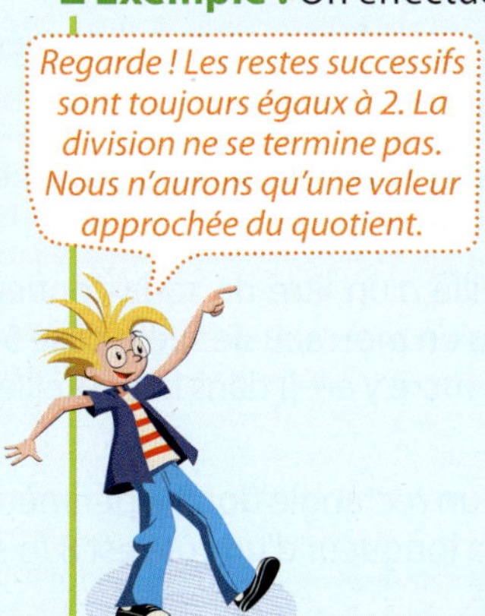


```
   4 4 , 6 0 0 | 6
 - 4 2         |---------
     2   6     | 7 , 4 3 3
   - 2   4     |
         2 0   |
       - 1 8   |
           2 0 |
         - 1 8 |
             2 |
```

7,433 est une valeur approchée au millième près du quotient de 44,6 par 6.

Les mots à retenir

- **Dividende**
- **Diviseur**
- **Multiple**
- **Quotient**
- **Reste**
- **Valeur approchée**
- **Valeur exacte**

Voir le Lexique, p. 254

Savoir faire

Animation site compagnon

SAVOIR-FAIRE 1 *Poser une division euclidienne*

Énoncé : Calculer le quotient et le reste de la division euclidienne de 791 par 9.

Solution commentée

1. On pose la division.

```
791 | 9
    |----
```

2. On cherche le premier chiffre du quotient.

En partant de la gauche dans les premiers chiffres du dividende, on dit :

« En **79**, combien de fois 9 ? » Il y va **8** fois !

On met **8** au quotient.

$8 \times 9 = 72$,

$79 - 72 = 7$ (7 inférieur au diviseur 9).

```
 791 | 9
-72  |----
---  | 8
  7  |
```

3. On cherche le deuxième chiffre du quotient.

On abaisse le **1** du dividende.

```
 791 | 9
-72↓ |----
---  | 8
  71 |
```

On renouvelle la question :

« En **71**, combien de fois 9 ? » Il y va **7** fois !

$7 \times 9 = 63$

$71 - 63 = 8$ (8 inférieur au diviseur 9).

```
 791 | 9
-72  |----
---  | 87
  71 |
 -63 |
 --- |
   8 |
```

En 791, il y a 87 fois 9 et il reste 8, donc :

$791 = 87 \times 9 + 8$.

Exercices d'application

1 Recopier et effectuer les divisions euclidiennes suivantes :

a) 757 | 4

b) 816 | 6

c) 414 | 7

d) 7806 | 11

2 Calculer le quotient et le reste des divisions euclidiennes suivantes :

a) 469 : 3 b) 2 359 : 5 c) 9 359 : 8

d) 4 109 : 9 e) 2 770 : 13 f) 2 015 : 15

3 Amandine, Romain et Élodie ont cueilli 231 poires dans le verger du père Lapaille.

Sachant qu'ils souhaitent en emporter chacun le même nombre, combien de poires recevra chaque enfant ?

4 Le Petit Poucet sème des cailloux tous les 5 mètres. Sachant qu'il a parcouru 852 mètres, combien de petits cailloux a-t-il semés ?

5 Pour la fête de son quartier, Fred a prévu 260 petites boulettes de viande grillées pour 23 personnes.

Combien de boulettes pourrait recevoir chaque convive ?

6 Monsieur Paps décide de partager équitablement une cagnotte contenant 362 pièces de 50 cents entre ses 7 enfants.

1. Combien chaque enfant recevra-t-il de pièces ?
2. Quelle somme cela représente-t-il ?
3. Combien de pièces resteront dans la cagnotte ?

7 Une bouteille d'un litre de soda contient 105 g de sucre. Sachant qu'un morceau de sucre pèse 5 g, combien de morceaux de sucre y a-t-il dans la bouteille de soda ?

8 Construire un rectangle dont le périmètre est égal à 18,4 cm et dont la longueur d'un côté est 8 fois plus petite que ce périmètre.

Voir aussi les exercices 17 à 27

SAVOIR-FAIRE 2 *Poser une division décimale*

Animation site compagnon

Énoncé : Effectuer la division de 23,7 par 14 et donner une valeur approchée au centième près par défaut du quotient.

Solution commentée

1. On pose la division.

```
23,7 | 14
     |____
```

2. On cherche le premier chiffre du quotient.

```
 23,7 | 14
-14   |____
  9   | 1
```

3. On passe à la partie décimale.

On abaisse le **7**, premier chiffre de la partie décimale du dividende et on ajoute une **virgule** au quotient.

```
 23,7 | 14
-14 ↓ |____
  9 7 | 1,
```

Étapes suivantes

On poursuit la division après avoir ajouté un **« zéro inutile »** au dividende. On s'arrête lorsque l'on atteint le rang des **centièmes** au quotient.

```
 23,70 | 14
-14    |______
  9 7  | 1,69
 -8 4  |
  1 3 0|
 -1 2 6|
      4|
```

On obtient **23,7 : 14 ≈ 1,69.**

1,69 est une valeur approchée au centième près par défaut du quotient de 23,7 par 14.

Le symbole ≈ signifie « à peu près égal ».

Exercices d'application

9 Effectuer les divisions décimales suivantes et donner une valeur approchée au dixième près par défaut de leur quotient :

a) 85 : 3 **b)** 375 : 7 **c)** 89,6 : 6 **d)** 35,7 : 11

10 Effectuer les divisions décimales suivantes et donner une valeur approchée au centième près par défaut de leur quotient :

a) 87,68 : 9 **b)** 65,53 : 12 **c)** 374,2 : 7 **d)** 248,5 : 9

11 Effectuer les divisions décimales suivantes et trouver la valeur exacte de leur quotient :

a) 235 : 4 **b)** 187,2 : 8 **c)** 231,6 : 6 **d)** 239,76 : 12

12 Pour fêter son anniversaire, José invite ses 6 meilleurs amis au cinéma. Il paie 57,75 €.

Quel est le prix d'une place de cinéma ?

13 Françoise a réparti équitablement 3 500 g de confiture aux griottes dans 8 jolis pots en verre.

Calculer la quantité de confiture contenue dans chaque pot.

14 En une année, le jeune apprenti Clément Ventard prétend avoir gagné 3 400 €.

Quelle somme a-t-il gagné chaque mois ?

On donnera une valeur approchée de la somme au cent d'euro près par défaut.

15 Romain collectionne les cartes *Pocket-Racket*. Bien qu'il en possède déjà beaucoup, il s'achète à la librairie un lot de 100 cartes au prix de 11 €.

Quel est le prix d'une carte ?

16 Grâce à son dernier tube *Matematicas amor*, la star de la chanson, Salvador el Compas, gagne chaque semaine 8 550 €.

Calculer ce que gagne Salvador chaque jour.

On donnera le résultat arrondi au cent d'euro.

Voir aussi les exercices 43 à 55

Avec une calculatrice

1 PROGRAMME DE CALCUL (1)

OBJECTIF : *Donner une approche intuitive de la notion de variable et de fonction à l'aide de processus de calcul.*

On donne le programme de calcul suivant :

Choisir un nombre.
- Diviser par 10.
- Ajouter 2.
- Multiplier par 8.
- Calculer le quotient du nombre de départ par 5 et l'ajouter au résultat précédent.
- Enlever 11.
- Écrire le résultat.

1. Vérifier à l'aide de la calculatrice qu'en choisissant le nombre 23 au départ, on obtient 28 comme résultat.

2. Calculer, à l'aide de la calculatrice, le nombre obtenu lorsque le nombre choisi au départ est :
a) 56 ; **b)** 598 ; **c)** 7 459.

3. a) Connaissant le résultat, comment peut-on retrouver le nombre de départ ?
b) Quel nombre peut-on choisir pour que le résultat soit 567 ?

Pour épater tes copains, demande-leur de choisir un nombre sans te le dire et fais-leur appliquer le programme de calcul. Lorsqu'ils te diront le résultat, tu pourras leur donner le nombre de départ !

2 PROGRAMME DE CALCUL (2)

OBJECTIFS : *Donner une approche intuitive de la notion de variable et de fonction à l'aide de processus de calcul et mettre en application l'égalité euclidienne.*

On donne le programme de calcul suivant :

Coup de pouce
Pour calculer le reste et le quotient d'une division euclidienne, sur TI-Collège, appuie sur la touche :
et sur Fx-92 Collège 2D+, utilise la touche :

Choisir un nombre.
- Calculer le quotient de la division de ce nombre par 3.
- Ajouter à ce quotient le triple du nombre de départ.
- Multiplier par 10.
- Calculer le reste de la division du résultat précédent par 7.
- Écrire le résultat.

1. Vérifier, à l'aide de la calculatrice, que le nombre 50 donne 1 comme résultat.

2. Calculer, à l'aide de la calculatrice, le nombre obtenu lorsque le nombre choisi au départ est :
a) 102 ; **b)** 589 ; **c)** 1 012.

3. a) Expliquer pourquoi il est impossible d'avoir 9 comme résultat.
b) Quels sont tous les résultats possibles ?

3 FABIEN LE JARDINIER

OBJECTIF : *Donner du sens à la notion de division en l'exprimant comme une suite de soustractions.*

1. Fabien le jardinier voudrait répartir 80 géraniums dans des bacs à fleurs pouvant contenir 13 géraniums chacun.
Pour calculer le nombre de bacs nécessaires, Fabien propose une méthode qu'il détaille ci-contre dans la feuille de calcul d'un tableur.
a) Expliquer comment Fabien a obtenu les nombres de la colonne A.
b) Où lit-on le nombre de bacs nécessaires ? Le nombre de géraniums restants ?

	A
1	80
2	67
3	54
4	41
5	28
6	15
7	2

À la fin du manuel, retrouve tes Fiches méthode TICE p.237 Tableur Géométrie

2. À l'aide d'un tableur et en s'inspirant de la méthode vue à la question **1.**, résoudre la situation suivante : Fabien souhaite maintenant répartir 225 impatiens dans des pots pouvant contenir chacun 14 impatiens. Trouver le nombre de pots nécessaires à cette répartition et le nombre d'impatiens restants. → *Tableur 1 et 2*

3. Sur une feuille de papier, traduire chacune des deux situations précédentes (question **1.** et question **2.**) par des divisions euclidiennes.

4 DIVISEURS

OBJECTIF : *Travailler la notion de diviseur à l'aide du tableur, déchargeant ainsi l'élève du calcul.*

1. a) Dans le tableau ci-contre, reconnaît-on des diviseurs de 273 ? Lesquels ? Expliquer.
b) Dans une feuille de calcul d'un tableur, reproduire et prolonger ce tableau afin d'obtenir tous les diviseurs de 273. → *Tableur 1 et 2*

	A	B	C
1	DIVIDENDE	DIVISEUR	RESTE
2	273	1	0
3	273	2	1
4	273	3	0
5	273	4	1

Coup de pouce
La fonction MOD( ) du tableur permet de calculer le reste d'une division.
Pour obtenir le reste de la division de 14 par 5 par exemple, tu dois écrire **=MOD(14 ; 5)**

2. Établir de même la liste des diviseurs de 180 puis celle des diviseurs de 420. → *Tableur 1 et 2*

3. Didier souhaite construire une terrasse rectangulaire en utilisant 48 dalles.
Quelles sont toutes les possibilités qui lui sont offertes ? → *Tableur 1 et 2*

5 LA BOÎTE NOIRE DU CHAPITRE

BOITE NOIRE

Une « boîte noire » dans un tableur est un programme de calcul mystérieux !
Le but de l'activité est de percer ce mystère…
Pour cela, on peut saisir des nombres mais aussi utiliser des formules qui aident dans la recherche.

Téléchargement site compagnon

1. Télécharger sur le site compagnon le fichier « boite_noire_04 » et l'ouvrir.

2. Saisir un nombre dans la cellule verte et observer dans la cellule grise le résultat de la boîte noire.

3. Faire plusieurs observations puis chercher le programme de calcul mystérieux de la boîte noire.

4. Pour tester un programme de calcul, saisir dans la cellule jaune la formule qui correspond à ce programme et observer si le résultat obtenu est le même que celui dans la cellule grise.

5. Tester plusieurs exemples pour vérifier que les programmes de la boîte noire et de la boîte rouge donnent les mêmes résultats.

6. Écrire sur une feuille de papier le programme de calcul qui semble être celui de la boîte noire.

Pour s'entraîner

Divisions euclidiennes

17 Recopier puis effectuer les divisions euclidiennes suivantes :

a) 742 | 4
− . | ...
. .
− . .
. .
− . .
.

b) 657 | 7
− . . | . .
. .
− . .
.

c) 459 | 5

18 Calculer le quotient et le reste des divisions suivantes :

a) 1 884 : 7 **b)** 1 428 : 3 **c)** 2 819 : 11

19 Chacune des divisions posées ci-dessous comporte une erreur. Retrouver ces erreurs et corriger les divisions.

a) 120 | 6
− 12 | 2
00

b) 620 | 3
− 6 | 26
020
− 18
2

20 On donne les deux égalités suivantes :

$$322 = 4 \times 80 + 2 \quad \text{et} \quad 1\,204 = 80 \times 15 + 4.$$

Trouver, à l'aide de ces égalités, le quotient et le reste des divisions euclidiennes ci-dessous sans poser les opérations :

a) 322 par 4 **b)** 1 204 par 80

c) 322 par 80 **d)** 1 204 par 15

21 **1.** Calculer le quotient de la division euclidienne dont le dividende est 789 et le diviseur est 5.

2. Le dividende d'une division est 570, son diviseur est 4, calculer son reste.

22 Recopier et compléter le tableau suivant :

Dividende	Diviseur	Quotient	Reste
247	7		
	3	188	1
467		42	5

23 Les poules du père Lapaille mangent 3 kg de graines chaque jour.

Sachant que le père Lapaille dispose de 287 kg de graines, combien de jours pourra-t-il nourrir ses poules avant de se réapprovisionner ?

24 Recopier et compléter le tableau suivant :

Division posée	Égalité correspondante
457 | 19 ; ... | 24	457 = ... × 24 + 1
... | 58 ; 24 | ...	256 = 58 × 4 + ...
589 | 81 ; ... | ...	... = ... × 7 + 22

25 Le collège organise une course d'orientation pour les 164 élèves des classes de 6e.

1. Combien pourra-t-on constituer de groupes de trois élèves ? Dans ce cas, combien d'élèves n'auront pas de groupe ?

2. Expliquer pourquoi il est plus judicieux de faire des groupes de quatre élèves.

26 Notre ami le lièvre tente une nouvelle fois de battre la tortue à la course.

La course du jour est longue de 530 mètres et tous les 3 mètres, le lièvre se repose 1 minute.

Combien de temps se sera reposé le lièvre durant cette course ?

27

En combien de temps Arkan prétend-il avoir fait son devoir ?

Multiples et diviseurs

28 **1.** Parmi les nombres suivants, recopier ceux qui sont des multiples de 7 :

42, 50, 56, 77, 100, 140, 211 et 700.

2. Parmi les nombres suivants, recopier ceux qui sont des diviseurs de 24 :

1, 2, 3, 4, 5, 6, 7, 8, 9, 10, 11, 12 et 24.

29 **1.** Donner quatre multiples de chacun des nombres suivants : 7 ; 11 ; 20 ; 50 ; 27.

2. Donner quatre diviseurs de chacun des nombres suivants : 45 ; 33 ; 84 ; 72 ; 200.

30 **1.** Écrire tous les multiples de 3 compris entre 331 et 358.

2. Écrire tous les diviseurs de 24 compris entre 5 et 15.

31 **1.** Écrire tous les multiples de 11 compris entre 1 110 et 1 210.

2. Écrire tous les diviseurs de 120 compris entre 10 et 20.

32 On donne : $16 \times 25 = 400$.
Recopier les phrases correctes parmi les phrases suivantes :
a) « 400 est un multiple de 16. »
b) « 25 divise 400. »
c) « 400 est le quotient de 16 et 25. »
d) « 16 est un diviseur de 400. »
e) « 16 est un multiple de 400. »

33 Recopier et compléter les phrases ci-dessous à l'aide des mots suivants : *divise, diviseur, multiple, produit, quotient.*

a) « Le ...... de 35 par 14 est 490.
35 est donc un ...... de 490. »
b) « Le ...... de 368 par 23 est 16.
368 est donc un ...... de 23. »
c) « 228 est un ...... de 12 et 19.
Donc 19 ...... 228. »

Coup de pouce
Attention, il y a un mot que l'on peut placer dans deux phrases !

34 À l'aide de la calculatrice, trouver parmi les nombres suivants des diviseurs de 8 580 :
10 ; 33 ; 39 ; 45 ; 65 ; 70 ; 120.

35 À l'aide de la calculatrice, trouver parmi les nombres suivants ceux qui ont pour diviseur 37 :
190 ; 296 ; 444 ; 489 ; 2 146 ; 2 293.

Critères de divisibilité

36 Recopier la liste de nombres ci-dessous :

56 4 365 897 50 653 367 78 780

Entourer en bleu les nombres divisibles par 2 et en rouge les nombres divisibles par 5.

37 Recopier la liste de nombres ci-dessous :

836 2 024 642 57 881 9 264
67 972 46 000 376 896

Entourer en vert les nombres divisibles par 4.

38 Parmi les nombres ci-dessous, quels sont ceux qui sont divisibles par 3 ? Quels sont ceux qui sont divisibles par 9 ?

309 396 398 687 1 654 456 792 459 756

39 Recopier et compléter le tableau ci-dessous à l'aide des mots « oui » et « non » :

Nombre	484	670	1 665	1 968
Divisible par 2				
Divisible par 3				
Divisible par 4				
Divisible par 5				
Divisible par 9				
Divisible par 10				

40 **1.** Prouver que 65 470 est divisible par 2, par 5 et par 10 mais pas par 4.

2. Donner un nombre divisible par 2 mais pas par 4.

41 **1.** Compléter chaque nombre ci-dessous avec un chiffre qui convient pour qu'il soit divisible par 5 :
a) 65 .
b) 7 . 0
c) . 575
d) 856 .

Coup de pouce
Il existe plusieurs solutions.

2. Compléter chaque nombre ci-dessous avec un chiffre qui convient pour qu'il soit divisible par 4 :
a) 67 . **b)** 9 . 0 **c)** 67 . 2 **d)** 440 .

42 Pour chaque nombre ci-dessous, compléter par un chiffre qui convient pour que le nombre soit divisible par 5 mais pas par 9 :
a) 85 . **b)** 378 . **c)** 787 . **d)** 9 387 .

Division décimale

43 Effectuer les divisions suivantes et donner la valeur exacte de leur quotient :
a) 178 : 4 **b)** 266 : 5 **c)** 3 624 : 15 **d)** 903 : 6

44 Donner une valeur approchée au dixième près des quotients suivants :
a) 678 : 7 **b)** 785 : 3 **c)** 56,5 : 9 **d)** 589 : 11

45 Effectuer les divisions suivantes et donner la valeur exacte de leur quotient :
a) 259 : 8 **b)** 390,96 : 12 **c)** 592,62 : 6
d) 3 292,8 : 14 **e)** 890 : 25 **f)** 291,6 : 12

46 Donner une valeur approchée au millième près des quotients suivants :
a) 75,8 : 7 **b)** 85,3 : 11 **c)** 215,93 : 9
d) 45,4 : 12 **e)** 56,11 : 15 **f)** 85,63 : 6

47 Dans chacun des cas suivants, calculer le facteur manquant :
a) $6 \times ... = 38,4$ **b)** $... \times 11 = 575,3$

Pour s'entraîner

48 Donner un ordre de grandeur des quotients suivants :
a) 79,3 : 2,1 **b)** 990 : 3,92 **c)** 100 300 : 10,5

Coup de pouce
Pour obtenir un ordre de grandeur du résultat d'un calcul, remplace les nombres par des valeurs approchées permettant d'effectuer plus rapidement ce calcul.
Par exemple :
5,1 × 2,9 est à peu près égal à 5 × 3 = 15.

49 Pour sa fête d'anniversaire, Elia a prévu d'offrir des cerises à ses invités.
Elle achète 4,8 kg de cerises pour 22,80 €.
Donner un ordre de grandeur du prix d'un kilogramme de cerises.

50 Calculer :
a) 34 : 10 **b)** 568 : 100 **c)** 67,91 : 1 000
d) 56,91 × 100 **e)** 7,906 : 100 **f)** 6,004 × 1 000
g) 67,68 × 1 000 **h)** 6,08 : 10 **i)** 78,959 × 10 000

51 Recopier et compléter :
a) 45 : **…** = 0,45 **b)** 945 : **…** = 94,5 **c)** **…** : 1 000 = 7,983
d) 46,9 × **…** = 4 690 **e)** **…** : 100 = 985,5
f) 87,87 × **…** = 87 870

52 **Calculs en chaîne**
Recopier et compléter la figure ci-dessous :

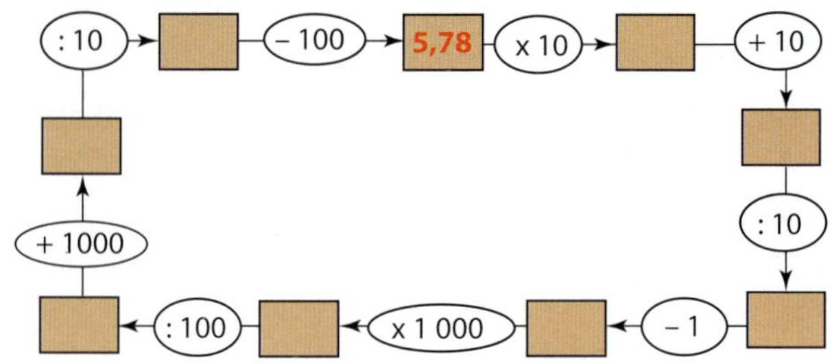

53 **1.** Tracer un segment [AB] de longueur 21,6 cm.
2. Partager ce segment en six segments de même longueur.
3. Partager l'un des six segments en quatre segments de même longueur.
Quelle est la longueur de chacun de ces quatre segments ?

54 Le père Lapaille souhaite délimiter par une clôture un des côtés de son champ de forme carrée et de périmètre égal à 322,6 m.
Quelle longueur de clôture lui sera-t-il nécessaire ?

55 Florie a acheté un lot de trois tubes de colle au prix de 5,85 €. Dans un autre magasin, sa copine Mathilde a acheté quatre tubes de la même colle au prix de 7,40 €.
Laquelle des deux amies a payé le moins cher le tube de colle à l'unité ?

Remue-méninges

Les exercices qui suivent sont à faire mentalement

56 **Vrai ou faux**
a) 42 est un multiple de 6. **b)** 147 est un multiple de 7.
c) 8 divise 92. **d)** 11 est un diviseur de 1 122.

57 Calculer le quotient et le reste des divisions suivantes :
a) 78 : 7 **b)** 69 : 8 **c)** 115 : 7
d) 150 : 6 **e)** 157 : 15 **f)** 200 : 18

58 Calculer :
a) 76 : 4 **b)** 120 : 5 **c)** 450 : 20
d) 6 000 : 500 **e)** 280 : 40 **f)** 45 : 30

59 Donner un ordre de grandeur du quotient :
a) 503 : 2 **b)** 41,2 : 8 **c)** 5 965 : 3
d) 453 : 15 **e)** 50 : 7 **f)** 100 : 9

60 Quel athlète est le plus rapide au marathon ?
• Franz : « C'est moi ! Il m'a fallu 234 minutes. »
• Hans : « Mais non, c'est moi ! Je cours le marathon en 3 heures 48 minutes. »
• Willy : « Je suis plus rapide ! J'ai besoin d'à peine 10 000 secondes. »

61 Le périmètre de chaque polygone ci-dessous est égal à 21 cm.
Calculer la longueur des côtés de chacun de ces polygones.

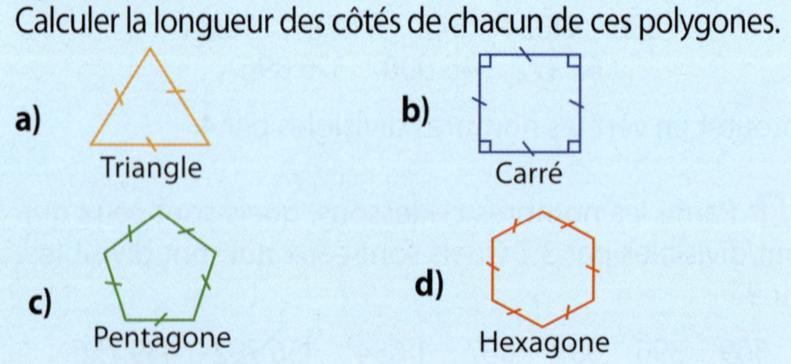

Pour s'évaluer

Pour chaque exercice 62 à 71, trouve sans calculatrice la ou les bonnes réponses.

<table>
<tr><th>Énoncés</th><th>Réponse A</th><th>Réponse B</th><th>Réponse C</th><th>Réponse D</th></tr>
<tr><td>62 Quel est le reste de la division dont le dividende est 141 et le diviseur est 12 ?</td><td>11</td><td>0</td><td>9</td><td>15</td></tr>
<tr><td>63 À quelle division euclidienne l'égalité $92 = 5 \times 16 + 12$ peut-elle être associée ?</td><td>$\begin{array}{r|l} 92 & 5 \\ \cline{2-2} 16 & 12 \end{array}$</td><td>$\begin{array}{r|l} 92 & 5 \\ \cline{2-2} 12 & 16 \end{array}$</td><td>$\begin{array}{r|l} 16 & 12 \\ \cline{2-2} 5 & 92 \end{array}$</td><td>$\begin{array}{r|l} 92 & 16 \\ \cline{2-2} 12 & 5 \end{array}$</td></tr>
<tr><td>64 Pour la division euclidienne ci-contre, quelle affirmation est juste ? $\begin{array}{r|l} 560 & \dots \\ \cline{2-2} \dots & 62 \end{array}$</td><td>Le diviseur est égal à 7</td><td>Le reste est inférieur au diviseur</td><td>Le reste est égal à 2</td><td>Le diviseur est égal à 9</td></tr>
<tr><td>65 D'après cette égalité $216 = 9 \times 24$, quelle affirmation est vraie ?</td><td>9 divise 216</td><td>24 est un multiple de 216</td><td>216 a pour diviseur 24</td><td>9 est un diviseur de 24</td></tr>
<tr><td>66 Le nombre 1 092 a pour diviseur :</td><td>9</td><td>3</td><td>4</td><td>5</td></tr>
<tr><td>67 Quels nombres sont à la fois divisibles par 4 et par 9 ?</td><td>5 148</td><td>780</td><td>3 366</td><td>12 096</td></tr>
<tr><td>68 Quelle division est correctement posée ?</td><td>$\begin{array}{r|l} 56{,}21 & 7 \\ \cline{2-2} 49 & 7{,}103 \\ 72 & \\ -70 & \\ 21 & \\ -21 & \\ 0 & \end{array}$</td><td>$\begin{array}{r|l} 56{,}21 & 7 \\ \cline{2-2} -56 & 8{,}3 \\ 021 & \\ -21 & \\ 0 & \end{array}$</td><td>$\begin{array}{r|l} 56{,}21 & 7 \\ \cline{2-2} -56 & 80{,}3 \\ 02 & \\ -0 & \\ 21 & \\ -21 & \\ 0 & \end{array}$</td><td>$\begin{array}{r|l} 56{,}21 & 7 \\ \cline{2-2} -56 & 8{,}03 \\ 02 & \\ -0 & \\ 21 & \\ -21 & \\ 0 & \end{array}$</td></tr>
<tr><td>69 Quelle est la valeur approchée au millième près par défaut du quotient de 54,9 par 11 ?</td><td>5</td><td>4,99</td><td>4,991</td><td>4,9909</td></tr>
<tr><td>70 $9\,103{,}7 : 20 \approx \dots$</td><td>1 800</td><td>450</td><td>45</td><td>180</td></tr>
<tr><td>71 Recopier et compléter :
45,807 : … = 0,45807</td><td>45,807 : 10 = 0,45807</td><td>45,807 : 100 = 0,45807</td><td>45,807 : 1 000 = 0,45807</td><td>45,807 : 0,01 = 0,45807</td></tr>
</table>

Tu peux vérifier tes réponses p. 255 et si tu veux continuer ton entraînement rendez-vous sur le site compagnon

Pour s'exercer

12 Mon village accueille chaque année 350 nouveaux habitants alors que 200 s'en vont.
À ce rythme, dans 5 ans, mon village pourra compter 3 250 habitants.
Combien y-a-t-il d'habitants dans mon village aujourd'hui ?

13 Le roi Babahl Ier part avec son armée de 150 guerriers à la conquête de nouveaux territoires. 28 jours leur seront nécessaires pour rejoindre la région de l'Alphap. De là, ils mettront 2 fois plus de temps pour se rendre à Betap. La suite du périple les mènera à Gammap après 137 jours de voyage.
Combien de jours faut-il pour aller de Betap à Gammap ?

14 Jimmy Laflambe, qui a travaillé toute une semaine comme garçon de café, vient de toucher sa paie qui s'élève à 255 €. Pour fêter cette bonne nouvelle, il invite au restaurant Paulo et Fredo, ses meilleurs copains, et offre à sa petite amie Selina une somptueuse bague en or.
L'addition du restaurant s'élève à 68,30 €. La facture du bijoutier est plus sévère !
Sachant qu'il ne reste à Jimmy que 39,45 € de sa paie, calculer le prix de la bague offerte à Selina.

15 Dédé La frime s'en va faire ses achats pour la rentrée. Il s'achète 1 blouson en cuir à 54,80 €, des bottes noires à 39,75 €, 3 casquettes à 12,60 € l'une et 37 peignes à 1,23 € le peigne !!!
Combien a-t-il dépensé en tout pour cette rentrée ?

16 Pour construire un enclos de forme carrée, le père Lapaille a besoin d'acheter du grillage. Sur chaque côté de l'enclos, il posera une porte en bois de 90 cm de largeur comme représenté sur la figure :

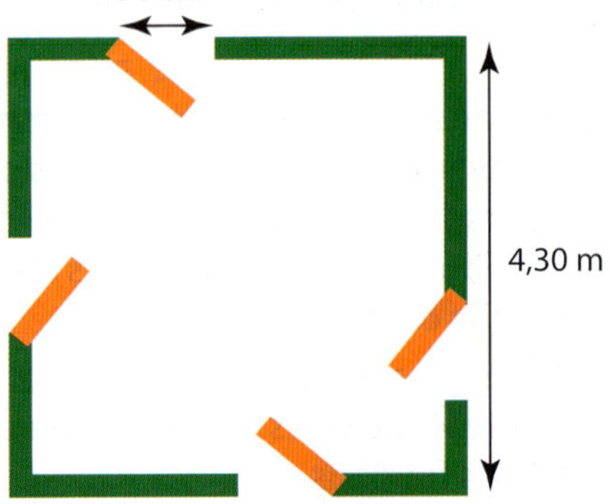

Sachant qu'un côté de l'enclos mesure 4,30 m, quelle longueur de grillage devra-t-il acheter ?

17 Aux abords de la rivière Mipississi, on trouve 100 fois plus de crapauds que de ratons laveurs, 10 fois plus de ratons laveurs que de castors et 5 fois plus de castors que de loutres. Dernièrement, on a recensé 3 400 ratons laveurs.
Combien y a-t-il de crapauds, de castors et de loutres aux abords de la rivière Mipississi ?

18 C'est l'heure du repas chez les 7 nains ! Ce n'est pas facile pour Blanche Neige de contenter tout son petit monde !
Pour Grincheux, Dormeur et Prof, elle a préparé pour chacun un bon steak et 210 g de purée de carottes.
Simplet et Atchoum, qui préfèrent le poisson, mangeront chacun une belle truite et 230 g de purée de carottes. Les deux nains restants n'ont pas faim et se contentent d'un quignon de pain.
Le gros pot en terre qui contenait 1,250 kg de purée de carottes avant le déjeuner est maintenant vide !
Quelle quantité de purée Blanche-Neige a-t-elle mangée ?

19 Le jeune Pierrot Lachance vient de gagner la super cagnotte du loto soit 13 860 000 €.
1. En supposant qu'il lui reste 60 ans à vivre, combien pourra-t-il dépenser chaque année ?
2. Combien pourra dépenser Pierrot chaque jour ? Donner un arrondi de la somme au centime d'euro près.

20 Sandrine et Didier projettent de partir en vacances en Corse. Leur budget ne pourra dépasser 1 300 €.
Didier a calculé que les dépenses pour le transport seront de 370 €. Sandrine dit qu'il faut encore prévoir 70 € par jour pour le camping, la nourriture et les dépenses diverses.
Combien de jours pourront durer les vacances de Sandrine et Didier sans dépasser le budget fixé au départ ?

21 Un ensemble composé d'une table et quatre chaises coûte 689,90 €. Une cliente choisit la table mais demande au vendeur de remplacer les chaises par d'autres. Il lui en coûtera 103,20 € de plus.
Quel est le prix d'une de ces nouvelles chaises, sachant que la table seule coûte 276,50 € ?

22 Le camion de Jojo pèse 1 340 kg à vide et 2 420 kg chargé. Il transporte 15 caisses qui contiennent chacune 120 boîtes identiques.
Combien pèse une boîte ?

Chapitre 5

Écritures fractionnaires

Sais-tu que les fractions nous viennent de l'Égypte ancienne ?

Oui, au IIIe millénaire avant Jésus-Christ, les scribes écrivaient les nombres sous forme de hiéroglyphes sur des papyrus.

Pour faciliter les échanges commerciaux, les Égyptiens ont partagé l'unité et ont représenté les fractions de type $\frac{1}{2}$, $\frac{1}{3}$, $\frac{1}{4}$... à l'aide du symbole « bouche » : 

Par exemple, $\frac{1}{3}$ et $\frac{1}{4}$ se notaient respectivement  *et* .

Je vais apprendre à...

- Placer un quotient sur une demi-droite graduée ► *Exercices 26 à 30*
- Donner différentes significations d'une écriture fractionnaire ► *Exercices 21, 31, 35, 36, 40*
- Trouver plusieurs écritures d'un quotient ► *Exercices 1 à 10 et 31 à 48*
- Prendre une fraction d'une quantité ► *Exercices 11 à 20 et 49 à 54*

À la fin du manuel, retrouve tes Fiches méthode TICE p. 237 Tableur Géométrie

1 L'ÂGE DES FRANÇAIS

OBJECTIF : *Exploiter les représentations graphiques données par le tableur.*

Le tableau ci-dessous *(source : Insee)* représente la répartition de la population en France métropolitaine par groupe d'âge, en 2007 :

	A	B	C	D	E
1	Age	Moins de 20 ans	20 ans à 59 ans	60 ans à 74 ans	75 ans ou plus
2	Population	15 190 000	33 148 500	7 930 000	5 170 000

1. a) Reproduire ce tableau dans une feuille de calcul d'un tableur.

b) Représenter les données de ce tableau dans un diagramme circulaire présentant le nombre de Français pour chaque tranche d'âge. → *Tableur 4*

2. En observant le diagramme, répondre par Vrai ou Faux aux affirmations suivantes :

a) Moins de la moitié de la population a entre 20 ans et 59 ans.

b) Plus des $\frac{3}{4}$ de la population ont moins de 59 ans.

c) Moins de $\frac{1}{6}$ de la population a plus de 60 ans.

d) Les $\frac{2}{3}$ environ de la population ont entre 20 ans et 74 ans.

e) Les $\frac{3}{8}$ environ de la population ont plus de 75 ans.

2 NOMBRE D'ENFANTS PAR FAMILLE

OBJECTIF : *Exploiter les représentations graphiques données par le tableur.*

Le tableau ci-dessous *(source : Insee)* représente la répartition en 1999 des familles en France métropolitaine selon leur nombre d'enfants :

	A	B	C	D	E	F
1	Nombre d'enfants	Pas d'enfant	1 enfant	2 enfants	3 enfants	4 enfants ou plus
2	Nombre de familles	7 492 332	3 615 859	3 255 259	1 267 979	465 353

1. a) Reproduire ce tableau dans une feuille de calcul d'un tableur.

b) Représenter les données de ce tableau dans un diagramme circulaire présentant le nombre de familles selon le nombre d'enfants. → *Tableur 4*

2. En observant le diagramme, répondre par Vrai ou Faux aux affirmations suivantes :

a) Moins des $\frac{3}{4}$ des familles ont moins d'un enfant.

b) Moins de $\frac{1}{4}$ des familles ont plus de trois enfants.

c) Environ $\frac{1}{3}$ des familles ont plus de deux enfants.

d) Les $\frac{3}{5}$ environ des familles ont un ou deux enfants.

3 PARTAGES

OBJECTIF : *S'exercer à représenter des fractions de surface en utilisant le tableur comme outil de vérification.*

1. a) Dans une feuille de calcul d'un tableur, reproduire le tableau ci-dessous en respectant les consignes suivantes :
– le format des cellules A2, B2 et C2 est modifié pour obtenir un affichage des nombres en écriture fractionnaire : sélectionner ces cellules et faire clic droit « Format de cellule », dans l'onglet « Nombre » choisir la catégorie « Fraction » ;
– la cellule D2 affiche la somme des nombres des cellules A2, B2 et C2. Modifier son format pour obtenir un affichage avec deux décimales.

Si tu utilises OpenOffice, avant de commencer, clique sur ***Outils*** *puis* ***AutoCorrection****. Dans l'onglet* ***Option****, décoche* ***Remplacer 1/2... par ½...***

	A	B	C	D
1	1ère part	2e part	3e part	Total
2	1/4	1/4	1/2	1,00

b) Le diagramme ci-contre représente des parts de disque données par les fractions du tableau précédent.
Dans la feuille de calcul de la question **a)**, afficher ce diagramme. → *Tableur 4*

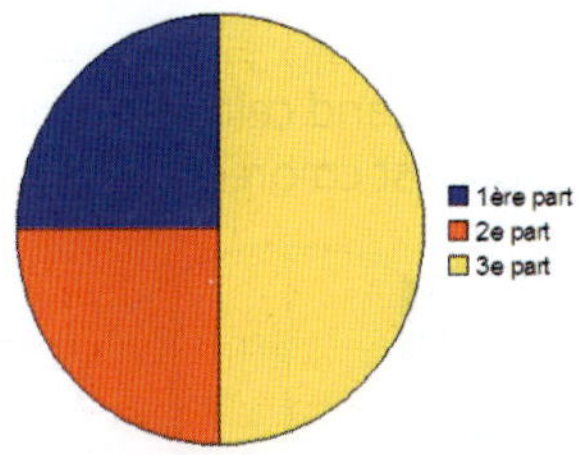

Téléchargement site compagnon

2. Écrire de nouvelles fractions dans les cellules A2, B2 et C2 de façon que leur somme soit égale à 1 et qu'elles correspondent au partage ci-dessous :

Coup de pouce
1,00 doit s'afficher dans la cellule D2 de ta feuille de calcul.

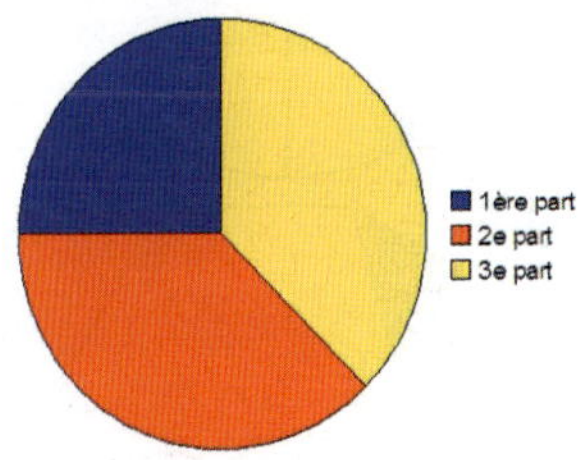

4 LA BOÎTE NOIRE DU CHAPITRE

BOITE NOIRE

La « boîte noire » du tableur de ce chapitre est un calcul mystérieux !
Le but de l'activité est de retrouver ce calcul pour percer le mystère...
Pour cela, on peut saisir des nombres mais aussi utiliser des formules qui aident dans la recherche.

Téléchargement site compagnon

1. Télécharger sur le site compagnon le fichier « boite_noire_05 » et l'ouvrir.

2. Saisir dans la cellule verte une fraction et observer dans la cellule grise le résultat de la boîte noire.

3. Faire plusieurs observations puis chercher le calcul mystérieux de la boîte noire.

4. Pour tester un calcul, saisir dans la cellule jaune la formule correspondante et observer si le résultat obtenu est le même que celui dans la cellule grise.

5. Tester plusieurs exemples pour vérifier que les programmes de la boîte noire et de la boîte rouge donnent les même résultats. → *Tableur 1 et 2*

6. Écrire sur une feuille le programme de calcul qui semble être celui de la boîte noire.

Pour s'entraîner

Partage et fraction

21 Dans chaque cas, indiquer quelle fraction de figure est colorée :

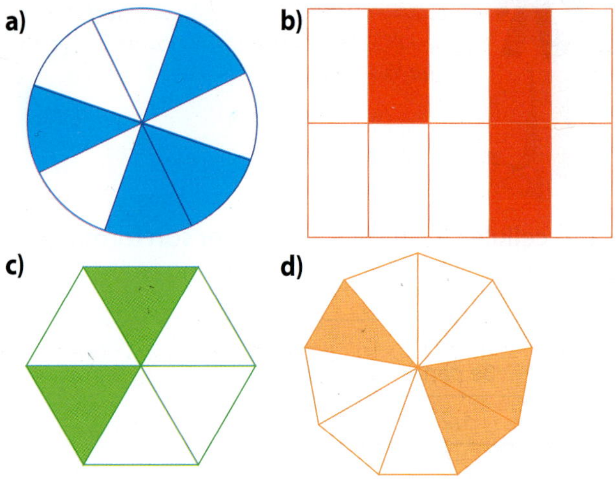

22 Quand cela est possible, indiquer quelle fraction de figure est colorée :

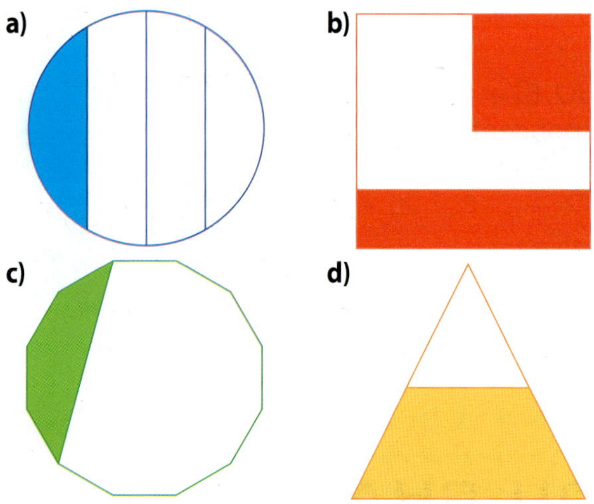

23 Dans chaque cas, indiquer quelle fraction du carré est colorée :

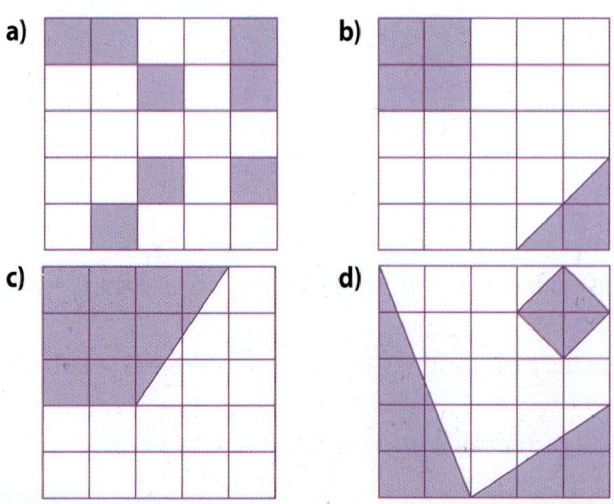

24 Lorsque le partage le permet, reproduire et colorier les $\frac{2}{3}$ de la figure :

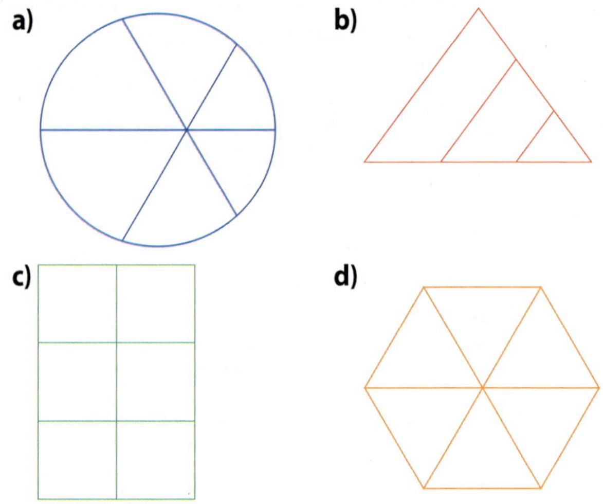

25 Reproduire quatre fois le carré quadrillé ci-contre.
Sur chaque carré, colorier en vert une des fractions de carré suivantes :

$\frac{5}{16}$; $\frac{3}{4}$; $\frac{3}{8}$ et $\frac{7}{32}$.

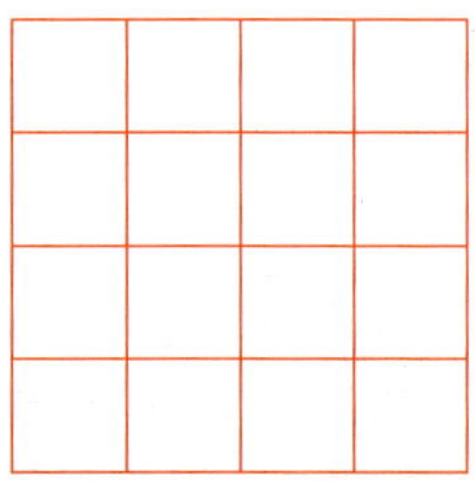

Demi-droites graduées

26 Dans chacun des cas ci-dessous, donner en écriture fractionnaire les abscisses des points A, B, C et D :

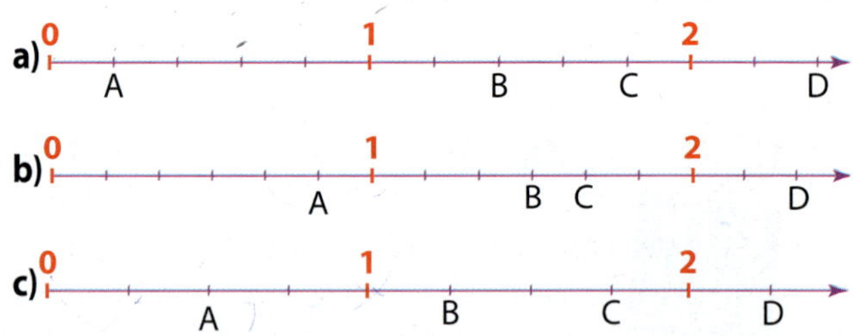

27 Dans chacun des cas ci-dessous, donner en écriture fractionnaire les abscisses des points A, B, C et D :

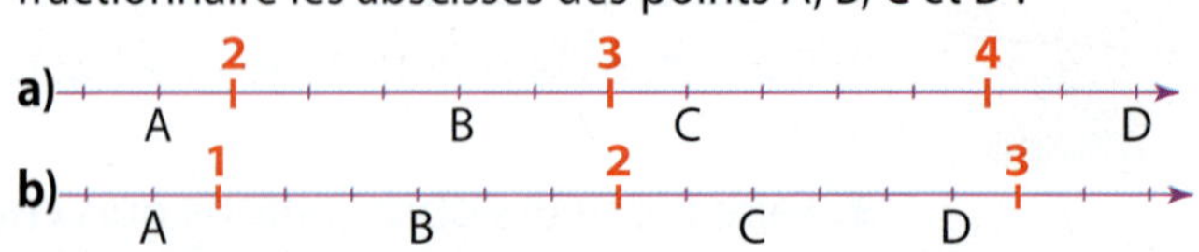

28 Reproduire la demi-droite graduée ci-dessous et y placer les nombres suivants :

$\frac{3}{4}$; $\frac{5}{4}$; $\frac{3}{2}$ et 2,25.

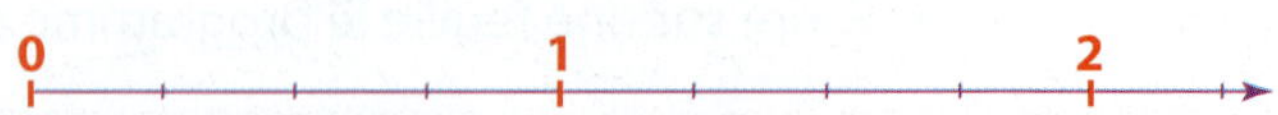

29 Reproduire la demi-droite graduée ci-dessous et y placer les nombres suivants :

$$\frac{2}{6} \; ; \; \frac{5}{3} \; ; \; \frac{7}{6} \text{ et } \frac{3}{2}.$$

30 Reproduire la demi-droite ci-dessous et la graduer de façon à pouvoir y placer les nombres suivants :

$$\frac{3}{10} \; ; \; \frac{1}{2} \; ; \; \frac{4}{5} \text{ et } 1{,}9.$$

Différentes écritures de quotients

31 Écrire sous forme de fraction chacun des nombres suivants :

a) deux tiers ;
b) sept huitièmes ;
c) neuf quarts ;
d) trois centièmes.

32 Dans chaque cas, écrire une fraction telle que :

a) le numérateur est un multiple de 3 et le dénominateur est un multiple de 7 ;
b) le numérateur est égal au triple du dénominateur ;
c) le numérateur est égal à la somme du dénominateur et de 2 ;
d) le dénominateur est égal au produit du numérateur par 5.

33 Sans effectuer de calcul, recopier et compléter les égalités suivantes :

a) $7 \times \ldots = 5$ **b)** $11 \times \ldots = 3$ **c)** $\ldots \times 12 = 1$
d) $25 \times \ldots = 16$ **e)** $\ldots \times 20 = 6$ **f)** $8 \times \ldots = 7$

34 **a)** Par quel nombre faut-il multiplier 8 pour trouver 4 ?
b) Par quel nombre faut-il multiplier 16 pour trouver 15 ?

35 Donner une écriture fractionnaire des nombres suivants :

1,5 ; 0,75 ; 0,7 ; 0,32 ; 0,8.

36 Donner une écriture décimale des quotients suivants :

$$\frac{1}{2} \; ; \; \frac{1}{4} \; ; \; \frac{7}{10} \; ; \; \frac{2}{5} \; ; \; \frac{7}{5} \; ; \; \frac{3}{8}.$$

37 À l'aide de la calculatrice, compléter chaque ligne par = ou ≠ :

a) $\frac{5}{6} \ldots 0{,}833$ **b)** $\frac{7}{8} \ldots 0{,}875$ **c)** $\frac{9}{4} \ldots 2{,}25$
d) $\frac{3}{7} \ldots 0{,}42857142$ **e)** $\frac{0}{5} \ldots 0$ **f)** $\frac{15}{9} \ldots 1{,}666$

38 Recopier et compléter chaque ligne par < ou > :

a) $\frac{14}{13} \ldots 1$ **b)** $\frac{26}{5} \ldots 5$ **c)** $\frac{9}{13} \ldots 1$
d) $\frac{14}{3} \ldots 3$ **e)** $\frac{2\,010}{2\,009} \ldots 1$ **f)** $\frac{23}{12} \ldots 2$

39 Parmi les fractions suivantes, indiquer celles que l'on ne peut pas écrire sous la forme d'un nombre décimal. Expliquer.

$$\frac{2}{3} \; ; \; \frac{9}{5} \; ; \; \frac{4}{4} \; ; \; \frac{12}{7} \; ; \; \frac{9}{11} \; ; \; \frac{13}{26} \; ; \; \frac{22}{10}.$$

40 **1.** Donner une valeur approchée par défaut au centième près des quotients suivants :

$$\frac{4}{3} \; ; \; \frac{11}{7} \text{ et } \frac{14}{6}.$$

2. Déduire un encadrement par deux entiers consécutifs de chacune de ces fractions.

Coup de pouce

$1 < \frac{3}{2} < 2$ est un encadrement de $\frac{3}{2}$ par deux entiers consécutifs.

41 Dans chaque cas, dire si les fractions sont égales :

a) $\frac{14}{18}$ et $\frac{7}{9}$ **b)** $\frac{25}{36}$ et $\frac{5}{6}$ **c)** $\frac{8}{12}$ et $\frac{40}{60}$
d) $\frac{16}{20}$ et $\frac{5}{4}$ **e)** $\frac{19}{38}$ et $\frac{1}{2}$ **f)** $\frac{0}{5}$ et $\frac{0}{2}$

42 **1.** Écrire une fraction égale à $\frac{5}{7}$ dont le numérateur est 25.

2. Écrire une fraction égale à $\frac{5}{6}$ dont le dénominateur est 42.

43 Recopier et compléter :

1. $\frac{4}{3} = \frac{\ldots}{9} = \frac{\ldots}{15} = \frac{40}{\ldots} = \frac{48}{\ldots} = \frac{1{,}2}{\ldots} = \ldots$

2. $\frac{36}{42} = \frac{\ldots}{28} = \frac{6}{\ldots} = \frac{2{,}4}{\ldots} = \frac{\ldots}{63} = \frac{\ldots}{77} = \frac{30}{\ldots}$

44 Qui est l'intrus ?

Pour s'entraîner

45 Recopier les fractions ci-dessous et relier celles qui sont égales :

$\frac{72}{63}$	$\frac{44}{36}$	$\frac{35}{55}$	$\frac{13}{39}$	$\frac{210}{140}$	$\frac{30}{42}$

$\frac{7}{11}$	$\frac{3}{2}$	$\frac{11}{9}$	$\frac{1}{3}$	$\frac{8}{7}$	$\frac{5}{7}$

46 Simplifier le plus possible chaque fraction :

a) $\frac{25}{35}$ **b)** $\frac{64}{16}$ **c)** $\frac{2800}{300}$

d) $\frac{90}{66}$ **e)** $\frac{100}{175}$ **f)** $\frac{34}{51}$

Coup de pouce
Dans chaque cas, tu dois trouver une fraction égale telle que son numérateur et son dénominateur soient les plus petits possibles.

47 Écrire les quotients sous la forme d'une fraction la plus simple possible :

a) $\frac{5,6}{1,2}$ **b)** $\frac{3,2}{10}$ **c)** $\frac{6,5}{2,5}$ **d)** $\frac{0,44}{1,04}$

48 Écrire chaque nombre sous la forme d'une fraction la plus simple possible :

a) 0,6 **b)** 1,4 **c)** 3,6 **d)** 0,32 **e)** 12,5 **f)** 2,05

Fractions de quantités

49 Calculer et donner les résultats sous forme décimale :

1. $6 \times \frac{16}{12}$ **2.** $\frac{7}{14} \times 2$ **3.** $2,3 \times \frac{9}{3}$

4. Les $\frac{4}{6}$ de 42 **5.** Le triple de $\frac{7}{6}$ **6.** $5 \times \frac{7}{15} \times 3$

50 Calculer et donner les résultats sous la forme d'une fraction :

1. $5 \times \frac{4}{3}$ **2.** $\frac{9}{5} \times 2$ **3.** $1,2 \times \frac{5}{7}$

4. Le quart de 7 **5.** Les quatre sixièmes de 11

51 **1.** Combien de minutes représente(nt) :

a) le quart d'une heure ; **b)** les $\frac{5}{6}$ de deux heures ?

2. Combien de secondes représente(nt) :

a) le tiers d'une minute ; **b)** les $\frac{14}{12}$ de deux minutes ?

52 Evelyne, qui adore la randonnée, enfile ses chaussures de marche pour une balade de 24 km.
Le soleil est au rendez-vous et il fait bien chaud. Heureusement pour elle, les sept huitièmes de son trajet sont en forêt.
Quelle sera la longueur de son parcours à l'ombre ?

53 Lorsque Lisa fait la vaisselle, elle casse quatre assiettes sur dix.
Après sa fête d'anniversaire, Lisa doit laver les quinze assiettes qui ont été utilisées.
Combien d'assiettes sortiront intactes de cette vaisselle ?

54 Joan a ramené de délicieux calissons d'Aix à sa sœur Julie. La boîte contient 24 calissons. Julie, très gourmande, en a mangé les trois huitièmes le jour où elle les a reçus. Son petit ami Nicolas a dévoré les cinq douzièmes du contenu de la boîte.

1. Qui a mangé le plus de calissons, Julie ou Nicolas ?

2. Combien en reste-t-il dans la boîte ?

Remue-méninges

Les exercices qui suivent sont à faire mentalement

55 Calculer :
a) la moitié de 26 ; **b)** le quart de 32 ;
c) les deux tiers de 1,2 ; **d)** les trois dixièmes de 20.

56 Calculer :

a) $\frac{2}{7} \times 7$ **b)** $9 \times \frac{4}{3}$ **c)** $36 \times \frac{7}{6}$ **d)** $25 \times \frac{12}{5}$

57 Exprimer en minutes chaque fraction d'heure :

a) $\frac{3}{4}$ d'heure **b)** $\frac{1}{2}$ heure

c) $\frac{5}{6}$ d'heure **d)** $\frac{6}{12}$ d'heure

58 **a)** Emmanuelle a dépensé les deux cinquièmes des 55 € se trouvant dans sa tirelire.
Quelle somme a-t-elle dépensée ?

b) Pierre a bu les trois quarts de deux litres de lait.
Quelle quantité cela représente-t-il ?

59 Donner une écriture décimale des quotients suivants :

a) $\frac{7}{10}$ **b)** $\frac{45}{5}$ **c)** $\frac{8,1}{9}$ **d)** $\frac{3}{5}$

Pour s'évaluer

Pour chaque exercice 60 à 69, trouve la ou les bonnes réponses.

Énoncés	Réponse A	Réponse B	Réponse C	Réponse D
60 Dans quel(s) cas a-t-on colorié les $\frac{2}{3}$ de la figure ?		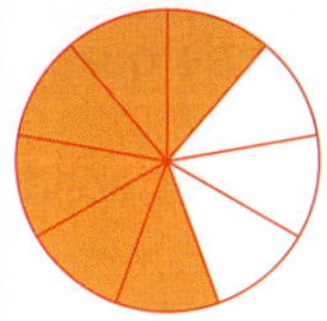		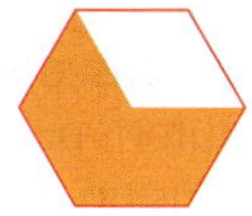
61 L'abscisse de A est égale à : 	$\frac{12}{8}$	1,5	$\frac{6}{4}$	$\frac{3}{2}$
62 Par combien faut-il multiplier 9 pour trouver 11 ?	$\frac{9}{11}$	$\frac{11}{9}$	9×11	1,22
63 Une écriture décimale de $\frac{15}{4}$ est :	15,4	0,26	$\frac{30}{8}$	3,75
64 2,4 a pour écriture fractionnaire :	$\frac{2}{4}$ ou $\frac{1}{2}$	$\frac{24}{10}$	$24 : 10$	$\frac{12}{5}$
65 Quel quotient a un dénominateur égal au tiers de son numérateur ?	$\frac{21}{7}$	$\frac{4}{12}$	$\frac{16}{4}$	$\frac{4,2}{1,4}$
66 $21 \times \frac{9}{7} = \ldots$	$9 \times 21 : 7$	27	$21 \times 7 : 9$	$\frac{21 \times 9}{21 \times 7}$
67 Romain possède 36 cartes *Pocket-Mocket*. Il en donne les cinq sixièmes à son amie Florie. Combien lui en reste-t-il ?	30	5	12	6
68 $\frac{12}{60} = \ldots$	$\frac{3}{15}$	$\frac{6}{40}$	$\frac{1}{5}$	$\frac{24}{120}$
69 La fraction la plus simple égale à $\frac{25}{75}$ est :	$\frac{1}{4}$	$\frac{5}{15}$	$\frac{0,5}{2}$	$\frac{1}{3}$

Tu peux vérifier tes réponses p. 255 et si tu veux continuer ton entraînement rendez-vous sur le site compagnon

Pour approfondir

En savoir plus
site compagnon

70 Le quart d'heure de bon temps FRANÇAIS

Les textes qui suivent sont extraits d'un poème de Nicolas Boileau (1636-1711) : *Le quart d'heure de bon temps.*

1. « L'homme, dont la vie entière est de quatre-vingt-seize ans, dort le tiers de sa carrière…/…
ajoutons pour maladies, procès, voyages, accidents au moins un quart de la vie…/… »

a) Calculer le nombre d'années que passe un homme à dormir selon Boileau.

b) Calculer le nombre d'années passées pour « maladies, procès, voyages, accidents ».

2. « Par jour deux heures d'études ou de travaux…/…
Noirs chagrins, inquiétudes pour le double…/…
Pour affaires qu'on projette demi-heure…/…
Cinq quarts d'heures de toilette barbe et cætera…/…
Par jour pour manger et boire deux heures…/… »

a) Prouver que toutes ces activités occupent 39 quarts d'heure par jour.

b) Quelle fraction d'une journée ces activités occupent-elles ?

Coup de pouce
Commence par calculer le nombre de quarts d'heure qu'il y a dans une journée.

c) Sur une vie de 96 ans, en déduire le nombre d'années que passe un homme à effectuer ces activités.

3. « Reste encore un an pour faire ce qu'oiseaux font au printemps.
Par jour l'homme a donc sur terre un quart d'heure de bon temps. »

Expliquer comment Boileau arrive à ces conclusions.

71 Fractions de longueurs

1. Quels segments mesurent les $\frac{2}{3}$ du segment [AB] ?

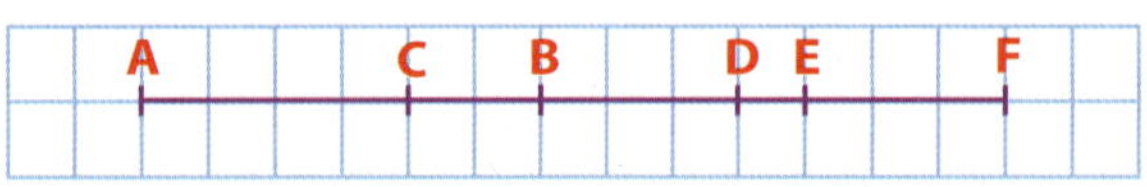

2. a) Reproduire la figure ci-dessus et placer le point M tel que $AM = \frac{1}{6} \times AB$.

b) Placer le point N tel que $AN = \frac{7}{6} \times AB$.

3. Recopier et compléter par des fractions les égalités suivantes :

a) AB = **…** × AD **b)** BE = **…** × AE
c) BD = **…** × CE **d)** CD = **…** × CB

72 Droite graduée

1. Reproduire la demi-droite graduée ci-dessous et placer les points A, B et C dont les abscisses sont respectivement les nombres suivants :

$\frac{3}{5}$; $1 + \frac{1}{5}$ et $2 + \frac{2}{5}$.

2. Écrire alors, à l'aide d'une fraction, les abscisses des points B et C.

73 Étiquettes

Recopier les étiquettes ci-dessous et colorier d'une même couleur celles pour lesquelles les nombres inscrits sont égaux :

$\frac{1}{6}$	$\frac{7}{5}$	$3 + \frac{34}{100}$	$\frac{5}{30}$
$\frac{5}{4}$	1,125	$1 + \frac{2}{5}$	$\frac{334}{100}$
$1 + \frac{1}{4}$	$\frac{9}{8}$	$1 + \frac{1}{8}$	1,4

74 Simplification

1. En s'aidant de la calculatrice, simplifier le plus possible la fraction suivante : $\frac{7650}{8550}$.

On écrira les étapes de la simplification en précisant à chaque fois : « J'ai simplifié par… ».

2. Reprendre la question précédente avec $\frac{3564}{3888}$

Coup de pouce
Pour simplifier les fractions, utilise les critères de divisibilité !

75 Nombres croisés

Recopier et compléter la grille ci-dessous à l'aide des indications suivantes :

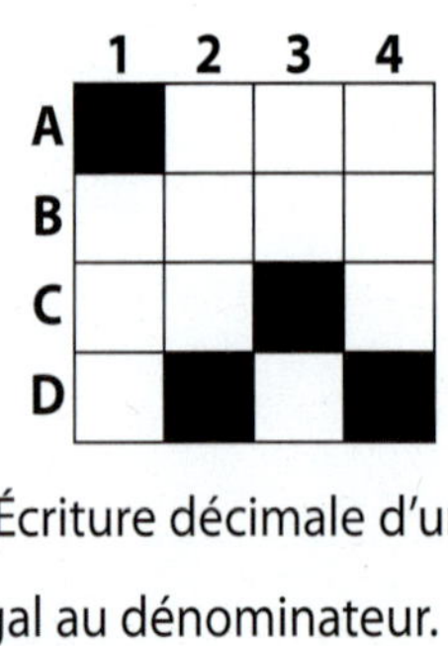

Horizontalement

A : Nombre manquant dans l'égalité : $\frac{5}{11} = \frac{55}{\dots}$.

B : Les $\frac{4}{3}$ de 3 588.

C : $\frac{2}{6}$ du nombre de la colonne 4 ; Écriture décimale d'un quotient dont le numérateur est égal au dénominateur.

D : Chiffre pair ; Chiffre impair.

Verticalement

1 : Le double des $\frac{2}{3}$ de 333.

2 : Nombre manquant dans l'égalité : $\frac{19}{59} = \frac{57}{\dots}$.

3 : Nombre manquant dans l'égalité : $\frac{57}{2} = \dots + \frac{1}{2}$; Tiers de 15.

4 : Dénominateur de la fraction égale à $\frac{3}{47}$ dont le numérateur est 9.

76 Calculer astucieusement :

1. $3 \times \frac{2}{7} \times \frac{4}{3} \times 7$ **2.** $\frac{5}{6} \times \frac{3}{5} \times 12 \times 15$

77 Fractions de fractions

Calculer :

1. les $\frac{2}{3}$ des $\frac{3}{4}$ de 24 ; **2.** les $\frac{4}{5}$ des $\frac{3}{2}$ de 100.

78 Les crêpes de Cécile

Pour la Chandeleur, Cécile a préparé 72 crêpes.

Les $\frac{5}{8}$ de ces crêpes sont salées pour faire des crêpes au jambon et au gruyère. Les autres sont sucrées pour être servies avec de la confiture.

Combien de crêpes sucrées Cécile a-t-elle préparées ?

79 Quatre quatre-quarts font quatre !

Pour faire un quatre-quarts, il faut :
- le tiers d'un paquet de farine,
- le quart d'un paquet de sucre,
- les $\frac{7}{8}$ d'un pain de beurre,
- trois œufs.

Estelle souhaite préparer quatre quatre-quarts !

Aura-t-elle assez d'ingrédients avec un paquet et demi de farine, un paquet de sucre, trois pains de beurre et une boîte de douze œufs ? Expliquer.

80 Un peu d'astronomie

En savoir plus site compagnon

- Avec ses 143 000 km de diamètre, Jupiter est la plus grande planète du système solaire.
- Le diamètre de la planète aux anneaux, Saturne, est environ égal au $\frac{5}{6}$ du diamètre de Jupiter.
- La planète Vénus, appelée également l'Étoile du Berger, a un diamètre égal au $\frac{9}{100}$ du diamètre de Jupiter.
- Mercure, la plus petite planète et la plus proche du Soleil, possède un diamètre environ égal aux $\frac{2}{5}$ de celui de Vénus.

Saturne Jupiter Vénus Mercure

Calculer le diamètre de Saturne, Vénus et Mercure. On donnera des valeurs arrondies au millier de kilomètres près.

81 Les poules du père Lapaille

Le père Lapaille possède une belle basse-cour de 240 animaux. Sa spécialité est l'élevage de poules ; elles représentent les deux tiers de sa basse-cour.

Parmi elles, les trois cinquièmes sont des poules pondeuses. Les autres sont des poules de Bresse.

Combien de poules de Bresse le père Lapaille possède-t-il ?

82 Dimensions

Construire deux rectangles de dimensions différentes respectant les conditions suivantes :

– la largeur est égale aux $\frac{5}{12}$ de la longueur,

– un des côtés mesure 6 cm.

83 Sécurité routière

THÈME DE CONVERGENCE

En 2007, sur les 140 000 véhicules impliqués dans un accident de la route, les $\frac{6}{25}$ concernaient des mobylettes.

Combien de conducteurs de mobylette cela représente-t-il ?

84 Élections

ÉDUCATION CIVIQUE

Au deuxième tour des élections présidentielles de 2007, les $\frac{38}{45}$ des électeurs inscrits ont mis un bulletin dans l'urne.

Environ 44 500 000 Français sont inscrits sur une liste électorale.

Combien de personnes se sont abstenues lors de ce deuxième tour de 2007 ? Donner une valeur approchée au million près.

85 Le défi

Mon gâteau a la forme d'un triangle équilatéral.

Saurais-tu parfaitement couper les deux tiers de ce gâteau en deux coups de couteau seulement ?

86 L'énigme

Ma classe contient trois cinquièmes de filles.

Parmi elles, la moitié a les yeux bleus et le tiers les yeux marron. Et les autres filles, au nombre de trois, ont les yeux verts.

Combien y a-t-il d'élèves dans ma classe ?

Devoir à la maison

1 **1.** Construire un disque de rayon 3 cm, un carré de côté 5 cm et un rectangle de dimensions 6 cm sur 4 cm.

2. a) Colorier en noir les $\frac{3}{8}$ du disque.

b) Colorier en bleu les $\frac{7}{25}$ du carré et en rouge les $\frac{2}{5}$ du carré.

c) Colorier en vert le dixième du rectangle et en mauve les $\frac{13}{20}$ du rectangle.

3. Pour chaque figure, donner une fraction de la surface qui n'a pas été coloriée.

2 **1.** Reproduire la demi-droite graduée ci-dessous en remplaçant chaque point d'interrogation par une fraction :

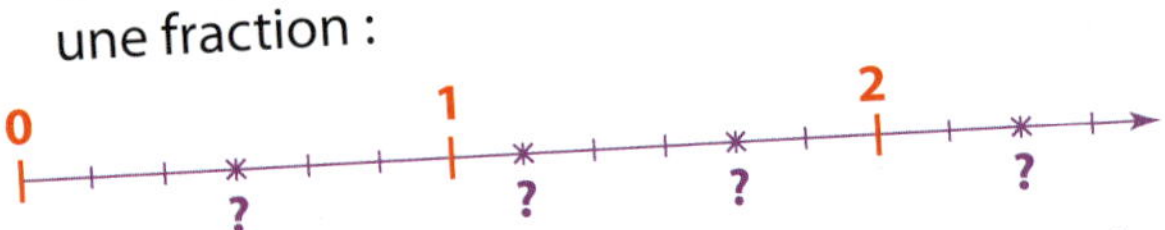

2. Sur la demi-droite précédente, placer les fractions suivantes :

$$\frac{11}{6} ; \frac{4}{3} ; \frac{3}{2} ; \frac{1}{4} ; \frac{9}{12}.$$

3 Lors du deuxième tour de l'élection des délégués de classe, chaque élève a voté pour un candidat :

- $\frac{2}{12}$ des élèves ont voté pour Salomé,
- $\frac{1}{3}$ des élèves a voté pour Ricardo,
- $\frac{1}{4}$ des élèves a voté pour Elia,
- $\frac{1}{6}$ des élèves a voté pour Jean-Baptiste.

1. Quels sont les deux délégués élus ?

Expliquer.

2. Quelle fraction d'élèves de la classe a mis un bulletin nul ou blanc dans l'urne ?

3. La classe contient 24 élèves. Calculer le nombre de voix obtenues par chaque candidat.

4 Amandine mange les $\frac{2}{9}$ d'un gâteau.

Claire mange $\frac{1}{5}$ de ce même gâteau.

Quant à Élodie, elle mange ce qu'il reste du gâteau après le passage des deux gloutonnes.

Laquelle des trois filles est la plus gourmande ? Expliquer.

Du côté du site compagnon

La légende de l'œil d'Horus

Il existe une légende à propos des fractions égyptiennes.

Lors d'un combat, Seth, le dieu de la violence et l'incarnation du mal, arrache un œil à Horus, dieu à tête de faucon et à corps d'homme.

Cet œil, qui est appelé Oudjat, Seth le partage en six morceaux qu'il disperse à travers l'Égypte.

Thot, le dieu magicien à tête d'ibis reconstitue l'œil, symbole du bien contre le mal.

Thot attribue alors à chaque partie de l'œil une fraction de numérateur 1 et de dénominateurs 2, 4, 8, 16, 32 et 64 (voir photographie ci-contre). Mais la somme des fractions obtenues n'est pas égale à 1 (l'œil entier).

Thot accordera la fraction manquante à tout scribe recherchant et acceptant sa protection.

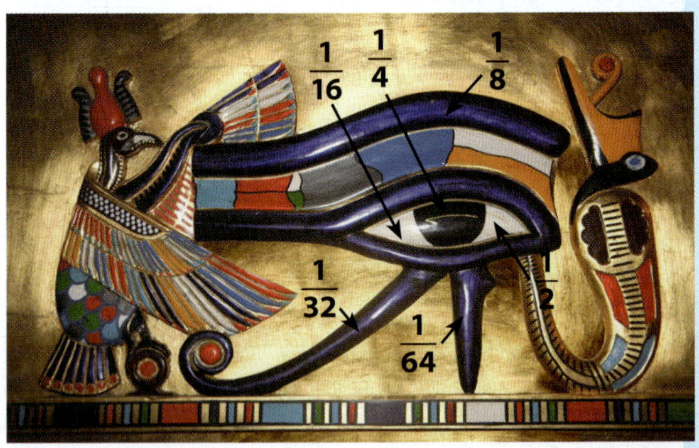

Sur le site compagnon, tu trouveras la solution à cette question ainsi que des représentations de dieux égyptiens.

Proportionnalité

Chapitre 6

Recette de la pâte à crêpes
(pour 8 personnes)
Dans un saladier, mélanger :
250 g de farine avec 4 œufs,
15 g de sucre vanillé et 50 cL de lait.
Ajouter 50 g de beurre fondu et
laisser reposer une heure.

Je vais apprendre à...

- Reconnaître une situation de proportionnalité ► *Exercices 18 à 27*
- Utiliser la proportionnalité pour résoudre un problème ► *Exercices 28 à 36*
- Appliquer un taux de pourcentage ► *Exercices 37 à 43*

Activités

Après ce QCM, tu peux continuer tes révisions sur le **site compagnon**

Pour revoir

Pour chaque question, il faut trouver la bonne réponse.

	Questions	Réponse A	Réponse B	Réponse C
1	Recopier et compléter : 30 est … de 15.	la moitié	le double	le triple
2	Le prix de 2 kg de pommes est 3 €. Quel est le prix de 8 kg de pommes ?	9 €	12 €	4 €
3	À l'âge d'un an, Célia mesurait 65 cm. Quelle est sa taille à l'âge de deux ans ?	130 cm	75 cm	On ne peut pas savoir
4	Sur l'affiche du magasin, il est écrit : « 1 ananas pour 1,50 € » « 3 ananas pour 4 € » Y a-t-il proportionnalité entre le nombre d'ananas achetés et le prix à payer ?	Non	Oui	On ne peut pas savoir
5	Hugo a eu 16/20 en mathématiques. Il a eu 9/10 en histoire. Quelle est sa meilleure note ?	La note de mathématiques	La note d'histoire	Les deux notes sont du même niveau

ACTIVITÉ

1. Le puzzle

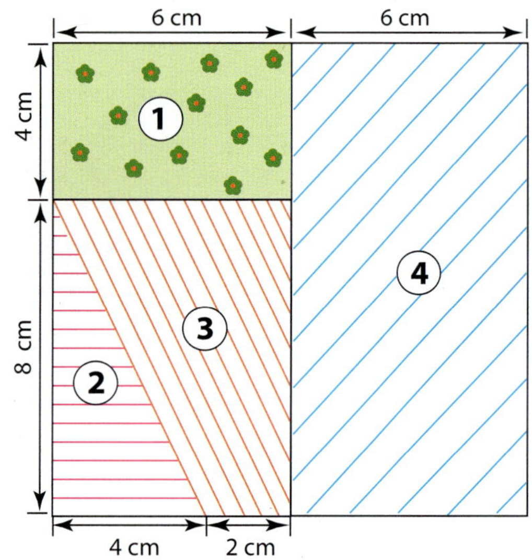

1. Reproduire en vraie grandeur le puzzle ci-contre.

2. Agrandir ce puzzle en respectant la consigne suivante : « Un segment mesurant 4 cm sur le puzzle devra mesurer 5 cm sur le puzzle agrandi ».

Cette activité est inspirée du « puzzle de Brousseau » dont on peut trouver d'autres exemples sur Internet.

ACTIVITÉ

2. Les bonnes reproductions

Voici une photographie de l'équipe de France de football championne du Monde en 1998 :

①

Quatre copies de cette photographie ont été réalisées (et numérotées de (2) à (5)). Il faut retrouver les copies dont les dimensions sont proportionnelles aux dimensions de l'original.

(2)

(3)

(4)

(5)

1. Regarder chaque photographie et indiquer si elle semble être une copie bien proportionnée de la photographie originale.

2. a) Mesurer les dimensions de chaque photographie et après l'avoir recopié, compléter le tableau ci-dessous :

Photographie	(1)	(2)	(3)	(4)	(5)
Longueur (en cm)					
Largeur (en cm)					
$\frac{\text{Longueur}}{\text{Largeur}}$					

b) Que remarque-t-on pour les quotients $\frac{\text{Longueur}}{\text{Largeur}}$?

Expliquer pourquoi cela permet de reconnaître les copies bien proportionnées.

Savoir faire

SAVOIR-FAIRE 1 *Calculer et utiliser un coefficient de proportionnalité*

Énoncé : 12 paquets de bonbons pèsent 3 kg.
Quelle est la masse de 17 paquets de bonbons ?

Solution commentée

1. On se demande si l'énoncé correspond à une situation de proportionnalité :
la situation évoquée est une situation de proportionnalité car la masse des paquets est proportionnelle au nombre de paquets.

2. Il faut donc calculer la masse d'un paquet de bonbons. Pour cela, on divise la masse des 12 paquets de bonbons par 12, soit :

$$3 : 12 = \mathbf{0{,}25}.$$

Un paquet de bonbons pèse 0,250 kg.
0,25 est le coefficient de proportionnalité.

3. On calcule la masse de 17 paquets de bonbons qui sera égale à 17 fois la masse d'un paquet :

$$17 \times \mathbf{0{,}25} = 4{,}25.$$

La masse de 17 paquets de bonbons est donc **4,250 kg**.

Remarques

- En résumé, on a calculé :
$$(3 : 12) \times 17 = 4{,}25.$$
- Il est possible de représenter la situation de l'énoncé à l'aide d'un tableau, comme ci-dessous :

Nombre de paquets de bonbons	12	17
Masse des paquets de bonbons (en kg)	3	**4,25**

× 0,25

Exercices d'application

1 Trois livres de poche coûtent 9 €.
a) Quel est le prix d'un livre de poche ?
b) Combien coûtent 10 livres de poche ?

2 Trois bidons de lait pèsent 6 kg.
a) Quelle est la masse d'un bidon de lait ?
b) Recopier et compléter le tableau suivant :

Nombre de bidons de lait	3	1	10	
Masse (en kg)	6			10

× …

3 Cinq bouteilles de jus d'ananas coûtent 6 €.
a) Quel est le prix d'une bouteille de jus d'ananas ?
b) Recopier et compléter le tableau suivant :

Nombre de bouteilles	5	1	15	
Prix (en €)	6			24

× …

4 Une erreur s'est glissée dans ce tableau de proportionnalité. Laquelle ?

Nombre de bouteilles	4	7	12	20
Prix (en €)	4,80	8,20	14,40	24,00

× 1,20

5 Reproduire et compléter ce tableau de proportionnalité :

7	1		2	
56		24		80

6 Reproduire et compléter ce tableau de proportionnalité à l'aide de la calculatrice :

6	2		11	
21		24,5		19,25

7 **a)** Le prix de 3 kg de tomates est de 6 €. Quel est le prix de 7 kg de tomates ?
b) Le prix de 2 kiwis est 1,20 €. Quel est le prix de 5 kiwis ?
c) Le prix de 3 melons est 3,60 €. Quel est le prix de 10 melons ?
d) Le prix de 5 salades est 4 €. Combien puis-je en acheter avec 12,80 € ?

8 Un bloc de 250 feuilles de papier cartonné pèse 3 kg. Quelle est la masse de 10 feuilles cartonnées ?

Voir aussi les exercices 28 à 36

SAVOIR-FAIRE 2 *Appliquer un taux de pourcentage*

Animation site compagnon

Énoncé : Une paire de baskets Adispeed 3000 coûte 62 €.
Le magasin Décasport annonce une baisse de ses prix de 30 %.
Quel est le nouveau prix des baskets Adispeed 3000 ?

Solution commentée

Calculer 30 % d'un nombre, c'est multiplier ce nombre par $\frac{30}{100}$.

1. On cherche à calculer le montant de la baisse pour avoir le nouveau prix.
On calcule 30 % de 62.

$$\frac{30}{100} \times 62 = 0{,}3 \times 62 = 18{,}60.$$

Le montant de la baisse est donc de 18,60 €.

2. On calcule le nouveau prix :
ancien prix – montant de la baisse = nouveau prix,
soit 62 18,60 = 43,40.
Le prix soldé de la paire de baskets est donc **43,40 €**.

Exercices d'application

9 Former des couples avec une étiquette verte et une étiquette jaune pour obtenir des phrases correctes :

Prendre 50 % d'un nombre	c'est le multiplier par $\frac{30}{100}$
Prendre 30 % d'un nombre	c'est le multiplier par $\frac{10}{100}$
Prendre 10 % d'un nombre	c'est le multiplier par $\frac{50}{100}$

10 Former des couples avec une étiquette verte et une étiquette jaune pour obtenir des phrases correctes :

Prendre 50 % d'un nombre	c'est le multiplier par $\frac{1}{2}$
Prendre 20 % d'un nombre	c'est le multiplier par $\frac{3}{4}$
Prendre 10 % d'un nombre	c'est le multiplier par $\frac{1}{4}$
Prendre 75 % d'un nombre	c'est le multiplier par 3
Prendre 25 % d'un nombre	c'est le multiplier par $\frac{1}{10}$
Prendre 300 % d'un nombre	c'est le multiplier par $\frac{1}{5}$

11 Calculer les montants demandés :
a) 10 % de 20 € **b)** 30 % de 20 €
c) 60 % de 60 € **d)** 15 % de 200 €

12 Calculer les quantités demandées :
a) 60 % de 30 élèves **b)** 75 % de 2 000 spectateurs
c) 95 % de 10 000 personnes

13 Avant les soldes, le prix de cette chemise était de 20 €. On annonce une baisse de 30 %.
Quel est le nouveau prix de la chemise ?

14 Le prix du dernier CD de Brittany Stirz était de 12 € à sa sortie. Il augmente de 20 % un mois plus tard.
Quel est le nouveau prix de ce CD ?

15 En 1900, la France comptait 40 700 000 habitants. En un siècle, la population a augmenté de 44 %.
Quel était le nombre d'habitants en France en 2000 ?

16 En 10 ans le prix de l'essence a augmenté de 115 %.
Le prix de l'essence était à l'origine 0,60 € par litre.
Combien coûte l'essence aujourd'hui ?

17 Reproduire et compléter le tableau ci-dessous :

Prix avant réduction (en €)	100	10	40	55	72
Prix après réduction de 25 % (en €)					

Voir aussi les exercices 37 à 43

Avec un ordinateur

À la fin du manuel, retrouve tes Fiches méthode TICE p.237 Tableur Géométrie

1 UTILISER LE TABLEUR POUR FAIRE DES CRÊPES

OBJECTIF : *Utiliser le tableur pour réaliser des calculs de proportionnalité.*

Voici la recette de papy Stéphane pour réussir de bonnes crêpes :

Samuel souhaite faire des crêpes pour un nombre de personnes différent de 8, mais en gardant les mêmes proportions.

1. *Travail préalable (à faire sur papier)*

Écrire les quantités d'ingrédients nécessaires à la réalisation de crêpes pour 4 personnes.

2. Samuel souhaite préparer des crêpes pour 16 personnes

Ouvrir une feuille de calcul sur tableur et reproduire le tableau à deux lignes ci-dessous :

	A	B	C	D	E	F
1	ingrédients	farine	œufs	lait	sucre	sucre de canne
2	quantités pour 8 personnes					

Tu trouveras un autre problème de proportionnalité au TP 6, –> Compléments p. 134.

a) Remplir le tableau avec les proportions pour 8 personnes suivant la recette de papy Stéphane.

b) En ajoutant une troisième ligne au tableau et à l'aide de formules de calcul du tableur bien choisies, calculer les quantités d'ingrédients nécessaires pour faire des crêpes pour 16 personnes. → *Tableur 1*

3. Samuel n'a que 4 œufs

En ajoutant une ligne au tableau de la question **2.** et à l'aide de nouvelles formules du tableur, calculer les quantités d'ingrédients nécessaires pour faire des crêpes en utilisant 4 œufs (et tous les autres ingrédients…). → *Tableur 1*

4. Samuel souhaite préparer des crêpes pour 50 personnes

a) Quel coefficient permet de passer des quantités pour 8 personnes à celles nécessaires pour 50 personnes ?

b) Ajouter une nouvelle ligne au tableau de la question **2.** pour établir, à l'aide d'une formule de calcul recopiée sur toute la ligne, les quantités nécessaires pour faire des crêpes pour 50 personnes. → *Tableur 1 et 2*

2 PÉRIMÈTRE ET AIRE DU CARRÉ

OBJECTIF : *Déterminer si le périmètre et l'aire d'un carré sont proportionnels à la longueur de son côté en utilisant un tableur.*

1. *Travail préalable (à faire sur papier)*

Dessiner un carré de côté 5 cm, puis calculer son périmètre et son aire.

2. Étude du périmètre

a) Ouvrir une feuille de calcul d'un tableur et créer un tableau à deux lignes :
– la première pour saisir différentes longueurs de côtés (en cm) : 2, 3, 4, 5, 7, 10, 15 et 27 ;
– la seconde pour calculer le périmètre du carré correspondant.
On obtient un tableau ressemblant à celui-ci :

	A	B	C	D	E	F	G	H	I
1	longueur du côté (cm)	2	3	4	5	7	10	15	27
2	périmètre du carré (cm)								

b) On veut calculer le périmètre du premier carré (celui de côté 2) à l'aide d'une formule de calcul du tableur. Quelle formule faut-il saisir ? → *Tableur 1*

c) Saisir cette formule et la recopier sur toute la ligne. → *Tableur 1 et 2*

d) Pourquoi la longueur du côté d'un carré et son périmètre sont-ils proportionnels ? Comment le vérifier en utilisant les possibilités de calcul du tableur ?

3. Étude de l'aire

a) Créer un nouveau tableau à deux lignes :
– la première pour saisir différentes longueurs de côtés (en cm) : 2, 3, 4, 5, 7, 10, 15 et 27 ;
– la seconde pour calculer l'aire du carré correspondant.

	A	B	C	D	E	F	G	H	I
1	longueur du côté (cm)	2	3	4	5	7	10	15	27
2	aire du carré (cm^2)								

b) On veut calculer l'aire de tous les carrés du tableau à l'aide d'une formule de calcul du tableur. Saisir la formule nécessaire au calcul de l'aire du premier carré et la recopier sur toute la ligne. → *Tableur 1 et 2*

c) Y a-t-il proportionnalité entre la longueur du côté d'un carré et son aire ? Utiliser le tableau pour justifier la réponse. → *Tableur 1*

3 LA BOÎTE NOIRE DU CHAPITRE

BOITE NOIRE

Une « boîte noire » dans un tableur est un programme de calcul mystérieux !
Le but de l'activité est de percer ce mystère…
Pour cela, on peut saisir des nombres mais aussi utiliser des formules qui aident dans la recherche.

Téléchargement site compagnon

1. Télécharger sur le site compagnon le fichier « boite_noire_06 » et l'ouvrir.

2. Saisir un nombre dans la cellule verte et observer dans la cellule grise le résultat donné par la boîte noire.

3. Faire plusieurs observations puis chercher le programme de calcul mystérieux de la boîte noire.

4. Pour essayer un programme de calcul, saisir dans la cellule jaune la formule correspondant à ce programme et observer le résultat obtenu.

5. Tester plusieurs exemples pour vérifier que les programmes de la boîte noire et de la boîte rouge donnent les mêmes résultats.

6. Écrire sur le cahier le programme de calcul qui semble être celui de la boîte noire.

Pour s'entraîner

Reconnaître la proportionnalité

18 Un primeur propose des pommes au détail à 1,40 € le kilogramme ou en sac de 5 kg à 7,00 €.
a) Quelles sont les deux grandeurs qui interviennent dans cet énoncé ?
b) Sont-elles proportionnelles ?

19 Un pâtissier propose des croissants à l'unité au prix de 0,80 € ou par lot de 5 au prix de 3,50 €.
a) Quelles sont les deux grandeurs qui interviennent dans cet énoncé ?
b) Sont-elles proportionnelles ?

20 À partir des tableaux ci-dessous, dire pour chaque boutique de location si le nombre de DVD loués est proportionnel au prix à payer :

a)

Boutique Futuro Vidéo				
Nombre de DVD loués	2	3	4	5
Prix à payer (en €)	4	6	8	10

b)

Boutique Action Ciné				
Nombre de DVD loués	2	3	4	5
Prix à payer (en €)	3	4	5	6

21 Dire si les grandeurs des tableaux ci-dessous sont proportionnelles. Justifier les réponses.

a)

Nombre de tours de manège	1	2	4	8
Prix à payer (en €)	3	6	10	20

b)

Masse de poires (en kg)	5	10	15	100
Prix à payer (en €)	7	14	21	140

22 Dire si les publicités suivantes traduisent des situations de proportionnalité.
Justifier les réponses.

23 Hugo a 10 ans et mesure 1,35 m.
a) Quelles sont les deux grandeurs qui interviennent dans cet énoncé ?
b) Sont-elles proportionnelles ?
c) Peut-on prévoir quelle taille aura Hugo à 20 ans ?

24 Le tableau suivant donne le prix de yaourts au lait entier vendus par lot de 8, 12 ou 24.
Le prix du lot est-il proportionnel au nombre de yaourts ? Justifier la réponse.

Nombre de yaourts	8	12	24
Prix du lot (en €)	2,40	3,60	7,20

25 Le tableau suivant donne le prix de pots de crème au chocolat vendus par lot de 4, 6 ou 10.
Le prix du lot est-il proportionnel au nombre de pots de crème ? Justifier la réponse.

Nombre de pots	4	6	10
Prix du lot (en €)	2,20	3,30	5,00

26 Le tableau ci-dessous indique, pour les années 2005 à 2008, le film ayant réalisé le plus grand nombre d'entrées au cinéma en France et son budget.

Année	**2005**	**2006**	**2007**	**2008**
Film	*Harry Potter et la coupe de feu*	*Les bronzés 3*	*Ratatouille*	*Bienvenue chez les Ch'tis*
Nombre d'entrées	7 699 551	10 355 928	7 831 802	20 449 079
Budget (en €)	110 000 000	35 000 000	110 000 000	11 000 000

En France, le nombre d'entrées des films ayant eu le plus de succès a-t-il été proportionnel à leur budget ?

27 Le tableau suivant donne les tarifs de La Poste pour l'envoi du courrier en France métropolitaine.
Le prix des timbres est-il proportionnel à la masse de la lettre ?

Envois de correspondances

• **Lettre prioritaire**

En France métropolitaine	
Poids jusqu'à	**Tarif net**
20 g	0,55 €
50 g	0,88 €
100 g	1,33 €
250 g	2,18 €
500 g	2,97 €
1 kg	3,85 €
2 kg	5,07 €
3 kg	5,93 €

Utiliser la proportionnalité

28 Pour les quatre questions suivantes, on considère que les grandeurs sont proportionnelles.

a) Le prix de 4 kg de confiture de cerises est 13 €.
Quel est le prix de 8 kg de confiture de cerises ?

b) Le prix de 4 kg de confiture de fraises est 12 €.
Quel est le prix de 6 kg de confiture de fraises ?

c) Le prix de 4 kg de confiture de framboises est 10,60 €.
Quel est le prix de 7 kg de confiture de framboises ?

d) Le prix de 4 kg de confiture d'abricots est 10 €.
Combien puis-je en acheter avec 25 € ?

29 Yvan est un géant. Lorsqu'il marche, il fait des pas de 5 m.
Reproduire et compléter le tableau suivant :

Nombre de pas d'Yvan le géant	2	5		10	
Distance parcourue (en m)			35		125

× …

30 Sur Internet, on peut télécharger des chansons pour 0,99 € l'unité.
Reproduire et compléter le tableau suivant :

Nombre de chansons téléchargées	1	2		10	
Prix à payer (en €)			4,95		99,00

× 0,99

31 Dans un magasin, le prix du sucre est proportionnel à la masse achetée.
Reproduire et compléter le tableau suivant :

Masse de sucre (en kg)	2	5		9	
Prix à payer (en €)	8		6		3

32 Robert vend des poires sur le marché de Lyon à 2,30 € le kilogramme. Aider Robert à compléter sa grille de tarifs (après l'avoir recopiée) :

Masse de poires achetées (en kg)	1	2	3	5	10
Prix (en €)					

33 Robert vend également des abricots. Mais Gérard, son concurrent, en vend aussi.
À partir des deux tableaux de prix ci-après, peut-on dire qui est le moins cher ?

Chez Robert

Masse d'abricots (en kg)	3	5	10
Prix (en €)	8,10	13,50	27,00

Chez Gérard

Masse d'abricots (en kg)	2	6	8
Prix (en €)	5,60	16,80	22,40

34 En moyenne, ma voiture consomme 6,5 L d'essence aux 100 km.

a) Combien de kilomètres pourrai-je parcourir avec mon réservoir plein (78 L) ?

b) De quelle quantité d'essence ai-je besoin pour parcourir 350 km ?

35 Le Tour de France — EPS

Richard s'entraîne pour le Tour de France cycliste. Il monte le très difficile col de l'Alpe d'Huez.
On suppose que Richard roule toujours à la même vitesse et qu'il parcourt 2 km en 12 minutes.

a) Reproduire et compléter le tableau suivant :

Distance parcourue (en km)	2	1	3	5	10
Temps (en min)	12				

b) Sachant qu'il y a 13 km de montée, combien de temps mettra Richard pour arriver au sommet du col ?

36 Carte de France — GÉOGRAPHIE

Dans la salle de classe de Lisa, les distances mesurées sur la carte de France accrochée au mur sont proportionnelles aux distances réelles.
Recopier et compléter le tableau de Lisa :

Distances sur la carte (en cm)	1	4,2		11,3	
Distances réelles (en km)	50		350		1 050

Appliquer un pourcentage

37 Calculer mentalement :
a) 10 % de 45 € b) 30 % de 200 €
c) 75 % de 1 000 € d) 200 % de 13 €

38 Calculer à l'aide de la calculatrice :
a) 12 % de 45 € b) 35 % de 230 €
c) 75 % de 712 € d) 260 % de 130 €

39

Que veut dire cette inscription ?
Choisir la bonne réponse parmi celles proposées ci-dessous :
① La tablette pèse 72 g.
② La tablette contient 72 g de cacao.
③ La tablette contient 72 carreaux.
④ Si je mange 100 g de cette tablette, je mange 72 g de cacao.

40 Dans le collège de Ludo, 66 % des 550 élèves sont demi-pensionnaires. Les autres sont externes.
a) Quel est le pourcentage d'élèves externes ?
b) Combien y a-t-il d'élèves dans chaque catégorie ?

41 Dans la classe de 6e de Ludo, il y a 24 élèves. 37,5 % d'entre eux sont des filles.
Combien y a-t-il de garçons ?

42 Sur son pot de confiture de fraises, Natacha lit : « Teneur en fruit : 55 % ».
a) Que signifie cette inscription ?
b) Recopier et compléter le tableau ci-dessous :

Masse de confiture (en g)	20		32	
Masse de fraises (en g)		16,5		23,1

43 **Élections municipales** ÉDUCATION CIVIQUE
5 000 personnes ont voté lors des élections municipales de Mathéville.
Voici les résultats des trois candidats :
– Mme Maggie Bolle : 36 % des voix ;
– M. Pat Atrac : 55 % des voix ;
– M. Larry Golade : 9 % des voix.
a) Retrouver le nombre de voix obtenues par chaque candidat.
b) Qui est élu maire de Mathéville ?

Remue-méninges

Les exercices qui suivent sont à faire mentalement

44 a) Il a beaucoup plu ce mois-ci. Hier, il est tombé 20 mm d'eau. Peut-on calculer la quantité d'eau tombée au cours des 30 derniers jours ? Si oui, la donner.
b) Une fontaine débite un demi-litre d'eau par heure. Peut-on calculer la quantité d'eau fournie en une journée ? Si oui, quelle est-elle ?
c) Si la taille d'un arbre augmente régulièrement de 30 cm par an, de combien augmentera-t-elle en sept ans ?
d) En un an Véro a grandi de 8 cm. De combien de centimètres peut-elle espérer grandir au cours des deux prochaines années ?

45 a) J'ai 4 exercices de mathématiques à faire. J'ai mis 5 minutes pour faire le premier. Puis-je savoir combien de temps il me faudra pour faire les 3 autres ?
b) Je prends mon pouls le lundi. Pour 20 secondes, je compte 25 pulsations. En considérant que mon pouls est régulier, combien de pulsations devrais-je compter en une minute ?
c) Je prends mon pouls le mardi. Pour 30 secondes, je compte 34 pulsations. Pour une minute, je compte 75 pulsations. Mon pouls est-il tout à fait régulier ?

46 a) Akim achète des oranges à 0,60 € le kilogramme. Combien va-t-il payer pour 3 kg ? 4 kg ? 7 kg d'oranges ?
b) Marc vend des bouteilles de jus d'orange au prix de 1,20 € l'unité. Quel est le prix de 3 bouteilles ? 9 bouteilles ? 7 bouteilles de jus d'orange ?
c) 25 % des 500 élèves de ce collège ont déjà joué à un jeu en ligne sur Internet. Combien d'élèves cela représente-t-il ?
d) 1 élève sur 4 dans ce collège de 500 élèves a déjà joué au tennis. Combien d'élèves cela représente-t-il ?

47 Répondre par Vrai ou Faux aux affirmations suivantes :
a) Prendre 50 % d'un nombre, c'est en prendre la moitié.
b) Baisser un prix de 10 %, c'est enlever 10 € à ce prix.
c) Augmenter un prix de 50 % revient à doubler ce prix.
d) Augmenter un prix de 100 % n'est pas possible.
e) Enlever 75 % d'un nombre revient à prendre $\frac{1}{4}$ de ce nombre.

Pour s'évaluer

Pour chaque exercice 48 à 50, trouve la ou les bonnes réponses en utilisant les tableaux de tarifs de deux opérateurs de téléphonie mobile :

Tableau A : « Jaune Télécom »

Forfait de communication (en h)	2	4	10
Prix (en €)	28	56	140

Tableau B : « Laissez-faire Télécom »

Forfait de communication (en h)	2	4	10
Prix (en €)	30	60	90

Énoncés	Réponse A	Réponse B	Réponse C	Réponse D
48 Il y a une situation de proportionnalité dans :	le tableau A uniquement	le tableau B uniquement	les deux tableaux	aucun des deux tableaux
49 Avec « Jaune Télécom », le prix à payer pour 20 heures de communication est de :	240 €	280 €	224 €	On ne peut pas savoir
50 Avec « Laissez-faire Télécom », le prix à payer pour 20 heures de communication est de :	300 €	180 €	240 €	On ne peut pas savoir

Pour chaque exercice 51 à 54, trouve la ou les bonnes réponses en considérant que les grandeurs sont proportionnelles.

Énoncés	Réponse A	Réponse B	Réponse C	Réponse D
51 Une boîte de bonbons est vendue 1,90 €. Quel est le prix de trois boîtes de bonbons ?	3,90 €	4,80 €	5,70 €	7,60 €
52 5 paquets de gâteaux coûtent 11 €. Combien coûtent 7 paquets de gâteaux ?	2,20 €	13,00 €	15,40 €	22,00 €
53 6 kilogrammes de sucre coûtent 4 €. Combien coûtent 9 kilogrammes de sucre ?	5,40 €	6 €	7 €	On ne peut pas calculer ce prix
54 Des oranges sont vendues 1,25 € le kilogramme. Combien puis-je en acheter avec 20 € ?	20 kg	16 kg	25 kg	18,75 kg

Pour chaque exercice 55 à 57, trouve la ou les bonnes réponses.

Énoncés	Réponse A	Réponse B	Réponse C	Réponse D
55 20 % de 12 € représentent :	24 €	14,40 €	2,40 €	9,60 €
56 Augmenter un prix de 100 %, c'est :	doubler ce prix	tripler ce prix	laisser ce prix inchangé	impossible
57 Le prix d'une chemise à 30 € baisse de 10 %. Quel est le nouveau prix de cette chemise ?	3 €	33 €	20 €	27 €

Tu peux vérifier tes réponses p. 255 et si tu veux continuer ton entraînement rendez-vous sur le site compagnon

Devoir à la maison

1 **1.** Armand est très gourmand. Il a mangé une grosse partie d'une tablette de chocolat, il n'en reste maintenant que 70 g.

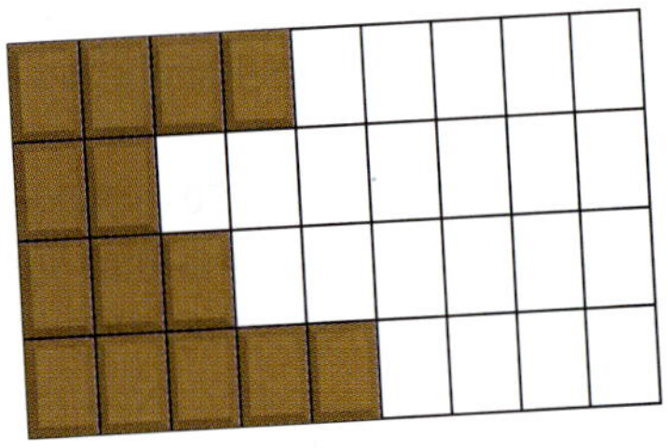

Quelle masse de chocolat Armand a-t-il mangée ?

2 Vincent Tim vend des boîtes de chocolat à 2,40 € l'unité. Si j'en achète plus de 10, il me fait une remise de 20 %.

Combien vais-je payer si j'achète 9 boîtes de chocolat ? 11 boîtes ?

Que peut-on me conseiller ?

3 Paul Ochon est éleveur de moutons. Il achète un terrain rectangulaire de 50 m de longueur et 30 m de largeur afin de construire un enclos pour ses animaux.

1. Dessiner un plan de ce terrain.

Coup de pouce
Tu dois prendre 10 cm pour la longueur du rectangle et chercher la largeur correspondante.

Pour clore ce terrain, il veut planter des piquets séparés de 2 m et y accrocher un fil de clôture.

2. Combien de piquets doit-il acheter ?

3. Sachant que les piquets coûtent 2,50 € pièce et le fil de clôture 0,80 € le m, quel sera le montant de la facture ?

4. M. Ochon recevra pour ses travaux une aide de l'Union Européenne s'élevant à 25 % du montant de sa facture. Quelle somme restera à sa charge ?

Du côté du site compagnon

Le nombre π, un coefficient de proportionnalité pas comme les autres

En 250 avant Jésus-Christ, le célèbre mathématicien Archimède a mis en évidence que le périmètre d'un cercle et son diamètre sont proportionnels. Le coefficient de proportionnalité qui relie ces deux grandeurs est un nombre étonnant qui vaut environ 3,14…

Pour savoir comment Archimède a réussi à trouver une valeur approchée assez précise de ce nombre, rendez-vous sur le site compagnon…

La proportionnalité en géométrie

Une légende raconte que Thalès, grand mathématicien grec, aurait utilisé la proportionnalité pour calculer la hauteur des pyramides d'Égypte.

En prenant un bâton de longueur connue, en mesurant son ombre et celle de la pyramide, il serait parvenu, d'après cette légende, à estimer avec précision la hauteur de la célèbre construction égyptienne.

Pour en savoir un peu plus sur Thalès et son célèbre théorème, rendez-vous sur le **site compagnon** *!*

Chapitre 7

Organisation et représentation de données

Est-ce que tu peux m'apprendre à construire des tableaux et des diagrammes sur mon ordinateur ?

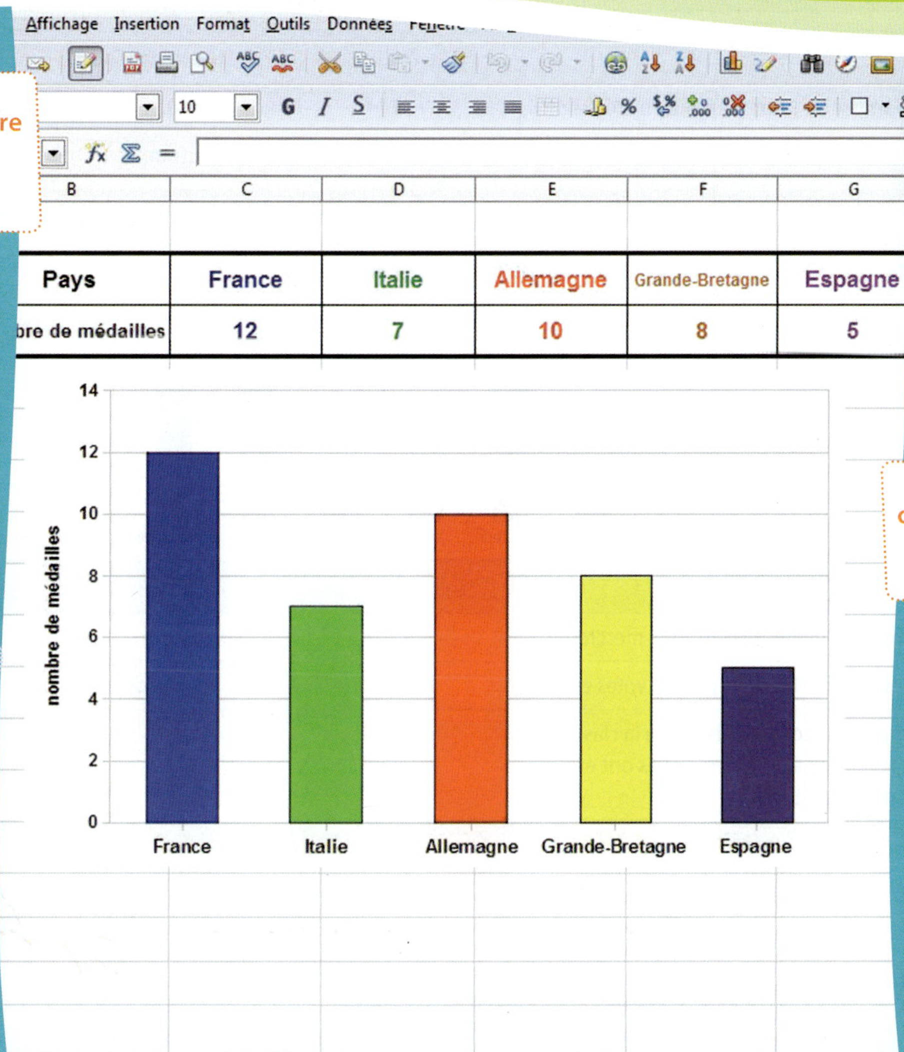

D'accord… Pour cela on peut utiliser un logiciel très utile : le tableur.

Le tableur est un logiciel capable de traiter des données numériques et de les mettre en forme : tableaux, graphiques, diagrammes, etc. C'est un bon outil pour les statisticiens.

Je vais apprendre à…

- Lire et utiliser des données à partir d'un tableau simple ► *Exercices 8 à 11*
- Lire et utiliser des données à partir d'un tableau à double entrée ► *Exercices 12 à 15*
- Construire un tableau pour présenter des données ► *Exercices 16 à 19*
- Lire des données sur un diagramme en bâtons ou circulaire ► *Exercices 20 à 24*
- Lire des données sur un graphique cartésien ► *Exercices 25 à 27*
- Construire, à l'aide d'un logiciel, des tableaux, des graphiques et des diagrammes simples ► *Activité 2, p. 121*

Activités

Après ce QCM, tu peux continuer tes révisions sur le site compagnon

Pour revoir

Pour chaque question, trouve la ou les bonnes réponses.

Le tableau ci-dessous recense le nombre de jours de pluie par saison pour une ville de la Côte d'Azur :

Saison	printemps	été	automne	hiver
Nombre de jours de pluie	15	5	25	20

	Questions	Réponse A	Réponse B	Réponse C
1	Le nombre de jours de pluie en été est :	15	0	5
2	La saison la plus pluvieuse est :	l'été	l'automne	l'hiver

On a demandé aux élèves de la classe de 6e Z quel était leur jour de la semaine préféré.
Les résultats de ce sondage sont présentés dans le diagramme ci-dessous :

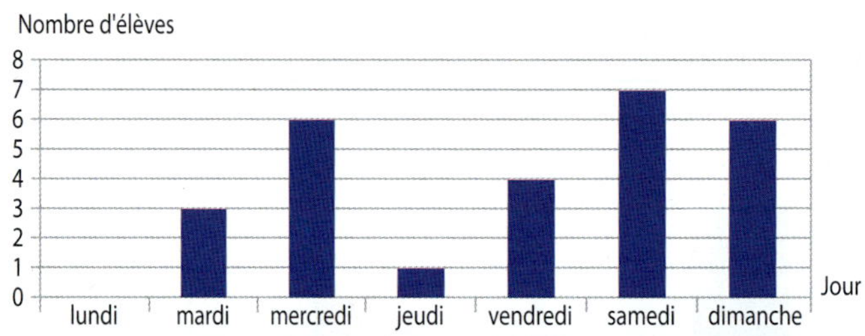

	Questions	Réponse A	Réponse B	Réponse C
3	Combien d'élèves préfèrent le mercredi ?	6	25	30
4	Le jour ayant obtenu le plus de votes est le :	lundi	mercredi	samedi
5	Sachant que tous les élèves de la classe ont répondu, combien d'élèves ont été interrogés au total ?	27	7	56

ACTIVITÉ

1. Lire un diagramme

Le diagramme en bâtons ci-dessous représente les effectifs (nombre d'élèves) des cinq classes de 6e du collège Molière :

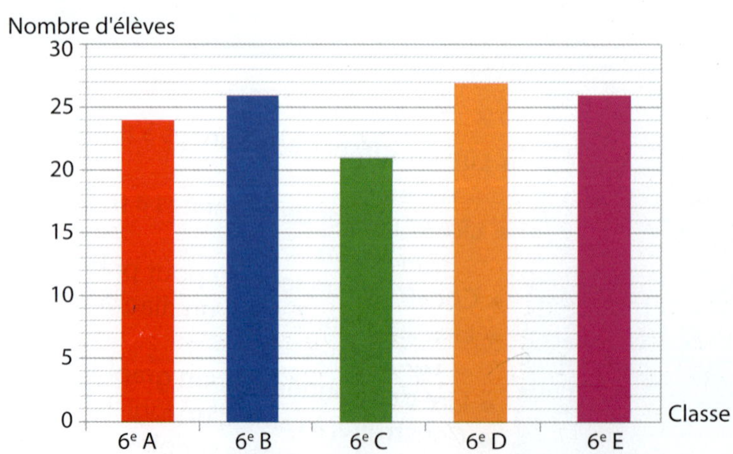

a) Combien y a-t-il d'élèves en 6e A ?
b) Quelle classe a l'effectif le plus important ?
c) Quelles classes ont le même nombre d'élèves ?
d) Combien y a-t-il d'élèves sur l'ensemble des classes de 6e du collège Molière ?

ACTIVITÉ
2. Lire un tableau

Voici le tableau des médailles des jeux Olympiques de Pékin (2008) :

Classement	Pays	Médailles d'or	Médailles d'argent	Médailles de bronze	Total de médailles
1	Chine	51	21	28	100
2	USA	36	38	36	110
3	Russie	23	21	28	72
4	Grande-Bretagne	19	13	15	47
5	Allemagne	16	10	15	41
6	Australie	14	15	17	46
7	Corée du Sud	13	10	8	31
8	Japon	9	6	10	25
9	Italie	8	10	10	28
10	France	7	16	17	40

1. Répondre aux questions suivantes en utilisant le tableau ci-dessus.
a) Quel pays a remporté le plus de médailles d'or ?
b) Quel pays a remporté le plus de médailles au total ?
c) Combien de médailles d'or a remporté la France ?
d) Combien de médailles d'argent a remporté la Chine ?
e) Quels pays ont remporté 15 médailles de bronze ?

2. Dans le tableau ci-dessus, les équipes sont classées en fonction de leur nombre de médailles d'or. Refaire un tableau donnant un classement en fonction du nombre total de médailles obtenues.

ACTIVITÉ
3. Lire un graphique cartésien

Ce graphique cartésien présente l'évolution de la température mesurée le 20 juillet 2008 aux Sables-d'Olonne :

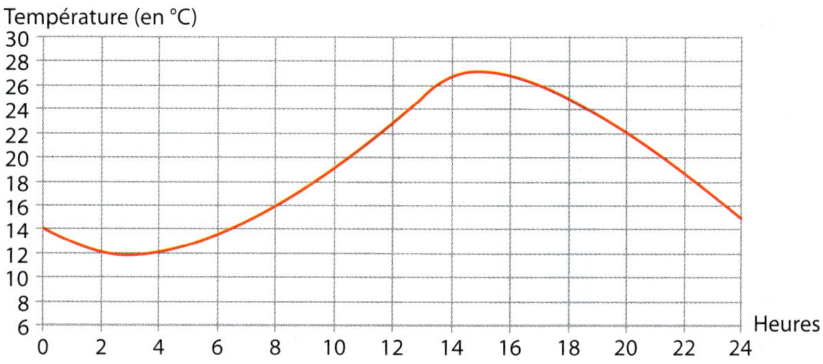

*L'**amplitude thermique** est la différence entre la température la plus haute et la température la plus basse.*

a) Quelle est la température la plus haute enregistrée ?
b) À quelle heure la température a-t-elle été la plus basse ?
c) Quelle a été l'amplitude thermique de cette journée ?

Savoir faire

SAVOIR-FAIRE 1 *Construire un tableau pour présenter des données*

Énoncé : Voici les notes obtenues par les élèves de la classe de 6e Z au dernier contrôle de mathématiques :
15 – 5 – 6 – 12 – 7 – 12 – 6 – 14 – 18 – 12 – 10 – 11 – 10 – 14 – 12 –
18 – 8 – 12 – 10 – 8 – 15 – 18 – 7 – 10 – 13 – 15 – 12 – 15 – 14 – 12
Regrouper ces notes dans un tableau présentant l'ensemble des résultats de la classe.

Solution commentée

1. On remarque que les notes vont de 5 (la plus basse) à 18 (la plus haute).
On va donc construire un tableau à deux lignes :
– la première présentant les notes possibles : de 5 à 18 ;
– la seconde présentant le nombre d'élèves ayant obtenu chacune des notes de la première ligne.

2. On compte combien d'élèves ont eu un 5 :
15 – (5) – 6 – 12 – 7 – 12 – 6 – 14 – 18 – 12 – 10 – 11 – 10 – 14 – 12 –
18 – 8 – 12 – 10 – 8 – 15 – 18 – 7 – 10 – 13 – 15 – 12 – 15 – 14 – 12
On compte combien d'élèves ont eu un 6 :
15 – (5) – (6) – 12 – 7 – 12 – (6) – 14 – 18 – 12 – 10 – 11 – 10 – 14 – 12 –
18 – 8 – 12 – 10 – 8 – 15 – 18 – 7 – 10 – 13 – 15 – 12 – 15 – 14 – 12
Et ainsi de suite jusqu'à 18.
On obtient le tableau suivant :

Note	5	6	7	8	9	10	11	12	13	14	15	16	17	18	Total
Nombre d'élèves	1	2	2	2	0	4	1	7	1	3	4	0	0	3	30

Pour compléter ce tableau, on peut ajouter une colonne « Total » présentant le nombre total d'élèves de la classe.

Remarque : L'objectif de ce tableau est de présenter de façon claire et organisée les résultats de l'ensemble de la classe.

Exercices d'application

1 Émilie et ses 10 amies ont voté pour élire Miss « Cour de récré ». Voici le dépouillement de leurs bulletins :
Lisa – Lisa – Ophélie – Lisa – Sueila – Sueila – Lisa – Ophélie – Lisa – Sueila – Lisa.
Reproduire et compléter le tableau ci-dessous :

Candidate	Lisa	Sueila	Ophélie
Nombre de votes			

2 On a posé la question suivante à 20 élèves d'une classe de 6e : « Combien avez-vous de frères et sœurs ? »
Voici leurs réponses : 1 – 2 – 1 – 2 – 0 – 2 – 1 – 1 – 1 – 3 – 4 – 4 – 5 – 1 – 0 – 1 – 1 – 1 – 2 – 2.
Reproduire et compléter, à l'aide de ces réponses, le tableau ci-dessous :

Nombre de frères et sœurs	0	1	2	3	4	5
Nombre d'élèves						

3 Voici les notes obtenues par les élèves de la classe de 6e Z au dernier contrôle de français : 8 – 14 – 18 – 17 – 10 – 11 – 12 – 17 – 9 – 11 – 11 – 10 – 17 – 15 – 8 – 10 – 9 – 11 – 12 – 15 – 11 – 14 – 18 – 9 – 9 – 12 – 13 – 13 – 17 – 18
Regrouper ces notes dans un tableau présentant l'ensemble des résultats de la classe.

4 Voici la liste des vainqueurs du championnat de France de football de ligue 1 depuis 1995 :
1995 : FC Nantes **1996 :** AJ Auxerre **1997 :** AS Monaco
1998 : RC Lens **1999 :** G. Bordeaux **2000 :** AS Monaco
2001 : FC Nantes **2002 :** O. Lyon **2003 :** O. Lyon
2004 : O. Lyon **2005 :** O. Lyon **2006 :** O. Lyon
2007 : O. Lyon **2008 :** O. Lyon

a) Présenter dans un tableau à deux lignes le nombre de titres de champion de chaque équipe citée.
b) Quelle équipe a remporté le plus de championnats depuis 1995 ?
c) Quelles équipes ont remporté deux championnats depuis 1995 ?

Voir aussi les exercices 16 à 19

SAVOIR-FAIRE 2 *Lire des renseignements sur un diagramme*

Animation site compagnon

Énoncé : On a interrogé les élèves du collège Blaise Pascal sur le mode de transport qu'ils utilisent pour venir en cours le matin. Le diagramme en bâtons ci-dessous présente leurs réponses :

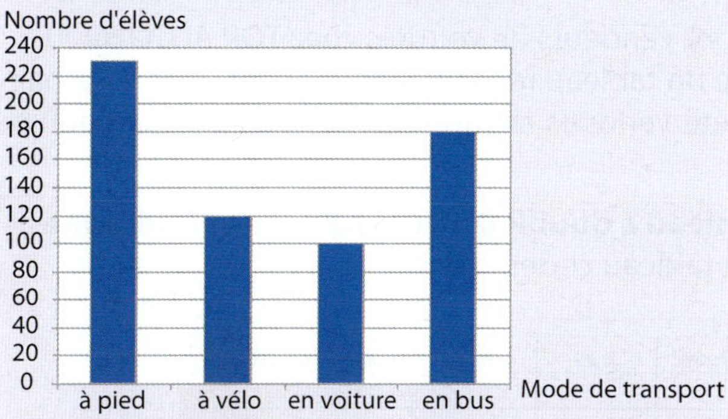

- Quel mode de transport est le plus utilisé ?
- Combien d'élèves prennent le bus pour venir au collège ?
- Combien d'élèves ont répondu au sondage ?

Solution commentée

- Le diagramme en bâtons permet de comparer facilement les réponses entre elles.

Le bâton le plus haut représente le nombre d'élèves venant **à pied**. C'est donc le mode de transport le plus utilisé.

- On cherche la hauteur du bâton représentant le nombre d'élèves venant en bus. On lit la réponse sur l'axe vertical : 180.

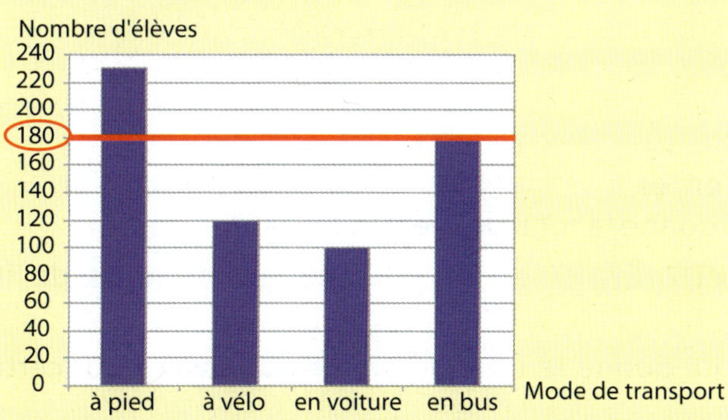

180 élèves prennent le bus pour venir le matin.

- Pour connaître le nombre total d'élèves ayant répondu au sondage, il faut additionner :

– le nombre d'élèves venant à pied : 230 ;
– le nombre d'élèves venant à vélo : 120 ;
– le nombre d'élèves venant en voiture : 100 ;
– le nombre d'élèves venant en bus : 180.

On obtient : 230 + 120 + 100 + 180 = 630.

630 élèves ont donc répondu au sondage.

Exercices d'application

5 Le diagramme en bâtons ci-contre présente les résultats d'un sondage réalisé auprès de 1 000 personnes. La question était :
« Pensez-vous que l'homme ira sur la planète Mars avant la fin du XXIe siècle ? »

a) Combien de personnes ont répondu oui ?

b) Combien de personnes pensent le contraire ?

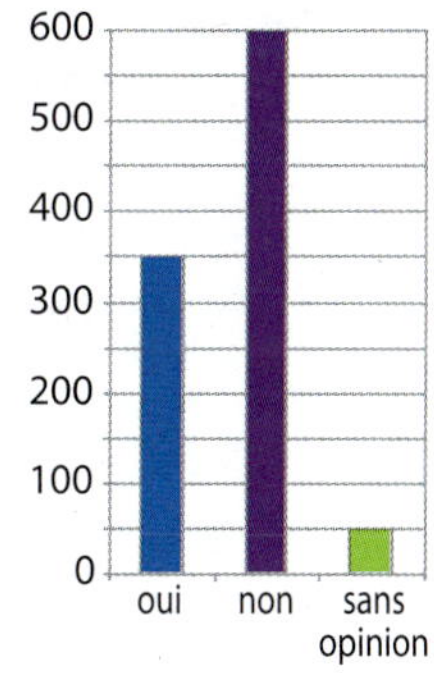

6 Djamila interroge ses amies pour connaître leur style de musique préféré. Voici leurs réponses :

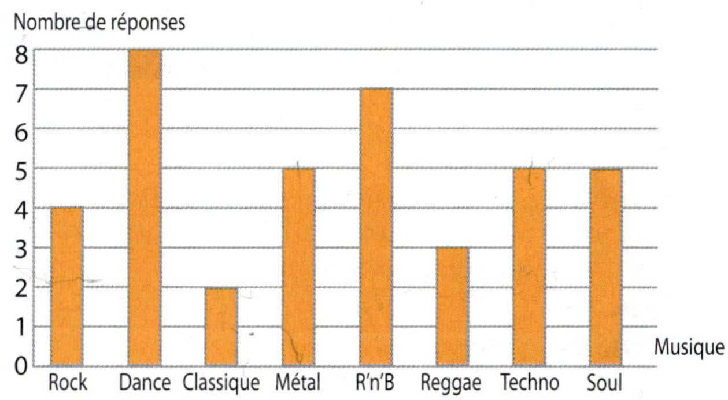

a) Combien d'amies de Djamila préfèrent la musique classique ?

b) Combien d'amies de Djamila préfèrent la dance ?

c) Quels styles de musique ont obtenu cinq réponses ?

d) Combien d'amies a Djamila ?

7 Le diagramme circulaire ci-dessous présente la répartition des langues vivantes étudiées par les élèves de 6e au collège Gérard Menfin :

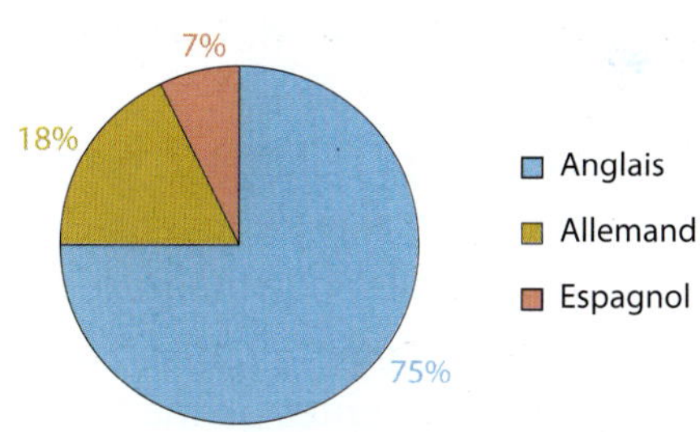

a) Quelle langue est la plus étudiée ?

b) Pourquoi la partie coloriée en orange est-elle si petite ?

c) À l'aide de ce diagramme, peut-on connaître le nombre d'élèves de 6e dans ce collège ?

Voir aussi les exercices 20 à 24

Avec un ordinateur

À la fin du manuel, retrouve tes Fiches méthode TICE p.237 Tableur Géométrie

1 VENTE DE VOITURES

OBJECTIFS : *Construire un tableau à double entrée sur tableur et utiliser les formules tableur pour calculer les sommes des lignes et des colonnes.*

Olivier, Béatrice, Abdul, Simon et Natacha sont vendeurs de voitures chez TOP AUTO 3000.
Le directeur du magasin souhaite construire un tableau récapitulatif des ventes de la semaine passée pour voir combien de voitures ont été vendues chaque jour (du lundi au samedi) par chaque vendeur.

Première étape : Construction d'un tableau à double entrée (7 lignes et 8 colonnes)

1. Dans une feuille de tableur, reproduire le tableau ci-dessous :

	A	B	C	D	E	F	G	H
1		lundi	mardi	mercredi	jeudi	vendredi	samedi	TOTAL
2	Olivier							
3	Béatrice							
4	Abdul							
5	Simon							
6	Natacha							
7	TOTAL							

Coup de pouce

Tu peux utiliser la recopie de cellule car le tableur connaît les jours de la semaine : écris « lundi » en B1 et « étire » la cellule vers la droite. → Tableur 2

B	C	D	E	F	G
lundi					

Deuxième étape : Saisie des ventes de chaque vendeur

2. Compléter le tableau de la question **1.** sachant que du lundi au samedi :
– Olivier a vendu 2, 4, 4, 1, 5 et 7 voitures ;
– Béatrice a vendu 3, 0, 5, 2, 0 et 9 voitures ;
– Abdul a vendu 6, 3, 3, 5, 2 et 6 voitures ;
– Simon a vendu 1, 1, 0, 1, 1 et 2 voitures ;
– Natacha a vendu 3, 3, 1, 2, 2 et 8 voitures.

Troisième étape : Calcul du bilan des ventes

3. Dans la cellule B7, écrire une formule qui donne le total des ventes du lundi. → Tableur 1

4. Compléter de même les cellules C7, D7, E7, F7 et G7 pour les autres jours de la semaine. → Tableur 2

5. Dans la cellule H2, écrire une formule qui donne le total des ventes d'Olivier pour cette semaine. → Tableur 1

6. Compléter de même les cellules H3, H4, H5 et H6 pour les autres vendeurs. → Tableur 2

7. Compléter le tableau en écrivant dans la cellule H7 une formule permettant de calculer le total des ventes du magasin pour toute la semaine. → Tableur 1

Quatrième étape : Vérification des formules

Abdul a, en réalité, vendu deux voitures de plus le mardi (elles n'avaient pas été comptabilisées dans le relevé de la question **2.**).

8. Corriger dans le tableur le nombre de voitures vendues par Abdul le mardi.

9. Que se passe-t-il pour le total des ventes d'Abdul ? Pour le total des ventes du magasin ?

2 CONSOLES DE JEUX VIDÉO

OBJECTIFS : *– Passer d'un tableau de données au diagramme correspondant.*
– Utiliser le tableur pour construire des diagrammes en barres ou des diagrammes circulaires.

Le tableau ci-dessous donne le nombre de consoles de jeux vidéo vendues dans le Monde au cours de l'année 2008 pour six modèles récents :

Modèle	Microsoft XBOX 360	Nintendo Wii	Nintendo DS	Sony PlayStation Portable	Sony PlayStation 3	Sony PlayStation 2	**Total**
Nombre de ventes en 2008	11 370 000	26 180 000	33 180 000	12 690 000	10 410 000	7 620 000	**101 450 000**

On souhaite construire des diagrammes permettant d'analyser et comparer rapidement les ventes de chaque modèle.

Première étape : Reproduction du tableau de données

1. a) Dans une feuille de calcul de tableur, reproduire ce tableau de renseignements.

b) Pour vérifier qu'il n'y a pas d'erreurs de saisie, ne pas écrire simplement 101 450 000 à la fin du tableau, mais calculer ce total des ventes à l'aide d'une formule de tableur. → *Tableur 1*

Deuxième étape : Construction de diagrammes

2. a) À partir du tableau de la question **1.**, construire un diagramme en bâtons présentant le nombre de consoles vendues pour chaque modèle. → *Tableur 4*

b) Construire, à l'aide du tableau de la question **1.**, un diagramme circulaire présentant la répartition des ventes de consoles par modèle. → *Tableur 4*

Troisième étape : Comparaison et analyse des données

3. On souhaite savoir quel modèle de console s'est le plus vendu dans le Monde en 2008.

a) Quel diagramme permet de répondre le plus facilement à cette question ?

b) Donner la réponse à cette question.

4. On souhaite savoir qui de Microsoft, Nintendo ou Sony a réalisé le plus de ventes en 2008.

a) Quel diagramme permet de répondre à cette question ?

b) Donner la réponse à cette question.

3 LA BOÎTE NOIRE DU CHAPITRE

BOITE NOIRE

Une « boîte noire » dans un tableur est un programme de calcul mystérieux !
Le but de l'activité est de percer ce mystère…
Pour cela, on peut saisir des nombres mais aussi utiliser des formules qui aident dans la recherche.

1. Télécharger sur le site compagnon le fichier « boite_noire_07 » et l'ouvrir.

2. Saisir un nombre dans la cellule verte et observer dans la cellule grise le résultat de la boîte noire.

3. Faire plusieurs observations puis chercher le programme de calcul mystérieux de la boîte noire.

4. Pour tester un programme de calcul, saisir dans la cellule jaune la formule qui correspond à ce programme et observer si le résultat obtenu est le même que celui dans la cellule grise.

5. Tester plusieurs exemples pour vérifier que les programmes de la boîte noire et de la boîte rouge donnent les mêmes résultats.

6. Écrire sur une feuille le programme de calcul qui semble être celui de la boîte noire.

Pour s'entraîner

Lire un tableau simple

8 Le tableau suivant donne le nombre d'élèves externes des différentes classes de 6e de mon collège :

Classe	6e A	6e B	6e C	6e D
Nombre d'externes	12	7	15	8

a) Quelle classe possède le plus d'élèves externes ?
b) Combien y a-t-il d'élèves externes en 6e dans mon collège ?

9 Voici les tarifs d'entrée à la piscine de Ploufville :

Tarifs de la piscine municipale	
tarif normal	4,00 €
tarif réduit (de 4 à 16 ans)	2,50 €
tarif enfants de moins de 4 ans	gratuit
abonnement	
10 entrées (tarif normal)	32,00 €
10 entrées (tarif réduit)	20,00 €

a) J'ai 11 ans. Combien vais-je payer si je vais à la piscine seul ?
b) Je vais à la piscine avec mes deux parents, ma sœur de 3 ans et mon frère de 7 ans. Combien allons-nous payer ?
c) Je vais à la piscine tous les jours de cette semaine. Est-il intéressant pour moi de prendre un abonnement ?

10 La piscine de Ploufville est ouverte tous les jours mais avec des horaires différents comme le montre le tableau ci-dessous :

Horaires d'ouverture de la piscine municipale		
	Petit bassin	Grand bassin
Lundi	15 h à 20 h	15 h à 20 h
Mardi	9 h à 13 h 30 et 15 h à 20 h	9 h à 13 h 30 et 15 h à 20 h
Mercredi	9 h à 13 h	9 h à 13 h 30 et 15 h à 20 h
Jeudi	9 h à 13 h 30 et 15 h à 20 h	9 h à 13 h
Vendredi	9 h à 13 h 30 et 15 h à 20 h	9 h à 13 h 30 et 15 h à 20 h
Samedi	9 h à 20 h	9 h à 20 h
Dimanche et jours fériés	9 h à 13 h	9 h à 13 h

a) Quels sont les horaires d'ouverture du petit bassin le lundi ? Le mardi ?
b) Puis-je me baigner dans le grand bassin le mercredi après-midi ? Le jeudi après-midi ?
c) Combien de temps la piscine est-elle ouverte le dimanche ? Et le samedi ?

11 **Le Parlement européen** ÉDUCATION CIVIQUE

Le tableau ci-dessous donne, pour chaque pays membre de l'Union Européenne, le nombre de députés élus au Parlement européen (d'après le traité de Nice signé en 2001) :

Répartition des sièges par pays

États membres	Nombre de sièges
Allemagne	99
France	78
Italie	78
Royaume-Uni	78
Espagne	54
Pologne	54
Roumanie	36
Pays-Bas	27
Belgique	24
République tchèque	24
Grèce	24
Hongrie	24
Portugal	24
Suède	19
Autriche	18
Bulgarie	18
Danemark	14
Finlande	14
Slovaquie	14
Irlande	13
Lituanie	13
Lettonie	9
Slovénie	7
Chypre	6
Estonie	6
Luxembourg	6
Malte	5
Total Union européenne	**785**

a) Combien de pays sont membres de l'Union Européenne ?

b) Combien y a-t-il de députés européens au total ?

c) Combien la France possède-t-elle de députés européens ?

d) Quels pays possèdent exactement 14 députés européens ?

e) Rechercher deux pays dont la somme des sièges de députés est égale au nombre de sièges de députés français.

Lire un tableau à double entrée

12 Voici les moyennes du premier trimestre pour toutes les classes de 6e de mon collège :

	6e A	6e B	6e C	6e D
Français	11	9	12	16
Anglais	12,5	17	15	14
Mathématiques	13	15	11	12
S.V.T.	14	13	8	12
Histoire-Géographie	9,5	9	9,7	11
Technologie	14	9	15,4	17
Éducation musicale	16	14	11	15
Arts plastiques	15	9	12	11
E.P.S.	12	13	13	13,5
MOYENNE GÉNÉRALE	**13**	**12**	**11,9**	**13,5**

a) Quelle est la moyenne en mathématiques des 6e C ?
b) Quelle est la moyenne en technologie des 6e B ?
c) Quelle classe a la meilleure moyenne en éducation musicale ?
d) Quelle classe a la meilleure moyenne générale ?

13 Voici un tableau donnant les saisons de certains fruits :

	Janvier	Février	Mars	Avril	Mai	Juin	Juillet	Août	Septembre	Octobre	Novembre	Décembre
Abricot							■	■				
Cerise						■	■	■				
Fraise						■	■	■				
Framboise						■	■	■	■	■		
Kiwi	■	■	■									
Mûre				■	■	■	■	■	■	■		
Orange	■	■	■	■							■	■
Poire	■	■	■				■	■	■	■	■	■
Pomme	■	■	■			■	■	■	■	■	■	■
Pruneau								■	■			
Raisin									■	■		

■ fruit de saison

a) Quels mois peut-on manger des cerises ?

b) Que peut-on manger en février ?

c) Quel(s) mois peut-on manger des mûres et des oranges ?

d) Quel(s) mois peut-on manger des pommes mais pas des poires ?

e) Quel(s) mois peut-on manger le plus de fruits différents ?

14 Les élèves de 6e de mon collège devaient voter pour choisir le film projeté lors de la soirée de fin d'année. Le tableau suivant présente le nombre de votes obtenus par les cinq films en compétition :

	Votes des 6e A	Votes des 6e B	Votes des 6e C	Votes des 6e D	TOTAL
Le monde de Narnia	7	8	3	5	**23**
La guerre des étoiles	4	5	8	4	**21**
High School Musical	1	9	9	8	**27**
Spiderman 3	5	1	4	4	**14**
Harry Potter et la coupe de feu	8	2	0	3	**13**
TOTAL	**25**	**25**	**24**	**24**	**98**

a) Combien d'élèves ont participé à ce vote ?

b) Combien d'élèves de 6e B ont voté pour *La guerre des étoiles* ?

c) Combien d'élèves au total ont voté pour *Spiderman 3* ?

d) Donner le classement résultant de ce vote.
Quel film sera projeté lors de la soirée ?

15 Voici un extrait des horaires de TGV entre Paris et Nantes :

Numéros des trains		TGV 8801	TGV 8001	ter 857311	TGV 8803 8903	TGV 8805	TGV 8807
Aéropt-C-de-Gaulle TGV	Dép.						
Marne-la-Vallée-Chessy	Dép.						
Paris-Montparnasse 1-2	Dép.	06.30	06.35		07.00	07.30	08.00
Massy TGV	Dép.					07.41	
Le Mans	Arr.	07.24	07.30			08.29	
Le Mans	Dép.	07.27		07.35		08.32	
Sablé	Arr.			08.04		08.50	
Angers-St-Laud	Arr.	08.03		08.44		09.13	09.30
Ancenis	Arr.						
Nantes	Arr.	08.42			09.01	09.52	10.08

1. Le TGV n° 8801 est le premier train de la journée au départ de Paris pour aller à Nantes.
a) À quelle heure part ce train ?
b) À quelle heure arrive-t-il à Nantes ?
c) Combien de temps dure le trajet Paris-Nantes ?

2. Le TGV n° 8805 met-il le même temps que le TGV n° 8801 pour aller de Paris à Nantes ? Pourquoi ?

3. Hugo prend le TGV de 8 h 00, où peut-il descendre ?

Pour s'entraîner

27 Le bruit au collège

Le son peut être mesuré à l'aide d'un appareil : le sonomètre. L'unité pour exprimer le niveau sonore est le décibel (dB). Son échelle va de 0 dB (calme absolu) à 200 dB (son le plus bruyant possible sur Terre). La courbe ci-dessous illustre les mesures faites dans la cour d'un collège vendéen au cours d'une journée de février 2009 :

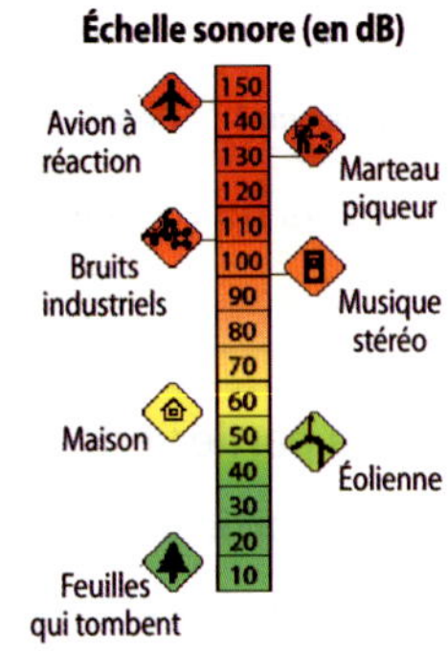

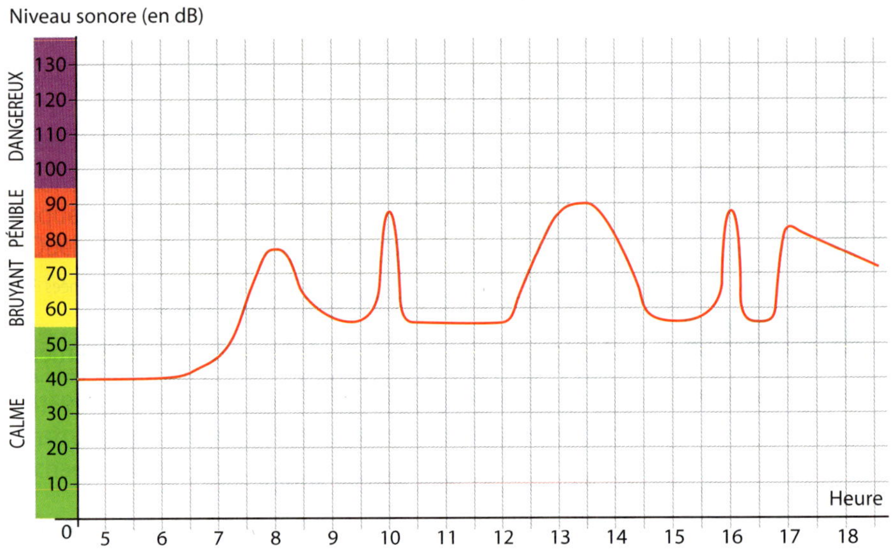

a) Quel est le plus haut niveau sonore enregistré ?

b) À quelle heure a-t-il été enregistré ?

c) Quel est le plus bas niveau sonore enregistré ?

d) À quelle heure a-t-il été enregistré ?

e) Comment expliquer les différents pics de bruit ?

Remue-méninges

Les exercices qui suivent sont à faire mentalement

28 **a)** Reproduire et compléter le tableau ci-contre donnant les effectifs du collège Jean Moulin.
b) Dans ce collège, y a-t-il plus de garçons que de filles ?

	6ᵉ	5ᵉ	4ᵉ	3ᵉ	Total
Filles	48	57		57	**208**
Garçons	60		58	52	
Total		**102**			

29 Les 100 élèves de 6ᵉ du collège Albert Camus sont repartis dans quatre classes. Le diagramme ci-contre montre cette répartition, mais un de ses bâtons a été effacé par erreur.
a) Combien d'élèves y a-t-il en 6ᵉ C ?
b) Quelle classe possède le plus grand nombre d'élèves ?

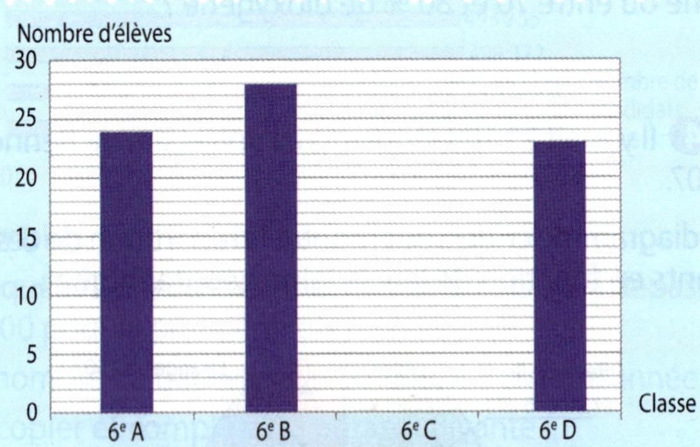

30 Olivier fabrique de l'huile d'olive depuis 2005. Le diagramme ci-contre donne la répartition de sa production sur cinq années.
a) Quel pourcentage du total de la production est colorié en rouge ?
b) Quelle année représente la plus grande part dans cette répartition ?
c) En quelle année la production a-t-elle été la même qu'en 2006 ?

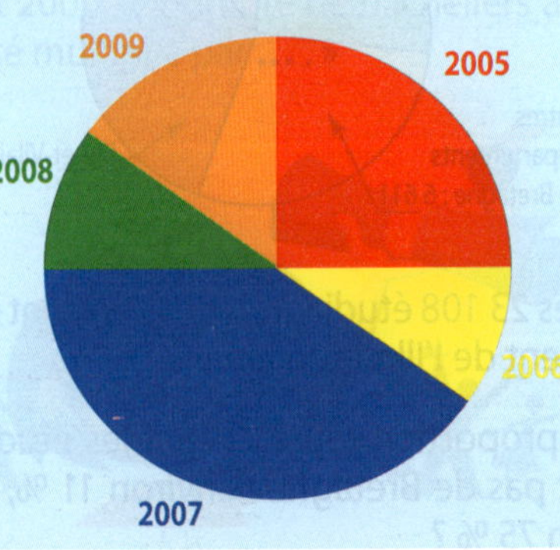

Pour s'évaluer

Pour chaque exercice 31 à 35, trouve la ou les bonnes réponses en utilisant les diagrammes relatifs à la région Pays de la Loire ci-dessous.

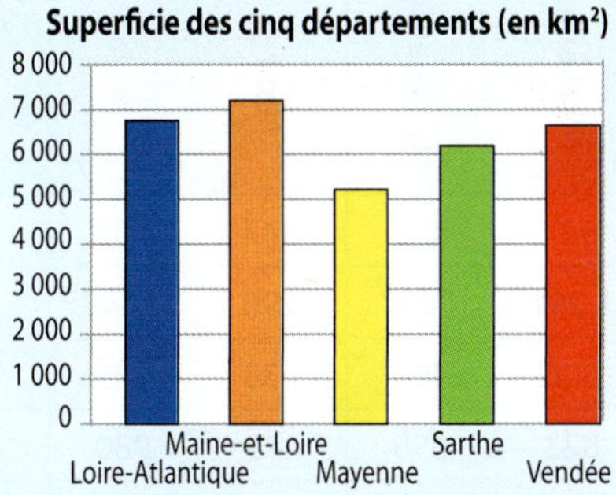

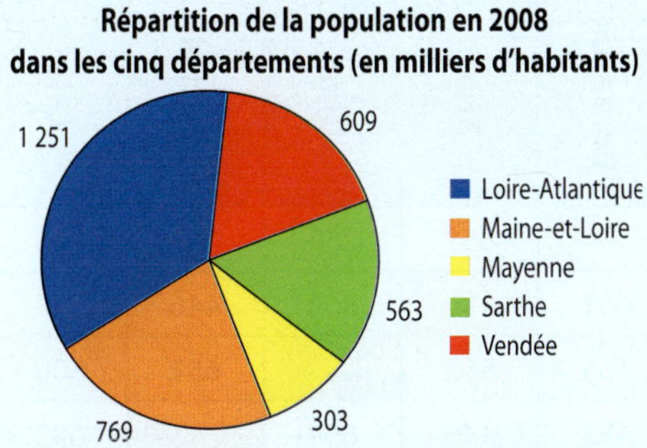

Énoncés	Réponse A	Réponse B	Réponse C	Réponse D
31 Quel est le département le plus peuplé en 2008 ?	Loire-Atlantique	Maine-et-Loire	Vendée	Mayenne
32 Quel est le département le plus grand ?	Loire-Atlantique	Maine-et-Loire	Vendée	Mayenne
33 Combien de départements ont une population dépassant le million d'habitants en 2008 ?	0	1	2	5
34 Combien de départements ont une superficie inférieure à 6 000 km² ?	0	1	2	5
35 En 2008, la population totale de la région Pays de la Loire est d'environ :	3 500 habitants	2 000 000 habitants	3 500 000 habitants	4 500 000 habitants

Pour chaque exercice 36 à 40, trouve la ou les bonnes réponses en utilisant les données relatives au climat de San Francisco (États-Unis) ci-dessous.

Précipitations par mois

Mois	Janvier	Février	Mars	Avril	Mai	Juin	Juillet	Août	Septembre	Octobre	Novembre	Décembre
Précipitations (en mm)	118	82	67	39	8	3	1	2	5	27	58	90

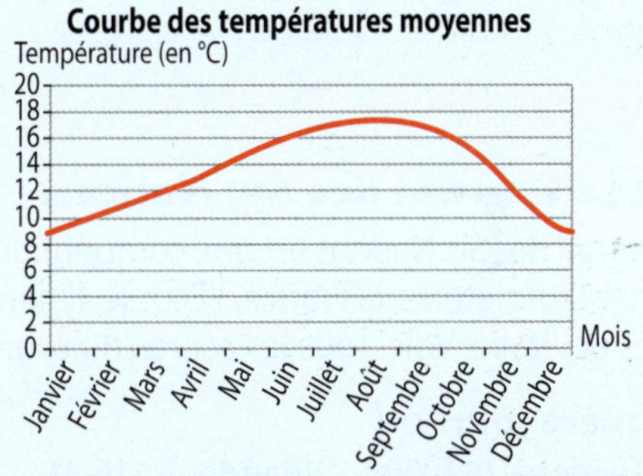

Énoncés	Réponse A	Réponse B	Réponse C	Réponse D
36 Pour quel mois le total des précipitations est-il de 39 mm ?	Mars	Avril	Août	Décembre
37 Quel est le mois qui a connu le plus de précipitations ?	Janvier	Février	Juillet	Décembre
38 Quel mois a enregistré la température moyenne la plus élevée ?	Juin	Juillet	Août	Janvier
39 Quelle est la température moyenne la plus élevée enregistrée ?	Environ 9 °C	Environ 20 °C	Environ 16 °C	Environ 17 °C
40 Quel est le total annuel des précipitations de San Francisco ?	118 mm	90 mm	500 mm	5 000 mm

Tu peux vérifier tes réponses p. 255 et si tu veux continuer ton entraînement rendez-vous sur le site compagnon

Pour approfondir

41 Le tableau ci-dessous donne les distances routières (en kilomètres) entre plusieurs villes de France :

	Bordeaux	Brest	Dijon	La Rochelle	Lille	Lyon	Marseille	Montpellier	Nantes	Nice	Paris	Toulouse
Bordeaux		651	765	183	805	574	647	482	347	803	585	244
Brest	651		862	446	759	1 012	1 291	1 127	296	1 448	593	888
Dijon	765	862		651	500	194	506	494	638	775	314	767
La Rochelle	183	446	651		693	647	823	658	143	980	472	420
Lille	805	759	500	693		691	997	905	605	1 154	230	899
Lyon	574	112	194	647	691		316	303	761	472	466	539
Marseille	647	1 291	506	823	997	316		170	988	204	777	406
Montpellier	482	1 127	494	658	905	303	170		823	325	331	241
Nantes	347	296	638	143	605	761	988	823		1 145	385	585
Nice	803	1 488	775	980	1 154	472	204	325	1 145		825	562
Paris	585	593	314	472	230	466	777	331	385	825		678
Toulouse	244	888	767	420	899	539	406	241	585	562	678	

a) Quelle est la distance entre Lyon et Paris ?

b) Quelle est la distance entre Marseille et Toulouse ?

c) Pourquoi n'y a-t-il rien d'écrit dans les cases jaunes ?

d) Parmi les 12 villes présentées ici, quelles sont les deux plus éloignées ?

42 **Le tournoi des Six Nations**

Le tournoi des Six Nations est une compétition de rugby qui oppose l'Angleterre, la France, l'Écosse, l'Irlande, le Pays de Galles et l'Italie. Voici tous les scores du tournoi 2008 :

Première journée

Le 2 février à 14 h 00 : Irlande 16-11 Italie
Le 2 février à 16 h 30 : Angleterre 19-26 Galles
Le 3 février à 15 h 00 : Écosse 6-27 France

Deuxième journée

Le 9 février à 14 h 00 : Galles 30-15 Écosse
Le 9 février à 17 h 00 : France 26-21 Irlande
Le 10 février à 14 h 30 : Italie 19-23 Angleterre

Troisième journée

Le 23 février à 15 h 00 : Galles 47-8 Italie
Le 23 février à 17 h 00 : Irlande 34-13 Écosse
Le 23 février à 21 h 00 : France 13-24 Angleterre

Quatrième journée

Le 8 mars à 13 h 15 : Irlande 12-16 Galles
Le 8 mars à 15 h 15 : Écosse 15-9 Angleterre
Le 9 mars à 16 h 00 : France 25-13 Italie

Cinquième journée

Le 15 mars à 13 h 00 : Italie 23-20 Écosse
Le 15 mars à 15 h 00 : Angleterre 33-10 Irlande
Le 15 mars à 15 h 00 : Galles 29-12 France

a) Reproduire et compléter le tableau ci-dessous :

Pays	Nombre de matchs gagnés	Nombre de matchs nuls	Nombre de matchs perdus	Nombre de points marqués	Nombre de points encaissés

b) En déduire le classement du tournoi des Six Nations 2008.

43 À partir des renseignements récoltés sur les deux diagrammes ci-dessous, construire un tableau donnant le nombre d'habitants des villages de Simon et Lisa entre 2004 et 2009 :

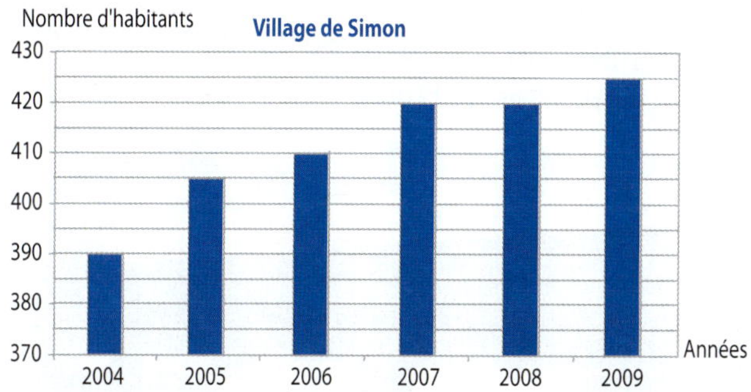

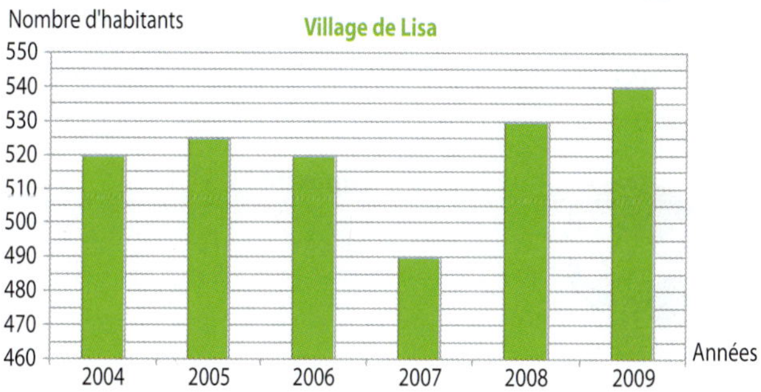

44 Santé

THÈME DE CONVERGENCE

a) Recopier et compléter la phrase suivante :

« Le graphique ci-dessous montre l'évolution de .... en France entre ...... et 2002. »

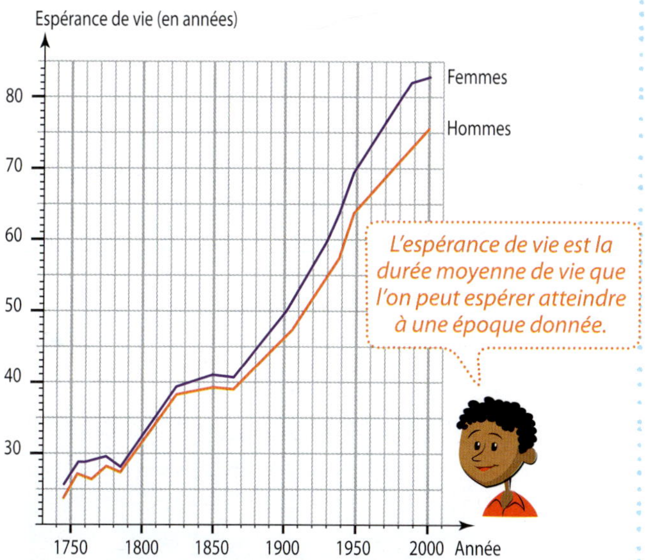

b) Quelle était en 1900 l'espérance de vie des femmes ? L'espérance de vie des hommes ?

c) De combien d'années l'espérance de vie a-t-elle augmenté en France au cours du XXe siècle ?

d) À quelle époque l'écart entre l'espérance de vie des femmes et celle des hommes était-il le plus faible ?

45 Le graphique ci-dessous donne la courbe des prix de deux carburants pour automobiles : en vert le super sans plomb 95 (SSP95), en orange le gazole.

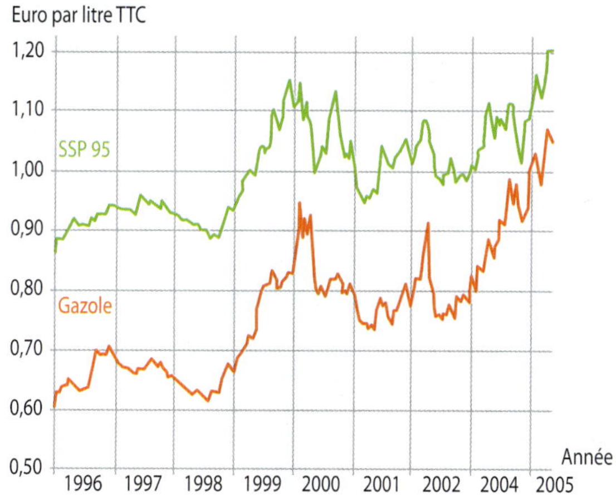

a) Quel était, début 1996, le prix d'un litre de SSP95 ? Le prix d'un litre de gazole ?

b) Au cours de quelle année y a-t-il eu la plus forte hausse de prix des carburants ?

c) Est-il exact de dire que la différence de prix entre ces deux carburants a diminué au cours des dernières années ?

Pour aller plus loin : rechercher le prix de ces deux carburants aujourd'hui et les comparer aux données de ce graphique.

46 Le défi

Trois amis, Kevin, Jules et Romain, d'âges différents, 10, 11 et 12 ans, pratiquent des sports différents, football, basket et tennis.

Retrouver l'âge et le sport de chacun de ces trois amis en utilisant les renseignements donnés ci-dessous :

– chaque enfant ne pratique qu'un seul sport ;
– Romain est plus âgé que Jules ;
– celui qui joue au tennis a 11 ans ;
– Kevin, qui n'est pas le plus jeune, joue au foot.

		Âge			Sport		
		10	11	12	Foot	Basket	Tennis
Prénom	Kevin						
	Jules						
	Romain						
Sport	Foot						
	Basket						
	Tennis						

Coup de pouce

Tu pourras t'aider du tableau ci-dessus pour organiser tes recherches.

47 L'énigme

Noé affirme : « J'ai autant de frères que de sœurs ».
Sa sœur Lisa lui répond : « J'ai deux fois plus de frères que de sœurs ».
Combien y a-t-il d'enfants dans la famille de Lisa et Noé ?

Devoir à la maison

1 Marie possède un magasin de confiseries. Elle vend des bonbons, des sucettes, des caramels et des chocolats. Le mois dernier, elle a vendu 8 000 confiseries. Le diagramme circulaire ci-dessous illustre la répartition de ses ventes :

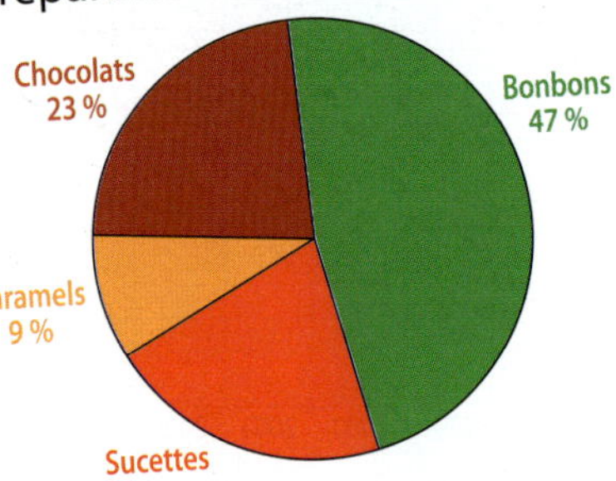

1. Déterminer le nombre de bonbons vendus.

2. Déterminer de même le nombre de chocolats et de caramels vendus.

3. Expliquer comment on peut déterminer le nombre de sucettes vendues.

2 On a interrogé les 500 élèves du collège Gérard Menfin pour connaître leur loisir préféré.

65 élèves ont répondu « regarder la télévision », 110 « jouer à la console », 94 « tchater sur MSN », 107 « faire du sport ou de la danse », 83 « écouter ou jouer de la musique » et 41 « lire un livre ou une BD ».

1. Présenter ces réponses dans un tableau.

2. Illustrer ces données à l'aide d'un diagramme en bâtons.

3. Donner le classement des loisirs préférés des élèves du collège Gérard Menfin.

3 Les Zénith sont des salles de concert. Il y en a dans plusieurs villes de France.

1. Rechercher, sur Internet, la capacité des Zénith de France.

2. Construire sur tableur un tableau permettant de rassembler les données trouvées.

3. Construire, à l'aide du tableur, un diagramme en bâtons permettant de comparer visuellement les capacités de ces différentes salles.

Du côté du site compagnon

En savoir plus
site compagnon

L'Insee

INSEE

L'Insee (Institut National de la Statistique et des Études Économiques) est chargé des études statistiques officielles en France (étude de la population, de l'évolution des prix, etc.). Cet institut emploie des spécialistes de l'analyse et de la gestion de données.
Son logo représente de façon originale un diagramme circulaire.

Des souris, des puces et des hommes

L'Eniac (*Electronic Numerical Integrator and Computer*) créé en 1946 est considéré comme le premier ordinateur. Malgré ses dimensions impressionnantes, une surface de 70 m^2 et une masse de 30 tonnes, il ne pouvait effectuer « que » 300 opérations par seconde.

Depuis, grâce aux progrès de l'électronique, les ordinateurs sont plus petits, plus puissants et plus rapides.

Si tu veux connaître quelques grandes dates de l'histoire de l'informatique, rendez-vous sur le site compagnon !

10 TP pour faire des mathématiques avec le tableur

Chacun des 10 travaux pratiques de ce livret comporte un problème mathématique à résoudre à l'aide du tableur. Ils sont de difficulté croissante tant sur le plan mathématique que sur le plan technique.

Si tu as un problème technique avec le tableur, n'oublie pas d'utiliser tes Fiches méthode Tice page 237.

TP 1 Découverte du tableur et premières formules

Objectifs : → Travailler les notions de somme, produit, double, triple.
→ Proposer un premier TP guidé permettant une prise en main du tableur.

TP 2 Les escaliers

Objectifs : → Résoudre une énigme géométrique.
→ Utiliser des formules et les recopier.

TP 3 Le marché de Marc

Objectifs : → Résoudre un problème de prix.
→ Utiliser différentes formules et travailler la mise en forme d'un tableau.

TP 4 Le salaire de Robert

Objectifs : → Résoudre un problème de salaire.
→ Utiliser des formules comprenant des fonctions et les recopier.

TP 5 La rentrée des classes

Objectifs : → Résoudre un problème de prix utilisant les pourcentages.
→ Utiliser des formules et travailler la mise en forme d'un tableau.

TP 6 La recette des gaufres

Objectifs : → Résoudre un problème de proportionnalité.
→ Programmer plusieurs cellules faisant référence à une variable unique.

TP 7 Le loyer de Léon

Objectifs : → Résoudre un problème de prix utilisant les pourcentages.
→ Utiliser différentes formules et les recopier.

TP 8 Drôles de ferme

Objectifs : → Résoudre une énigme de dénombrement sans technique experte.
→ Utiliser l'outil logiciel pour faire des essais.

TP 9 Les nombres myriadiens

Objectifs : → Jouer avec les nombres et résoudre un problème de recherche numérique.
→ Utiliser les formules du tableur pour faire un grand nombre d'essais.

TP 10 Les médailles françaises aux Jeux Olympiques d'été

Objectifs : → Proposer un TP bilan. Construire un tableau pour présenter des données.
→ Utiliser Internet pour faire des recherches ; utiliser le tableur pour les organiser, les illustrer, les comparer.

TP5 LA RENTRÉE DES CLASSES

Le tableur permet des calculs de comptabilité complets : utilisation des pourcentages, calcul de prix, etc.

Pour sa rentrée des classes, Pierre doit acheter 5 cahiers, des crayons, 2 classeurs, 1 équerre et 1 compas. La maman de Pierre lui demande de ne pas dépasser 30 € pour ses achats.
Les prix (Hors Taxes) des articles sont les suivants :
- 1 cahier : 1,65 €
- 1 crayon : 0,79 €
- 1 classeur : 2,33 €
- 1 équerre : 1,89 €
- 1 compas : 2,66 €

Le taux de taxes (TVA) est de 19,6 %.

1. Combien de crayons Pierre peut-il acheter sans dépasser son budget ?

2. Si Pierre achète 1 classeur de moins, combien de crayons pourra-t-il acheter sans dépasser son budget ?

Coup de pouce
Pour répondre à ces questions, construis une facture sur tableur en t'inspirant du modèle ci-contre.

Articles	Prix unitaire (Hors Taxes)	Quantité achetée	Prix total (Hors Taxes)
Cahier			
Crayon			
Classeur			
Équerre			
Compas			
		Total (Hors Taxes)	
		TVA (19,6 %)	
		Prix total à payer	

TP6 LA RECETTE DES GAUFRES

Le tableur permet de faire des tableaux très utiles pour résoudre des problèmes de proportionnalité.

La grand-mère d'Erwan a une fabuleuse recette de gaufres.
Voici les quantités d'ingrédients nécessaires pour en faire 10 :
• 80 g de beurre frais • 4 oeufs • 250 g de farine
• 20 g de levure chimique • 350 cL de lait • 50 g de sucre

On se propose dans ce TP de construire un tableau donnant rapidement les quantités de chaque ingrédient nécessaires à la réalisation d'un nombre différent de gaufres.

1. Prendre une feuille de calcul tableur vierge et réaliser un tableau montrant l'ensemble des ingrédients. On pourra s'inspirer du tableau ci-dessous :

A11

	A	B	C	D	E	F	G
1	nombre de gaufres souhaité	beurre (g)	œufs	farine (g)	levure (g)	lait (cL)	sucre (g)
2	10	80	4	250	20	350	50
3							

2. Choisir un autre nombre de gaufres et le saisir dans la cellule correspondante, ici A3.

3. Calculer, en utilisant des connaissances sur la proportionnalité et des formules de tableur, la quantité de chaque ingrédient nécessaire pour réaliser le nombre de gaufres choisi.

4. Changer le nombre de gaufres choisi, ici en A3. Que constate-t-on ?

5. Quel est l'intérêt du tableau construit ?

TP7 LE LOYER DE LÉON

Le tableur permet d'automatiser, de présenter et de comparer des calculs. Bien choisir les premières formules et savoir les recopier permet de gagner du temps et d'étudier de grandes séries de nombres.

Léon va louer à partir du 1er janvier 2010 un nouvel appartement.
Le propriétaire de cet appartement lui propose de choisir entre trois tarifs de location :
– première possibilité : un loyer fixe de 699 € mensuel ;
– deuxième possibilité : un loyer variable de 400 € pour le premier mois, augmentant de 10 € chaque mois (il sera donc de 410 € le deuxième mois, puis de 420 € le troisième, etc.) ;
– troisième possibilité : un loyer variable de 400 € pour le premier mois, augmentant de 2% chaque mois (il sera donc de 408 € le deuxième mois, puis de 416,16 € le troisième, etc.).

Quel tarif doit choisir Léon ?

Coup de pouce

- *Tu peux calculer, dans trois colonnes d'une feuille de calcul tableur, le loyer de Léon sur plusieurs mois pour comparer les trois tarifs.*
- *Tu peux aussi, pour chaque tarif, t'intéresser au total des loyers versés sur plusieurs mois (du 1er janvier 2010 jusqu'à la date de ton choix)… et conseiller Léon en fonction de ce total.*

TP8 DRÔLES DE FERMES

Manipuler le tableur permet de faire facilement un grand nombre d'essais pour résoudre des petites énigmes mathématiques.

Raymond élève des lapins et des poules. Ses animaux sont tous mélangés dans la cour de sa ferme et cela lui pose problème lorsqu'il souhaite les compter car les lapins et les poules refusent de se ranger par famille… Mais Raymond est malin : en regardant attentivement sa basse-cour, il compte 60 têtes et 184 pattes.

1. Aider Raymond à retrouver le nombre de poules et le nombre de lapins.

Coup de pouce

Plusieurs méthodes utilisant le tableur sont possibles pour résoudre ce problème.
Tu peux, par exemple, construire un tableau semblable au tableau ci-dessous :

	A	B	C	D	E
1	nombre de lapins	nombre de poules	nombre de pattes de lapins	nombre de pattes de poules	nombre total de pattes
2					
3					
4					

Avec ce tableau, tu peux « tester » des nombres de lapins dans la colonne A, programmer les autres colonnes avec une formule et essayer d'obtenir le bon nombre de pattes…

2. Nina élève des dromadaires, des chameaux et des babababoums.
Le babababoum est un animal étrange qui possède six pattes et trois bosses !
Dans sa cour de ferme, Nina compte 71 têtes, 330 pattes et 134 bosses.
Combien y a-t-il d'animaux de chaque espèce dans la ferme de Nina ?

TP9 LES NOMBRES MYRIADIENS

Le tableur facilite la manipulation des nombres. Il permet d'organiser des calculs et des recherches pour résoudre des problèmes arithmétiques complexes.

Un nombre myriadien est un nombre entier qui possède trois propriétés :
– il est constitué de chiffres tous distincts ;
– son double a le même nombre de chiffres que lui ;
– son double est constitué de chiffres également tous distincts tout en étant différents des siens.

Exemples

- 23 est un nombre myriadien car :
– il possède deux chiffres distincts : 2 et 3 ;
– il a pour double 46 (deux chiffres distincts également et 4 et 6 sont différents de 2 et 3).
- 24 n'est pas un nombre myriadien car 24 a pour double 48 et le chiffre **4** est utilisé dans les deux nombres 2**4** et **4**8.

1. Nombres myriadiens à deux chiffres

Prendre une feuille de calcul tableur vierge.

a) Dans la colonne A, écrire tous les nombres entiers à deux chiffres.

b) Dans la colonne B, calculer leur double à l'aide d'une formule.

c) Quel est le plus petit nombre myradien à deux chiffres ? Quel est le plus grand ?

2. Nombres myriadiens à trois, quatre ou cinq chiffres

a) Quel est le plus petit nombre myriadien à trois chiffres ? Quel est le plus grand ?

b) Quel est le plus petit nombre myriadien à quatre chiffres ? Quel est le plus grand ?

c) Quel est le plus petit nombre myriadien à cinq chiffres ? Quel est le plus grand ?

d) Quel est le plus grand nombre myriadien possible ?

TP10 LES MÉDAILLES FRANÇAISES AUX JEUX OLYMPIQUES D'ÉTÉ

Le tableur est un bon outil pour construire des tableaux. Il permet ainsi d'organiser des données et de les présenter de façon visuellement plus parlante.

On se propose, dans ce TP, de comparer les résultats français aux jeux Olympiques d'été depuis 1984.

Avant de commencer : les jeux Olympiques ont-ils lieu tous les ans ? Combien y a-t-il eu d'olympiades d'été depuis 1984 (inclus) ?

Coup de pouce
Tu peux utiliser un moteur de recherche Internet pour obtenir ces renseignements.

1. Rechercher sur Internet le nombre de médailles olympiques obtenues par la France depuis 1984 et rassembler les renseignements trouvés dans un tableau à cinq colonnes avec :
– l'année des jeux Olympiques dans la colonne A ;
– le lieu des jeux Olympiques dans la colonne B ;
– le nombre de médailles d'or dans la colonne C ;
– le nombre de médailles d'argent dans la colonne D ;
– le nombre de médailles de bronze dans la colonne E.

	A	B	C	D	E
1	année	lieu	médailles d'or	médailles d'argent	médailles de bronze
2					
3					
4					
5					
6					
7					
8					

2. Calculer dans la colonne F, à l'aide d'une formule, le nombre total de médailles obtenues à chaque olympiade.

3. Quelle année fut la meilleure pour l'équipe de France ?

4. Illustrer ces résultats en construisant, à l'aide du tableur, un diagramme ou un graphique permettant de comparer visuellement les performances françaises.

Règle · Équerre Compas

Chapitre 8

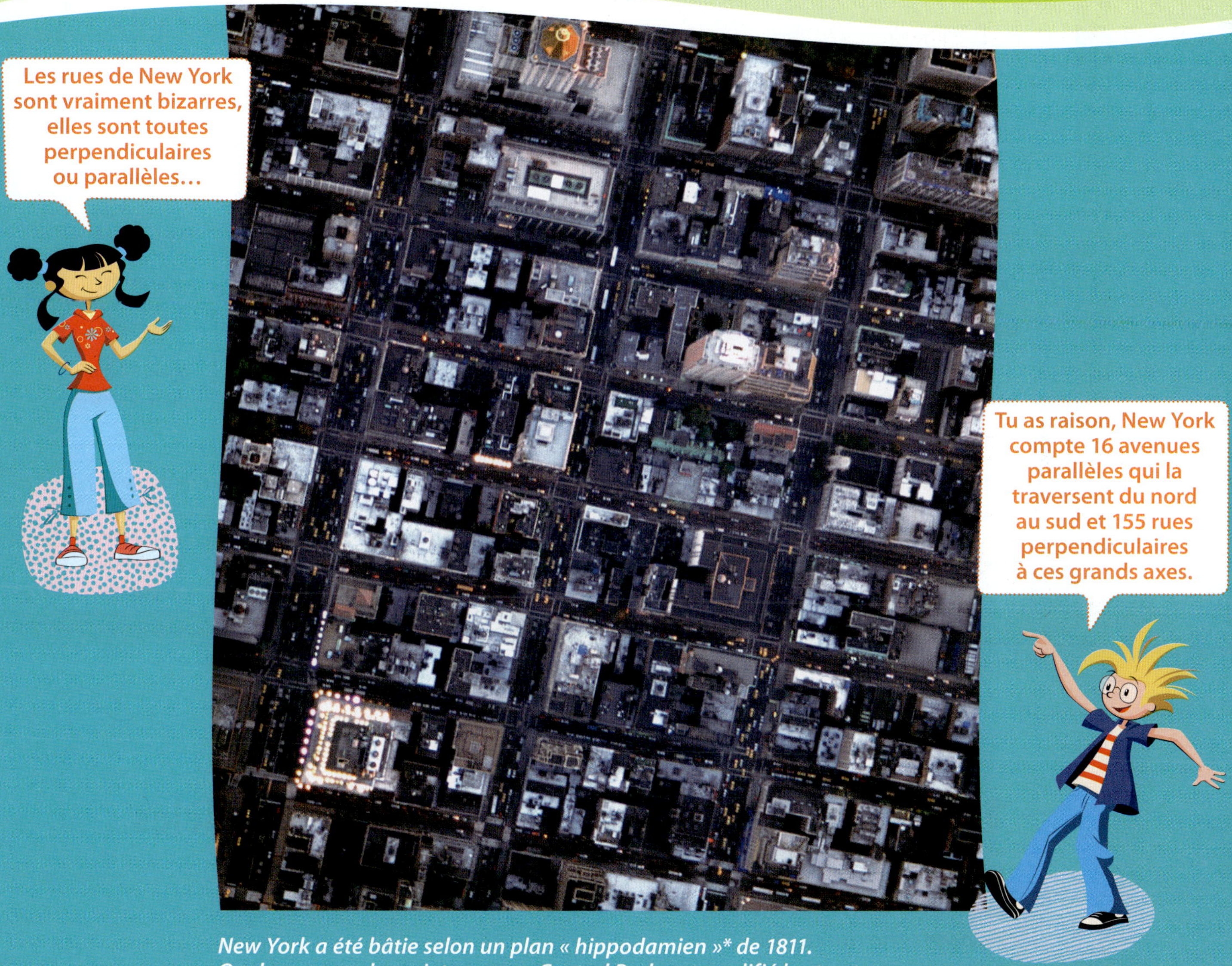

New York a été bâtie selon un plan « hippodamien » de 1811. Quelques grands projets comme Central Park ont modifié la structure de la ville depuis, mais ses rues et avenues sont toujours aussi régulières.*

**hippodamien : ce mot fait référence à l'architecte grec Hippodamos. Dans un plan hippodamien, les rues sont soit parallèles, soit perpendiculaires.*

Je vais apprendre à…

- Tracer, par un point donné, la perpendiculaire ou la parallèle à une droite donnée ► *Exercices 24 à 33*
- Définir la médiatrice d'un segment ► *Exercices 34 à 36*
- Définir un cercle et utiliser ses propriétés ► *Exercices 37 à 45*
- Reporter une longueur ► *Exercices 46 à 49*
- Construire un triangle dont les côtés sont donnés ► *Exercices 50 à 53*

Activités

Après ce QCM, tu peux continuer les révisions sur le **site compagnon**

Pour revoir

Pour chaque question, trouve la ou les bonnes réponses en utilisant la figure ci-dessous.

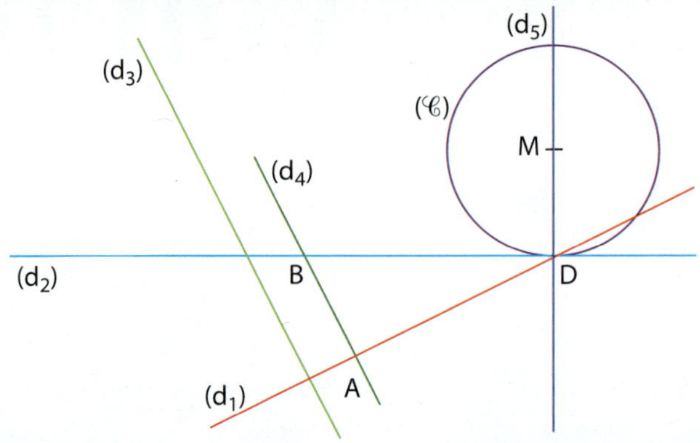

	Questions	Réponse A	Réponse B	Réponse C
1	Quelles droites semblent perpendiculaires ?	(d_1) et (d_2)	(d_1) et (d_3)	(d_2) et (d_4)
2	Quelles droites semblent parallèles ?	(d_2) et (d_5)	(d_3) et (d_4)	(d_3) et (d_5)
3	La mesure du segment [AB] est :	supérieure à celle du segment [MD]	inférieure à celle du segment [MD]	égale à celle du segment [MD]
4	Un rayon du cercle $(\mathscr{C})$ de centre M est :	le segment [MD]	la droite (d_1)	la droite (d_5)
5	Quelles sont les affirmations qui semblent vraies ?	ABD est un triangle équilatéral	ABD est un triangle isocèle	ABD est un triangle rectangle

ACTIVITÉ

1. Droites perpendiculaires, droites parallèles

1. a) Placer sur une feuille deux points A et B.

b) Tracer la droite passant par le point A et le point B.

On note cette droite **(AB)**.

c) Placer un point C qui n'appartient pas à la droite (AB).

On note **C $\notin$ (AB)** pour dire que **le point C n'appartient pas à** la droite (AB).

d) Tracer la droite (d), perpendiculaire à la droite (AB) passant par le point C.

On note **C $\in$ (d)** pour dire que **le point C appartient à** la droite (d).

e) Tracer la droite (h), perpendiculaire à la droite (d) passant par le point C.

f) Que peut-on dire des droites (d) et (h) ?

2. a) Sur une nouvelle feuille, tracer une droite (KT).

b) Placer deux points H et P tels que H $\in$ (KT) et P $\notin$ (KT).

c) Tracer la droite (d_1), parallèle à (KT) qui passe par P.

d) Tracer la droite (d_2), perpendiculaire à (KT) passant par H.

e) Que peut-on dire des droites (d_1) et (d_2) ?

ACTIVITÉ

2. Reporter une longueur

1. a) Reproduire la ligne brisée AZUR ci-dessous en respectant ses dimensions :

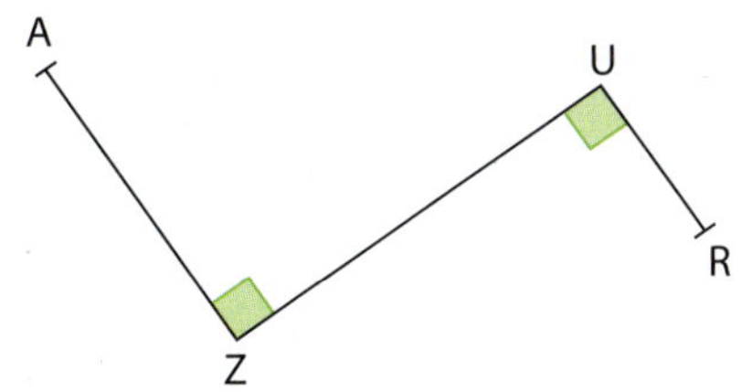

b) Tracer le cercle ($\mathscr{C}_1$) de centre Z et de rayon ZA.
On note **ZA** la distance entre les points Z et A.
Ce cercle coupe la droite (ZU) en dehors du segment [ZU] en un point E.
On note **[ZU]** le segment qui a pour extrémités les points Z et U.
c) Tracer le cercle ($\mathscr{C}_2$) de centre U et de rayon UR.
Ce cercle coupe la droite (ZU) en dehors du segment [ZU] en un point K.
d) Que peut-on dire des longueurs des lignes brisées AZUR et EZUK ? Pourquoi ?

Un ***programme de construction d'une figure*** *est une suite d'instructions permettant de construire cette figure.*

2. Arthur a placé sur son dessin un point M tel que la ligne brisée MZUR ait la même longueur que la ligne brisée AZUR.
Où peut se trouver ce point M ? Pourquoi ?

3. Donner un programme de construction d'un segment [BC] qui aurait la même longueur que la ligne brisée AZUR ; ce programme ne doit pas faire appel à une règle graduée.

ACTIVITÉ

3. Un programme de construction

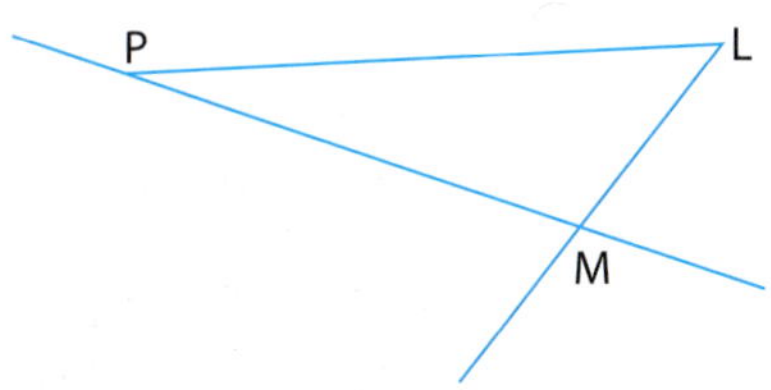

1. À partir de trois points P, L et M donnés, écrire un programme de construction de la figure ci-contre.

2. a) Y-a-t-il une droite et un segment dans cette figure ? Si oui, les nommer.
b) Comment se nomme l'objet dessiné qui passe par les points L et M ? Comment peut-on le noter ?

3. Écrire un nouveau programme de construction commençant par « Placer trois points A, B et C » qui permet de construire un segment, une droite et une demi-droite.

ACTIVITÉ

4. Construire un triangle

On veut construire le triangle TGV dont on connaît la longueur des trois côtés : TG = 6 cm, TV = 3,8 cm et GV = 5,1 cm.

1. Tracer le segment [TG].

2. a) On sait que TV = 3, 8 cm. Placer tous les points qui se trouvent à 3, 8 cm de T.
b) On sait que GV = 5, 1 cm. Placer tous les points qui se trouvent à 5, 1 cm de G.
c) Combien de possibilités a-t-on pour placer le point V ? Tracer le triangle TGV.

3. Tracer le triangle DEF tel que DE = 7, 4 cm ; DF = 5, 8 cm et EF = 4, 2 cm.

Le cours

1. Notations

a) Éléments de géométrie

Nom de l'objet	Point	Segment	Demi-droite	Droite
Représentation	A ×	A, B	A, B	A, B
Notation	A	[AB] ou [BA]	[BA)	(AB) ou (BA)
Description	Le point A	Le segment d'extrémités A et B	La demi-droite d'origine B qui passe par A	La droite qui passe par A et B

- Un segment est limité par ses deux extrémités, on peut donc le mesurer.

Exemple : La longueur du segment [AB] se note sans crochets **AB**.
On peut écrire $AB = 2$ cm.

- En revanche, on ne peut pas mesurer une droite ou une demi-droite car elles sont illimitées.

b) Notion d'appartenance

En géométrie, l'expression « le point A **appartient à** la droite (d) » se note : $A \in (d)$.
L'expression « le point B **n'appartient pas** à la droite (d) » se note : $B \notin (d)$.

DÉFINITION : Dire que des points sont alignés signifie qu'ils appartiennent à une même droite.

Exemples

Ci-contre, le point M **appartient à** la droite (PT).
On note alors : $M \in (PT)$.
Le point F **n'appartient pas à** la droite (PT).
On note alors : $F \notin (PT)$.
On peut aussi écrire : $M \notin [PT]$, $M \in [TP)$ et $M \notin [PT)$.
Les points M, P et T sont alignés mais les points P, F et T ne le sont pas.

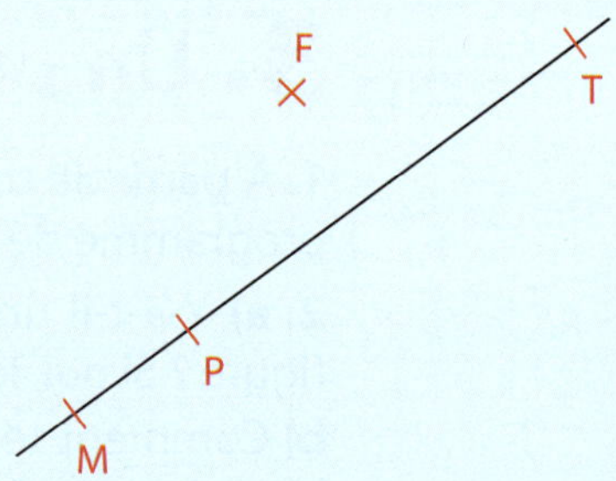

2. Droites sécantes, perpendiculaires et parallèles

DÉFINITION : Deux droites sécantes sont deux droites qui se coupent en un point.

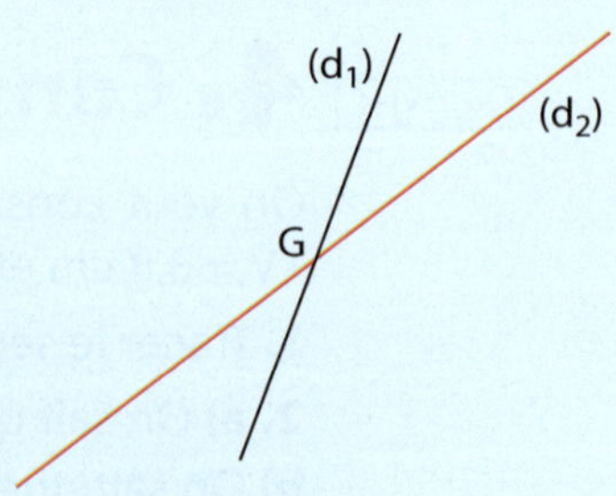

Exemple : Les droites (d_1) et (d_2) se coupent en un point G, on dit qu'elles sont sécantes en G.
G est le point d'intersection des droites (d_1) et (d_2).

DÉFINITION : Deux droites perpendiculaires sont deux droites sécantes qui forment quatre angles droits.

Exemple : Les droites (AB) et (CD) sont sécantes en un point E et forment quatre angles droits.

Les droites (AB) et (CD) sont perpendiculaires, ce que l'on note : **(AB) ⊥ (CD)**.

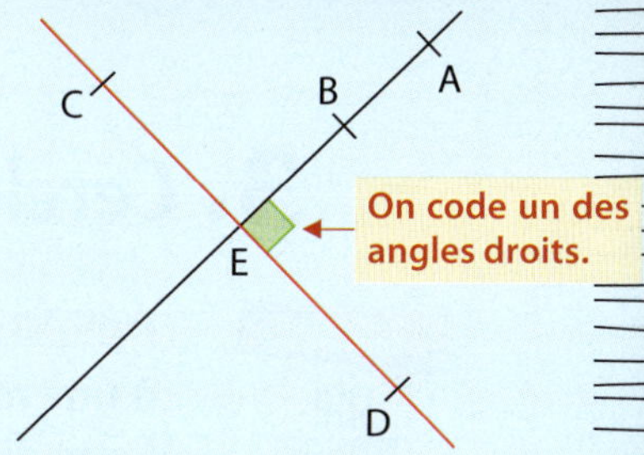

DÉFINITION : Deux droites parallèles sont deux droites qui ne sont pas sécantes.

Exemple : Les droites (d) et (d') ne se coupent pas, elles ne sont pas sécantes.

Les droites (d) et (d') sont parallèles, ce que l'on note : **(d) / / (d')**.

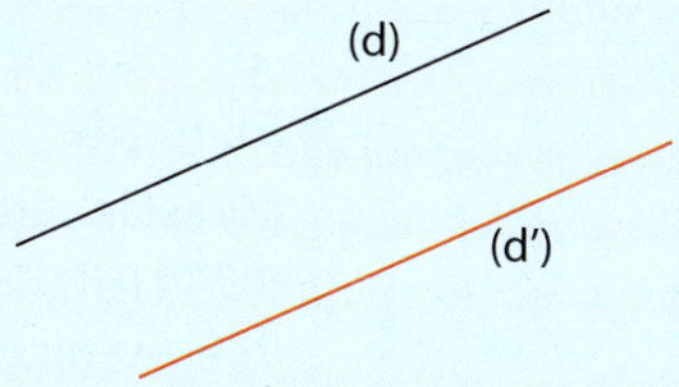

DÉFINITION : La médiatrice d'un segment est la droite perpendiculaire à ce segment en son milieu.

Exemple

La droite (d) coupe le segment [GH] perpendiculairement en son milieu.

La droite (d) est la médiatrice de [GH].

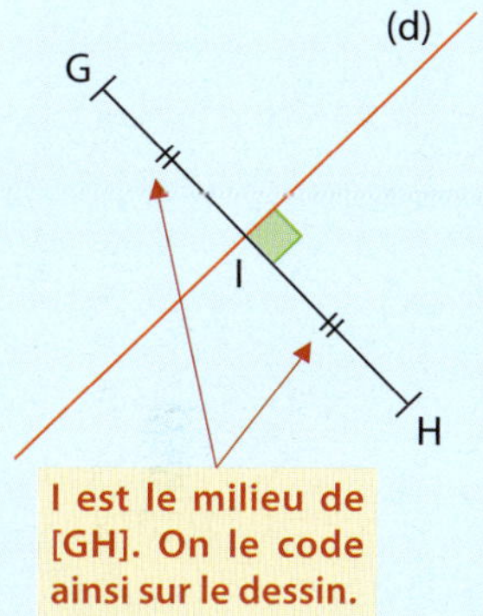

PROPRIÉTÉ : SI deux droites sont perpendiculaires à une même droite ALORS elles sont parallèles.

Exemple

Les droites (d_1) et (d_2) sont perpendiculaires à la droite (d_3).

La propriété ci-dessus permet alors d'affirmer que les droites (d_1) et (d_2) sont parallèles.

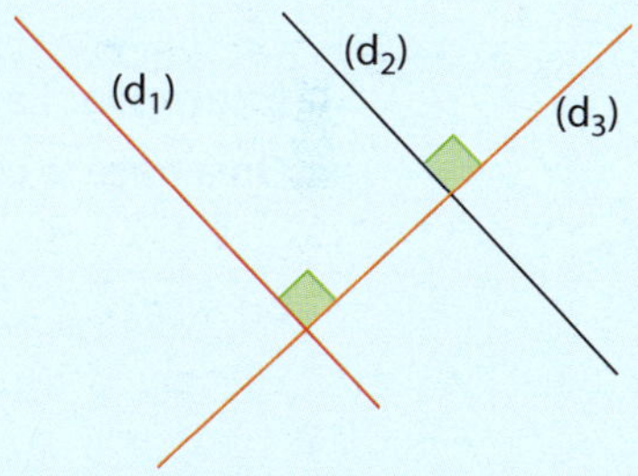

PROPRIÉTÉ : SI deux droites sont parallèles et qu'une troisième droite est perpendiculaire à l'une d'entre elles ALORS cette droite est aussi perpendiculaire à l'autre.

Exemple

Les droites (d_5) et (d_6) sont parallèles.

Les droites (d_4) et (d_5) sont perpendiculaires.

La propriété ci-dessus permet alors d'affirmer que les droites (d_4) et (d_6) sont aussi perpendiculaires.

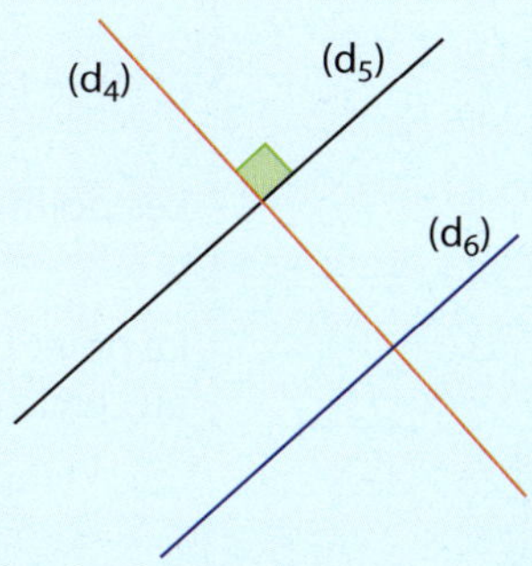

Le cours

3. Cercles

Animation
site compagnon

DÉFINITION : Un cercle est l'ensemble des points situés à une même distance d'un point appelé centre du cercle. Cette distance est appelée le rayon du cercle.

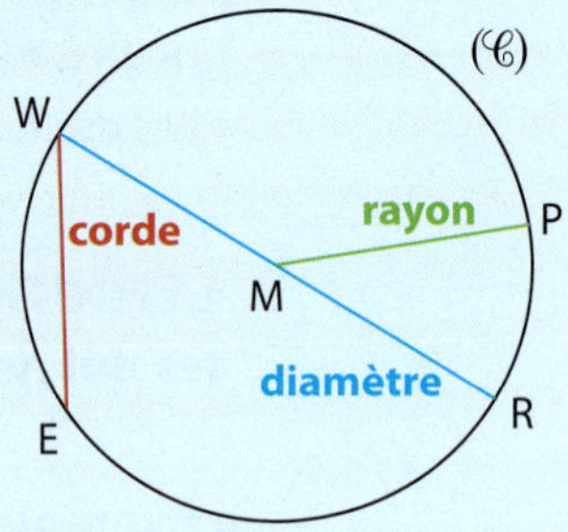

■ **Exemple**

(𝒞) est le cercle de centre M. Le rayon de ce cercle est 1,8 cm et son diamètre est donc de 3,6 cm (le double du rayon).

[MP] est un **rayon** de ce cercle.

[WR] est un **diamètre** de ce cercle.

[WE] est une **corde** de ce cercle.

PROPRIÉTÉ : Soit un cercle donné :
- **tout point qui appartient à ce cercle est à une même distance de son centre ;**
- **tous les points situés à cette distance du centre appartiennent au cercle.**

■ **Exemple :** Le segment [AB] mesure 3 cm.

On a tracé le cercle (𝒞) de centre A passant par B. Ce cercle a donc pour rayon 3 cm.

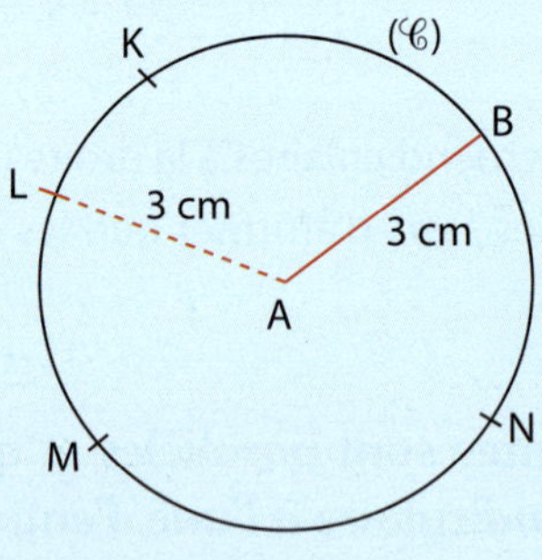

Les points K, M et N sont sur le cercle (𝒞) donc :

AK = AM = AN = 3 cm.

Le point L est tel que AL = 3 cm donc L appartient au cercle (𝒞).

Les mots à retenir

- **Cercle**
- **Corde**
- **Demi-droite**
- **Diamètre**
- **Droite**
- **Droites parallèles**
- **Droites perpendiculaires**
- **Droites sécantes**
- **Médiatrice**
- **Rayon**
- **Segment**

Voir le Lexique, p. 254

Savoir faire

SAVOIR-FAIRE 1 *Tracer la droite perpendiculaire à une autre passant par un point donné*

Animation site compagnon

Énoncé : Tracer la droite perpendiculaire à la droite (d) passant par le point M.

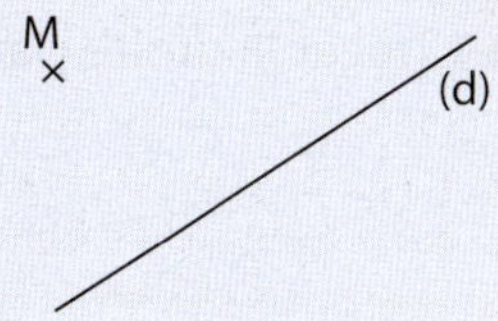

Solution commentée

1. Placer un des côtés de l'angle droit de l'équerre le long de la droite (d).

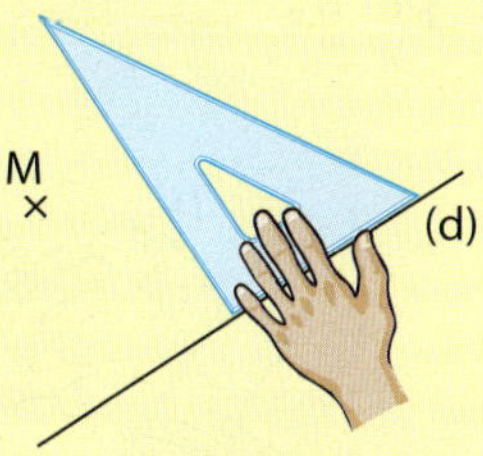

2. Amener l'équerre de sorte que l'autre côté de l'angle droit passe par le point M.

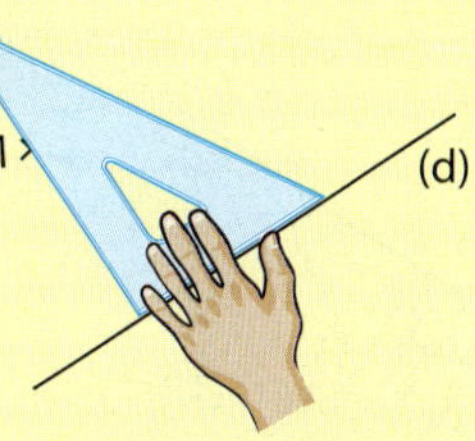

3. Tracer la droite passant par M le long de ce côté de l'angle droit.

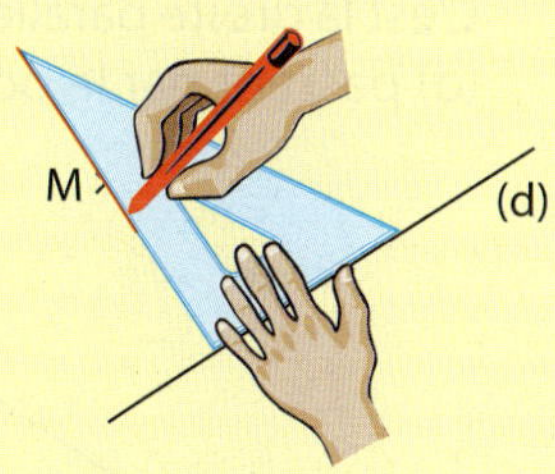

4. Prolonger la droite tracée et coder l'angle droit. La droite obtenue est la droite perpendiculaire à la droite (d) passant par le point M.

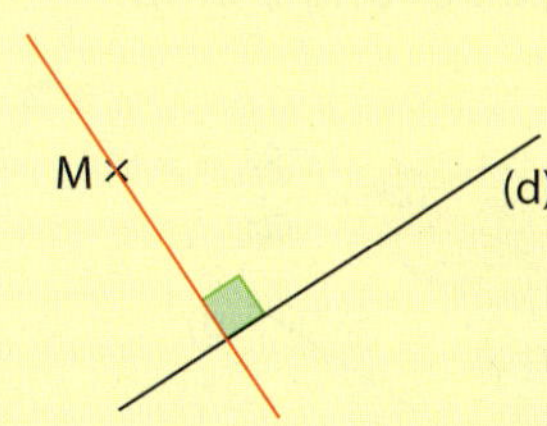

Exercices d'application

1 **1.** Tracer une droite (d) et placer un point K n'appartenant pas à cette droite.
2. Tracer la droite perpendiculaire à (d) passant par K.

2 **1.** Tracer une droite (d) et placer un point B sur cette droite.
2. Tracer la droite perpendiculaire à (d) passant par B.

3 **1.** Tracer un triangle BFG.
2. Tracer la droite perpendiculaire à la droite (FG) passant par le point B.

4 **1.** Placer trois points D, H et F.
2. Tracer la droite perpendiculaire à (DH) passant par F.

5 **1.** Tracer un segment [GP] et placer son milieu T.
2. Tracer la droite perpendiculaire à (GP) passant par T.
3. Comment se nomme cette droite ?

6 **1.** Tracer un quadrilatère CVBN.
2. Tracer la droite perpendiculaire à la droite (CB) passant par le point V.
3. Tracer la droite perpendiculaire à la droite (CB) passant par le point N.

Voir aussi les exercices 24 à 33

Savoir faire

SAVOIR-FAIRE **2** *Tracer la droite parallèle à une autre passant par un point donné*

Animation site compagnon

Énoncé : Tracer la droite parallèle à la droite (d) passant par le point M.

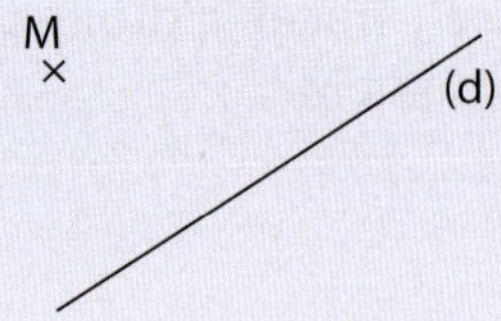

Solution commentée

1. Placer un des côtés de l'angle droit de l'équerre le long de la droite (d).

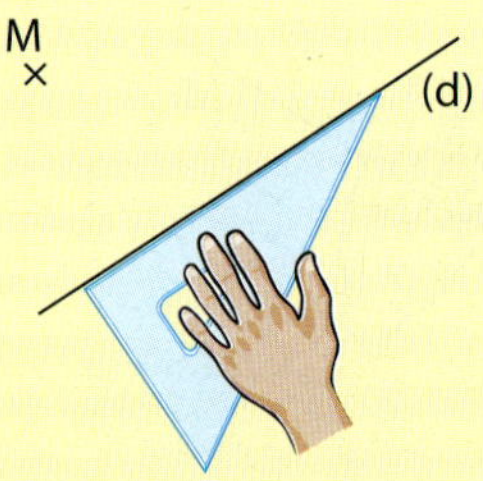

2. Plaquer une règle le long de l'autre côté de l'angle droit de l'équerre.

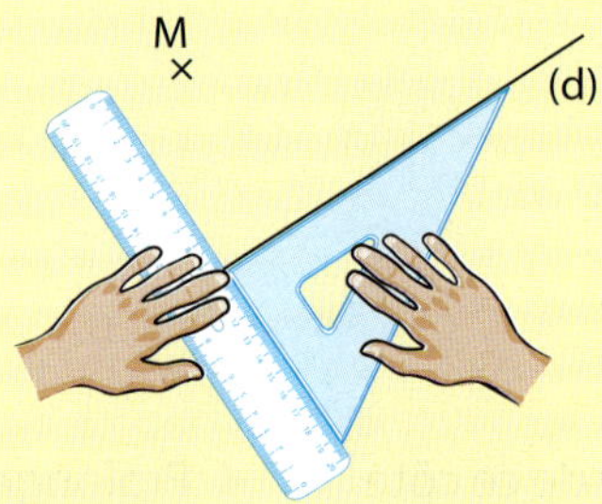

3. Faire glisser l'équerre le long de la règle jusqu'à ce que l'un des côtés de l'angle droit passe par M.

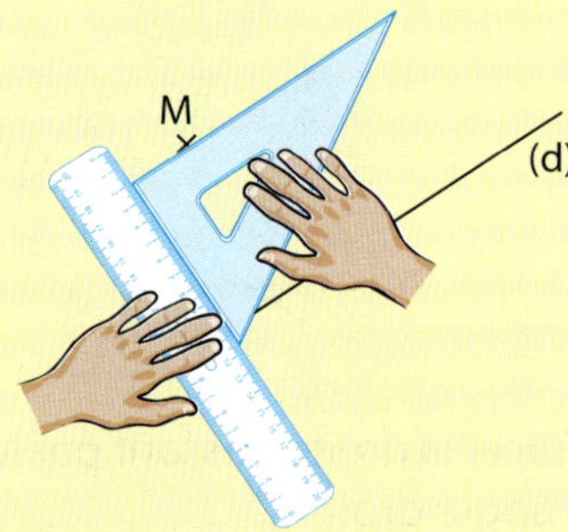

4. Tracer la droite passant par M le long de ce côté de l'angle droit.

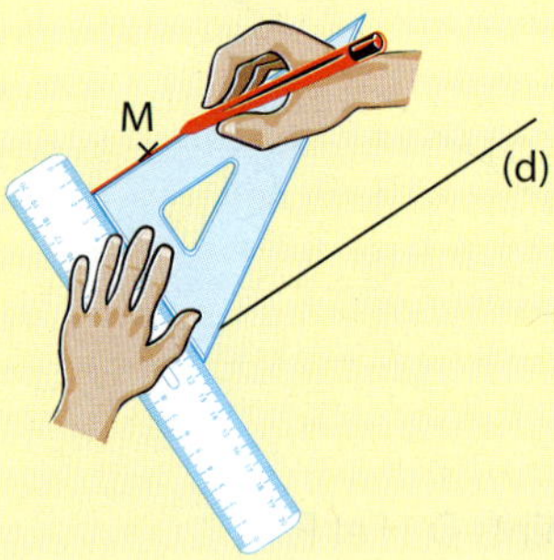

5. Prolonger la droite tracée. C'est la droite parallèle à la droite (d) passant par le point M.

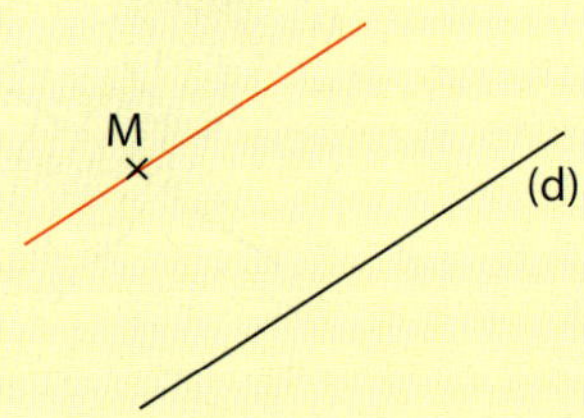

Exercices d'application

7 **1.** Tracer une droite (d) et placer un point P n'appartenant pas à cette droite.
2. Tracer la droite parallèle à (d) passant par P.

8 **1.** Tracer un triangle GTR.
2. Tracer la droite parallèle à (GR) passant par T.

9 **1.** Tracer une droite (h) et placer deux points A et B n'appartenant pas à cette droite.
2. Tracer la droite parallèle à (h) passant par A et la droite parallèle à (h) passant par B.
3. Que peut-on dire de ces trois droites ?

10 Tracer deux droites parallèles (d) et (d').

Voir aussi les exercices 24 à 33

SAVOIR-FAIRE 3 *Construire un triangle connaissant les longueurs de ses côtés*

Animation site compagnon

Énoncé : Construire un triangle ABC tel que AB = 6,4 cm ; AC = 4,2 cm et BC = 3,5 cm.

Solution commentée

1. Tracer un des trois côtés du triangle.
Par exemple, le côté [AB] qui mesure 6,4 cm.

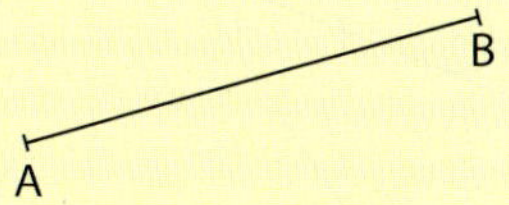

2. Tracer le cercle de centre A et de rayon 4,2 cm.

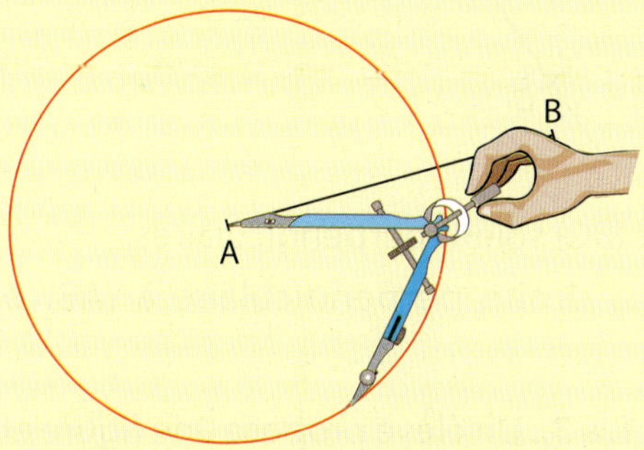

3. Tracer le cercle de centre B et de rayon 3,5 cm.

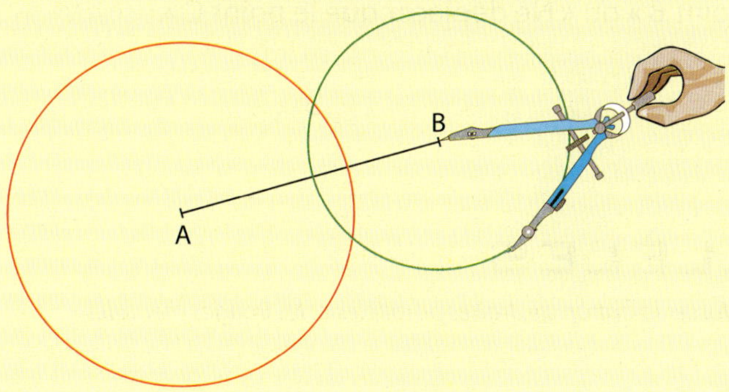

4. Le point C est l'un des deux points à l'intersection des deux cercles. En choisir un et tracer le triangle ABC.

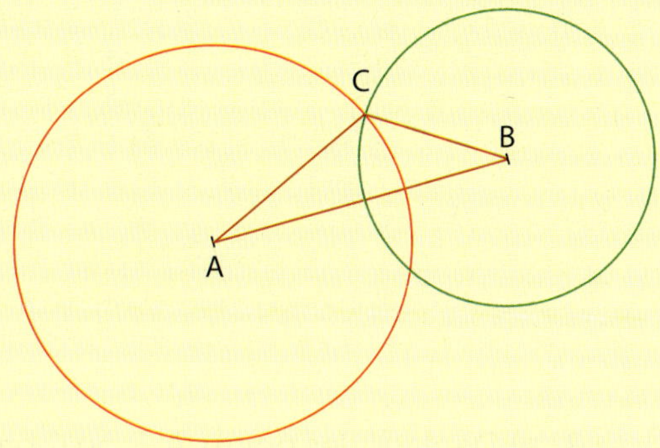

Avec l'habitude, on ne trace plus les deux cercles en entier mais seulement des arcs de cercles qui se coupent entre eux.

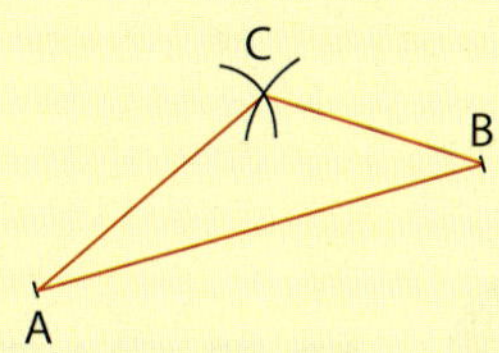

Exercices d'application

11 Tracer un triangle PRK tel que PR = 5,3 cm ; PK = 7 cm et RK = 3,5 cm.

12 Tracer un triangle MGT tel que MG = 7,5 cm ; MT = 6 cm et GT = 4,5 cm.

13 Tracer un triangle FDT tel que FD = 6,3 cm ; DT = 3,8 cm et FD = FT.

14 Tracer un triangle TSA dont les côtés sont tous égaux à 4,3 cm.

15 Reproduire, en vraie grandeur, le triangle ci-dessous en utilisant les longueurs données :

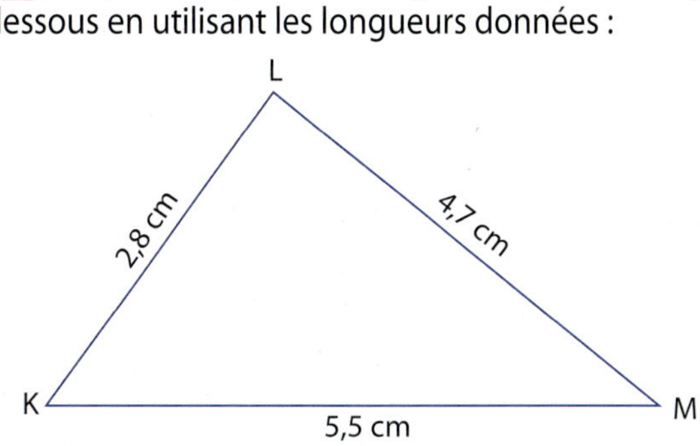

Voir aussi les exercices 50 à 53

Avec un ordinateur

À la fin du manuel, retrouve tes Fiches méthode TICE p. 237 Tableur Géométrie

1 DROITES PERPENDICULAIRES

OBJECTIF : *Utiliser la géométrie dynamique pour renforcer la notion de droites perpendiculaires et les images mentales associées.*

1. Tracer une droite (AB).
→ *Géométrie 5*

2. Tracer une droite (BC).

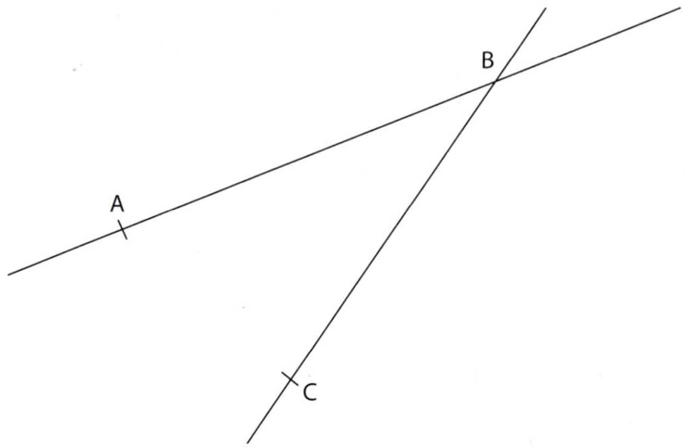

3. a) Déplacer les points A, B ou C pour que (AB) et (BC) soient perpendiculaires. → *Géométrie 1*

b) Vérifier la construction obtenue en traçant la droite perpendiculaire à (AB) passant par C. → *Géométrie 8*

4. a) En se mettant en binôme, refaire les questions **1.** à **3.**. Un élève propose une figure et l'autre déplace les points pour que les droites soient perpendiculaires.

b) Pour aller plus loin : rajouter à la question précédente les contraintes suivantes : « Ne déplacer que le point A », « Ne déplacer que le point B » ou « Ne déplacer que le point C ».

2 DROITES PARALLÈLES

OBJECTIF : *Utiliser la géométrie dynamique pour renforcer la notion de droites parallèles et les images mentales associées.*

1. Tracer une droite (AB).
→ *Géométrie 5*

2. Tracer une droite (CD).

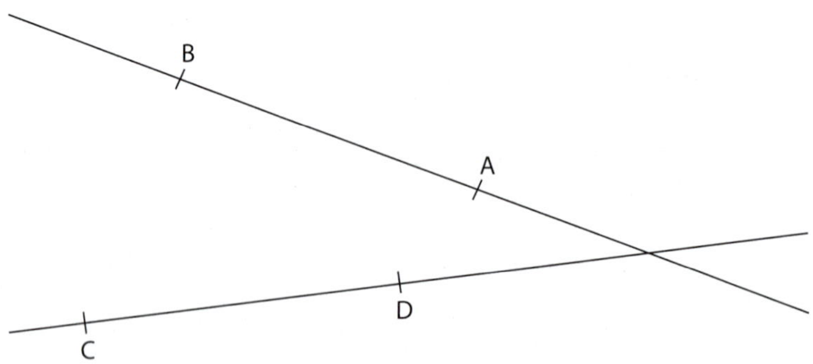

3. a) Déplacer les points A, B, C ou D pour que (AB) et (CD) soient parallèles. → *Géométrie 1*

b) Vérifier la construction obtenue en traçant la droite parallèle à (AB) passant par C.
→ *Géométrie 9*

3 DU CERCLE AU QUADRILATÈRE

OBJECTIFS : *Utiliser la géométrie dynamique pour découvrir une construction et faire vivre les notions d'équidistance associées au cercle.*

1. Placer deux points A et B. → *Géométrie 2*

2. a) Tracer le cercle de centre A qui passe par B. → *Géométrie 12*

b) Tracer le cercle de centre B qui passe par A.
On nomme C et D les deux points d'intersection de ces deux cercles. → *Géométrie 3*

3. a) Déplacer les points A et B. Que peut-on dire du quadrilatère ACBD ? → *Géométrie 1*

b) Expliquer.

4 DU RECTANGLE AU CARRÉ

OBJECTIFS : *Utiliser la géométrie dynamique pour appréhender les points communs et les différences entre rectangle et carré.*

Construction d'un rectangle

1. Tracer un segment [AB]. → *Géométrie 5*

2. a) Tracer la droite perpendiculaire à [AB] passant par B. → *Géométrie 8*

b) Placer un point C sur cette droite. → *Géométrie 2*

3. a) Tracer la droite perpendiculaire à (BC) passant par C. → *Géométrie 8*

b) Tracer la droite perpendiculaire à [AB] passant par A.

c) Placer D, le point d'intersection des droites tracées aux questions **a)** et **b)**. → *Géométrie 3*

4. a) Que peut-on dire du quadrilatère ABCD ?

b) Déplacer les points A, B ou C pour que ABCD soit un carré. → *Géométrie 1*

Construction d'un carré

1. En s'inspirant du travail fait dans la première partie, écrire une suite d'instructions permettant d'obtenir un carré ABCD.

2. Vérifier, en effectuant cette construction et en bougeant les points, que ABCD est toujours un carré. → *Géométrie 1*

5 LA BOÎTE NOIRE DU CHAPITRE

BOITE NOIRE

Une « boîte noire » est un nouvel outil du logiciel permettant de construire une figure selon un mystérieux programme ! Le but de l'activité est de percer ce mystère...
Pour cela, on peut déplacer les objets mais aussi faire toute nouvelle construction qui aide dans la recherche.

Téléchargement site compagnon

1. Télécharger sur le site compagnon le fichier « boite_noire_08 » et l'ouvrir.

2. Placer deux points A et B et appliquer l'outil nommé « boite_noire_08 » à ces deux points.

3. Écrire sur le cahier le programme de construction du point apparu.

4. Tester ce programme de construction sur les points A et B.
Vérifier que l'on retrouve la même construction qu'en utilisant la boîte noire.
Est-ce vrai quelles que soient les positions des points A et B ?

Pour s'entraîner

Construire un triangle

50 **1.** Tracer un segment [TH] tel que TH = 7 cm.

2. Trouver tous les points à 5 cm de T et à 3 cm de H.

3. **a)** Nommer S l'un de ces points.
b) Quelles sont les dimensions du triangle THS ?

51 Tracer un triangle ABC tel que AB = 5 cm, BC = 7 cm et AC = 4 cm.

52 Reproduire la figure ci-dessous en vraie grandeur :

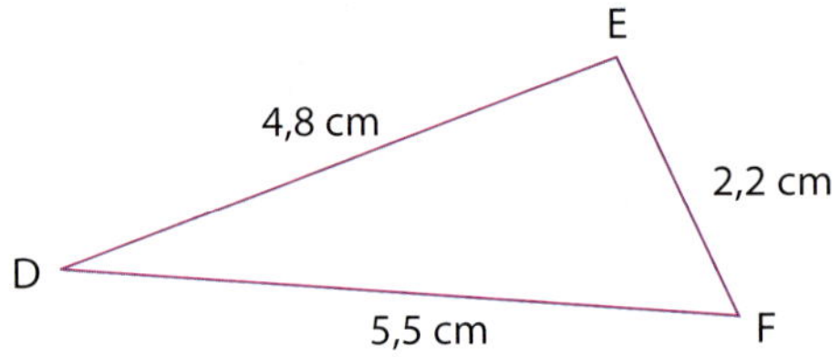

53 Dans chacun des cas suivants, tracer quand cela est possible le triangle MTP :

a) MT = 7 cm ; MP = 4,7 cm et TP = 5,3 cm ;
b) MT = 2,1 cm ; MP = 9,2 cm et TP = 8,3 cm ;
c) MT = 4,1 cm ; MP = 2,7 cm et TP = 8,5 cm ;
d) MT = 3,4 cm ; MP = 4,9 cm et TP = 6,7 cm.

Remue-méninges

Les exercices qui suivent sont à faire mentalement

54 Donner le périmètre des triangles suivants :

a)

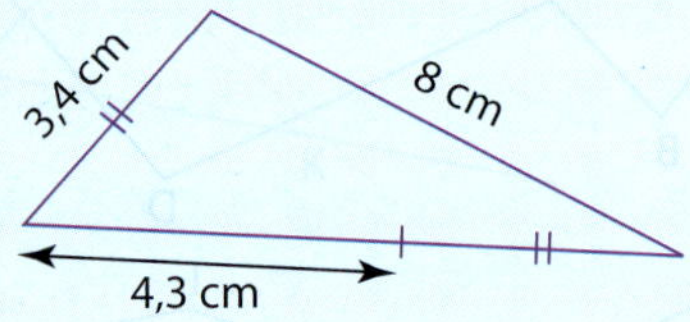

b)

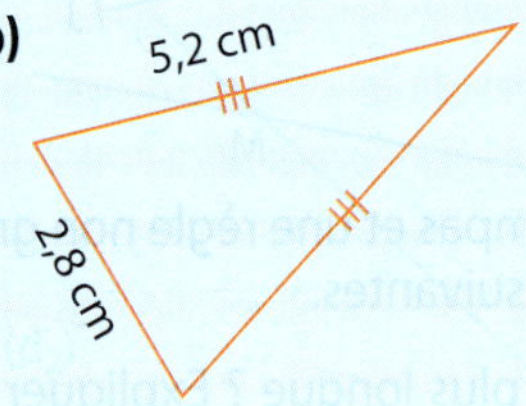

c)

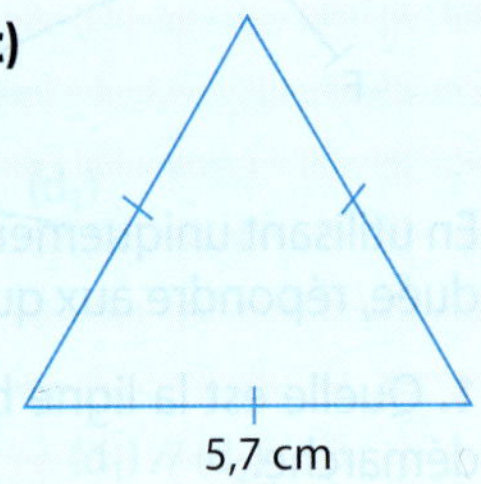

55 Combien de paires de droites parallèles peut-on compter sur cette figure de façon certaine ?

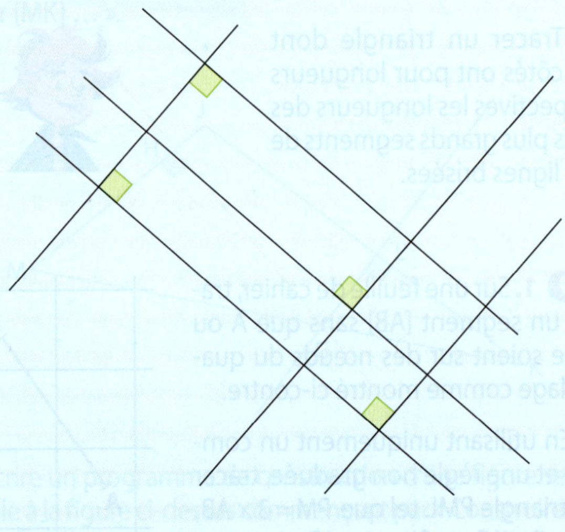

56 Étant donné un segment [AB] de longueur 4,3 cm, on a tracé le cercle de centre A passant par B et le cercle de centre B passant par A.
Quel est le périmètre du triangle ABC ?

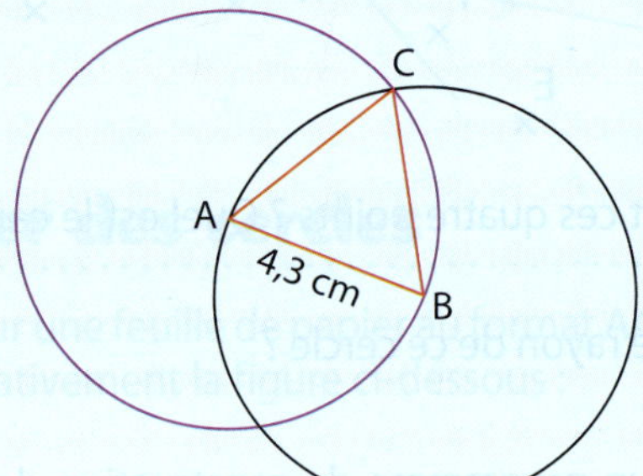

57 Clara a tracé dans la cour de récréation un cercle de centre O et de rayon 170 cm.
Elle a ensuite tracé un diamètre [AB] de ce cercle, puis la médiatrice de [AB] qui recoupe le cercle en C et D.
Elle a tracé pour finir la médiatrice de [OC] qui recoupe le cercle en E et F.
Donner la longueur OE.

58 (𝒞) est un cercle dont le diamètre est le rayon d'un cercle de 12 cm de diamètre.
Quel est le rayon de (𝒞) ?

59 On a tracé un triangle équilatéral dont le périmètre est égal au diamètre d'un cercle de 6 cm de rayon.
Quelle est la longueur d'un des côtés de ce triangle ?

Pour s'évaluer

Pour chaque exercice 60 à 69, trouve la ou les bonnes réponses.

Énoncés	Réponse A	Réponse B	Réponse C	Réponse D
60 Comment note-t-on la partie de cette droite coloriée en rouge ? 	(TM)	[TM]	[TM)	[MT)
61 Dans quel(s) cas a-t-on : A ∈ [BC) et A ∉ [BC] ?				
62 Dans la figure ci-dessous, on peut affirmer que : 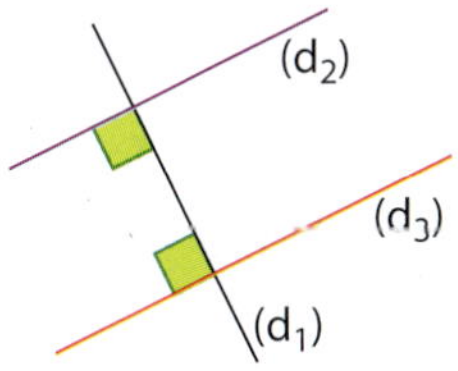	$(d_1)\perp(d_2)$	$(d_2)\perp(d_3)$	$(d_1)\perp(d_3)$	$(d_2)//(d_3)$
63 Si deux droites sont perpendiculaires à une même droite alors elles sont :	perpendiculaires	parallèles	sécantes	On ne peut rien affirmer
64 Si deux droites sont parallèles à une même droite alors elles sont :	perpendiculaires	parallèles	sécantes	On ne peut rien affirmer
65 Dans quel cas a-t-on tracé la médiatrice du segment [PF] ?	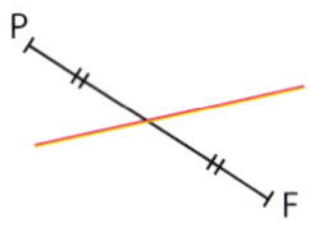	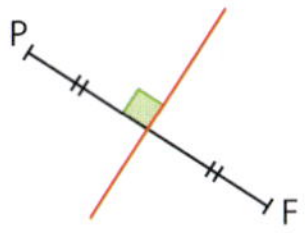	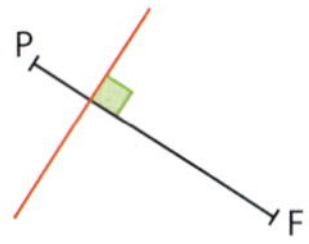	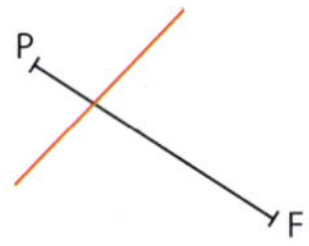
66 Si (AB) // (CD) et (AB) ⊥ (EF), on peut dire que :	(CD) // (EF)	(CD) ⊥ (EF)	(AB) et (EF) sont sécantes	(CD) et (EF) sont sécantes
67 P est un point d'un cercle de centre O et de rayon 4 cm. On peut dire que :	PO = 2 cm	PO = 4 cm	PO = 8 cm	[PO] est un diamètre de ce cercle
68 A et B sont deux points d'un cercle de centre K et de rayon 3 cm. On peut dire que :	AB = 3 cm	AK = BK	AB = 6 cm	AB = AK
69 R et Y sont deux points d'un cercle de centre T. On peut dire que :	RY = RT	RT = TY	YR = TY	RY = RT = TY

Tu peux vérifier tes réponses p. 255 et si tu veux continuer ton entraînement rendez-vous sur le **site compagnon**

Pour approfondir

70 Un pavé dans la mare SVT

Lorsque l'on jette une pierre dans un plan d'eau, on observe parfois la formation de cercles à la surface de l'eau.
On peut construire une image semblable.

1. Placer un point A.

2. Tracer dix cercles de centre A et de rayons : 1 cm, 2 cm, 3 cm, …, 10 cm.

71 Un terrain de handball EPS

Une partie d'un terrain de handball est schématisé ci-dessous :

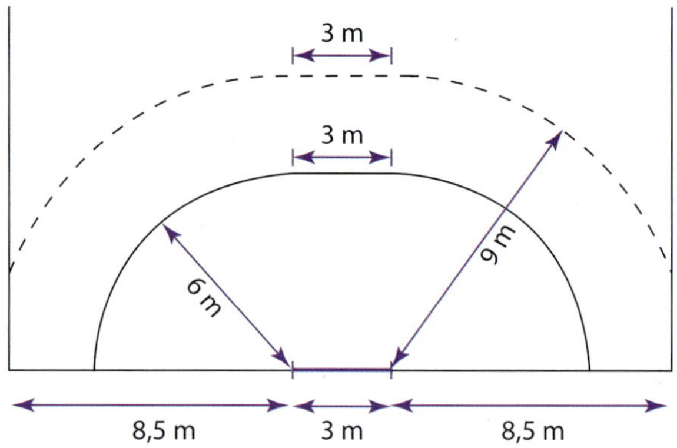

Le terrain est rectangulaire. Chaque zone est composée de deux quarts de cercle de rayon 6 m et de centre chacun des poteaux de but ; et d'un segment parallèle aux buts de longueur 3 m.
En prenant 1 cm pour représenter 1 m, reproduire cette partie d'un terrain de handball.

72 **1.** Construire un triangle ABC tel que AB = 9 cm ; BC = 5 cm et AC = 6 cm.

2. a) Placer le point D, milieu du segment [CA].
b) Placer le point E, milieu du segment [BD].

3. Colorier en vert tous les points à l'intérieur du triangle situés entre 2 cm et 4 cm du point E.

73 Placer les points A, B, C, D, E et F sur la figure ci-dessous sachant que :

D ∈ (AC), C ∈ (EB), B ∈ (AF) et F ∈ (DE).

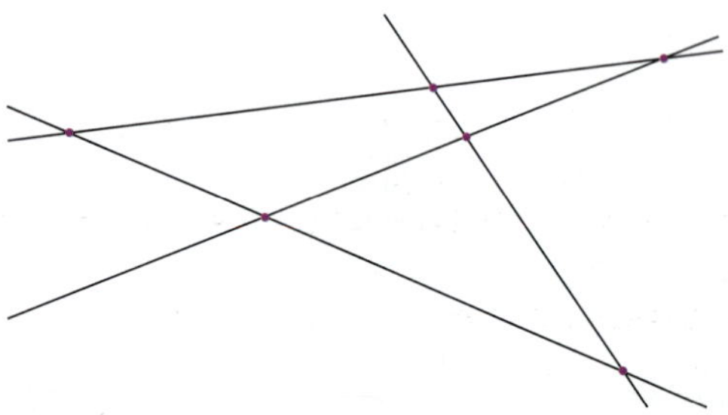

74 **1.** Tracer un triangle VBN tel que [VB] soit le plus grand côté et placer un point M à l'extérieur de ce triangle.

2. En utilisant uniquement un compas et une règle non graduée :
a) tracer le cercle de centre M et de rayon VB ;
b) tracer dans ce cercle une corde [GH] de longueur BN ;
c) tracer le cercle de centre B et de rayon VN.

75 **1.** Tracer un segment [AB] de longueur 7 cm.

2. a) Tracer la droite (d_1) perpendiculaire à (AB) passant par A.
b) Tracer la droite (d_2) perpendiculaire à (AB) passant par B.
c) Que peut-on dire de (d_1) et (d_2) ? Expliquer.

3. a) Tracer une droite (d_3) perpendiculaire à (d_1) qui ne passe pas par A.
b) Que peut-on dire de (d_3) et (d_2) ? Expliquer.
c) Que peut-on dire de (d_3) et (AB) ? Expliquer.

76 **1.** Tracer un triangle quelconque.

2. a) Placer un point D_1 sur un des côtés mais pas au milieu de celui-ci.
b) Tracer la droite parallèle à un second côté passant par D_1.
Cette droite coupe le troisième côté en un point nommé D_2.

3. Reprendre la question **2. b)** en commençant par D_2 pour obtenir le point D_3, et ainsi de suite pour obtenir les points D_4, D_5, etc.

4. Que remarque-t-on ?

77 Vrai ou Faux

Dire si chacune des phrases suivantes est vraie ou fausse en expliquant la réponse.
a) Deux droites perpendiculaires sont sécantes.
b) Deux droites sécantes sont perpendiculaires.
c) Deux cercles concentriques (de même centre) n'ont aucun point d'intersection.
d) Il existe des cercles qui n'ont que trois points d'intersection.
e) Deux cordes d'un cercle ne sont jamais perpendiculaires.
f) Deux cordes d'un cercle ne sont jamais parallèles.

78 Reproduire une figure semblable à la figure ci-dessous et écrire un programme de construction correspondant sachant que GH = 5 cm et HK = 2 cm.

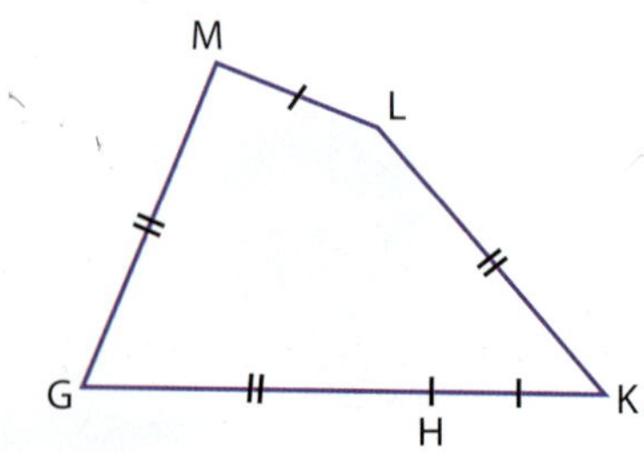

79 **1.** Sur une feuille, placer un point C et tracer une droite (d) ne passant pas par C.

2. Placer un point D tel que la droite (d) soit la médiatrice du segment [CD].

80 **1.** Tracer deux droites sécantes (d_1) et (d_2).

2. Placer un point M qui n'appartient ni à (d_1), ni à (d_2).

3. Placer un point A sur (d_1) et un point B sur (d_2) tels que MA = MB.

81 **1.** Placer quatre points A, B, C et D vérifiant en même temps les trois conditions ci-dessous :

① C appartient à la médiatrice de [AB] ;
② (AC) ⊥ (BD) ;
③ (AB) // (CD).

2. Écrire un programme de construction de cette figure.

82 **Un mandala**

En savoir plus — site compagnon

1. Tracer un cercle de rayon 7 cm.

2. Placer un point M_1 sur ce cercle et placer le point M_2 tel que $M_1M_2 = 7$ cm.

3. a) Placer de même les points M_3, M_4, M_5 et M_6.

b) Vérifier que $M_6M_1 = 7$ cm.

4. a) Tracer l'arc de cercle centré en M_1 d'extrémités M_2 et M_6.

b) Tracer de même les autres arcs de cercles (voir ci-contre).

5. Colorier à loisir le dessin obtenu et en inventer d'autres du même type.

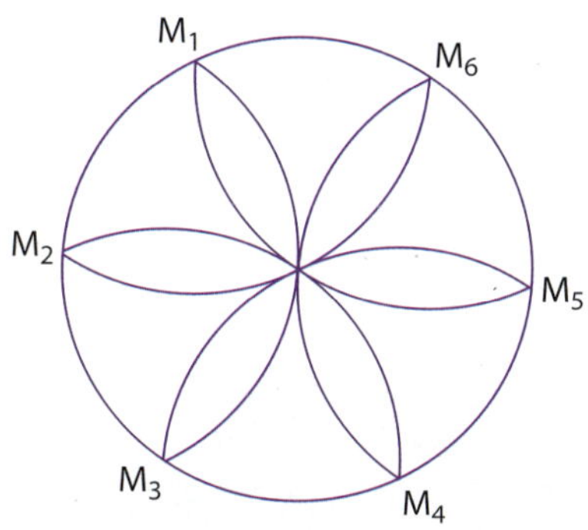

83 **1.** Prendre une feuille de papier et la plier en deux sans pour autant que ses bords se superposent.

2. Replier encore une fois cette feuille sur elle-même de façon à ce que les deux parties du premier trait de pliage se superposent.

3. Déplier la feuille. Que remarque-t-on ?

4. Replier cette feuille pour obtenir deux traits de pliages parallèles.

84 **Énergie** THÈME DE CONVERGENCE

Les rayons du Soleil sont-ils parallèles ? Expliquer.

85 Reproduire le polygone ci-dessous en utilisant uniquement une règle non graduée et un compas :

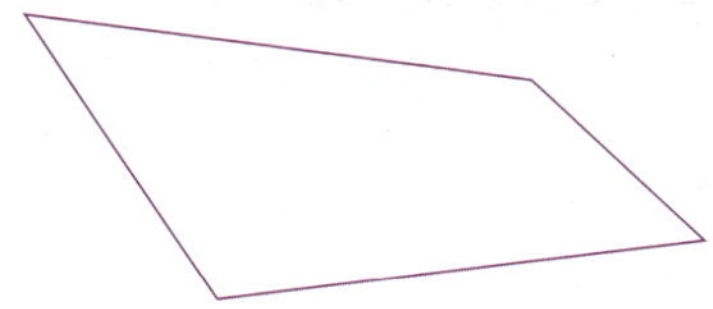

86 **Environnement et développement durable** THÈME DE CONVERGENCE

Le jardin de M. Laurent a la forme d'un rectangle de côtés 30 m et 17 m.

M. Laurent veut installer un arrosage automatique économiseur d'eau, pour cela il dispose d'arroseurs qui envoient de l'eau dans un rayon de 4 m autour d'eux.

Combien lui faudra-t-il d'arroseurs pour arroser tout son jardin ?

87 **Sécurité routière** THÈME DE CONVERGENCE

Reproduire les panneaux de signalisation routière dans lesquels on trouve des segments parallèles ou perpendiculaires. Préciser la signification de ces panneaux.

88 ***Le défi***

À partir du montage ci-contre, comment réaliser quatre carrés identiques en ne déplaçant que deux allumettes ?

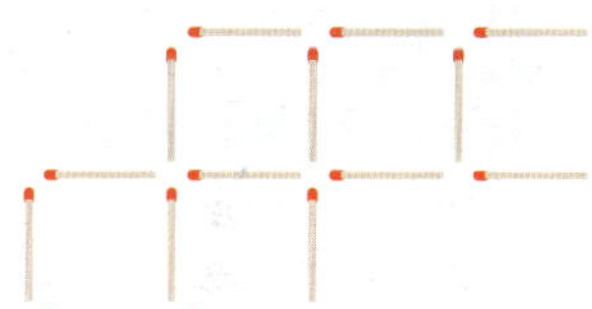

89 ***L'énigme***

Sur le plan ci-dessous, A, B, C et D représentent quatre arbres qui sont plantés dans un verger :

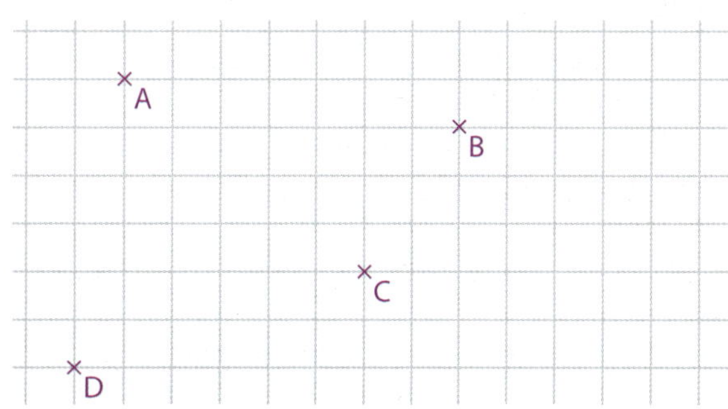

Le propriétaire de ce verger ne dispose que d'un tuyau d'arrosage de 50 m de long.

Où peut-il creuser un puits pour que chaque arbre se trouve à moins de 50 m de ce puits ?

La grille du plan est formée de carrés de 10 m de côtés.

Devoir à la maison

1 À partir d'un rectangle de 20 carreaux sur 10 carreaux, réaliser le dessin suivant uniquement à l'aide de segments et de deux cercles :

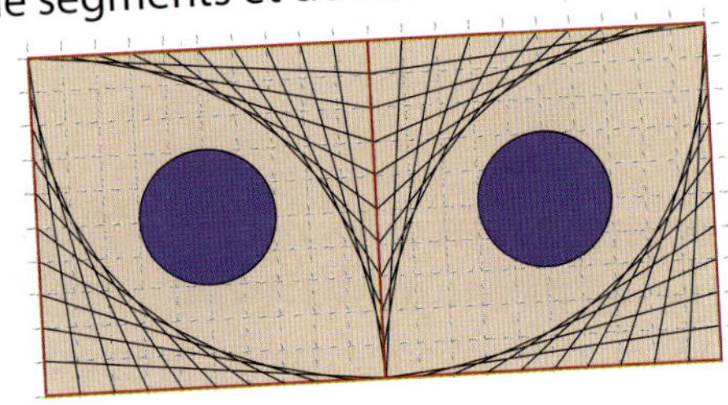

2 Reproduire la figure ci-contre en vraie grandeur sachant que le cercle a un rayon de 4 cm :

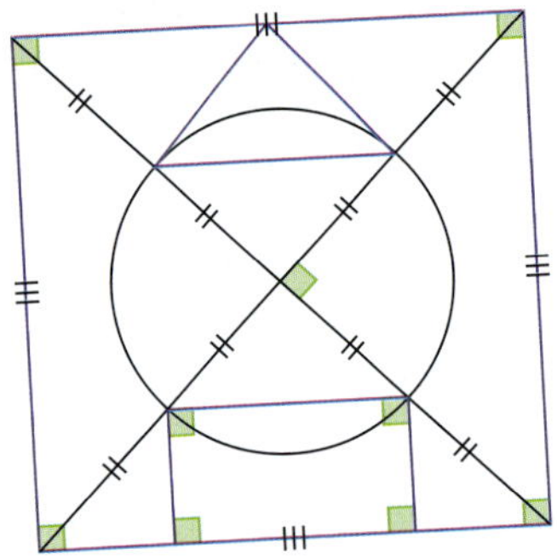

3 **1.** Construire un triangle ABC tel que AB = 8 cm ; AC = 6,5 cm et BC = 4,8 cm.

2. a) Tracer le cercle de centre A passant par C. Il coupe le segment [AB] en un point M_1.

b) Quelle est la nature du triangle ACM_1 ? Expliquer.

3. a) Tracer la droite parallèle à (BC) passant par M_1. Elle coupe le segment [AC] en un point M_2.

b) Tracer la droite perpendiculaire à (AB) passant par M_2.
Elle coupe le segment [AB] en un point M_3.

4. À partir du point M_3, recommencer plusieurs fois la construction précédente en nommant les points obtenus : M_4, M_5, M_6, etc.

5. Quel est le premier point qui se trouve à moins d'un centimètre du point A ?

Du côté du site compagnon

Si tu veux en savoir plus sur le sujet et pourquoi pas en faire un exposé, rends-toi sur le **site compagnon**

On tourne en rond

Pour se repérer plus facilement sur Terre, notamment à l'aide des GPS (*Global Positioning System*), on a imaginé de grands cercles appelés **méridiens** et **parallèles**.

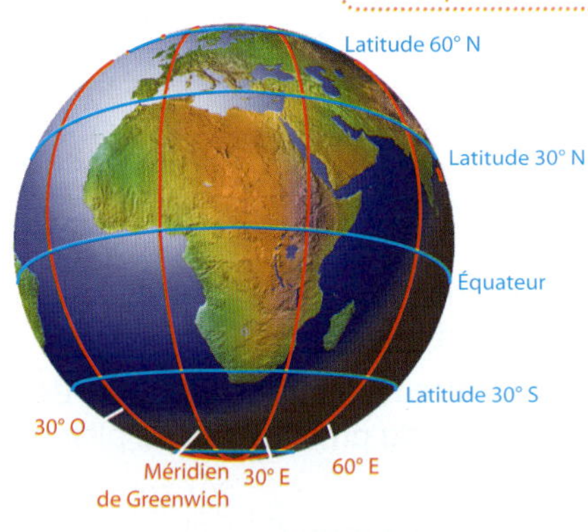

Dans ces deux dessins, à ton avis, comment sont les droites rouges ?

Oui c'est ça, mon œil !

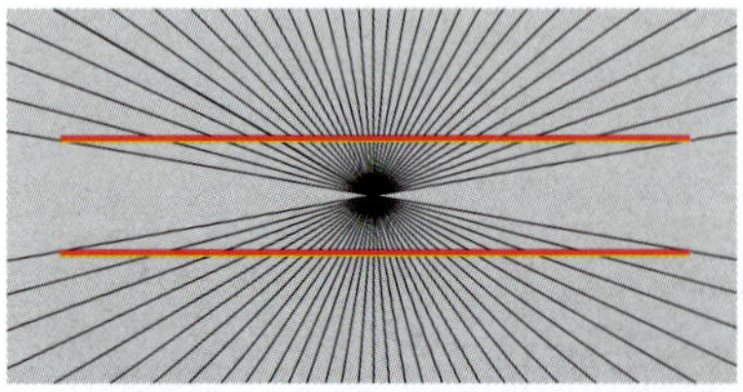

Les droites rouges sont parallèles, et oui, tu peux t'en rendre compte en les décalquant. C'est une **illusion d'optique**.

Tu en trouveras beaucoup d'autres sur le site compagnon.

Chapitre 9

Rapporteur, angles

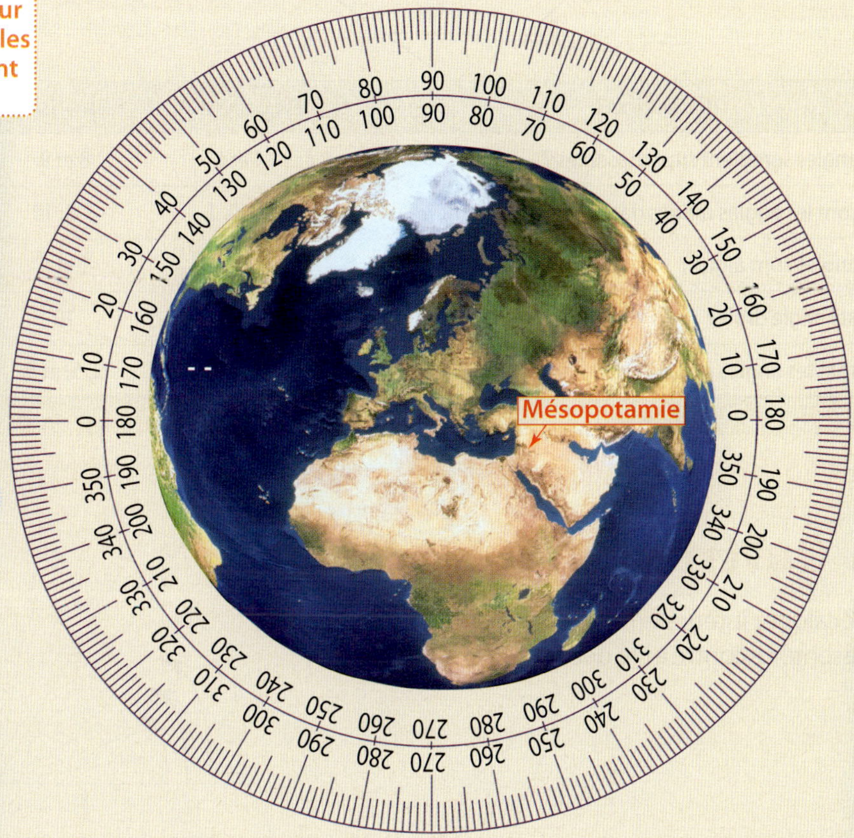

Certains disent que l'origine de ces graduations remonte à 6 000 ans, quand le peuple Sumer, en Mésopotamie, comptait 360 jours pour une année. En une année, les étoiles font un tour complet dans le ciel pour se retrouver à la même place ce qui explique les 360 degrés du rapporteur !

Je vais apprendre à…

- Comparer des angles ► *Exercices 18 à 22*
- Utiliser le rapporteur pour :
  – mesurer un angle ► *Exercices 23 à 28*
  – construire un angle de mesure donnée ► *Exercices 29 à 33*
- Définir la bissectrice d'un angle ► *Exercice 36*
- Construire la bissectrice d'un angle ► *Exercices 37 à 39*

Activités

Après ce QCM, tu peux continuer tes révisions sur le site compagnon

Pour revoir **Pour chaque question, trouve la ou les bonnes réponses.**

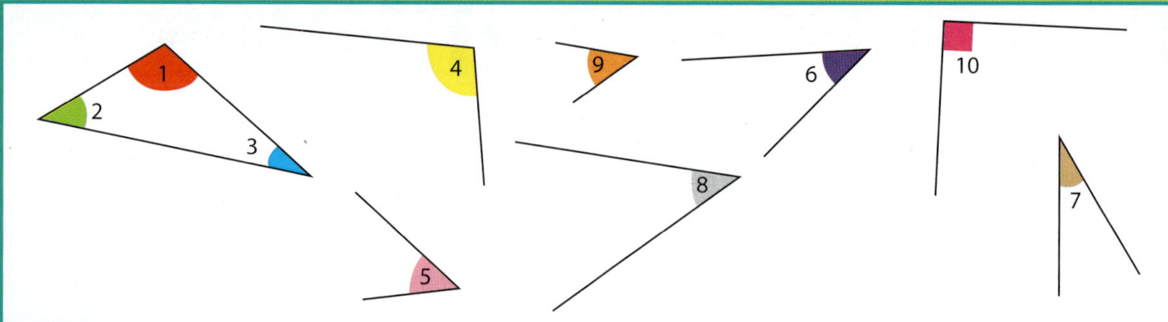

	Questions	Réponse A	Réponse B	Réponse C
1	Quels angles semblent superposables ?	4 et 5	8 et 9	2 et 6
2	Quels sont les angles rangés dans l'ordre croissant ?	9, 10, 1	3, 8, 10	7, 4, 6
3	Quels angles sont aigus ?	1, 2 et 3	1 et 4	2, 5 et 9
4	Quel est l'angle droit ?	4	10	Il n'y en a pas !
5	Quels sont les angles obtus ?	1 et 4	2, 5, et 9	1, 4 et 10

ACTIVITÉ

Téléchargement site compagnon

1. Ouverture d'un angle

1. Décalquer intégralement le « gabarit gradué » représenté ci-contre et le découper sur son contour.

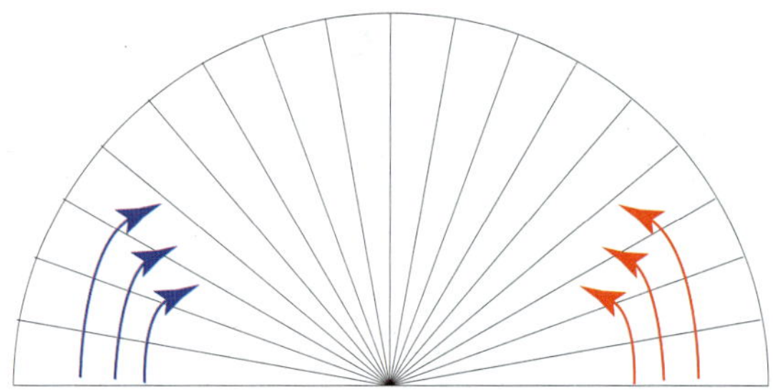

2. On a représenté une pièce vue de dessus avec ses six portes ouvertes.
Ranger les six portes de la moins ouverte à la plus ouverte.

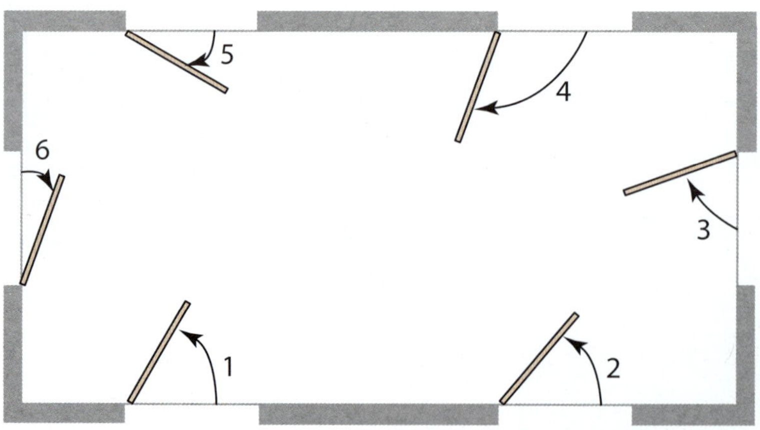

*Le gabarit que tu viens de décalquer s'appelle un **rapporteur**. Il sert à mesurer les angles.*

3. a) À l'aide du gabarit décalqué, Tania compte six graduations pour l'ouverture de la porte 1. Expliquer comment elle a trouvé ce résultat.
b) Faire de même pour les ouvertures des autres portes.

4. En observant maintenant un rapporteur que l'on peut trouver dans le commerce, répondre aux questions suivantes :

a) Des nombres sont inscrits à proximité des graduations. Quel est le plus grand ? Quel est le plus petit ?

b) L'unité dans laquelle est gradué un rapporteur est le degré, que l'on note °.
Quelle est la mesure, en degrés, d'un angle droit ?

c) Donner la mesure en degrés d'une des parties du gabarit décalqué.

d) En déduire, pour chacune des six portes, la mesure de leur ouverture en degrés.

5. À l'aide du gabarit décalqué ou d'un rapporteur, mesurer les angles marqués ci-dessous :

a)

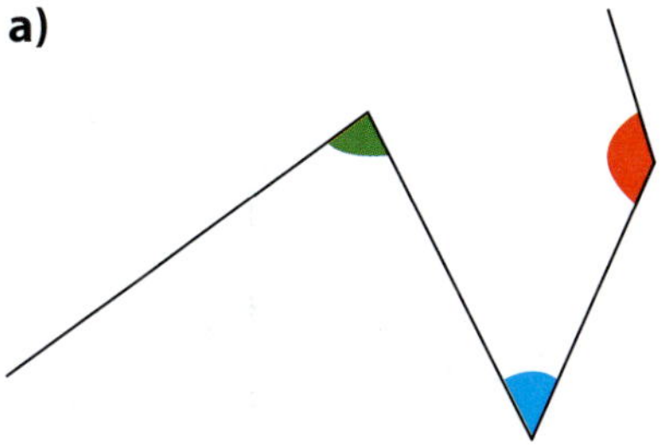

b)

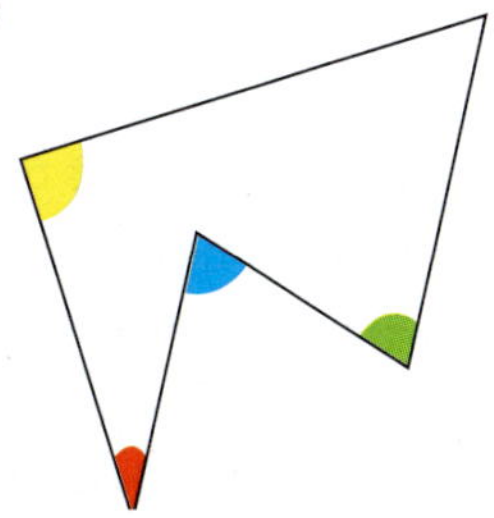

ACTIVITÉ

2. Mesures d'angles

Louis a effectué des mesures d'angles à l'aide de son rapporteur. Mais son professeur lui fait remarquer qu'il a commis quelques erreurs. Quelles sont les mesures correctes ? Pour celles qui ne le sont pas, expliquer les erreurs commises par Louis.

①

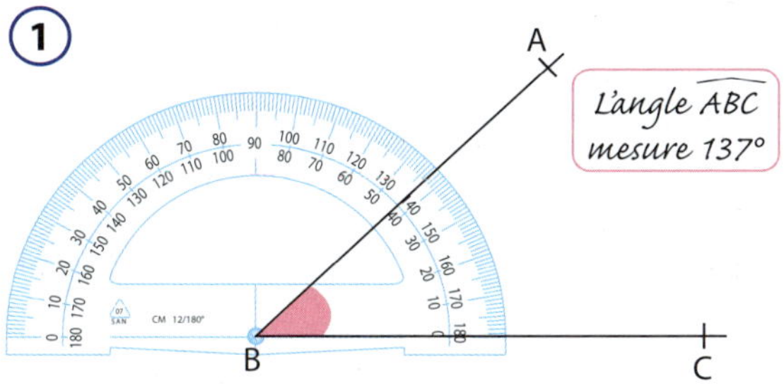

②

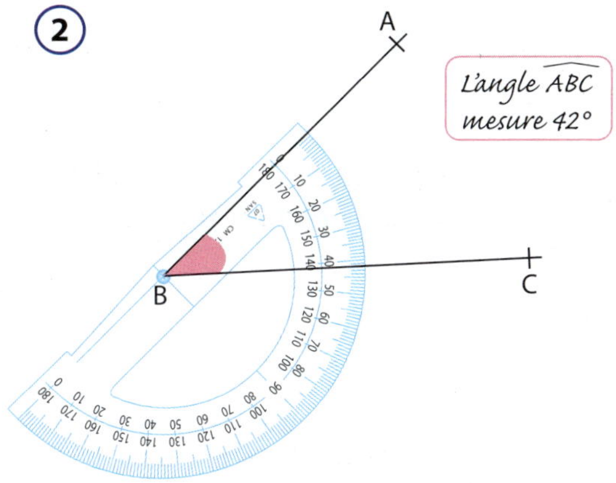

③

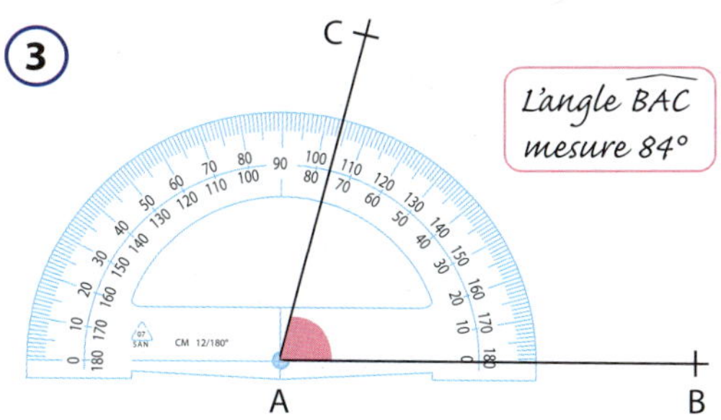

④

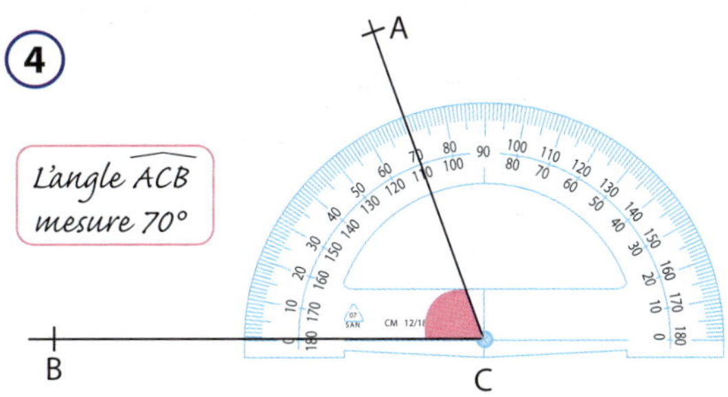

ACTIVITÉ

3. Bissectrice d'un angle

1. Tracer la demi-droite qui partage l'angle $\widehat{DEF}$ en deux angles égaux.

2. Faire de même avec un angle qui mesure 118°.

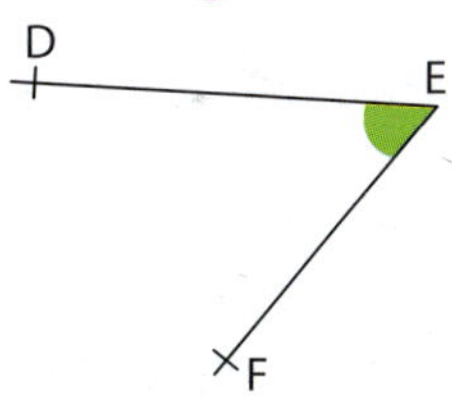

1. Notion d'angle

a) Vocabulaire

DÉFINITION : Un angle est une partie du plan limitée par deux demi-droites de même origine.

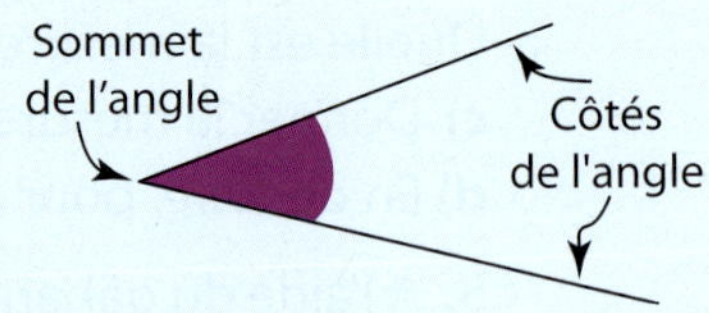

- Les deux demi-droites sont les côtés de l'angle.
- L'origine des demi-droites est le sommet de l'angle.

Exemple : Dans un triangle, on trouve trois angles délimités par les côtés de ce triangle.

Ici, le sommet de l'angle bleu est le point A et ses côtés sont les demi-droites [AB) et [AC).

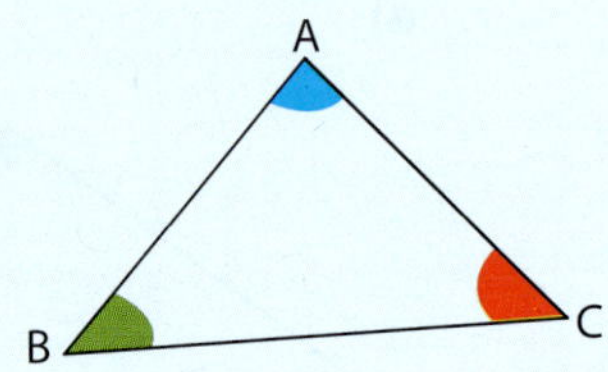

b) Angles particuliers

Animation site compagnon

Angle plat	Angle droit	Angle nul
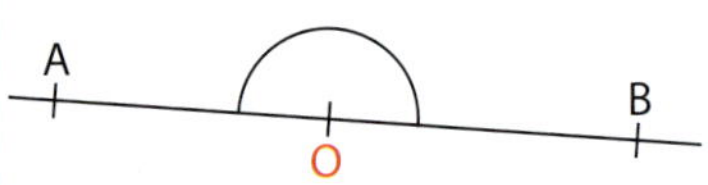	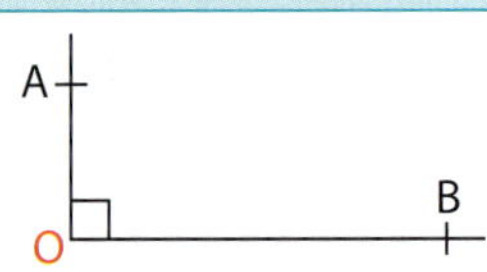	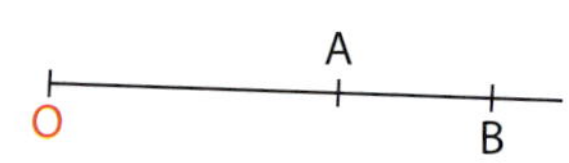
A, O et B sont alignés dans cet ordre, l'angle $\widehat{AOB}$ est plat.	[OA) et [OB) sont perpendiculaires, l'angle $\widehat{AOB}$ est droit.	[OA) et [OB) sont confondues, l'angle $\widehat{AOB}$ est nul.

c) Notation

- Le sommet de l'angle ci-contre est le point B.
- Ses côtés sont les demi-droites [BA) et [BC).

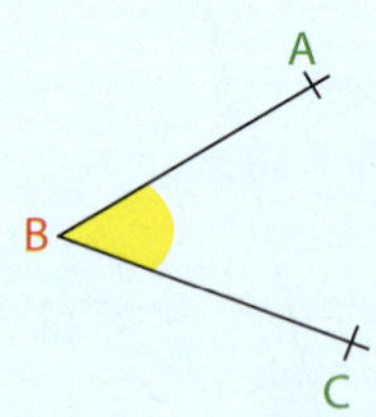

Cet angle se note : $\widehat{ABC}$ ou $\widehat{CBA}$

Le sommet de l'angle s'écrit au milieu.

Exemple : Des angles sont marqués sur la figure ci-dessous, ils se notent :

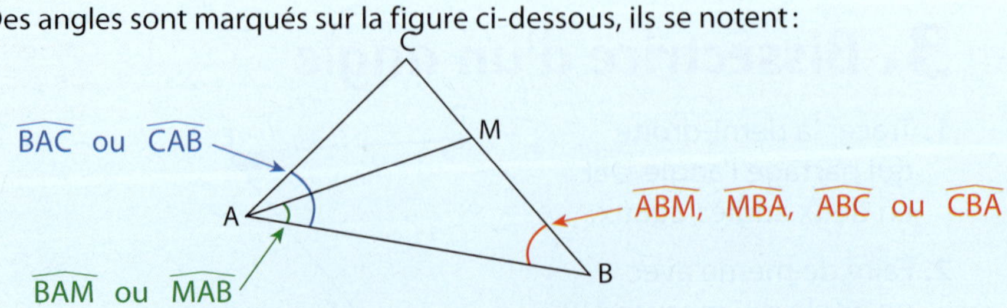

2. Mesure d'un angle

a) Utilisation du rapporteur

• Pour mesurer un angle, on utilise un **rapporteur**. Celui-ci est généralement gradué de 0 à 180.

• On utilise le **degré**, comme unité de mesure des angles, il se note °.

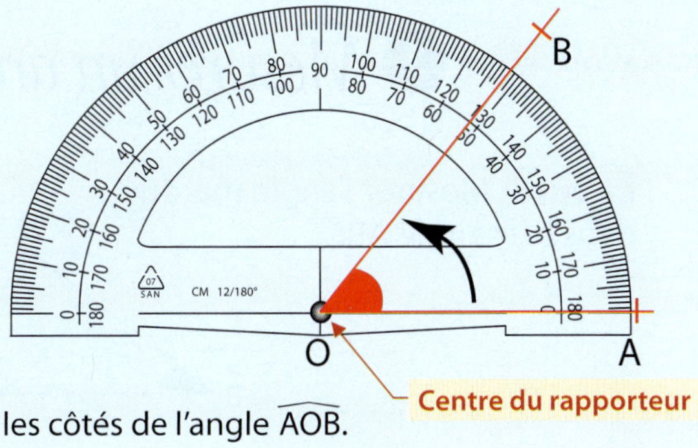

Exemple : Ci-contre, on compte 52 graduations entre les côtés de l'angle $\widehat{AOB}$.
L'angle $\widehat{AOB}$ a donc pour mesure 52° et on note : $\widehat{AOB} = 52°$.

b) Angles particuliers

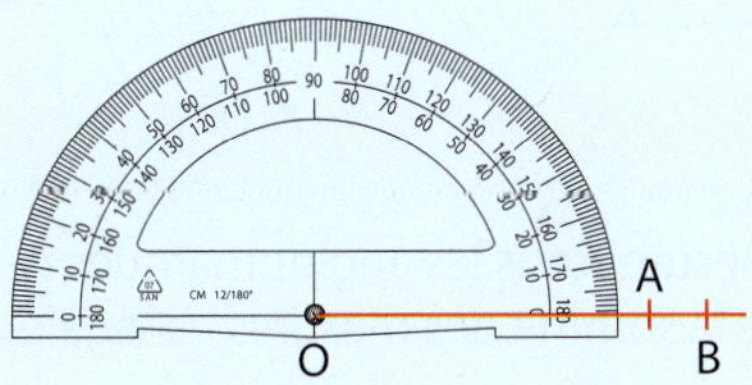

Un **angle nul** mesure 0°.

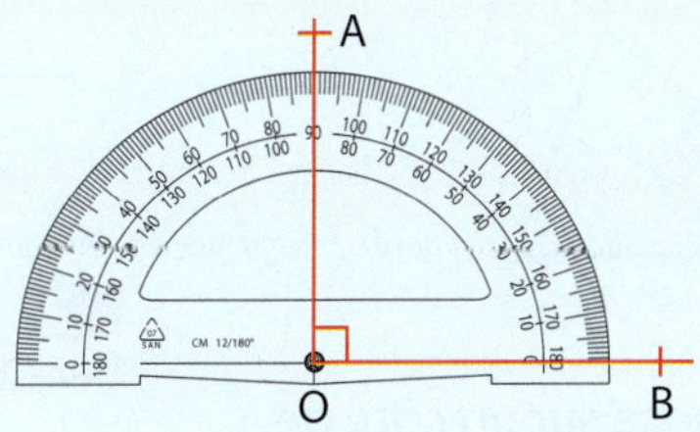

Un **angle droit** mesure 90°.

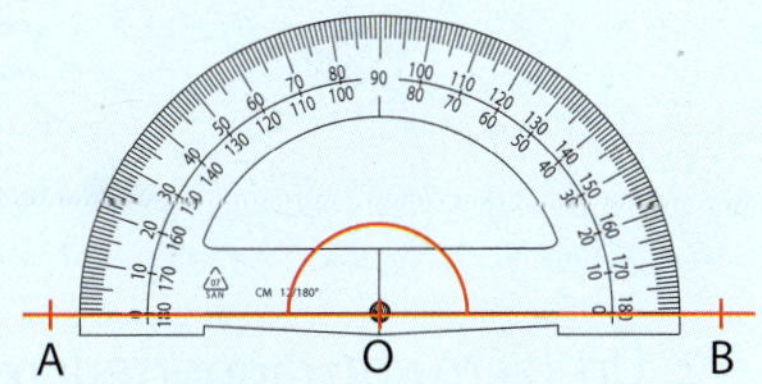

Un **angle plat** mesure 180°.

c) Angle aigu, angle obtus

DÉFINITION : Un angle aigu est un angle dont la mesure est comprise entre 0° et 90°.

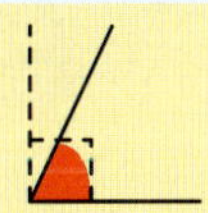

DÉFINITION : Un angle obtus est un angle dont la mesure est comprise entre 90° et 180°.

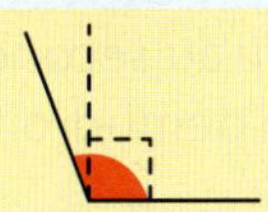

3. Bissectrice d'un angle

DÉFINITION : La bissectrice d'un angle est la demi-droite qui partage cet angle en deux angles de même mesure.

Exemple : L'angle $\widehat{AOB}$ mesure 56°. Sa bissectrice, la demi-droite [OC), le partage en deux angles de 28°.
Les angles $\widehat{AOC}$ et $\widehat{COB}$ obtenus ont le même sommet, un côté commun et sont de part et d'autre de ce côté commun.

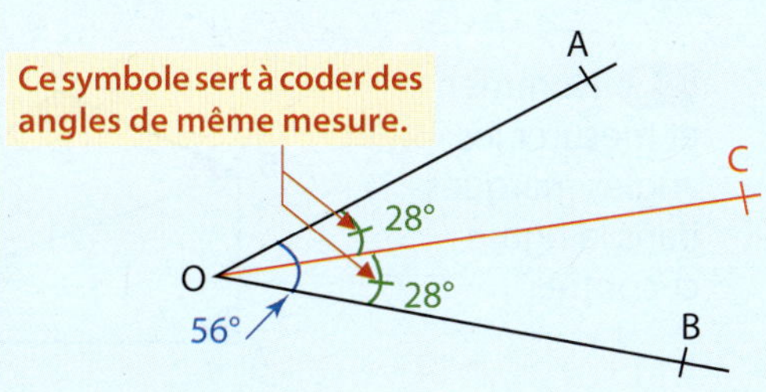

Les mots à retenir

- Angle aigu
- Angle droit
- Angle nul
- Angle obtus
- Angle plat
- Bissectrice
- Degré
- Rapporteur

Voir le Lexique, p. 254

Savoir faire

SAVOIR-FAIRE 1 *Mesurer un angle*

Animation site compagnon

Énoncé : Mesurer l'angle marqué dans le triangle ABC.

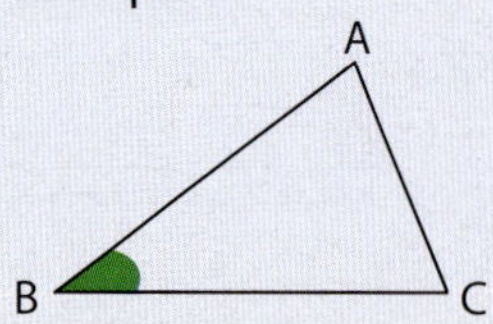

Solution commentée

1. On place le centre du rapporteur sur le sommet B de l'angle $\widehat{ABC}$.

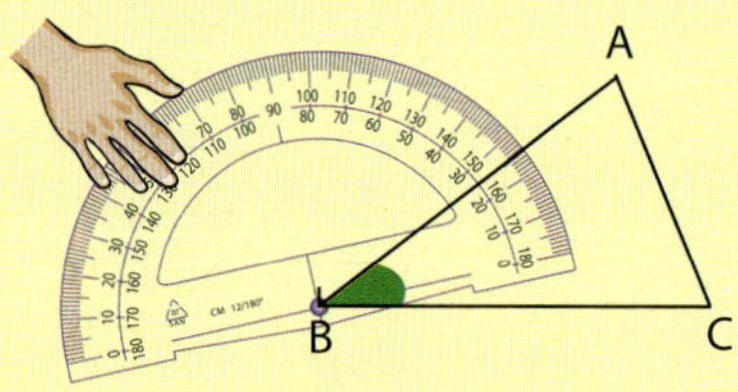

2. Un « zéro » du rapporteur repose sur un côté de l'angle : ici la demi-droite [BC).

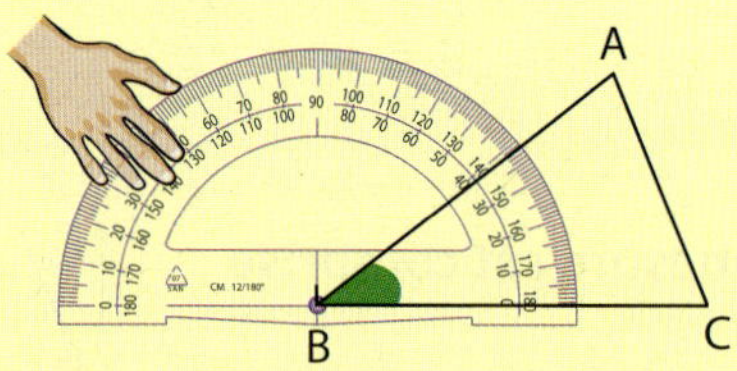

3. On suit la graduation à partir de ce « zéro » jusqu'au second côté de l'angle : ici la demi-droite [BA).

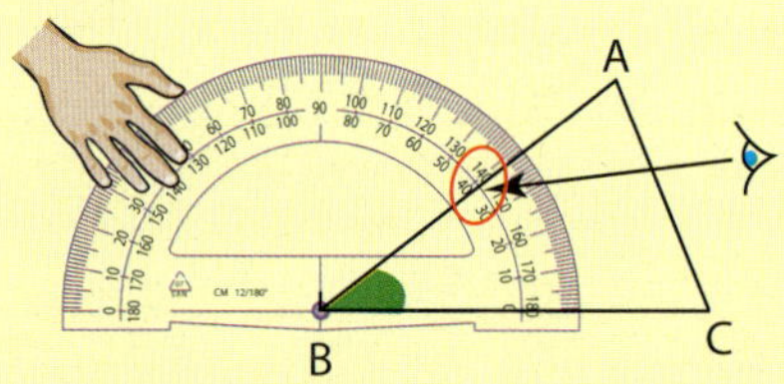

On lit ensuite le résultat sur la graduation où a été choisi le « zéro » : 38.

On écrit donc : $\widehat{ABC} = 38°$.

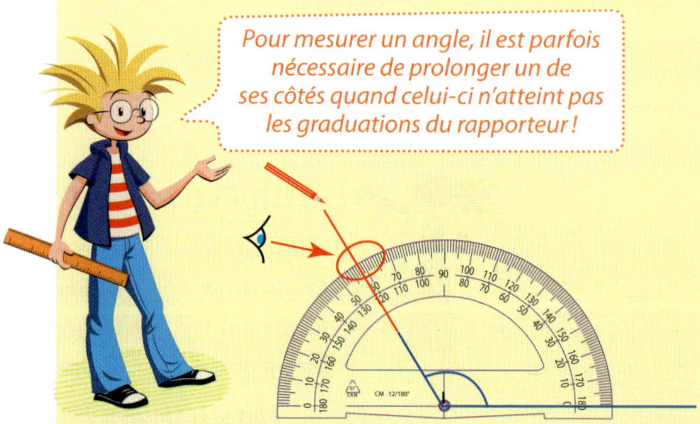

Exercices d'application

1 Mesurer les angles ci-dessous :

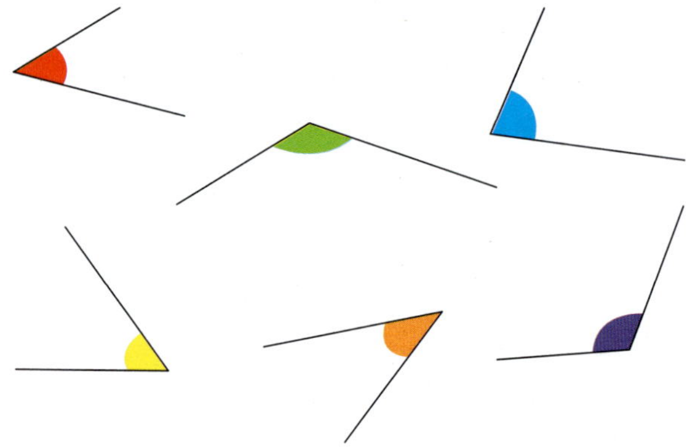

2 Mesurer tous les angles marqués ci-dessous et vérifier que la somme des mesures est égale à 590°.

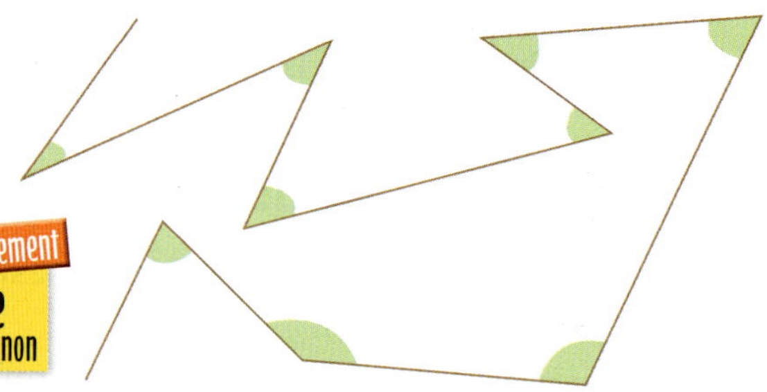

Téléchargement site compagnon

3 **1.** Demander à un camarade de dessiner sur son cahier une ligne brisée semblable à celle de l'exercice **2** et composée de dix segments.
Faire de même sur le cahier du camarade.

2. Mesurer ces angles.

4 **1.** Recopier et compléter :

$\widehat{CAB}$ = … ° ;
$\widehat{CDE}$ = … ° ;
$\widehat{BCA}$ = … ° ;
$\widehat{BCE}$ = … ° ;
$\widehat{E…}$ = 53° ;
$\widehat{…A}$ = 140°.

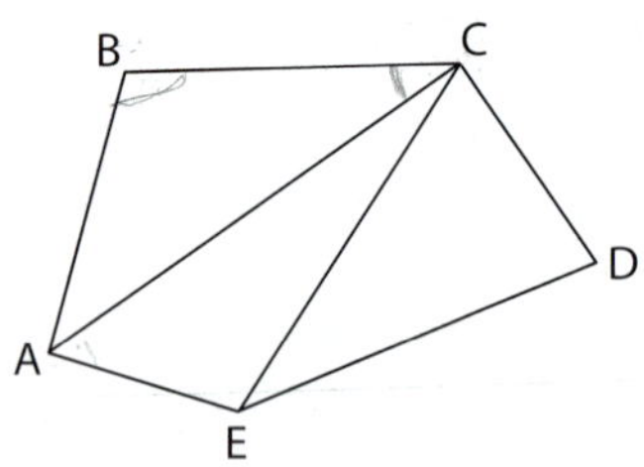

2. Parmi les angles précédents, lesquels sont des angles aigus ?

5 Nommer et mesurer les angles marqués dans la figure ci-contre.

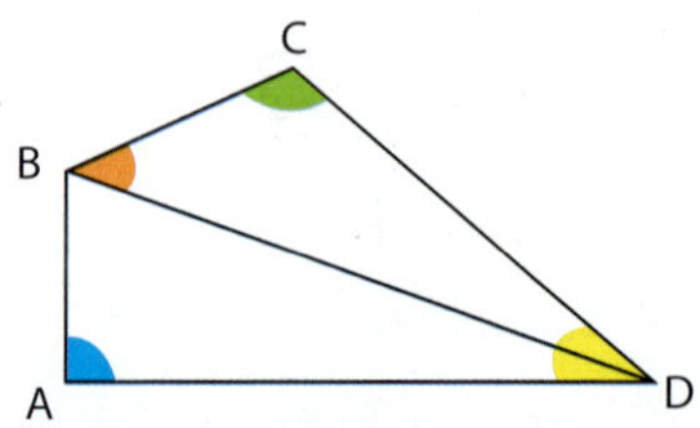

Voir aussi les exercices 23 à 28

SAVOIR-FAIRE 2 *Construire un angle de mesure donnée*

Animation site compagnon

Énoncé : Construire un angle de sommet A et de mesure 52°.

Solution commentée

1. On commence par tracer une demi-droite d'origine A et on place le centre du rapporteur sur le sommet A de l'angle à construire.

2. Un « zéro » du rapporteur repose sur la demi-droite. En suivant la graduation partant de ce « zéro », on arrive à la graduation 52 devant laquelle on fait une petite marque.

3. On relie le sommet A de l'angle à la petite marque. On a ainsi tracé un angle de 52 ° et de sommet A.

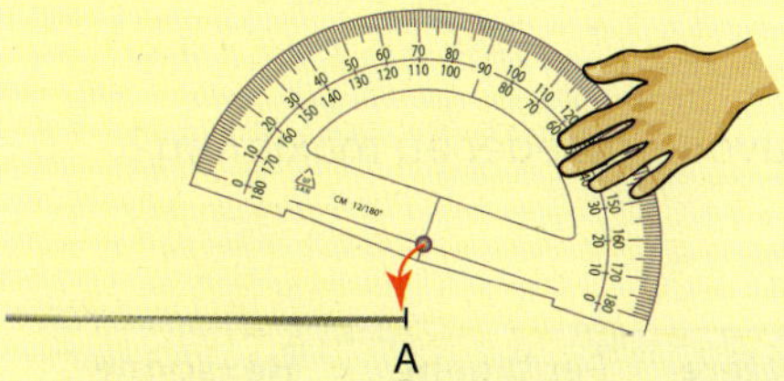

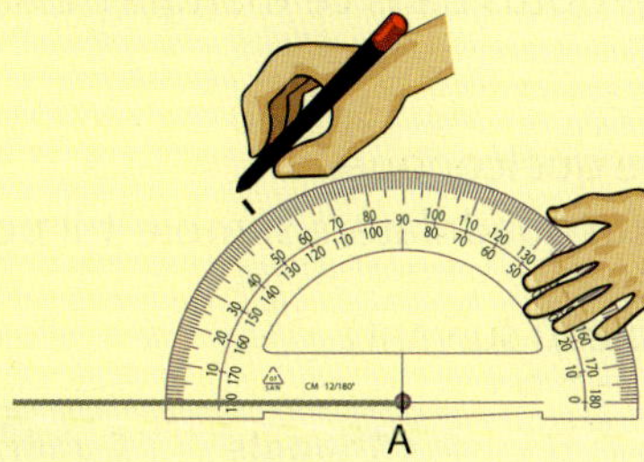

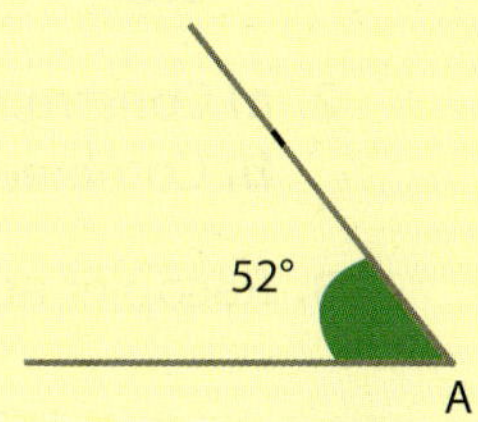

Exercices d'application

6 Tracer six angles de sommets A, B, C, D, E et F et de mesures respectives :
10°, 20°, 30°, 100°, 76° et 123°.

7 Tracer trois angles de sommet A et de mesures 24°, 69° et 159°.

8 Reproduire en vraie grandeur les figures réalisées ci-dessous à main levée :

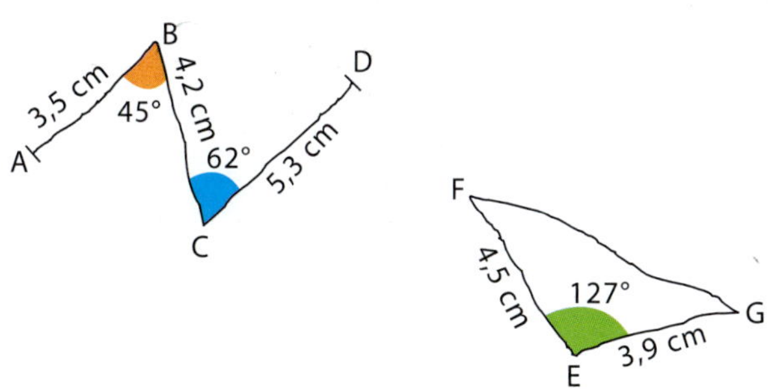

9 Reproduire en vraie grandeur les figures réalisées ci-dessous à main levée :

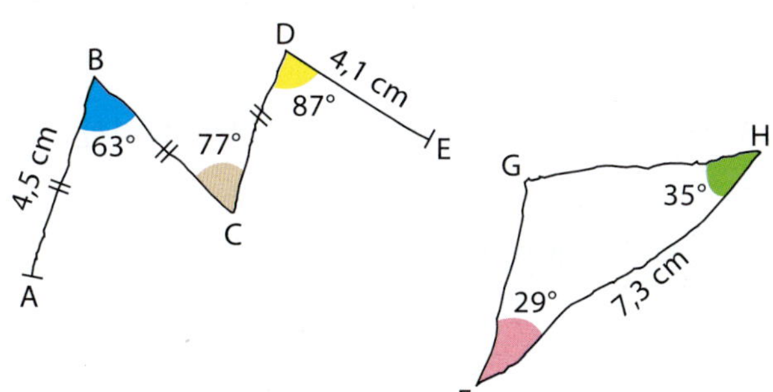

10 Mesurer les angles ci-dessous et les reproduire :

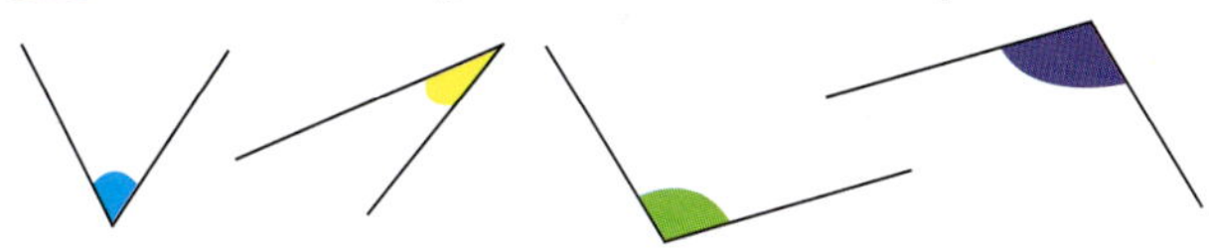

11 **1.** Tracer un angle $\widehat{IJK}$ de mesure 56° tel que JI = 5 cm et JK = 5,6 cm.

2. Tracer un angle $\widehat{MNP}$ de mesure 148° tel que MN = 3,2 cm et NP = 9,6 cm.

3. Tracer un angle plat $\widehat{CDE}$ tel que CD = 8,3 cm et DE = 1,7 cm.

Coup de pouce
Lorsqu'une figure est décrite par un texte, dessine-la tout d'abord à main levée en indiquant toutes les données de l'énoncé.

12 **1.** Tracer un triangle ABC tel que :
$\widehat{ABC}$ = 49°, BC = 6 cm et AB = 5 cm.

2. Tracer un triangle DEF tel que :
$\widehat{EDF}$ = 123°, ED = 5,7 cm et DF = 6,5 cm.

Voir aussi les exercices 29 à 33

Avec un ordinateur

À la fin du manuel, retrouve tes Fiches méthode TICE p. 237 : Tableur, Géométrie

1 ANGLES DANS UN POLYGONE

OBJECTIF : *Conjecturer une propriété de certains polygones.*

1. a) Construire un triangle quelconque. → *Géométrie 7*

b) Déplacer les sommets de ce triangle pour que ce triangle ait un angle obtus.
→ *Géométrie 1*

c) Peut-on avoir deux angles obtus dans ce triangle ? Essayer d'expliquer pourquoi par écrit.

2. a) Construire un quadrilatère quelconque. → *Géométrie 7*

b) Combien d'angles obtus un quadrilatère semble-t-il pouvoir posséder au maximum ?

3. Recopier et compléter le tableau suivant :

	Triangle (3 côtés)	**Quadrilatère (4 côtés)**	**Pentagone (5 côtés)**	**Hexagone (6 côtés)**
Nombre maximal d'angles obtus observés				

4. Que peut-on supposer pour les polygones ayant plus de cinq côtés ? Expliquer.

2 BISSECTRICES

OBJECTIF : *Faire vivre les notions d'angle et de bissectrice en produisant différents schémas à l'aide d'un logiciel de géométrie dynamique.*

1. a) Construire un angle droit $\widehat{ABC}$. → *Géométrie 15*

b) Construire deux demi-droites [BE) et [BD).
→ *Géométrie 5*

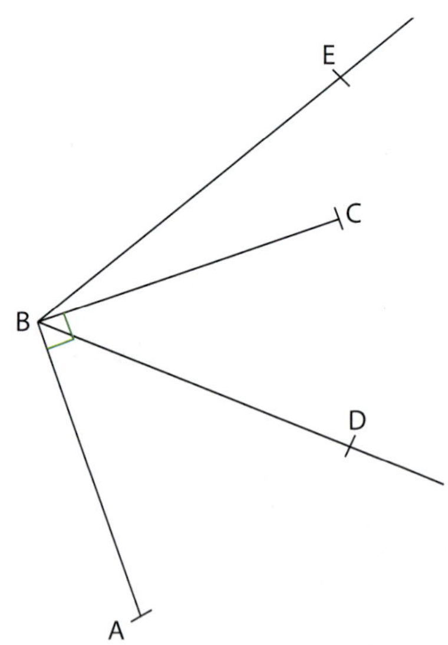

2. Voici plusieurs situations possibles :

Situation 1 : – [BD) est la bissectrice de $\widehat{ABC}$.
– [BE) est la bissectrice de $\widehat{ABD}$.

Situation 2 : – [BE) est la bissectrice de $\widehat{ABC}$.
– [BC) est la bissectrice de $\widehat{EBD}$.

Situation 3 : – $\widehat{EBC}$ est un angle plat.
– [BD) est la bissectrice de $\widehat{EBA}$.

Situation 4 : – [BA) est bissectrice de $\widehat{EBD}$.
– $\widehat{ABD} = 30°$ et $\widehat{EBC} = 60°$.

Réaliser avec le logiciel chacune des quatre situations de façon approximative et compléter ce tableau après l'avoir recopié :

	Situation 1	**Situation 2**	**Situation 3**	**Situation 4**
$\widehat{EBA}$ = …°				
$\widehat{DBC}$ = …°				

3 LA ROUTE INFINIE

OBJECTIF : *Réaliser sur ordinateur une construction originale.*

1. La route

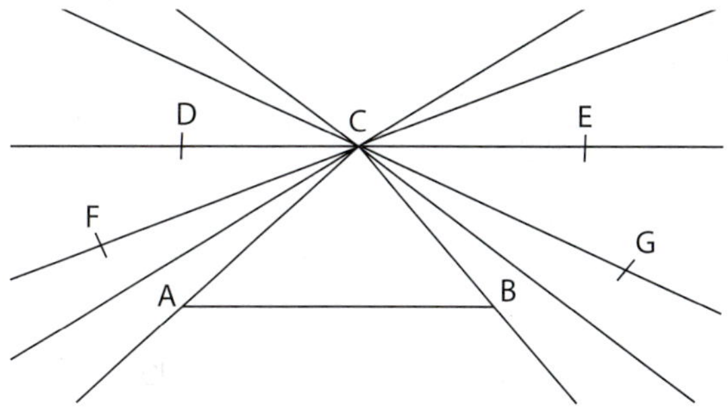

a) Tracer un segment [AB] « horizontal » de longueur 4 et placer un point C « au-dessus » de ce segment. → Géométrie 5

b) Tracer les demi-droites [CA) et [CB). → Géométrie 5

c) Tracer la parallèle à [AB] passant par C sur laquelle on place un point D « à gauche » de C et un point E « à droite » de C. → Géométrie 9

d) Tracer les bissectrices des angles $\widehat{DCA}$ et $\widehat{BCE}$. Sur la première, placer un point F et sur la deuxième, placer un point G. → Géométrie 11

e) Tracer les bissectrices des angles $\widehat{FCA}$ et $\widehat{BCG}$. → Géométrie 11

2. Les arbres

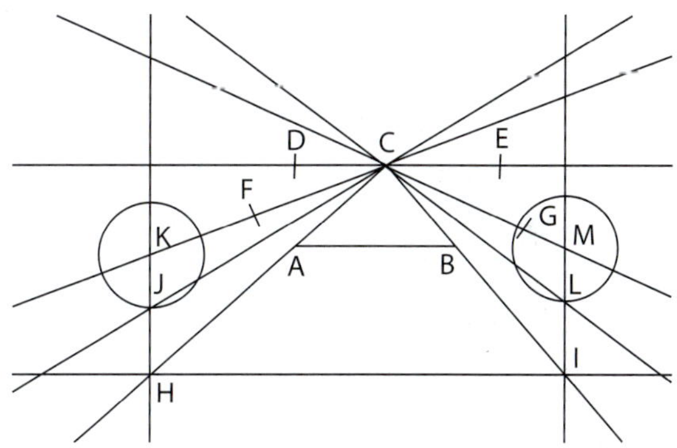

a) Placer un point H sur [CA).

b) Tracer la parallèle à [AB] passant par H. Elle coupe [CB) en I. → Géométrie 9

c) Tracer la perpendiculaire à (HI) passant par H. Elle coupe en K la droite (CF) et en J la bissectrice de l'angle $\widehat{FCA}$. → Géométrie 3 et 8

d) Tracer le cercle de centre K passant par J. → Géométrie 12

e) Tracer le segment [HJ]. → Géométrie 6

f) De la même manière, tracer un cercle et un segment en partant de I.

3. La perspective finale

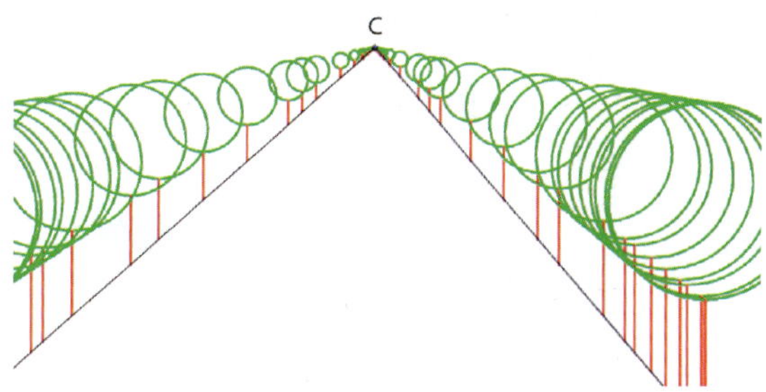

a) Cacher tous les segments, droites et demi-droites sauf [CA), [CB), [HJ] et [IL]. Cacher également tous les points sauf H et C. → Géométrie 21

b) Mettre en vert les deux disques et en brun les deux segments.

c) Activer la trace des disques et des segments. → Géométrie 20

d) Déplacer très rapidement le point H et… bonne route ! → Géométrie 1

4 LA BOÎTE NOIRE DU CHAPITRE

BOITE NOIRE

Une « boîte noire » est un nouvel outil du logiciel permettant de construire une figure selon un mystérieux programme ! Le but de l'activité est de percer ce mystère…
Pour cela, on peut déplacer les objets mais aussi faire toute nouvelle construction qui aide dans la recherche.

Téléchargement site compagnon

1. Télécharger sur le site compagnon le fichier « boite_noire_09 » et l'ouvrir.

2. Placer deux points A et B et appliquer l'outil nommé « boite noire 09 » à ces deux points.

3. Écrire sur le cahier le programme de construction de l'objet apparu.

4. Tester ce programme de construction sur les points A et B.
Vérifier que l'on retrouve la même construction qu'en utilisant la boîte noire.
Est-ce vrai quelles que soient les positions des points A et B ?

Pour s'entraîner

Vocabulaire, notation

13 Recopier et compléter :

- B est le ..... de l'angle ..... .
- Le point D appartient à un ..... de l'angle $\widehat{ABC}$.
- L'angle ..... mesure 41°.

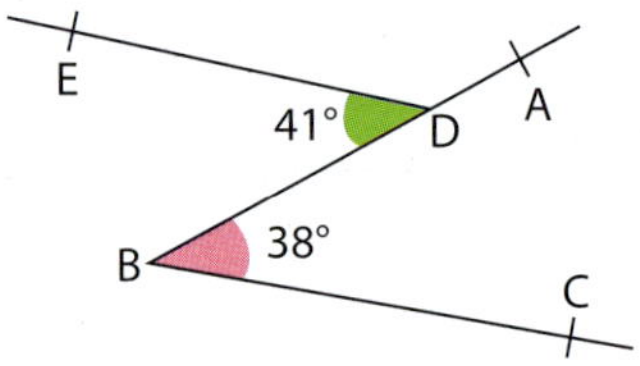

14 Recopier et compléter le tableau en donnant le sommet, les côtés et le nom des angles marqués ci-dessous :

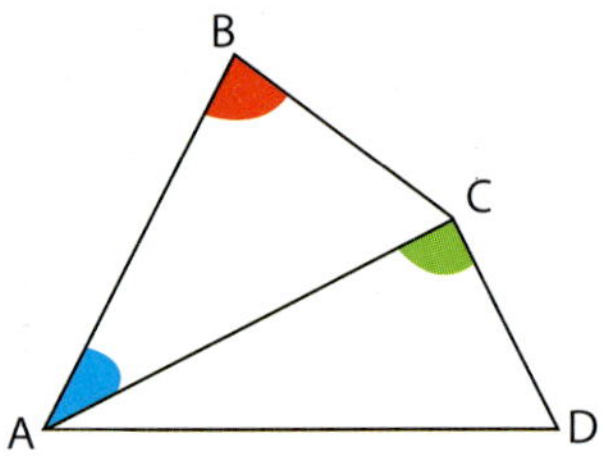

	Sommet	Côtés	Nom
Angle rouge			
Angle vert			
Angle bleu			

15 Dans chacune des figures ci-dessous, nommer les angles marqués :

a)

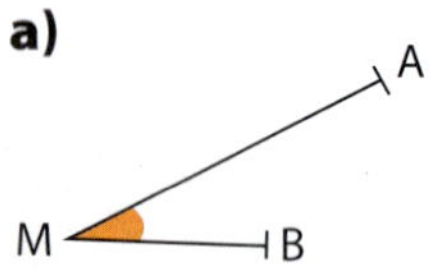

b)

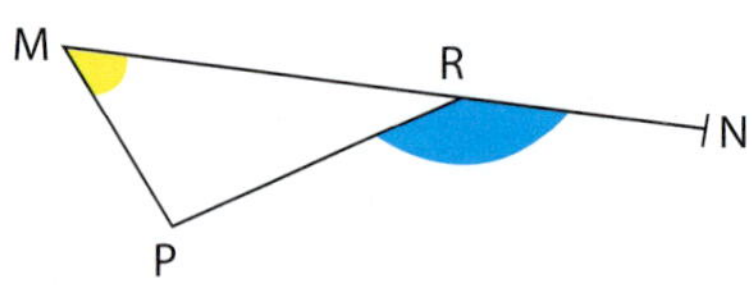

c)

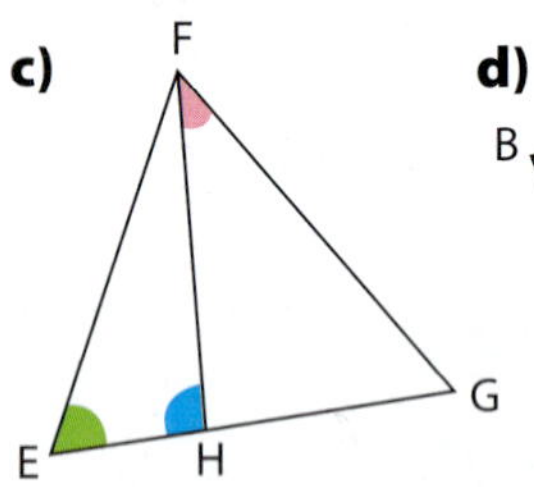

d)

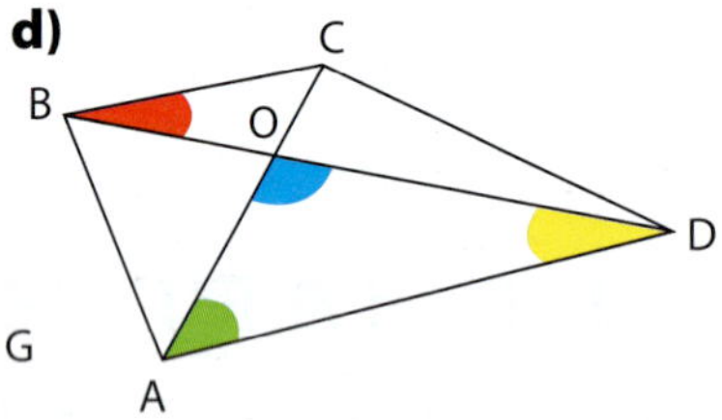

16 Donner au moins trois noms différents à chaque angle marqué sur la figure ci-dessous :

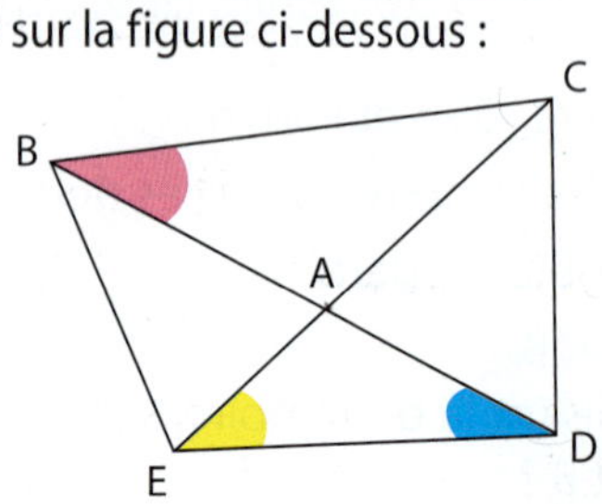

17 **1.** Donner au moins trois noms différents d'un même angle de sommet G.

2. Nommer quatre angles différents de sommet O.

3. Nommer deux angles différents ayant pour côté [EO).

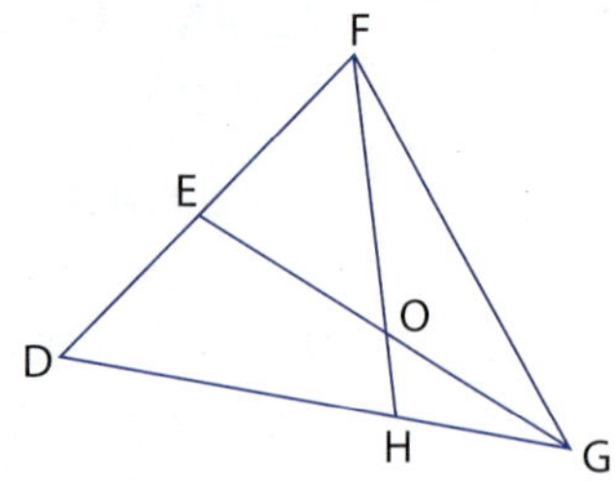

Comparer des angles

18 **1.** Reproduire la figure ci-dessous sur papier calque :

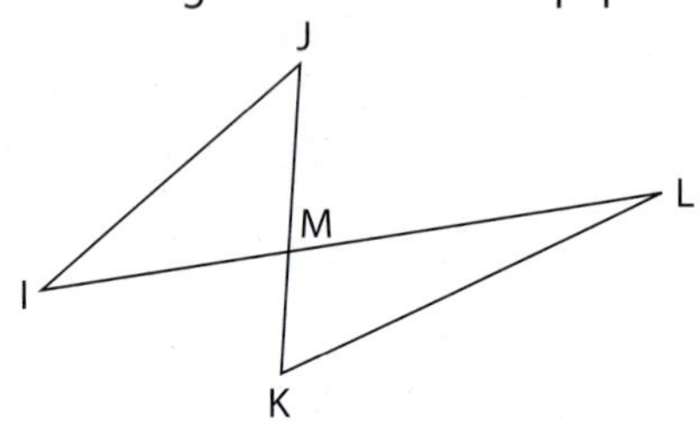

2. Marquer l'angle $\widehat{MIJ}$ en rouge, l'angle $\widehat{JML}$ en vert, l'angle $\widehat{LKJ}$ en bleu et l'angle $\widehat{KJI}$ en noir.
Quelle est la nature de ces angles ?

3. Quelle est la nature des angles $\widehat{JMK}$ et $\widehat{IML}$?

19 Reproduire sur papier calque la figure ci-dessous et marquer les angles $\widehat{BOC}$, $\widehat{CDP}$, $\widehat{CBD}$, $\widehat{AOP}$, $\widehat{PEA}$ et $\widehat{ACP}$:

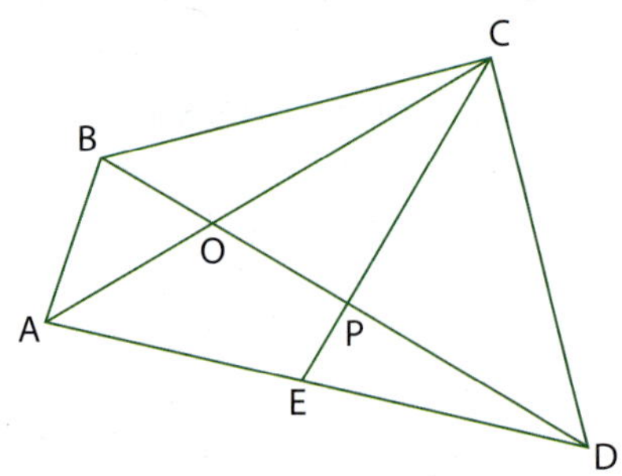

Quels angles marqués sont aigus ? Obtus ?

20 Recopier et compléter le tableau en inscrivant chacun des angles suivants dans la colonne qui convient : $\widehat{EAF}$, $\widehat{HFG}$, $\widehat{BHG}$, $\widehat{ABH}$, $\widehat{HBF}$, $\widehat{BHF}$, $\widehat{EAG}$, $\widehat{GAB}$ et $\widehat{EFB}$.

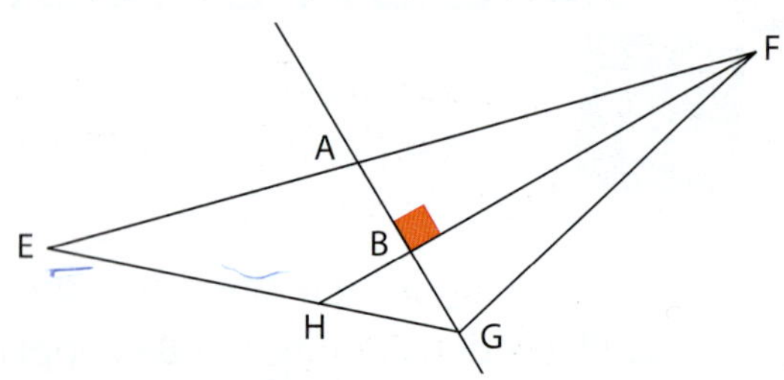

Angles nuls	Angles aigus	Angles droits	Angles obtus	Angles plats

Pour approfon

54 Tir au but

1. Reproduire une figure semblable à celle dessinée c
dessous où (d) est une droite parallèle au segment [AB]
2. Placer trois points M, N et P suffisamment espacés s
la droite (d).
3. Mesurer les angles $\widehat{AMB}$, $\widehat{ANB}$ et $\widehat{APB}$.
4. On considère le rectangle de côté [AB] comme un b
de football et la droite (d) comme une ligne sur laquelle u
joueur peut se placer pour tirer dans le but.
Dans quel cas parle-t-on de « tir à angle fermé » ?

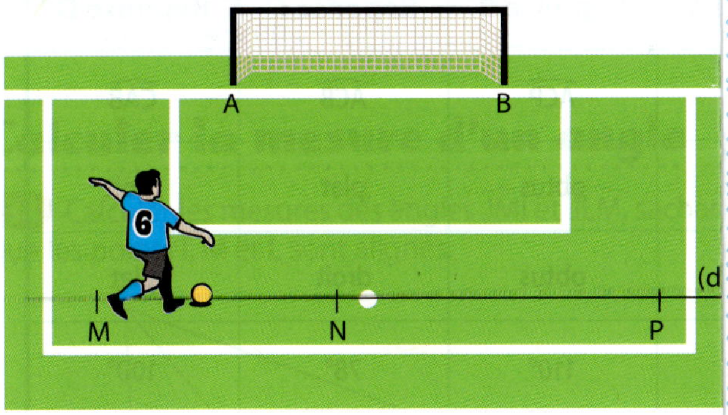

55 Quelle heure est-il ? 180° ?

1. Après avoir recopié le tableau, ranger dans chaqu
colonne les heures ci-dessous suivant l'angle représent
par les aiguilles d'une montre.
Lorsqu'il est 6h00 par exemple, les aiguilles d'une mont
forment un angle plat.

3h00 4h00 2h00 5h15
6h55 2h35 12h00

Angle nul	Angle aigu	Angle droit	Angle obtus	Angle plat
				6h00

2. **a)** Quelle heure pourrait-il être lorsque les aiguilles fo
ment un angle de 30° ?
b) Même question avec un angle de 150°.

56 Construire en vraie grandeur les figures dessinée
ci-dessous à main levée. Les points A, C et E sont alignés.

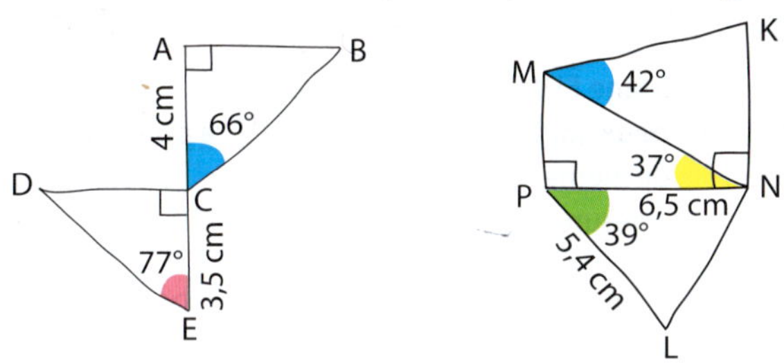

57 Construire un losange ABCD tel que AB = 5,9 cm e
$\widehat{BAD}$ = 42°.

5. Construire la bissectrice [OE) de l'angle $\widehat{AOD}$.
Si la construction est précise, la mesure en degrés de l'angle $\widehat{AOE}$ est égale au nombre choisi au départ.

67 1. Tracer un cercle de centre O.
2. Tracer quatre rayons différents de ce cercle.
3. Mesurer les quatre angles adjacents de sommet O ainsi tracés (voir exercice 65).
4. Calculer la somme de ces quatre angles.

68 Statistiques

THÈME DE CONVERGENCE

Le diagramme circulaire ci-dessous représente la répartition des *ménages** en France en 2005 en fonction de leur taille. Il nous apprend par exemple qu'en 2005, la France comptait 7 171 000 ménages de trois ou quatre personnes.
Calculer le nombre de ménages correspondant aux autres parts du diagramme.

En savoir plus
site compagnon

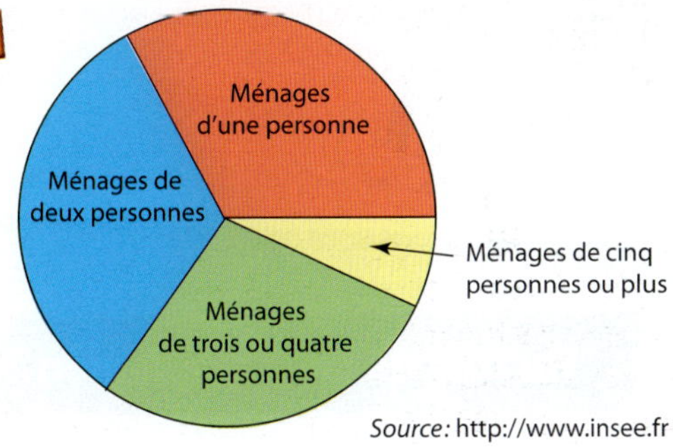

Source : http://www.insee.fr

**Ménage* : Personnes partageant la même habitation.*

69 Le défi

Peux-tu donner la mesure réelle des angles marqués dans ce parallélépipède ?

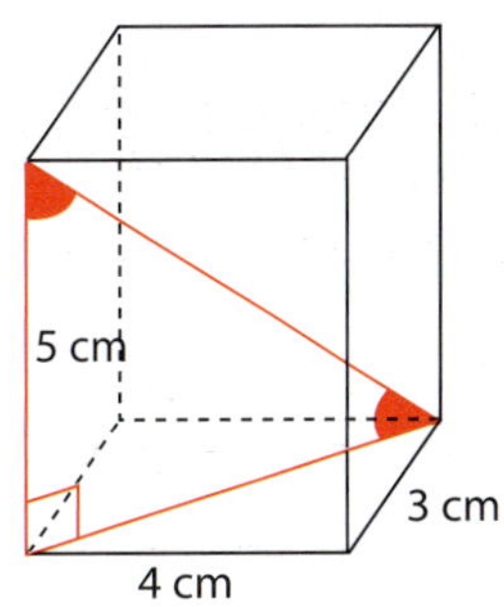

70 L'énigme

Je suis un rectangle dont les diagonales forment deux angles de 100°.
Quelle est la mesure des deux autres angles formés par mes diagonales ?

Devoir à la maison

1 **1.** Dessiner avec précision la figure ci-contre sachant que le triangle ABC est un triangle équilatéral de côté 10 cm.

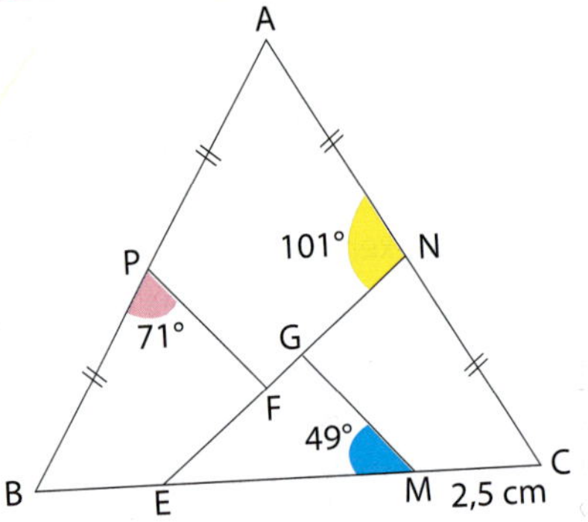

2. Rédiger un programme de construction de cette figure.

3. Découper les quatre pièces composant la figure pour reconstituer un carré à coller sur la copie.

Ce puzzle « deux en un » porte un nom : la dissection de Dudeney.

Animation site compagnon

2 **1.** Construire un triangle AIB tel que AB = 6 cm, $\widehat{BAI} = 40°$ et $\widehat{ABI} = 50°$.

2. Les bissectrices de $\widehat{BAI}$ et de $\widehat{ABI}$ se coupent en M.
Construire le point C tel que :
– la demi-droite [AI) soit la bissectrice de l'angle $\widehat{MAC}$;
– la demi-droite [BI) soit la bissectrice de l'angle $\widehat{MBC}$.
Les angles $\widehat{BAC}$ et $\widehat{ABC}$ sont ainsi partagés en trois angles de même mesure.

3. Faire de même pour l'angle $\widehat{ACB}$ en construisant deux demi-droites ; l'une coupe [AI] en N et l'autre coupe [BI] en P.

4. En 1898, Franck Morley a prouvé que dans tout triangle, les demi-droites qui partagent ses angles en trois angles de même mesure se coupent pour former un triangle équilatéral.
Cette propriété porte aujourd'hui le nom de théorème de Morley.
Le théorème de Morley semble-t-il être vérifié dans le triangle ABC ?

Du côté du site compagnon

Une ourse dans le ciel

• Une constellation est un ensemble d'étoiles reliées entre elles par une figure géométrique imaginaire. La plus connue d'entre elles est certainement la Grande Ourse. Son nom vient des Anciens qui voyaient en ce regroupement d'étoiles… une ourse !
Aujourd'hui, les Européens n'en considèrent qu'une partie composée de sept étoiles dont tu peux lire les noms ci-dessous.
Certains disent que la Grande Ourse ressemble à un chariot ou une casserole, qu'en dis-tu ?

Téléchargement site compagnon

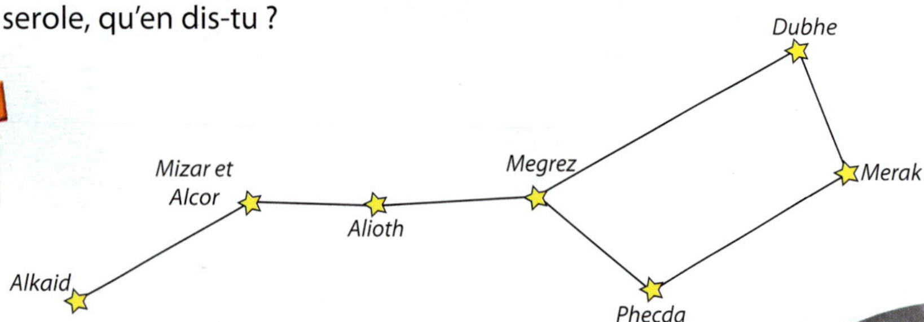

Tu trouveras sur le site compagnon un modèle géométrique qui te permettra de reproduire la Grande Ourse.

• Dans la constellation de la Grande Ourse se trouvent, parmi de nombreux objets célestes, de splendides galaxies qui abritent des poussières, des gaz mais surtout des milliards d'étoiles. Nous nous trouvons dans l'une de ces galaxies, la Voie lactée.

Si tu veux voir d'autres constellations, rends-toi sur le site compagnon !

Chapitre 10

Symétrie axiale

À Valence, en Espagne, on peut parfois voir une symétrie parfaite du musée des sciences Principe Felipe, conçu par l'architecte Santiago Calavatra, par rapport au plan d'eau qui agit alors comme un miroir.

Je vais apprendre à...

- Construire le symétrique d'un point et d'une figure par rapport à un axe ► *Exercices 11 à 25*
- Compléter le symétrique d'une figure ou compléter une figure possédant un axe de symétrie ► *Exercices 26 à 32*
- Connaître et utiliser les propriétés de la symétrie axiale ► *Exercices 33 à 35*
- Utiliser la propriété des points de la médiatrice d'un segment ou de la bissectrice d'un angle ► *Exercices 36 à 41*

Activités

Après ce QCM, tu peux continuer tes révisions sur le **site compagnon**

Pour revoir

Pour chaque question, trouve la ou les bonnes réponses.

	Questions	Réponse A	Réponse B	Réponse C
1	Deux droites perpendiculaires sont :	deux droites qui se coupent en un point	deux droites qui ne se coupent jamais	deux droites qui se coupent en formant un angle droit
2	Quelle lettre admet un axe de symétrie ?	**P**	**A**	**L**
3	Dans quel cas a-t-on tracé le symétrique de la lettre F par rapport à la droite rouge ?	**F │ ꟻ**	**F │ F**	**F │ Ⅎ**
4	Quelle lettre admet exactement deux axes de symétrie ?	**M**	**O**	**H**
5	Quel prénom admet un axe de symétrie ?	**HANNAH**	**FANFAN**	**OTTO**

ACTIVITÉ

1. Approche expérimentale

1. a) Décalquer le dessin ci-contre puis plier le calque selon la droite (d).
Décalquer ensuite par transparence la fleur dessinée sur le calque.

b) Que peut-on dire du dessin ainsi obtenu ?

c) Quel rôle joue la droite (d) dans ce dessin ?

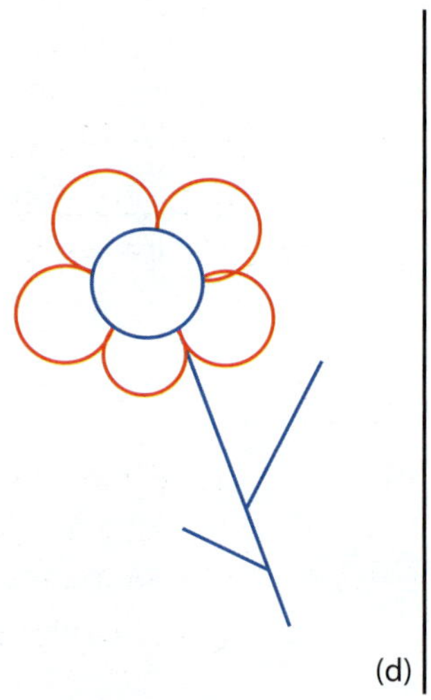

2. a) Construire un quadrilatère quelconque ABCD et tracer à l'extérieur de celui-ci une droite (d) qui passe par le point D. Décalquer cette figure.

b) Plier le calque le long de la droite (d) et tracer le symétrique de ABCD par rapport à la droite (d).

c) On appelle A' le symétrique du point A ; on nomme de la même manière B', C' et D' les symétriques des points B, C et D.

On dit que le point A' est ***le symétrique*** *du point A par rapport à (d).*

d) Que peut-on dire du point D' ?

3. a) Que peut-on dire des segments [AA'], [BB'] et [CC'] ?

b) Que peut-on dire des droites (AA'), (BB') et (CC') par rapport à la droite (d) ?

c) On nomme I le point d'intersection du segment [AA'] et de la droite (d).
Quelle semble être la position du point I sur le segment [AA'] ?

4. Sur une feuille, placer deux points M et N puis tracer une droite (d) passant par N mais pas par M. Tracer les symétriques des points M et N par rapport à la droite (d).

ACTIVITÉ

2. Propriétés de la symétrie axiale

Fiches méthode TICE p.237 — Tableur — Géométrie

Construction d'une figure

Avec un logiciel de géométrie dynamique, faire la construction ci-contre :

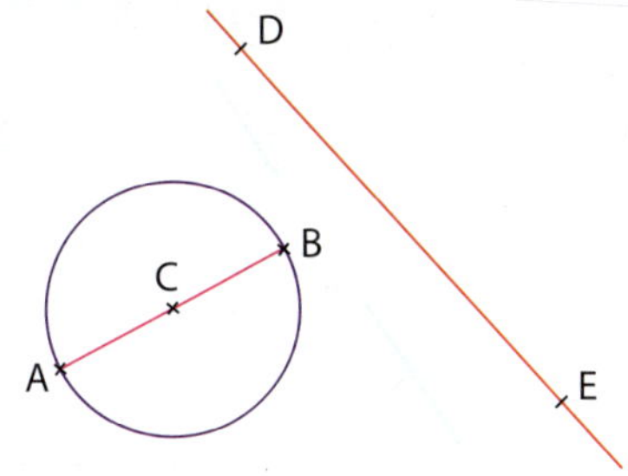

1. Construire un segment [AB]. → *Géométrie 5*

2. Placer le milieu C du segment [AB]. → *Géométrie 4*

3. Construire le cercle de diamètre [AB]. → *Géométrie 12*

4. À l'extérieur du cercle, construire une droite (DE). → *Géométrie 5*

Étude de son symétrique

1. a) Construire le symétrique du segment [AB] par la symétrie d'axe (DE). → *Géométrie 18*
b) Que peut-on penser du segment [AB] et de son symétrique ?
c) Pour renforcer cette conjecture, afficher les longueurs de ces deux segments et déplacer les points A et B. → *Géométrie 16 et 1*
d) Construire le symétrique du point C par la symétrie d'axe (DE). → *Géométrie 18*
e) Que peut-on penser des symétriques de trois points alignés ?

2. a) Construire le symétrique du cercle de diamètre [AB] par la symétrie d'axe (DE). → *Géométrie 18*
b) Que peut-on penser du cercle et de son symétrique ?
c) Déplacer le point C pour qu'il vienne sur la droite (DE). → *Géométrie 1*
Que peut-on dire du cercle et de son symétrique dans ce cas ?

3. a) Placer un point F sur le cercle de diamètre [AB] et construire la demi-droite [AF). → *Géométrie 2 et 5*
b) Construire le symétrique de l'angle $\widehat{BAF}$ par la symétrie d'axe (DE). → *Géométrie 18*
c) Que peut-on penser d'un angle et de son symétrique ?
d) Pour renforcer cette conjecture, afficher la mesure de l'angle $\widehat{BAF}$ et celle de son symétrique puis déplacer les points A, B et F. → *Géométrie 14 et 1*

4. Déplacer les points A, B, D et E qui composent cette figure, en particulier les points D et E afin d'observer les résultats obtenus pour différentes positions de la droite (DE). → *Géométrie 1*

ACTIVITÉ

3. À la même distance…

1. a) Dans un logiciel de géométrie dynamique, construire un segment [AB]. → *Géométrie 5*
b) Placer un point C en dehors du segment [AB]. → *Géométrie 2*
c) Afficher les longueurs AC et BC. → *Géométrie 16*

2. a) En déplaçant le point C, trouver plusieurs positions de ce point pour lesquelles AC = BC. → *Géométrie 1*
b) Activer la trace du point C et déplacer ce point en essayant de conserver l'égalité des longueurs AC et BC. → *Géométrie 20 et 1*
c) Sur quelle droite semblent se trouver les points situés à égale distance de A et de B ?

3. Dans une nouvelle fenêtre du logiciel, nous allons effectuer une construction permettant de vérifier la conjecture faite à la question précédente.
a) Construire un segment [AB]. → *Géométrie 5*
b) Tracer la droite sur laquelle semblent se trouver les points situés à égale distance des points A et B.
c) Placer un point C sur cette droite. → *Géométrie 2*
d) Afficher les longueurs AC et BC. → *Géométrie 16*
e) Déplacer le point C sur la droite. Que constate-t-on ? → *Géométrie 1*

4. a) Sur une feuille de papier blanche, tracer un segment [AB] de longueur 9,5 cm.
b) En utilisant les questions précédentes, comment peut-on tracer sans équerre la médiatrice du segment [AB] ?
c) Effectuer cette construction.

Le cours

Animation site compagnon

1. Figures symétriques

DÉFINITION : Dire que deux figures sont symétriques par rapport à une droite signifie qu'en pliant suivant cette droite, les figures se superposent.

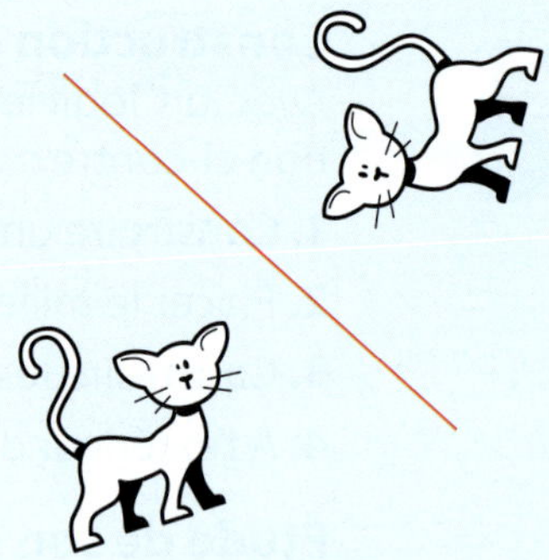

PROPRIÉTÉ : La symétrie axiale conserve l'alignement, les distances, les angles et les aires.

Exemple : Dans le dessin ci-contre, les points T et T′ sont symétriques par rapport à la droite (d).

Il en est de même pour les points G et G′, V et V′, M et M′.

Les deux figures TGV et T′G′V′ sont symétriques par rapport à la droite (d) donc :

– les points T, M et V étant alignés, les points T′, M′ et V′ le sont aussi ;

– les longueurs GV et G′V′ sont égales ;

– les angles $\widehat{GVT}$ et $\widehat{G'V'T'}$ sont de même mesure ;

– les aires des triangles TGV et T′G′V′ sont égales.

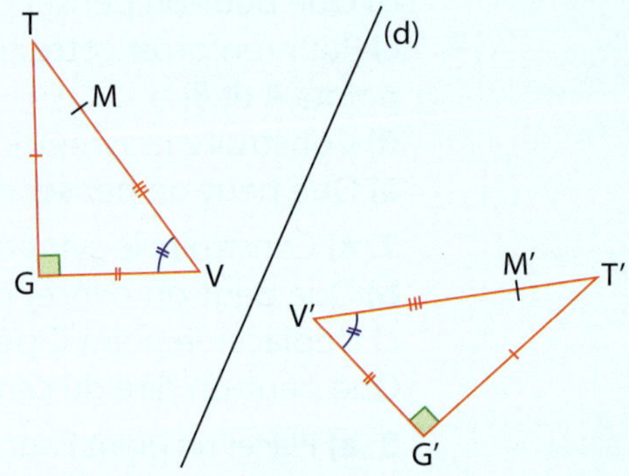

Animation site compagnon

2. Symétrique d'un point

PROPRIÉTÉ : SI deux points distincts sont symétriques par rapport à une droite ALORS cette droite est la médiatrice du segment d'extrémités ces deux points.

Exemple : Les points M et M′ sont symétriques par rapport à la droite (d), donc la droite (d) est la médiatrice du segment [MM′].

– Les droites (d) et (MM′) sont perpendiculaires.

– Le milieu du segment [MM′] appartient à la droite (d).

Cas particulier : Si M est un point de la droite (d), M et M′, son symétrique par rapport à (d), sont confondus.

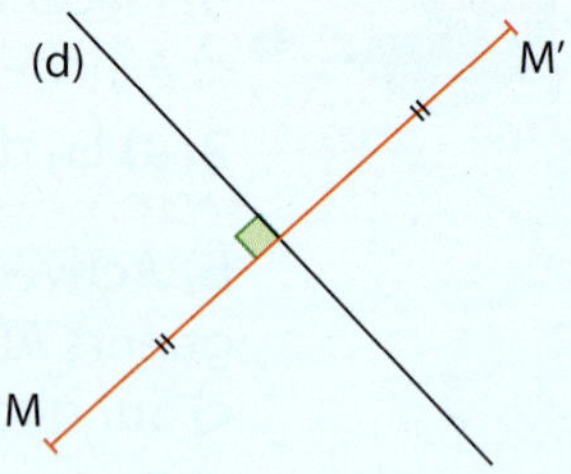

3. Axes de symétrie

DÉFINITION : Dire qu'une droite est un axe de symétrie d'une figure signifie que le symétrique de cette figure par rapport à cette droite est confondu avec la figure.

■ **Exemples :** Le tableau ci-dessous présente les axes de symétrie, quand ils existent, de quelques figures usuelles.

Un triangle quelconque	Un triangle isocèle	Un rectangle	Un cercle
 Un triangle quelconque n'a **aucun axe de symétrie**.	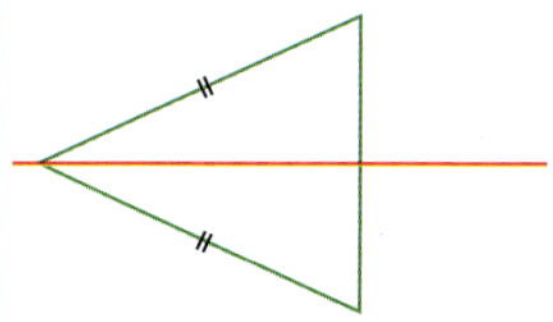 Un triangle isocèle a **un axe de symétrie**.	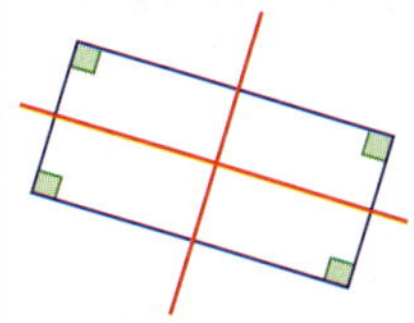 Un rectangle a **deux axes de symétrie**.	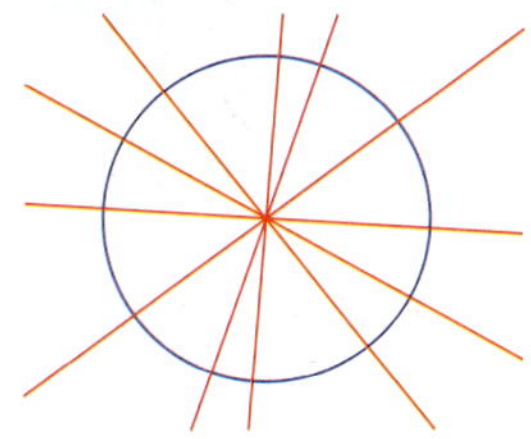 Un cercle a une **infinité d'axes de symétrie**.

4. Axes de symétrie et médiatrice

PROPRIÉTÉ : La médiatrice d'un segment est un axe de symétrie de ce segment.

PROPRIÉTÉ : SI un point appartient à la médiatrice d'un segment ALORS il est à égale distance des extrémités de ce segment.

■ **Exemple :** Le point L appartient à la médiatrice du segment [JK] donc LJ = LK.

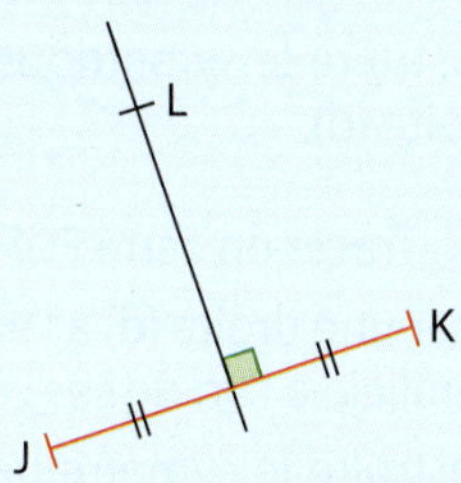

Le point L est **équidistant** des points J et K.

PROPRIÉTÉ : SI un point est à égale distance des extrémités d'un segment ALORS il appartient à la médiatrice de ce segment.

■ **Exemple :** Dans ce triangle, PM = PN donc P appartient à la médiatrice du segment [MN].

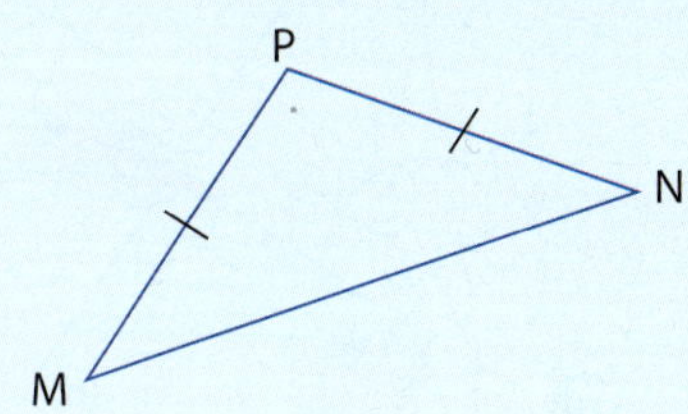

5. Axes de symétrie et bissectrice

PROPRIÉTÉ : La bissectrice d'un angle est l'axe de symétrie de cet angle.

■ **Exemple :** Dans la figure ci-dessous, la demi-droite [OC) est la bissectrice de l'angle $\widehat{AOB}$.

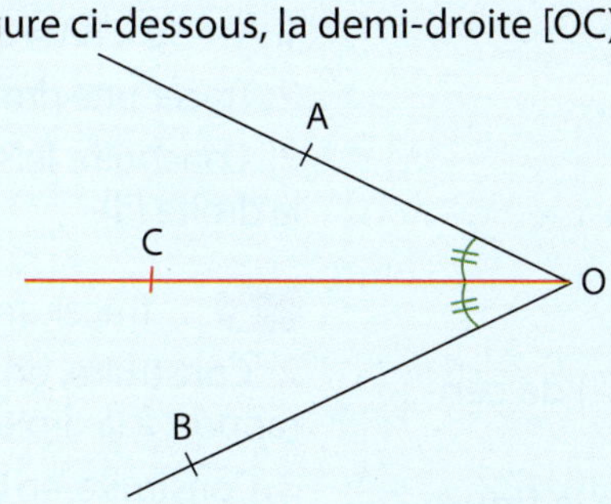

La droite (OC) est l'**axe de symétrie** de l'angle $\widehat{AOB}$.

Les mots à retenir

- **Axe de symétrie**
- **Équidistant**
- **Symétrie axiale**
- **Symétrique**

Voir le Lexique, p. 254

Savoir faire

SAVOIR-FAIRE 1 *Construire le symétrique d'une figure par rapport à une droite*

Animation site compagnon

Énoncé : Construire le symétrique de la figure constituée du triangle TRI et du cercle ($\mathscr{C}$) de centre M et de rayon IM par rapport à la droite (d).

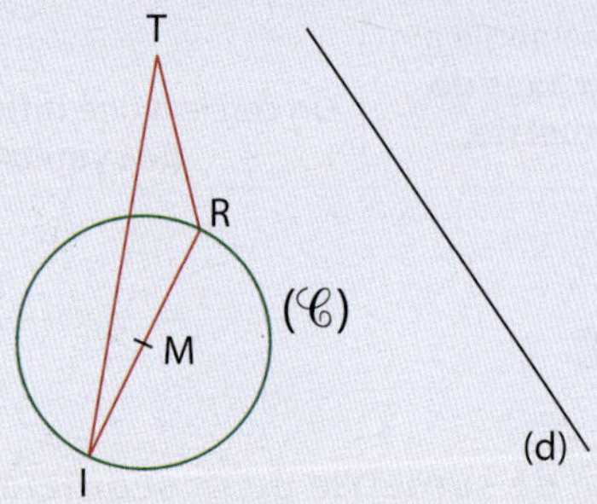

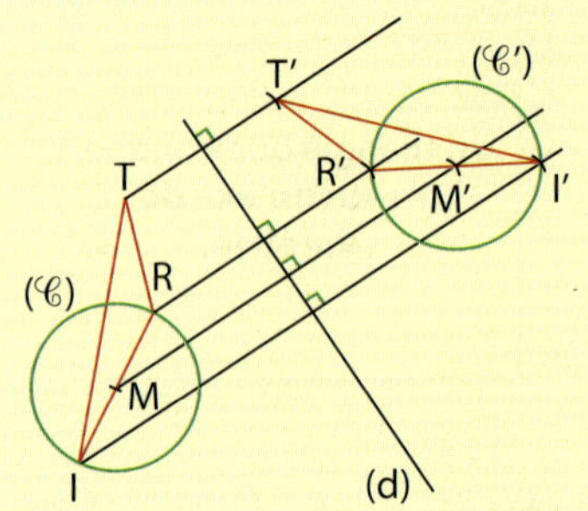

Solution commentée

1. On cherche d'abord à construire les symétriques des points définissant la figure. Ici, ce sont les points T, R, M et I. Pour cela on trace les demi-droites perpendiculaires à (d) d'origines les points T, R, M et I.

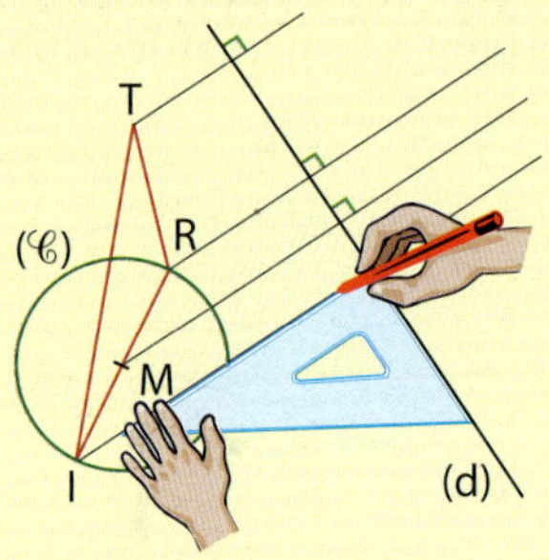

2. Sur chaque demi-droite, on reporte au compas la distance entre la droite (d) et le point dont on veut tracer le symétrique.
On obtient les points T', R', M' et I'.

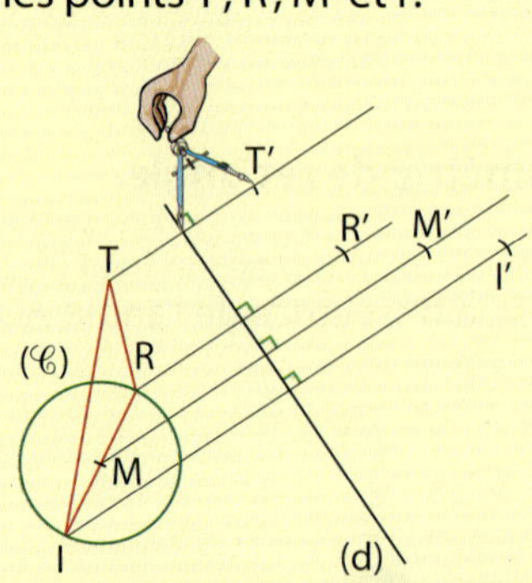

3. On trace le triangle T'R'I' et le cercle ($\mathscr{C}$') de centre M' et de rayon I'M'.
On obtient ainsi la figure symétrique de la figure constituée du triangle TRI et du cercle ($\mathscr{C}$).

Exercices d'application

1 **1.** Tracer un segment [AB].
2. Tracer une droite (d) qui ne coupe pas ce segment.
3. Construire le symétrique [A'B'] du segment [AB] par rapport à la droite (d).

2 **1.** Tracer un triangle CDE quelconque.
2. Tracer une droite (d) à l'extérieur de ce triangle.
3. Construire le symétrique du triangle CDE par rapport à la droite (d).

3 **1.** Tracer un carré FGHI de côté 3 cm.
2. Tracer une droite (d) à l'extérieur de ce carré qui ne soit pas parallèle à l'un de ses côtés.
3. Construire le symétrique du carré FGHI par rapport à la droite (d).

4 **1.** Tracer un triangle AIN tel que AN = 6 cm ; AI = 3,5 cm ; IN = 4,5 cm.
2. Tracer l'axe de symétrie (d) du segment [AN].
3. Construire le symétrique du triangle AIN par rapport à la droite (d).

5 **1.** Tracer un triangle LAI tel que LI = 6,8 cm ; $\widehat{ILA} = 30°$; LA = 5 cm.
2. Tracer une droite (d) à l'extérieur de ce triangle.
3. Construire le symétrique de ce triangle par rapport à la droite (d).

6 **1.** Tracer un triangle TRI quelconque.
2. Construire, en rouge, le symétrique de ce triangle par rapport à la droite (TI).
3. Construire, en bleu, le symétrique de ce triangle par rapport à la droite (RI).

Voir aussi les exercices 11 à 25

SAVOIR-FAIRE 2 *Construire une médiatrice à la règle et au compas*

Animation site compagnon

Énoncé : Tracer la médiatrice du segment [AB] en utilisant une règle et un compas.

Solution commentée

1. On trace deux arcs de cercle centrés en A et B de même rayon (ce rayon doit être plus grand que la moitié de la longueur du segment [AB]).

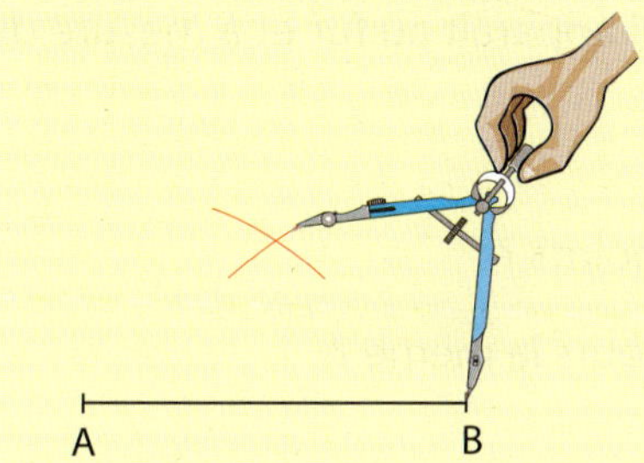

2. On trace deux autres arcs de cercle centrés en A et B de même rayon (ce rayon peut être différent de celui de l'étape 1).

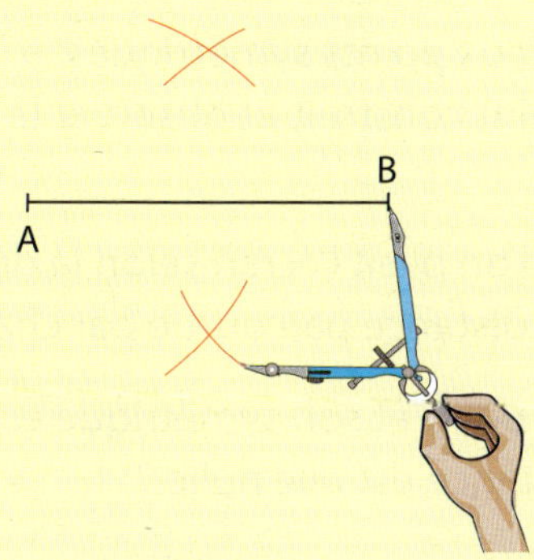

3. On obtient ainsi deux points équidistants de A et B, qui appartiennent donc à la médiatrice de [AB].
En traçant la droite passant par ces deux points, on trace donc la médiatrice du segment [AB].

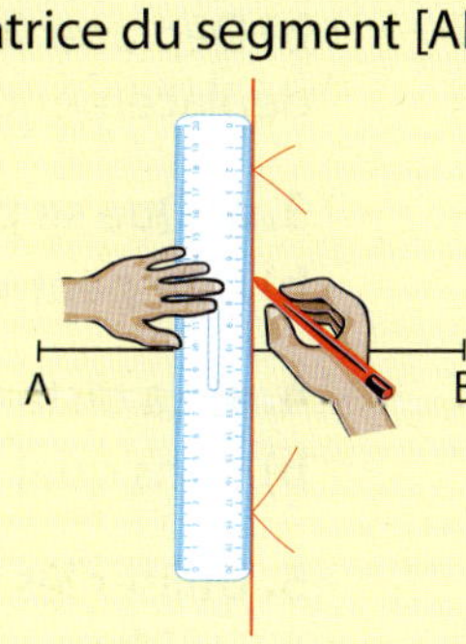

SAVOIR-FAIRE 3 *Construire une bissectrice à la règle et au compas*

Animation site compagnon

Enoncé : Construire la bissectrice de l'angle $\widehat{BAC}$ à l'aide d'une règle et d'un compas.

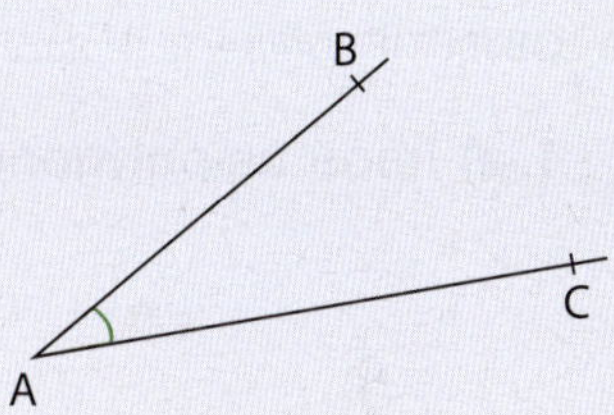

Solution commentée

1. Placer sur les côtés de l'angle $\widehat{BAC}$ deux points à égale distance de A.

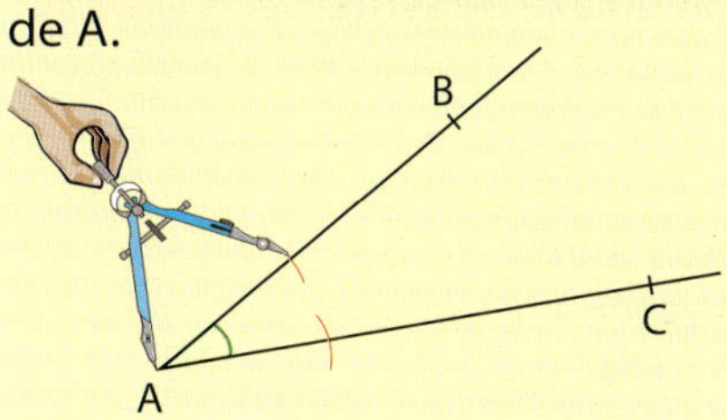

2. Placer un point à égale distance des deux points précédents

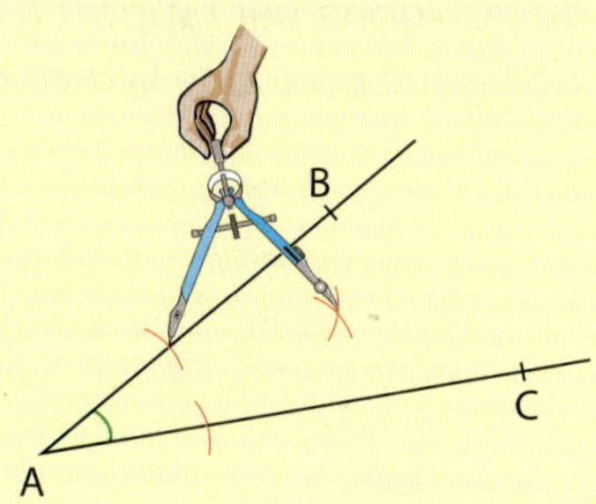

3. Tracer la demi-droite d'origine A passant par le dernier point construit. C'est l'axe de symétrie de l'angle $\widehat{BAC}$, donc sa bissectrice.

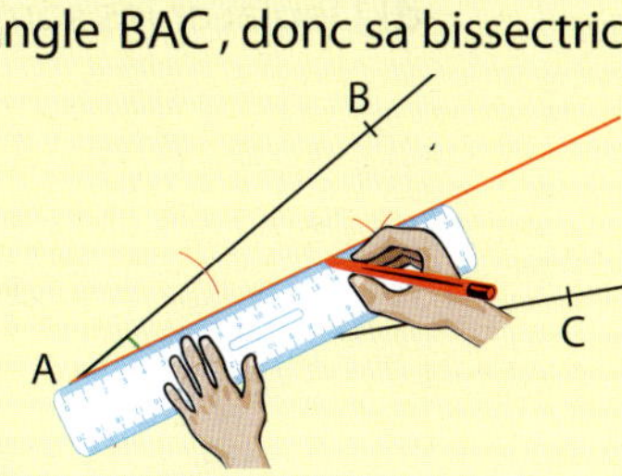

Exercices d'application (SAVOIR-FAIRE 2 et SAVOIR-FAIRE 3)

7 **1.** Tracer un segment [PR] de longueur 6,3 cm.
2. Tracer sans équerre la médiatrice du segment [PR].

8 **1.** Tracer un segment [ML] de longueur 9,7 cm.
2. Tracer sans équerre la médiatrice de ce segment.

9 **1.** Tracer un angle $\widehat{TRE}$ de 64°.
2. Tracer sans rapporteur la bissectrice de l'angle $\widehat{TRE}$.

10 **1.** Tracer un angle $\widehat{BVC}$ de 107°.
2. Tracer sans rapporteur la bissectrice de l'angle $\widehat{BVC}$.

Voir aussi les exercices 36 à 41

Avec un ordinateur

À la fin du manuel, retrouve tes Fiches méthode TICE p.237 Tableur Géométrie

1 DES DESSINS SYMÉTRIQUES

OBJECTIF : *Utiliser la fonction Trace d'un logiciel de géométrie dynamique pour créer des dessins symétriques par rapport à une droite et renforcer la notion de symétrie.*

1. a) Tracer une droite. → *Géométrie 5*

b) Placer un point n'appartenant pas à cette droite. → *Géométrie 2*

c) Construire le symétrique de ce point par rapport à la droite tracée. → *Géométrie 18*

2. a) Activer la trace des deux points symétriques. → *Géométrie 20*

b) Déplacer le premier point construit et observer le dessin qui apparaît au fur et à mesure du déplacement. → *Géométrie 1*

3. a) Que se passerait-il si l'on pliait l'écran selon la droite ?

b) Que peut-on dire de la distance parcourue par chacun des points ?

4. a) La distance entre un point et son symétrique est-elle toujours la même ?

b) Dans quel cas cette distance est-elle nulle ?

5. Utiliser les réponses aux questions précédentes pour dessiner une belle feuille d'arbre.

2 POLYGONES AYANT UN AXE DE SYMÉTRIE

OBJECTIF : *Utiliser le déplacement des objets pour trouver un programme de construction.*

1. a) Tracer un polygone ayant 5 côtés. → *Géométrie 7*

b) Tracer une droite qui passe à l'intérieur du polygone. → *Géométrie 5*

c) Construire le symétrique du polygone par rapport à la droite tracée. → *Géométrie 18*

d) Déplacer les sommets du polygone pour que la droite en soit un axe de symétrie. → *Géométrie 1*

Coup de pouce

Pour que la droite soit un axe de symétrie du polygone, il faut que ce polygone se confonde avec son symétrique par rapport à la droite.

2. a) Déduire des questions précédentes un programme de construction d'un polygone à 5 côtés admettant un axe de symétrie.

b) Tester ce programme de construction dans une nouvelle feuille du logiciel.

3. Reprendre les questions précédentes avec un polygone à 6 côtés, puis à 7 côtés.

4. Écrire un programme de construction d'un polygone admettant un axe de symétrie.

3 UNE FRISE

OBJECTIF : *Réaliser des frises en utilisant la symétrie axiale.*

1. Tracer un segment et le partager en huit segments de même longueur en utilisant uniquement l'outil « Milieu » du logiciel. → *Géométrie 4*

2. Construire neuf droites perpendiculaires à ce segment passant par les points définis à la question précédente. → *Géométrie 8*

3. Construire ensuite deux triangles comme sur le dessin ci-dessous et masquer tous les points de la figure. → *Géométrie 7 et 21*

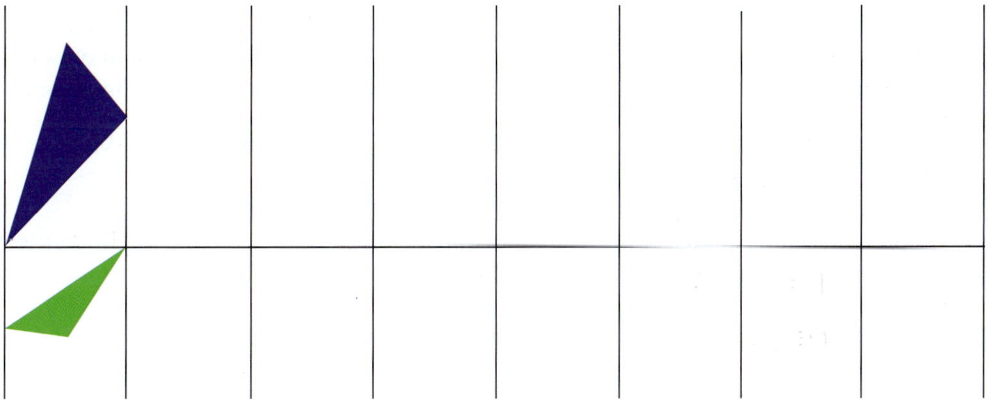

4. Construire une frise en utilisant l'outil « Symétrie axiale » du logiciel. → *Géométrie 18*
On peut masquer si besoin toutes les droites de la figure.

peux construire e autre frise en sant libre cours à n imagination !

4 LA BOÎTE NOIRE DU CHAPITRE

BOITE NOIRE

Une « boîte noire » est un nouvel outil du logiciel permettant de construire une figure selon un mystérieux programme ! Le but de l'activité est de percer ce mystère...
Pour cela, on peut déplacer les objets mais aussi faire toute nouvelle construction qui aide dans la recherche.

Téléchargement site compagnon

1. Télécharger sur le site compagnon le fichier « boite_noire_10 » et l'ouvrir.

2. Placer trois points A, B et C et appliquer l'outil nommé « boite_noire_10 » à ces trois points.

3. Écrire sur le cahier le programme de construction du triangle apparu.

4. Tester ce programme de construction sur les points A, B et C.
Vérifier que l'on retrouve la même construction qu'en utilisant la boîte noire.
Est-ce vrai quelles que soient les positions des points A, B et C ?

Pour s'entraîner

Construire des symétriques

11 Dans chacun des cas ci-dessous, reproduire le dessin à main levée et tracer, toujours à main levée, son symétrique par rapport à la droite (d) :

a)

b)

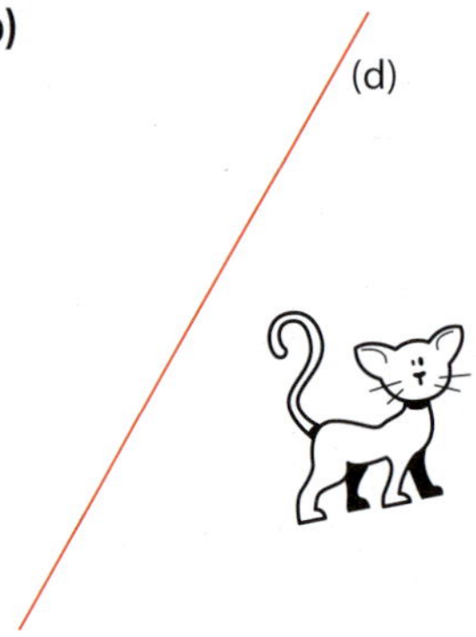

12 **1.** Reproduire la figure ci-dessous en utilisant le quadrillage :

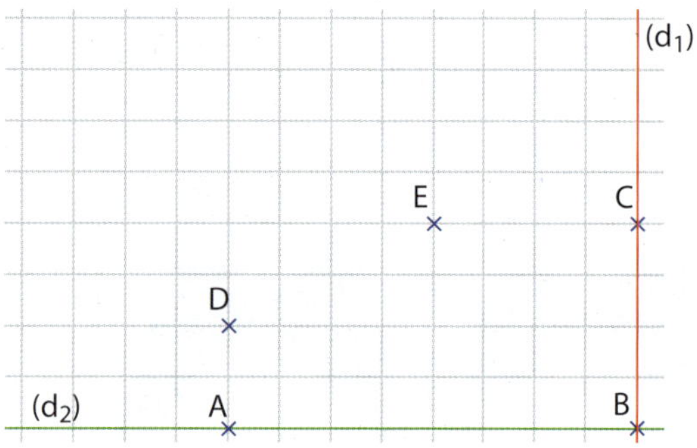

2. Construire les symétriques des points A, B, C, D et E par rapport à la droite (d_1).

3. Construire les symétriques des points A, B, C, D et E par rapport à la droite (d_2).

13 **1.** Reproduire la figure ci-dessous :

Téléchargement site compagnon

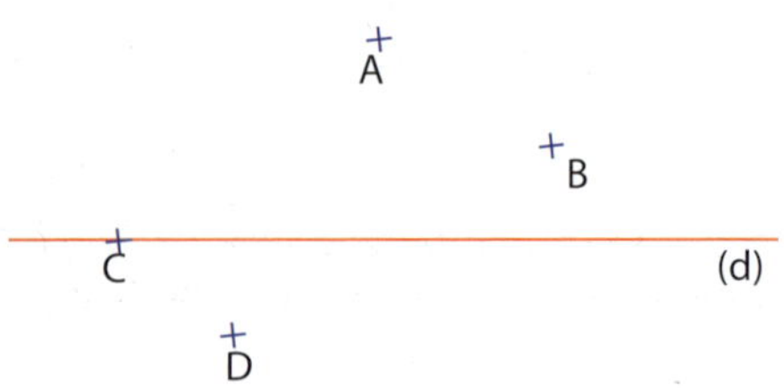

2. Construire les symétriques des points A, B, C et D par rapport à la droite (d).

14 **1.** Sur une feuille, placer deux points A et A'.

2. Tracer la droite (d) telle que les points A et A' soient symétriques par rapport à (d).

15 **1.** Tracer deux droites (d) et (d') perpendiculaires.

2. Placer un point A n'appartenant ni à (d) ni à (d').

3. Construire :

a) le point B, symétrique de A par rapport à (d) ;
b) le point C, symétrique de B par rapport à (d') ;
c) le point D, symétrique de C par rapport à (d) ;
d) le point E, symétrique de D par rapport à (d').
e) Que constate-t-on ?

4. Quelle est la nature du quadrilatère ABCD ?

16 Dans chacun des cas ci-dessous, reproduire la figure sur papier uni et construire le symétrique de l'objet tracé en noir par rapport à la droite (d) tracée en rouge :

a)

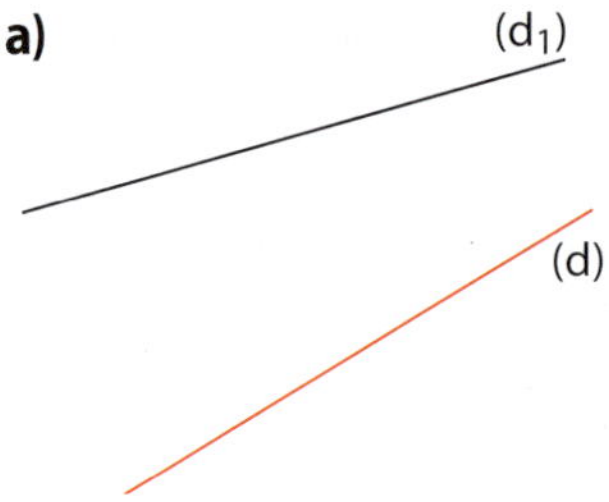

b)

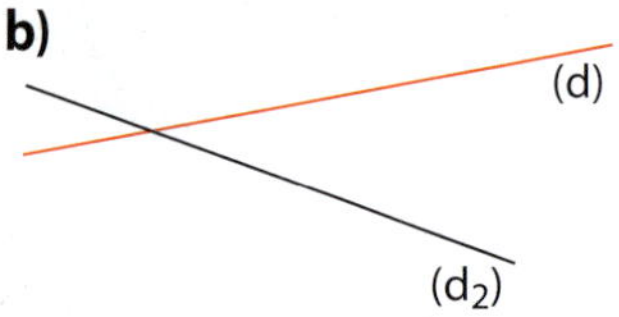

Animation site compagnon

c)

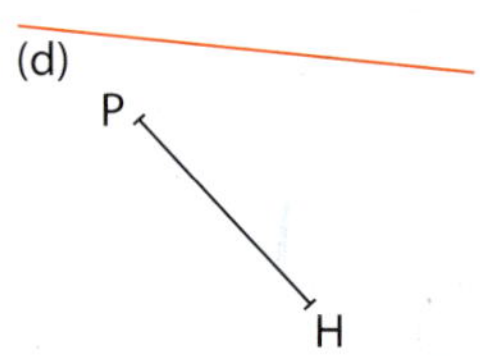

d)

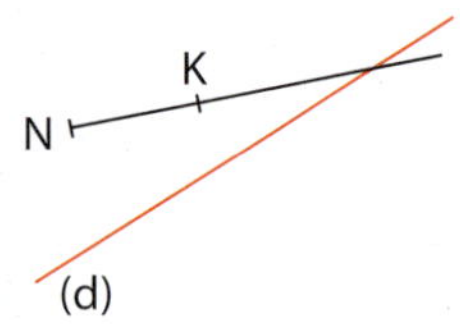

17 **1.** Reproduire la figure en utilisant le quadrillage :

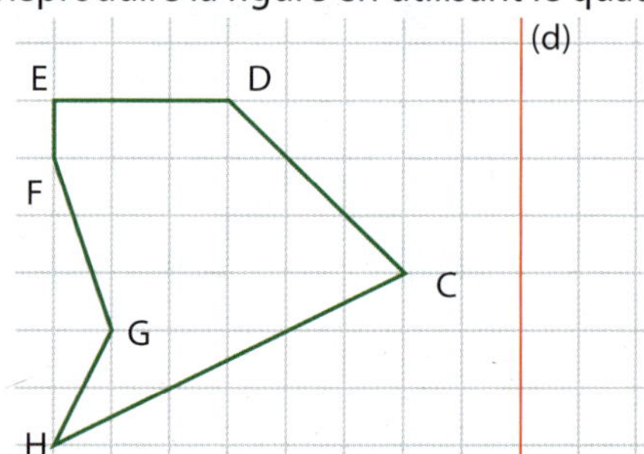

2. Construire la figure symétrique du polygone CDEFGH par rapport à la droite (d).

18 **1.** Reproduire la figure en utilisant le quadrillage :

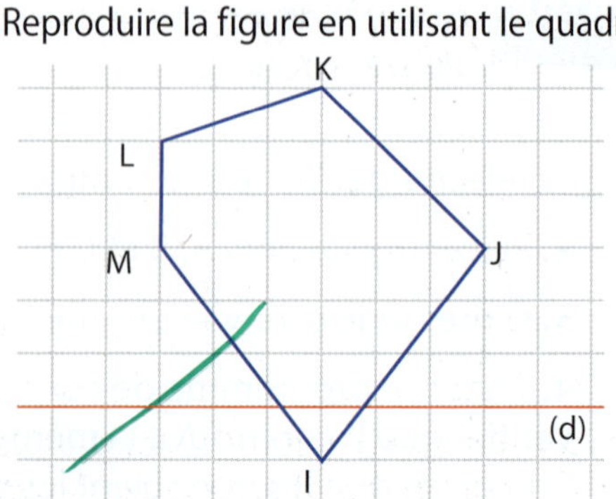

2. Construire le symétrique du polygone IJKLM par rapport à la droite (d).

19 **1.** Tracer un quadrilatère ABCD et une droite (d_1) à l'extérieur de ce quadrilatère ABCD.

2. Construire le symétrique du quadrilatère ABCD par rapport à la droite (d_1).

20 **1.** Tracer un quadrilatère EFGH et une droite (d_2) qui passe à l'intérieur de ce quadrilatère EFGH.

2. Construire le symétrique du quadrilatère EFGH par rapport à la droite (d_2).

21 **1.** Tracer un cercle de centre O et une droite (d) à l'extérieur de celui-ci.

2. Construire le symétrique de ce cercle par rapport à la droite (d).

22 **1. a)** Tracer deux droites sécantes (d_1) et (d_2).

b) Tracer une droite (d) perpendiculaire à la droite (d_1).

2. a) Tracer le symétrique de (d_1) par rapport à (d).

b) Tracer le symétrique de (d_2) par rapport à (d).

23 **1.** Tracer un triangle ABC tel que AB = 6 cm ; BC = 7 cm et AC = 4 cm.

2. Tracer la droite (d) parallèle à (AC) passant par B.

3. Construire le symétrique du triangle ABC par rapport à la droite (d).

24 **1.** Construire un rectangle ABCD tel que AB = 4,5 cm et AD = 2 cm.

2. Construire le symétrique du rectangle ABCD par rapport à la droite (AC).

25 **1.** Construire un carré de 5 cm de côté.

2. Tracer une droite (d) à l'extérieur de ce carré.

3. Construire le symétrique de ce carré par rapport à la droite (d).

Axes de symétrie

26 Décalquer les figures ci-dessous et tracer leur(s) axe(s) de symétrie lorsqu'elles en ont.

Téléchargement site compagnon

a) 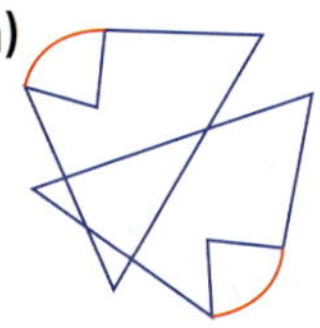

b) 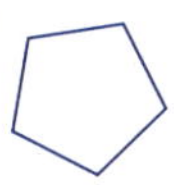

c) 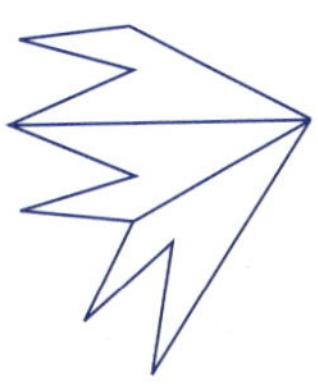

27 Reproduire la figure ci-après et la compléter de façon à ce qu'elle admette la droite (d) comme axe de symétrie.

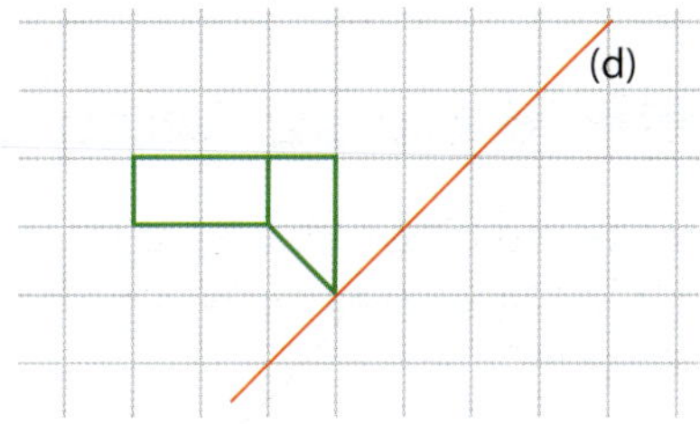

28 **1.** Tracer un triangle équilatéral.

2. Placer les milieux de deux côtés du triangle et tracer la droite (d) passant par ces deux points.

3. Compléter la figure afin qu'elle admette la droite (d) comme axe de symétrie.

29 Dans chacun des cas ci-dessous, recopier et compléter la figure afin qu'elle admette la droite (d) comme axe de symétrie :

a)

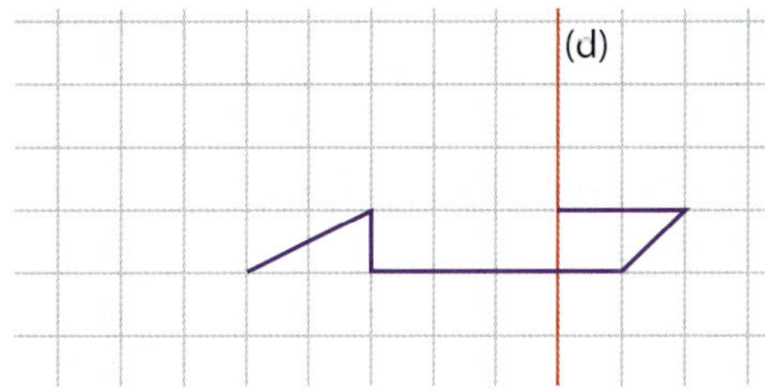

b)

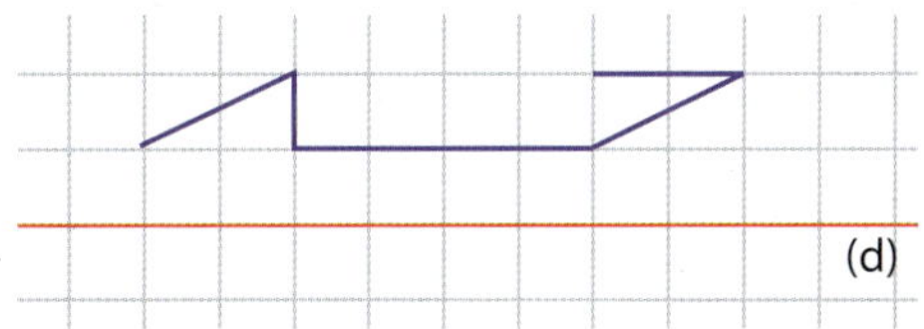

30 **1.** Tracer un rectangle ABCD.

2. Tracer la droite (BD).

3. Compléter la figure pour qu'elle admette la droite (BD) comme axe de symétrie.

31 **1.** Tracer un cercle de rayon 3 cm.

2. Tracer une droite (d) qui coupe le cercle mais ne passe pas par son centre.

3. Compléter la figure pour qu'elle admette la droite (d) comme axe de symétrie.

32 Reproduire la figure ci-dessous et la compléter pour qu'elle admette (d) et (d') comme axes de symétrie :

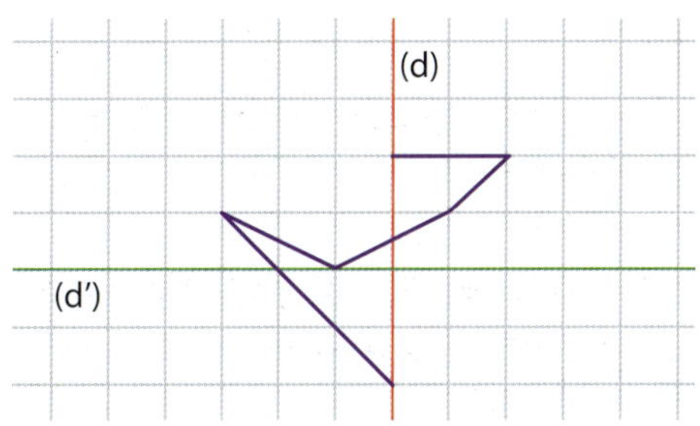

Pour s'entraîner

Propriétés de la symétrie axiale

33 **1.** Tracer deux droites parallèles (d_1) et (d_2).

2. Tracer une droite (d) sécante, mais non perpendiculaire, à ces deux droites.

3. a) Construire les symétriques des droites (d_1) et (d_2) par rapport à la droite (d).
b) Que peut-on dire de ces symétriques ? Comment l'expliquer ?

34 **1.** Tracer un triangle ABC isocèle en A tel que : BC = 4 cm et AB = 5 cm.

2. a) Construire A', le symétrique du point A par rapport à la droite (BC).
b) Construire B', le symétrique du point B par rapport à la droite (AC).
c) Construire C', le symétrique du point C par rapport à la droite (AB).
d) Tracer en rouge le triangle A'B'C'.

35 **1.** Tracer un triangle PKF, rectangle en P, tel que PK = 3,7 cm et PF = 2,3 cm.

2. Construire le point H, symétrique du point P par rapport à la droite (KF).

3. Quelle est l'aire du triangle HKF ? Expliquer.

Médiatrice - Bissectrice

Les exercices 36 à 41 sont à faire sans rapporteur et sans équerre.

36 **1.** Tracer une droite (d) et placer un point A n'appartenant pas à (d).

2. Construire le point A' tel que (d) soit la médiatrice du segment [AA'].

37 **1.** Tracer un triangle PMK isocèle en P.

2. Peut-on tracer la médiatrice du segment [MK] en utilisant uniquement une règle graduée ? Expliquer.

38 **1.** Tracer deux segments [AB] et [BC] perpendiculaires.

2. a) Tracer les médiatrices de ces deux segments.
b) Que peut-on dire de ces deux droites ? Expliquer.

39 **1.** Tracer un segment [FG] de longueur 7 cm.

2. Tracer la médiatrice de [FG].

3. Placer un point T sur cette médiatrice tel que FT = FG.

4. Quel est le périmètre du triangle FTG ? Expliquer.

40 **1.** Tracer un angle quelconque.

2. Sans utiliser le rapporteur, partager cet angle en quatre angles de même mesure. Expliquer la construction.

41 **1.** Tracer un triangle ABC tel que AB = 5,5 cm ; BC = 8 cm et AC = 4 cm.

2. a) Construire, en rouge, la bissectrice de l'angle $\widehat{BAC}$.
b) Construire, en vert, la médiatrice du segment [AB].

Remue-méninges

Les exercices qui suivent sont à faire mentalement

42 La droite (d) est un axe de symétrie de la figure ci-dessous :

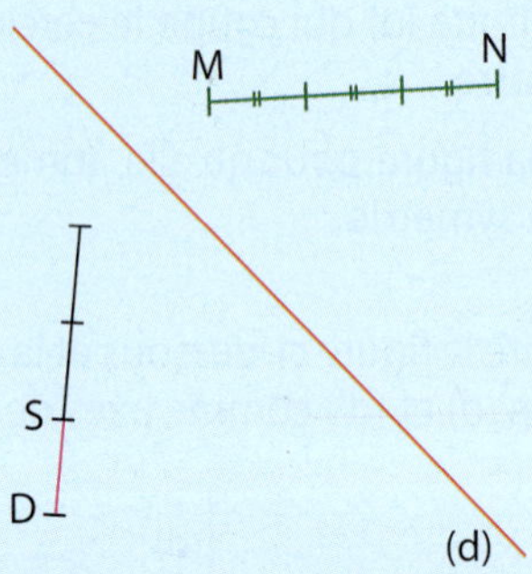

Calculer la longueur du segment [DS] sachant que MN = 4,2 cm.

43 La droite (d) est un axe de symétrie de la figure ci-dessous :

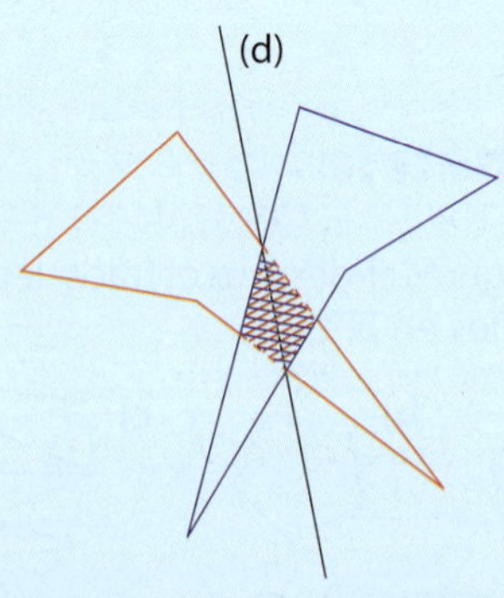

Le polygone rouge a pour aire 12 cm² et la partie commune aux deux quadrilatères (partie hachurée) a pour aire 2,5 cm².
Quelle est l'aire totale de la figure ?

Pour s'évaluer

Pour chaque exercice 44 à 48, trouve la ou les bonnes réponses.

Énoncés	Réponse A	Réponse B	Réponse C	Réponse D
44 Dans quel(s) cas les points A et B sont-ils symétriques par rapport à la droite tracée ?	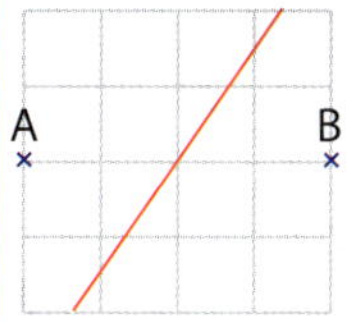	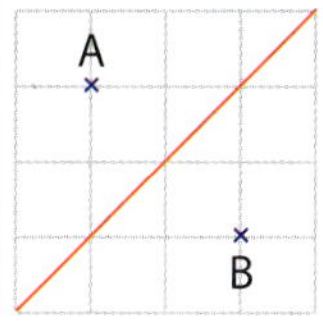	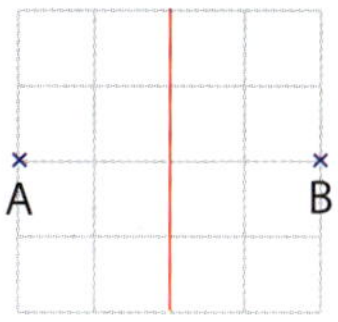	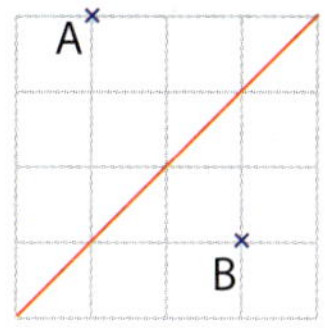
45 Dans quel(s) cas les figures sont-elles symétriques par rapport à la droite tracée ?	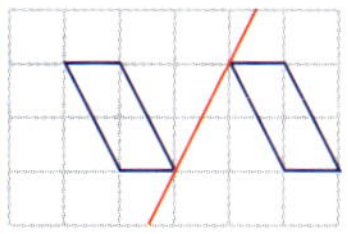	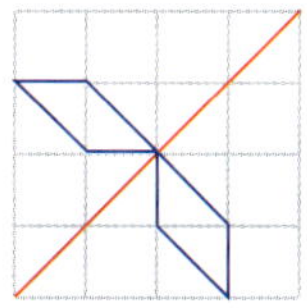	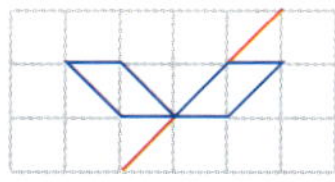	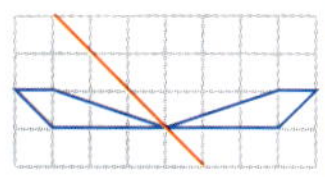
46 Dans quel(s) cas est-on sûr que la droite tracée en rouge est la médiatrice du segment [AB] ?	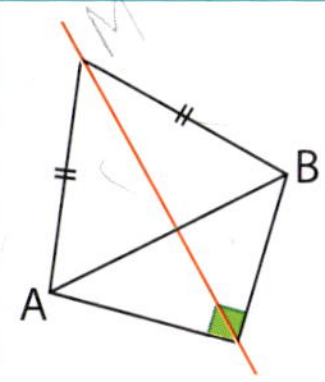	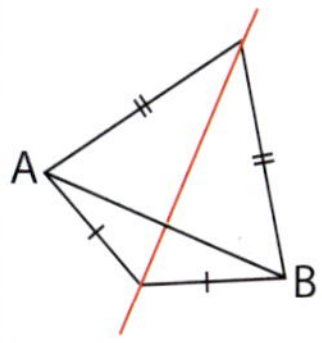	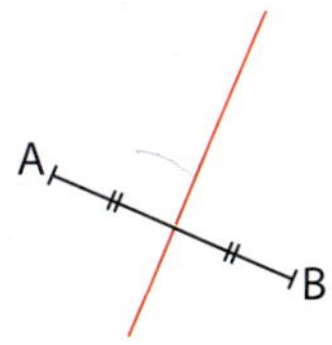	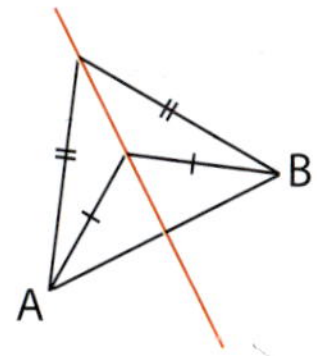
47 Quelle figure admet exactement quatre axes de symétrie ?	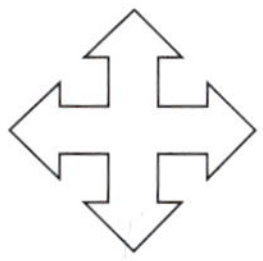		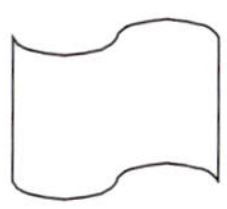	
48 Quelle figure admet une infinité d'axes de symétrie ?	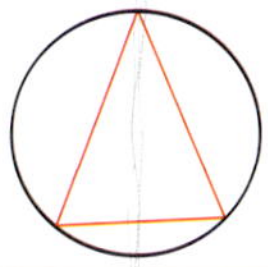	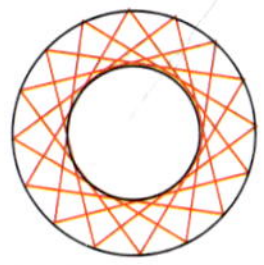	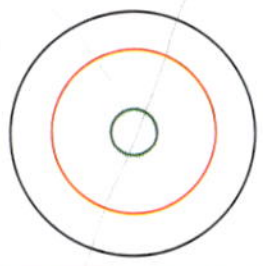	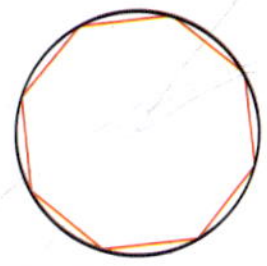

Pour les exercices 49 à 53, trouve la ou les bonnes réponses en utilisant la figure ci-dessous.

Les droites (d) et (d') sont les axes de symétrie de la figure.

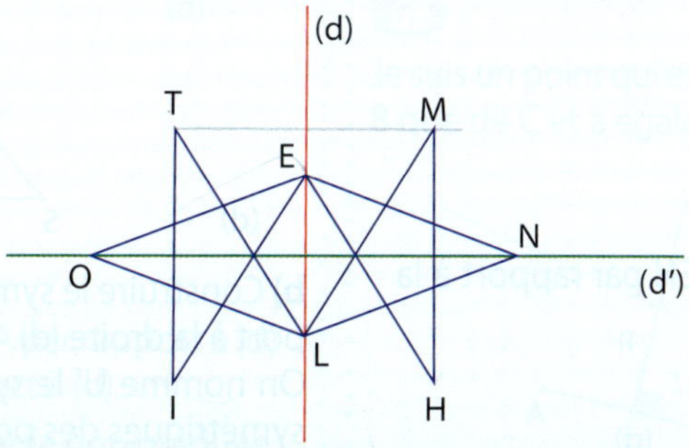

Énoncés	Réponse A	Réponse B	Réponse C	Réponse D
49 Le symétrique du point E par rapport à la droite (d) est le point :	L	M	E	T
50 La droite (d) est la médiatrice du segment :	[TM]	[LM]	[IT]	[ON]
51 Le symétrique du triangle TIL par rapport à la droite (d) est le triangle :	MHE	MHL	MLN	LEN
52 Le symétrique de l'angle $\widehat{EOL}$ par rapport à la droite (d) est l'angle :	$\widehat{NEL}$	$\widehat{LMH}$	$\widehat{ENL}$	$\widehat{MHE}$
53 Le quadrilatère NEOL a :	un axe de symétrie	deux axes de symétrie	trois axes de symétrie	quatre axes de symétrie

Tu peux vérifier tes réponses p. 255 et si tu veux continuer ton entraînement rendez-vous sur le **site compagnon**

Devoir à la maison

1 Laura n'est pas allée au collège aujourd'hui car elle était malade. Son amie Amélie lui téléphone pour lui donner ses devoirs. En mathématiques, leur professeur a donné l'exercice suivant :

Compléter la figure ci-dessous afin que les droites (m) et (AB) soient des axes de symétrie de la figure :

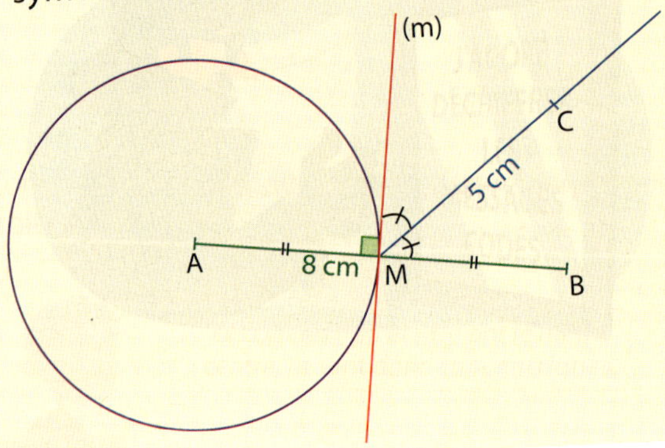

1. Amélie doit décrire la figure à Laura pour que celle-ci puisse faire l'exercice. Elle commence sa description par l'instruction suivante :
« Trace un segment [AB] de 8 cm de longueur ».

Terminer la description d'Amélie.

2. Faire l'exercice donné par le professeur de Laura et Amélie.

2 **1.** Reproduire la figure ci-dessous et construire, en s'aidant du quadrillage, le symétrique du bateau par rapport à la droite tracée.

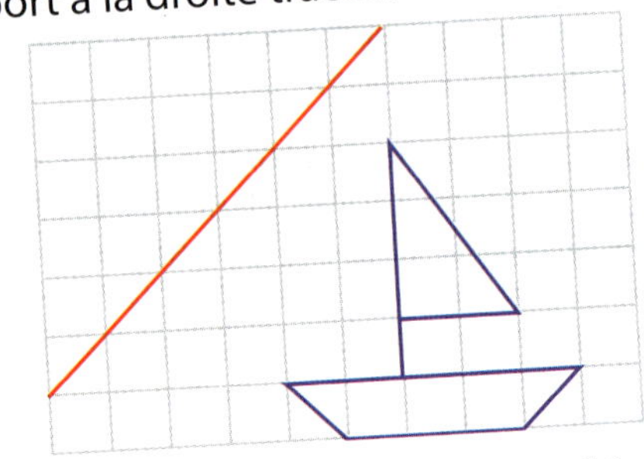

2. Sur une feuille de papier quadrillé, faire une autre figure en remplaçant le bateau par un motif de son choix.

Du côté du site compagnon

Une nature symétrique

Les jardins du château de Villandry, dont tu peux voir une photographie ci-contre, datent de la Renaissance. On trouve dans ces jardins de multiples figures géométriques utilisant la symétrie axiale. Le jardin potager décoratif du château s'inspire des jardins de légumes des abbayes françaises, disposés géométriquement par les moines à partir du Moyen Âge.

Pour en savoir plus sur ce célèbre jardin, rendez-vous sur le site compagnon.

Une symétrie naturelle

Les papillons ont très souvent deux ailes symétriques par rapport à leur corps, c'est un des nombreux mystères de la nature !

site compagnon

Rendez-vous sur le site compagnon pour en savoir plus sur le sujet et pourquoi pas en faire un exposé !

Chapitre

Figures usuelles 11

Les treize livres, « Les éléments », écrits par Euclide 300 ans avant Jésus-Christ, traitent des polygones, des cercles et autres figures géométriques… Ils servent de base à toute la géométrie pendant plus de 2 000 ans.

Je vais apprendre à…

- Construire des triangles et des quadrilatères particuliers ► *Exercices 1 à 12*
- Reproduire et construire des figures complexes. ► *Exercices 18, 19, 22 à 29*
- Appliquer les propriétés relatives aux triangles et aux quadrilatères particuliers ► *Exercices 33 à 37*

Le cours

1. Triangles particuliers

DÉFINITIONS

Animation site compagnon

Un **triangle isocèle** est un triangle qui a deux côtés de même longueur.	Un **triangle équilatéral** est un triangle qui a trois côtés de même longueur.	Un **triangle rectangle** est un triangle qui a deux côtés perpendiculaires.
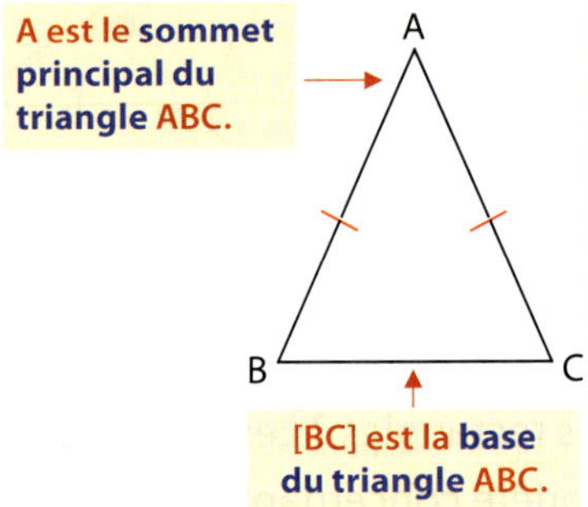	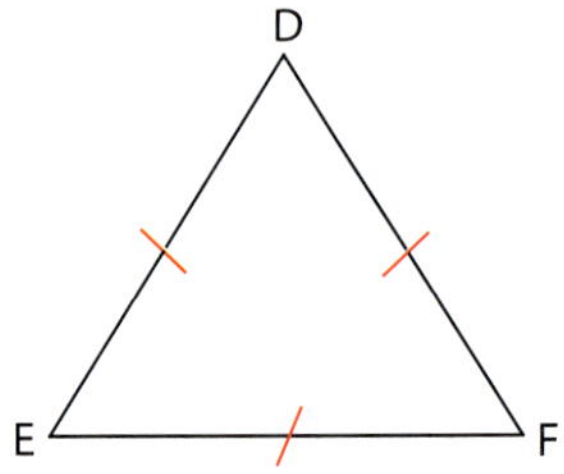	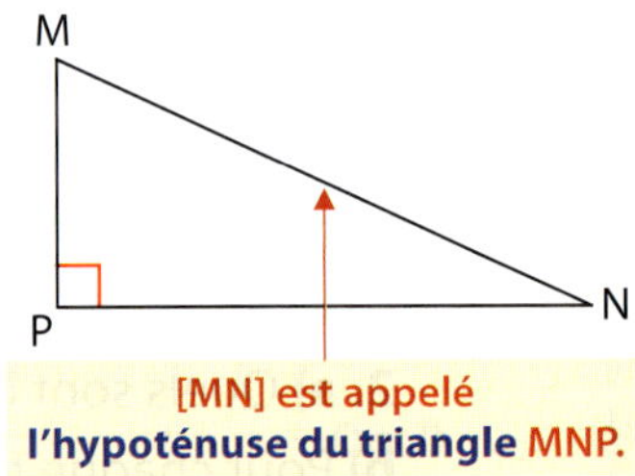
Le triangle ABC est **isocèle en A**.	Le triangle DEF est équilatéral.	Le triangle MNP est **rectangle en P**.

Remarques

- Donner la nature d'un triangle c'est dire s'il est isocèle, équilatéral ou rectangle.
- Un triangle peut être à la fois isocèle et rectangle.

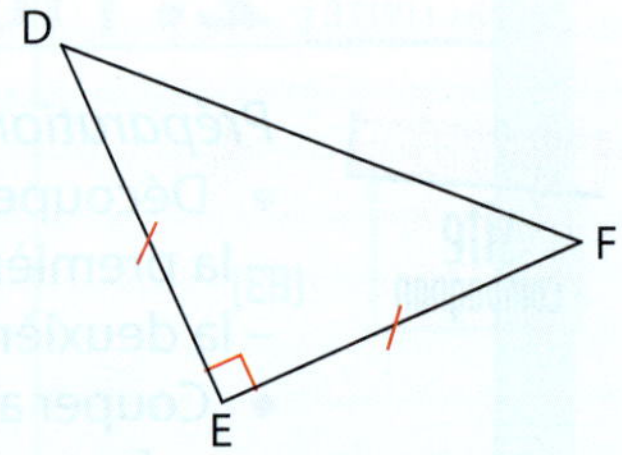

Exemple : Dans le triangle DEF ci-contre, les longueurs DE et EF sont égales et l'angle $\widehat{DEF}$ est droit. Le triangle DEF est rectangle et isocèle en E.

PROPRIÉTÉS

Dans un **triangle isocèle**, les angles à la base ont la même mesure.	Dans un **triangle équilatéral**, tous les angles ont la même mesure.	Un **triangle rectangle** possède un angle droit.
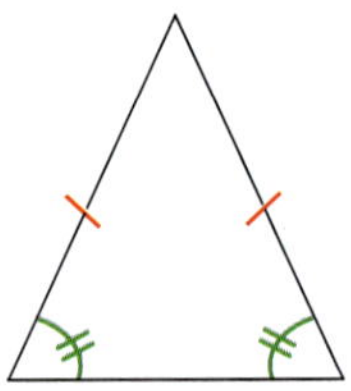	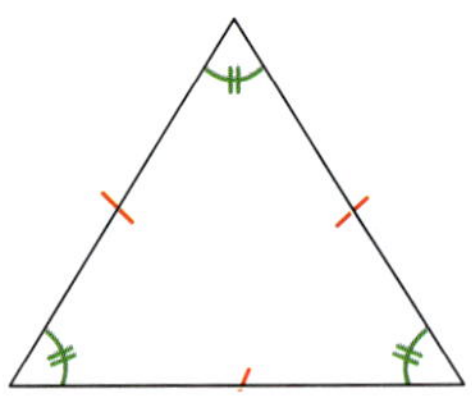	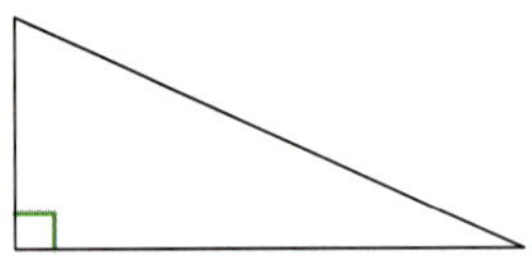

2. Quadrilatères

DÉFINITION : Un polygone possédant quatre côtés s'appelle un **quadrilatère**.
Pour nommer un quadrilatère, il suffit de citer les sommets dans l'ordre où ils apparaissent en parcourant le quadrilatère.

■ **Exemple :** Le quadrilatère ci-dessous peut se nommer ABCD, BCDA, CDAB, DABC, DCBA, CBAD, BADC ou ADCB :

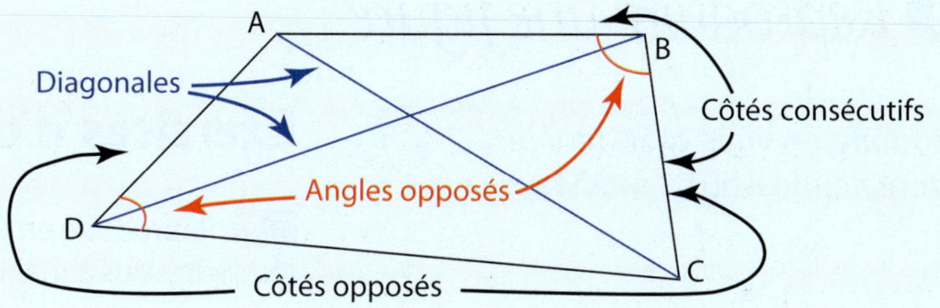

Animation site compagnon

DÉFINITIONS

Un **rectangle** est un quadrilatère qui a quatre angles droits.	Un **losange** est un quadrilatère qui a quatre côtés de la même longueur.	Un **carré** est un quadrilatère qui a quatre angles droits et quatre côtés de la même longueur.
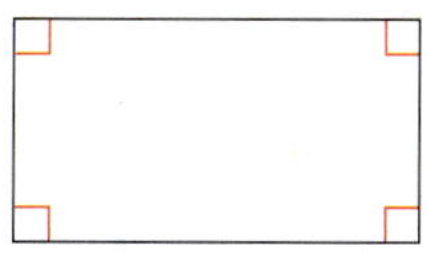	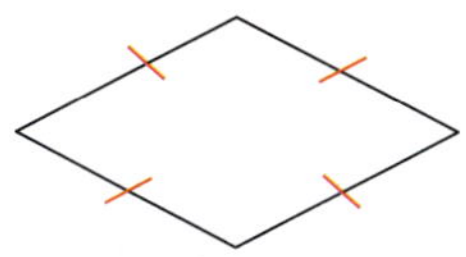	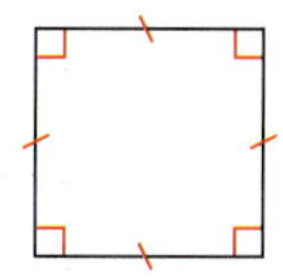

PROPRIÉTÉS

Rectangle	**Losange**	**Carré**
• Les côtés opposés sont parallèles	• Les côtés opposés sont parallèles	C'est à la fois un rectangle et un losange.
	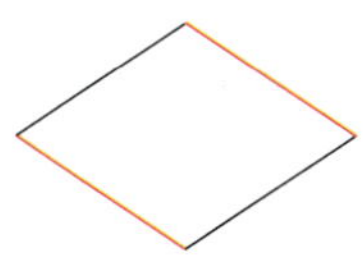	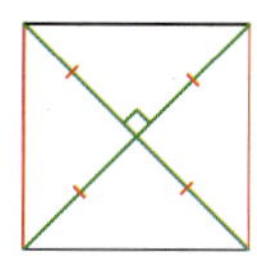
• les diagonales se coupent en leur milieu et ont la même longueur	• les diagonales se coupent en leur milieu et sont perpendiculaires	Le carré possède donc toutes les propriétés du rectangle et du losange.
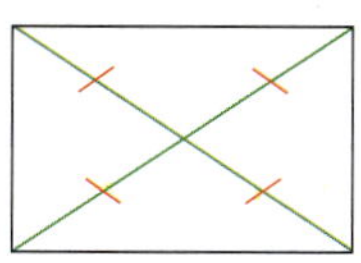	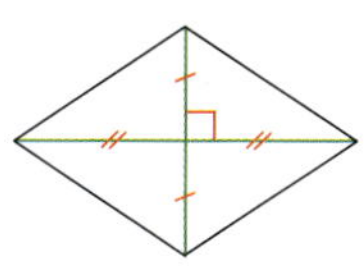	
• les côtés opposés sont de même longueur	• les angles opposés sont de même mesure	
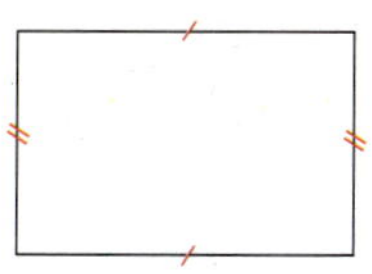	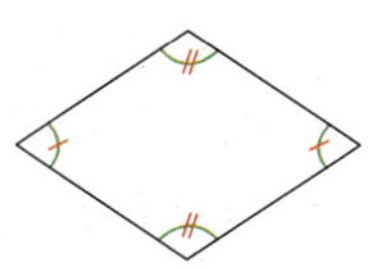	

Les mots à retenir

- Base d'un triangle isocèle
- Hypoténuse d'un triangle rectangle
- Sommet principal d'un triangle isocèle

Voir le Lexique, p. 254

Savoir faire

SAVOIR-FAIRE 1 *Reproduire une figure*

Énoncé : Reproduire en vraie grandeur le triangle représenté ci-dessous à main levée :

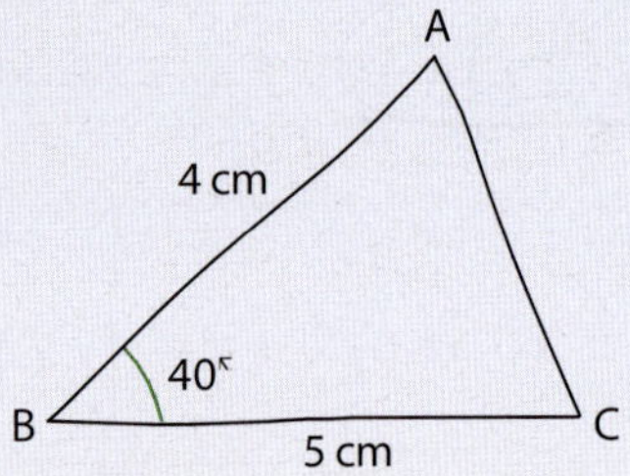

Solution commentée

1. On trace un segment [BC] de longueur 5 cm.

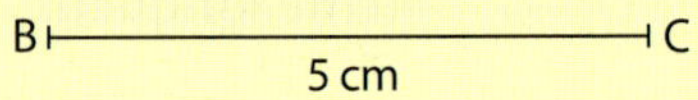

2. On construit un angle de mesure 40° dont un côté est le segment [BC].

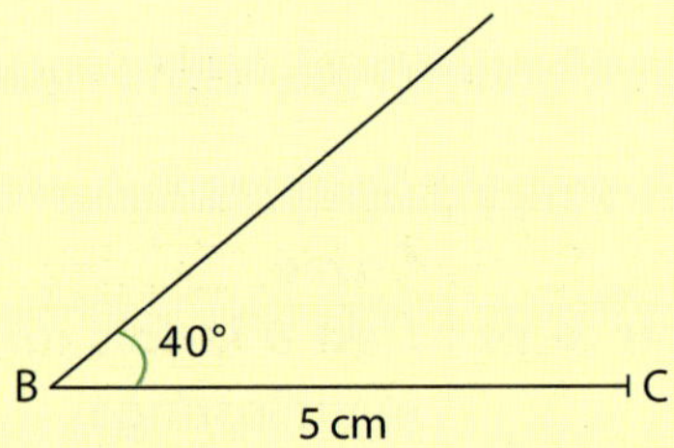

3. Sur la demi-droite ainsi construite, on place un point A tel que AB = 4 cm.

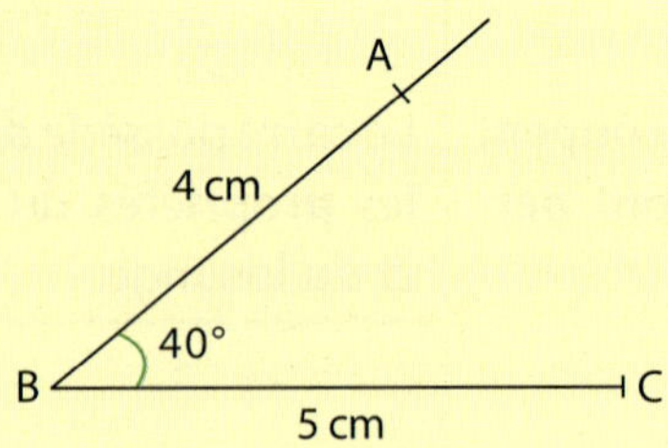

4. On trace le segment [AC].

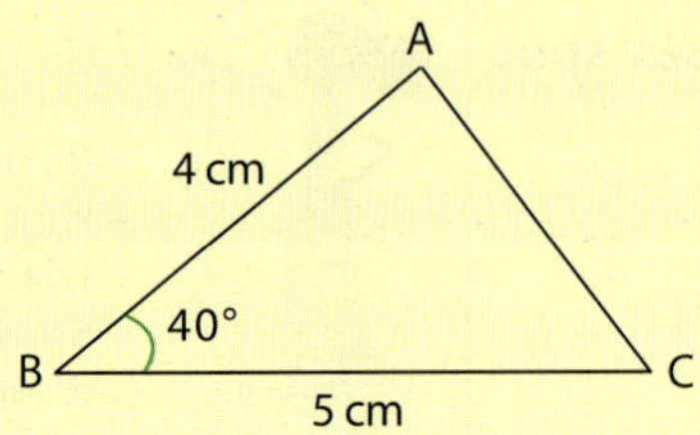

Exercices d'application

1 Reproduire en vraie grandeur les triangles représentés ci-dessous à main levée :

a)

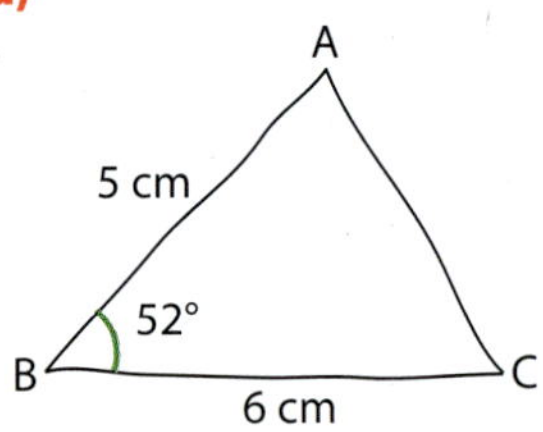

b)

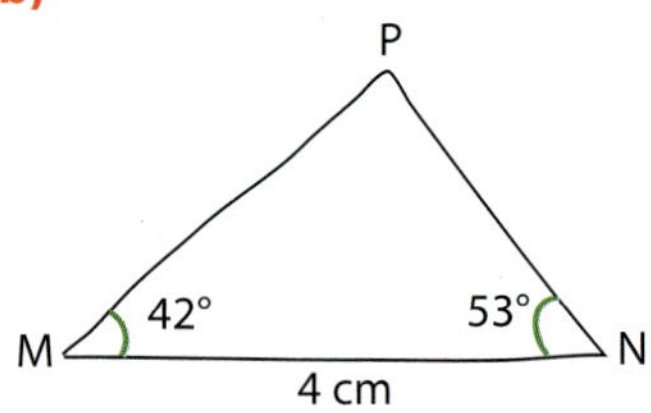

2 Reproduire en vraie grandeur les triangles représentés ci-dessous à main levée :

a)

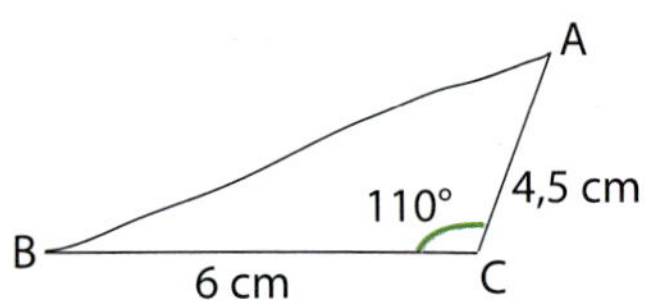

b)

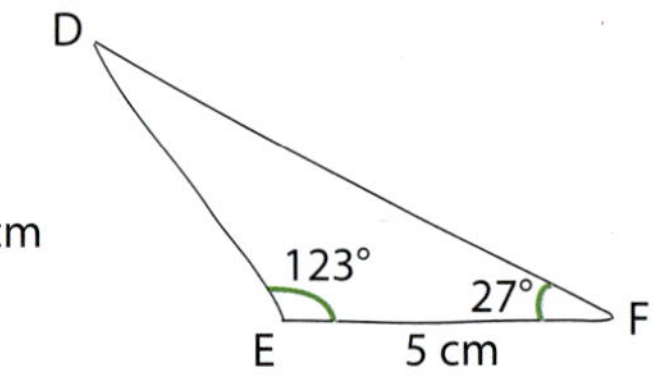

3 Reproduire en vraie grandeur les quadrilatères représentés ci-dessous à main levée.
Dans chaque cas, on précisera leur nature en justifiant.

a)

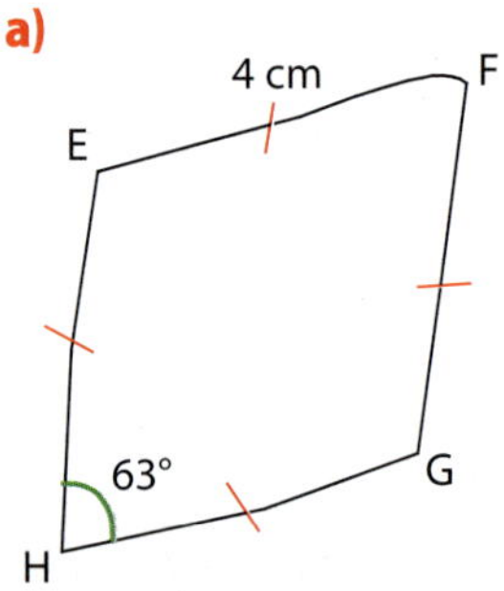

b)

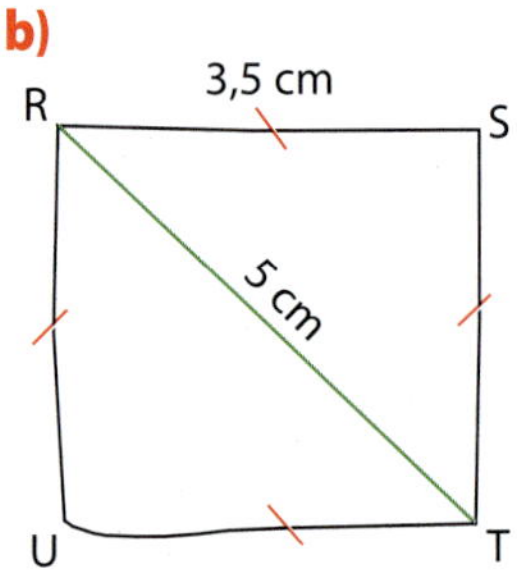

4 Reproduire en vraie grandeur la figure représentée ci-dessous à main levée :

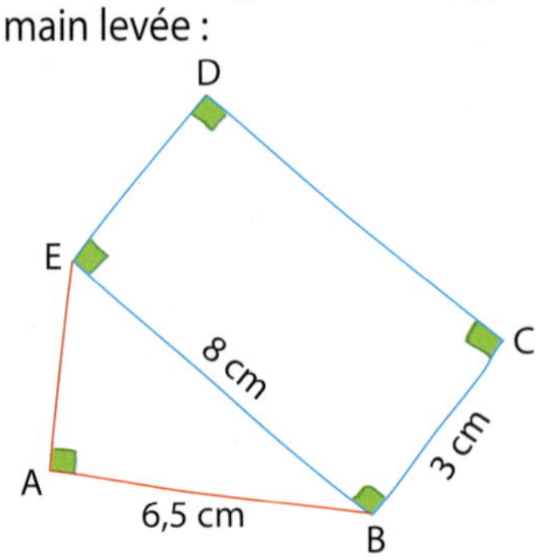

Voir aussi les exercices 18, 19, 22 à 25

SAVOIR-FAIRE 2 *Construire une figure à partir d'un texte*

Animation site compagnon

Énoncé : Construire le triangle ABC isocèle en A, tel que AC = 4 cm et BC = 6 cm.

Solution commentée

1. Lorsqu'une construction est dictée par un texte, on commence par réaliser une figure à main levée en notant les informations données par le texte (mesures, codages, etc.).

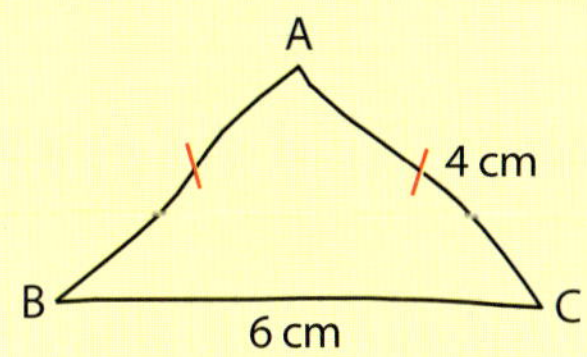

2. Quand toutes les informations sont correctement reportées, l'exercice revient à reproduire en vraie grandeur une figure dessinée à main levée.
On trace un segment [BC] de longueur 6 cm.

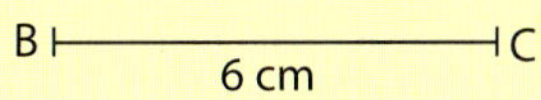

3. On trace deux arcs de cercle de centres B et C et de rayon 4 cm.
Le point A se trouve à l'intersection des deux arcs.

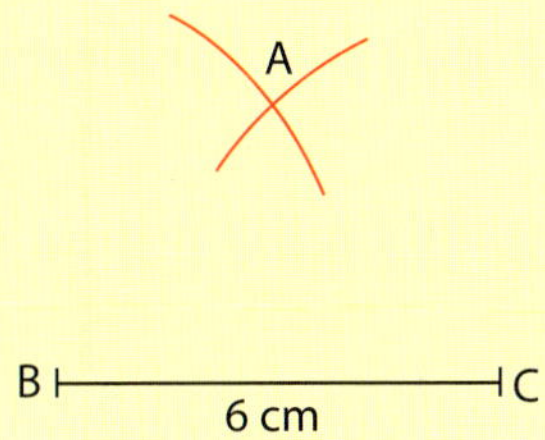

4. On trace les segments [AB] et [AC].

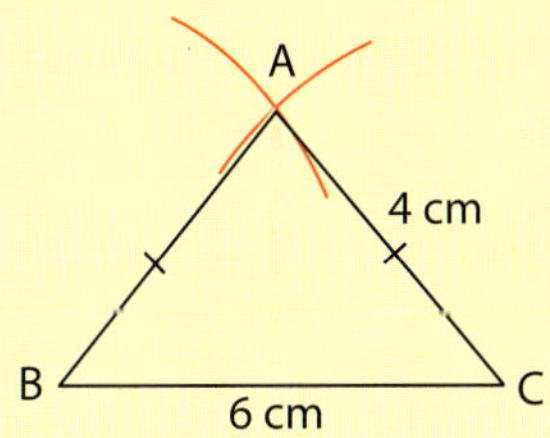

Exercices d'application

5 **1.** Construire le triangle ABC isocèle en B tel que BC = 3 cm et AC = 4,6 cm.
2. Construire le triangle DEF isocèle en E tel que EF = 4 cm et $\widehat{\quad}$ = 45°.

6 **1.** Construire un triangle ABC rectangle en A tel que AB = 5,5 cm et AC = 2,6 cm.
2. Construire un triangle DEF rectangle en D tel que DE = 6 cm et EF = 8,4 cm.

7 **1.** Construire un triangle équilatéral MNP tel que MN = 5,4 cm.
2. Construire un triangle REC rectangle en R tel que RE = 6,1 cm et $\widehat{\ C}$ = 35°.
3. Construire un triangle ISO isocèle en O tel que OI = 5 cm et IS = 7 cm.

8 **1.** Construire un rectangle MNPQ tel que MN = 5 cm et MQ = 7 cm.
2. Construire un rectangle DEFG tel que EF = 6 cm et DF = 7,3 cm.

9 **1.** Construire un losange ABCD tel que AB = 3,3 cm et $\widehat{BC\ }$ = 45°.
2. Construire un losange DEFG tel que EF = 5 cm et DF = 7 cm.

10 **1.** Construire un carré KLMN tel que MN = 5,1 cm.
2. Construire un losange BCDE tel que BC = 4,5 cm et CE = 6 cm.
3. Construire un rectangle RSTU tel que TU = 4,8 cm et RT = 6,3 cm.

11 **1.** Construire un triangle équilatéral ABC de côté de longueur 5 cm.
2. À l'extérieur de ce triangle, construire un carré BCDE et un rectangle ABFG tel que BF = 4 cm.

12 **1.** Construire un losange non carré ABCD de côté de longueur 4 cm.
2. À l'extérieur de ce losange, construire un carré CDEF et un rectangle BCMN tel que CM = 6 cm.

Voir aussi les exercices 26 à 31 et 53 à 55

Pour s'entraîner

Reconnaître des figures

13 À l'aide des instruments de géométrie, reconnaître les triangles qui semblent quelconques, rectangles, isocèles ou équilatéraux.

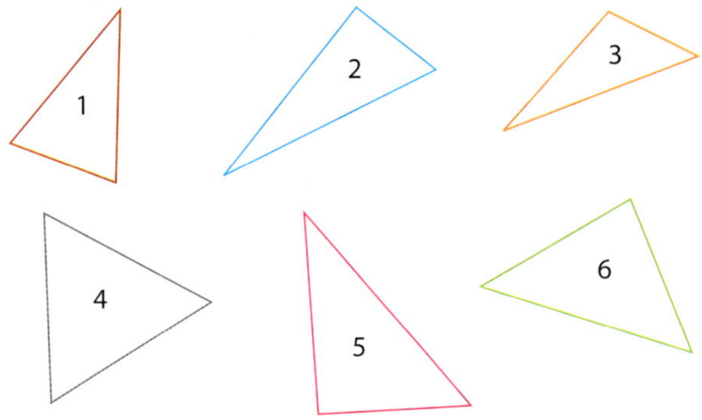

14 Observer les codages des figures ci-dessous et donner la nature des triangles :

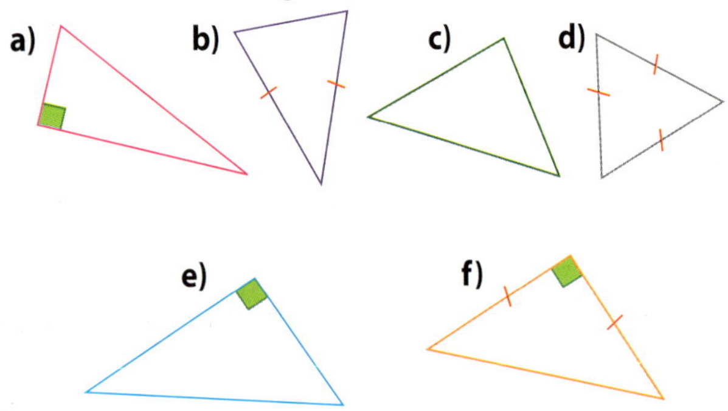

On précisera la base et le sommet principal des triangles isocèles ainsi que l'hypoténuse des triangles rectangles.

15 Quelle est la nature des triangles ABC, ABN, ACM et BCM ?

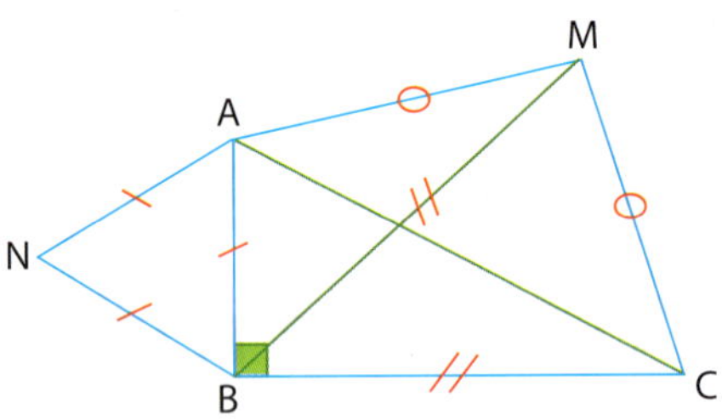

16 Qui a raison ?

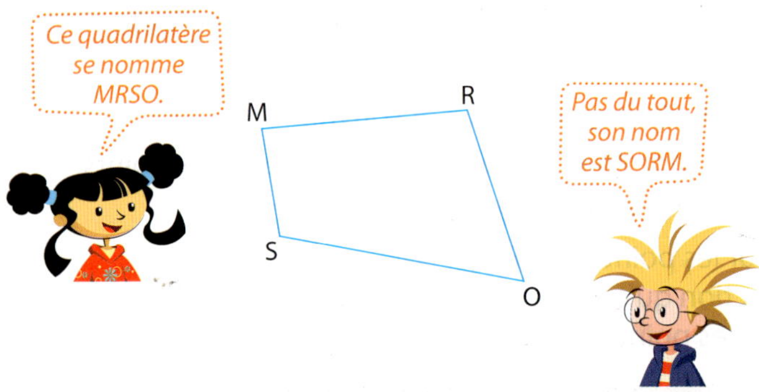

1. Lequel des enfants a raison ?
2. Donner tous les noms possibles du quadrilatère.
3. Nommer les sommets du quadrilatère.
4. Nommer les diagonales du quadrilatère et donner deux côtés consécutifs.
5. Donner deux côtés opposés du quadrilatère.
6. Donner deux angles opposés du quadrilatère.

17 Retrouver tous les quadrilatères particuliers de cette figure et les nommer :

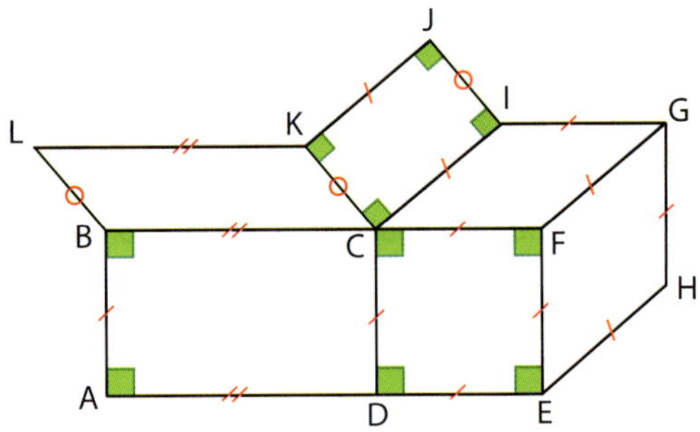

Reproduire des figures

18 Reproduire en vraie grandeur les figures réalisées ci-dessous à main levée :

a)

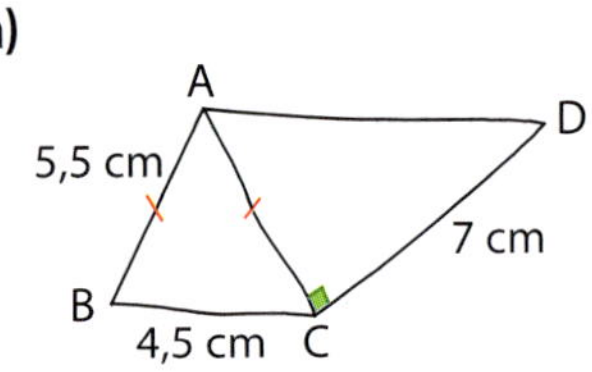

b)

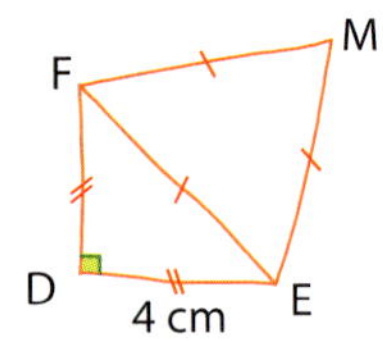

19 Reproduire en vraie grandeur les figures réalisées ci-dessous à main levée :

a)

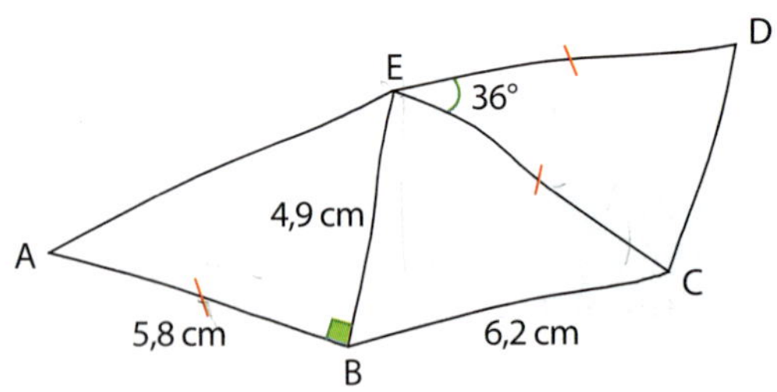

b)

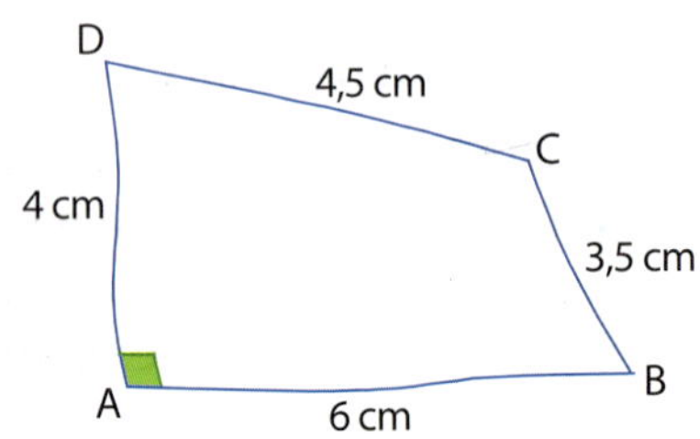

20 Reproduire sur papier quadrillé chacune des figures ci-dessous et les compléter pour obtenir un quadrilatère particulier :

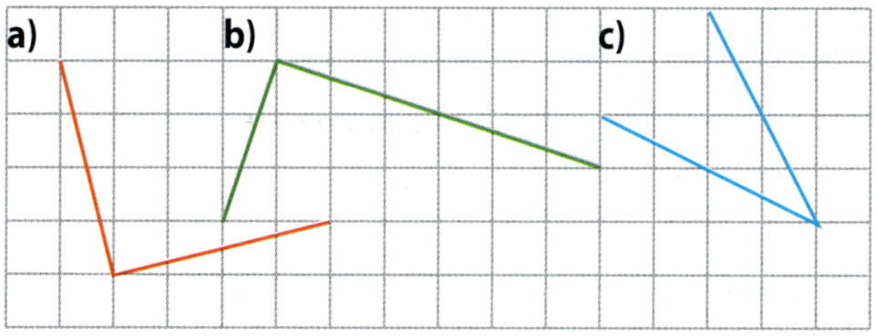

21 Reproduire sur papier quadrillé la figure ci-dessous et la compléter pour obtenir un carré ABCD de centre O :

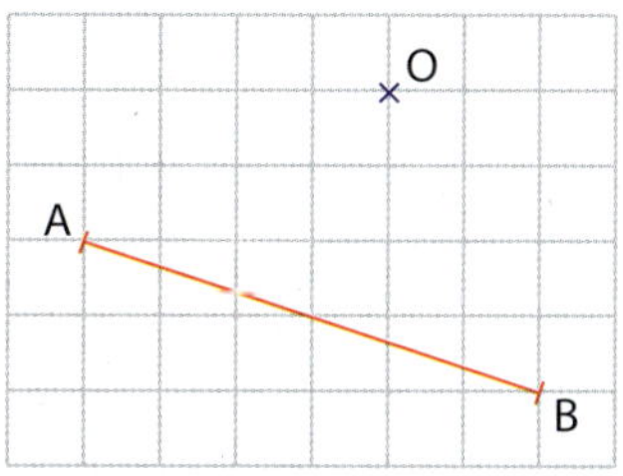

22 Reproduire en vraie grandeur la figure réalisée ci-dessous à main levée :

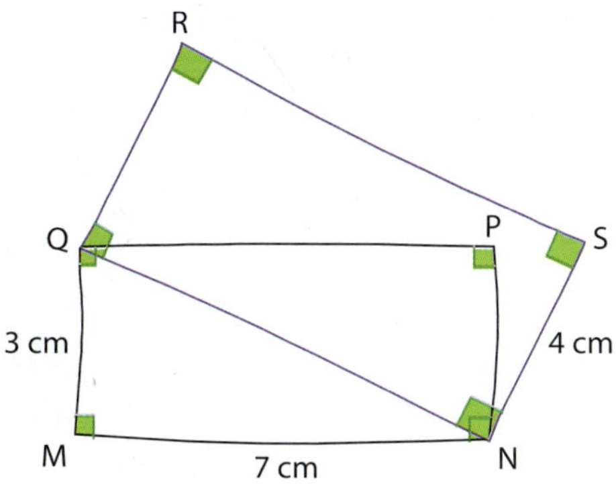

23 Reproduire en vraie grandeur les figures réalisées ci-dessous à main levée :

a)

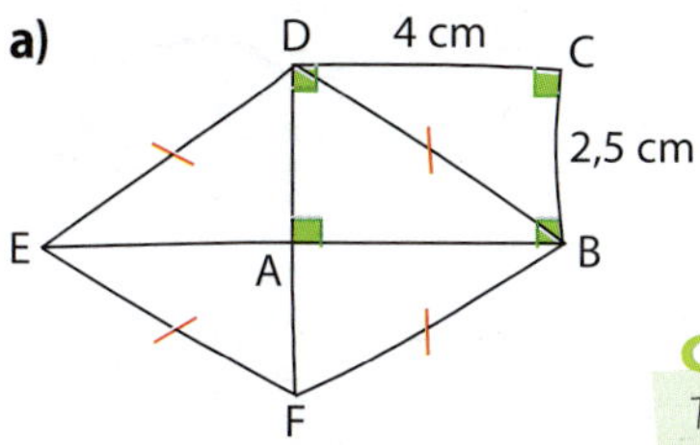

b)

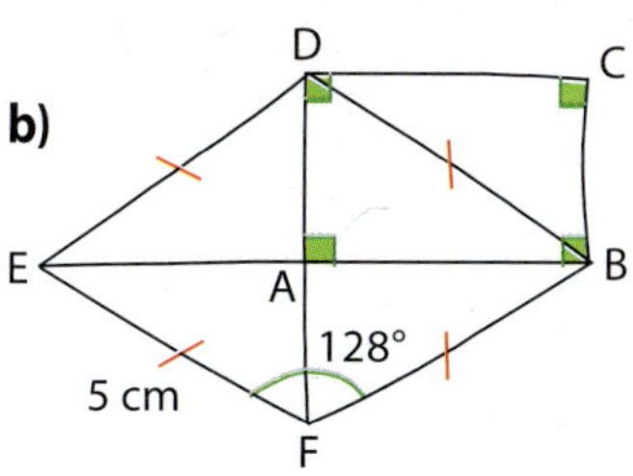

Coup de pouce
Trouve tout d'abord quelle partie de la figure est à construire en premier.

24 Reproduire la figure ci-dessous et écrire un programme de construction permettant de la réaliser :

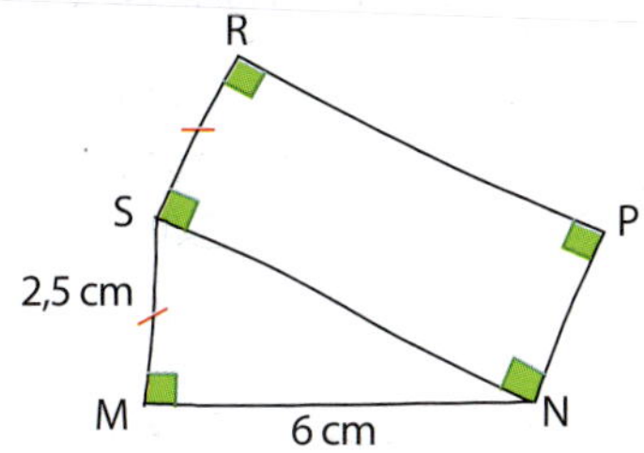

25 Reproduire la figure ci-dessous et écrire un programme de construction permettant de la réaliser :

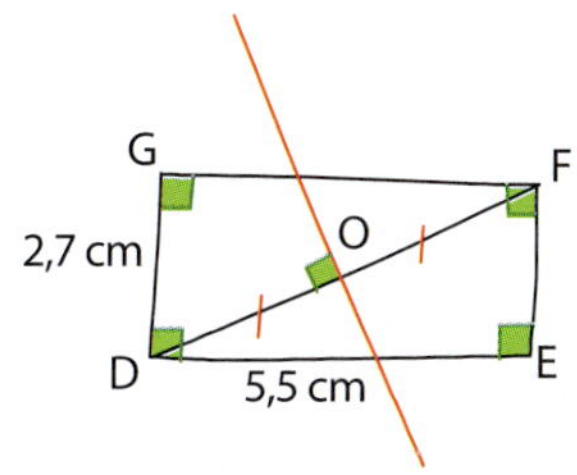

Construire une figure

26 **1. a)** Construire un triangle ABC isocèle en B.
b) Construire le cercle de centre B passant par A.
c) Que constate-t-on ?
2. Avec une règle non graduée, construire deux nouveaux triangles isocèles.

27 **1.** Soit un point A et une droite (d) qui ne passe pas par A.
Construire le point A', symétrique du point A par rapport à la droite (d).
2. Placer trois points B, C et D sur la droite (d).
3. Quelle est la nature des triangles BAA', CAA' et DAA' ? Expliquer.

28 **1.** Tracer un segment [AB] de longueur 6 cm.
2. Construire une demi-droite [AM) telle que $\widehat{BAM} = 35°$.
3. Placer un point C sur la demi-droite [AM) tel que le triangle ABC soit isocèle.
Combien existe-t-il de solutions ?

29 **1.** Construire un triangle OEF rectangle et isocèle en O.
2. Construire le carré dont une diagonale est [EF].
3. Construire le carré de centre O dont un côté est [EF].

30 **1.** Construire un cercle de centre O à l'aide d'un logiciel de géométrie dynamique.
2. Soit [AB] et [CD] deux diamètres de ce cercle. Construire le quadrilatère ADBC.
3. Déplacer des points de la figure. Quelle semble être la nature du quadrilatère ADBC ? Expliquer.

Pour s'entraîner

31 **1.** À l'aide d'un logiciel de géométrie dynamique, construire un quadrilatère dont les diagonales ont la même longueur.

Coup de pouce
Construis tout d'abord deux segments de même longueur.

2. a) Est-ce que ce quadrilatère est un rectangle ? Si ce n'est pas le cas, déplacer des points pour qu'il le soit.
b) Quand le quadrilatère est un rectangle, que peut-on dire de ses diagonales ?

32 **1.** À l'aide d'un logiciel de géométrie dynamique, construire un quadrilatère dont les diagonales sont perpendiculaires.

2. a) Est-ce que ce quadrilatère est un losange ? Sinon, déplacer des points pour qu'il le soit.
b) Quand le quadrilatère est un losange, que peut-on dire de ses diagonales ?

3. À quelle condition sur les diagonales ce quadrilatère est-il un carré ?

Propriétés des triangles et quadrilatères particuliers

33 **Vrai ou faux**
a) Si ABCD est un losange de centre O alors le triangle OAB est isocèle en O.
b) Un rectangle dont les diagonales sont perpendiculaires est un carré.
c) Un quadrilatère dont les diagonales sont perpendiculaires et de même longueur est un carré.
d) Si M est un point de la médiatrice d'un segment [AB], alors le triangle ABM est isocèle en M.
e) Un losange est toujours un carré.

34 **1.** Dans le triangle ci-contre, quelle est la mesure de l'angle $\widehat{MNP}$? Justifier.
2. Reproduire ce triangle en vraie grandeur.

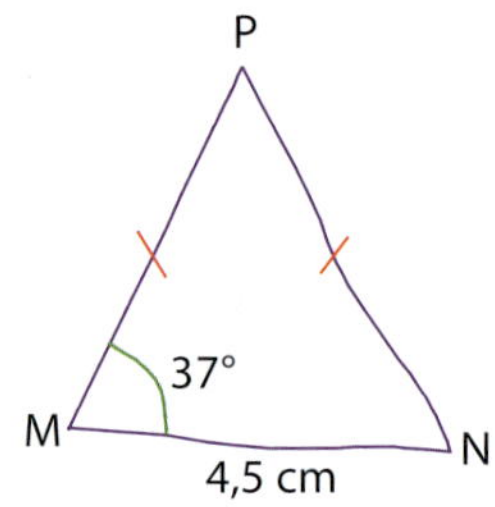

35 Est-il possible de construire le triangle DEF isocèle en D tel que $\widehat{DEF} = 101°$? Expliquer.

36 Dans chacun des cas ci-dessous, donner la nature des triangles OAB et ABC en expliquant à l'aide d'une propriété des quadrilatères particuliers :
a) ABCD est un rectangle de centre O ;
b) ABCD est un losange de centre O ;
c) ABCD est un carré de centre O.

37 **1.** Soit ABC un triangle isocèle en A.
Le point D est le symétrique du point A par rapport à la droite (BC).
Quelle est la nature du quadrilatère ABDC ? Expliquer.
2. Quelle condition faudrait-il ajouter au triangle pour que le quadrilatère ABDC soit un carré ?

Remue-méninges

Les exercices qui suivent sont à faire mentalement

38 Dans chacun des cas ci-dessous, donner la longueur de tous les côtés du triangle.
a) Le triangle est équilatéral. Son périmètre est égal à 18,6 cm.
b) Le triangle est rectangle. Les côtés de l'angle droit mesurent 1,2 cm et 1,6 cm. Son périmètre est égal à 4,8 cm.

39 Recopier et compléter le tableau suivant :

	Rectangle 1	Rectangle 2	Rectangle 3
Longueur		45 dm	78 mm
Largeur	7,4 cm	3,5 m	
Périmètre	44 cm		19,2 cm

40 Le père Lapaille a posé autour de son champ de forme carrée une clôture de longueur 1,256 hm.
Donner, en dam, la longueur d'un côté de son champ.

41 Dans chaque cas, calculer la longueur AB :

a)

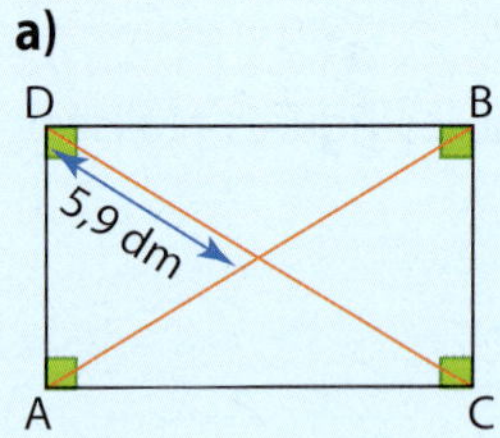

b)

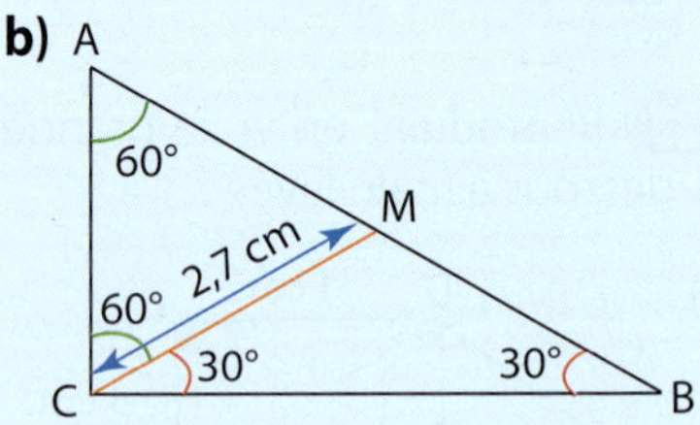

42 Calculer le périmètre du quadrilatère ABCD :

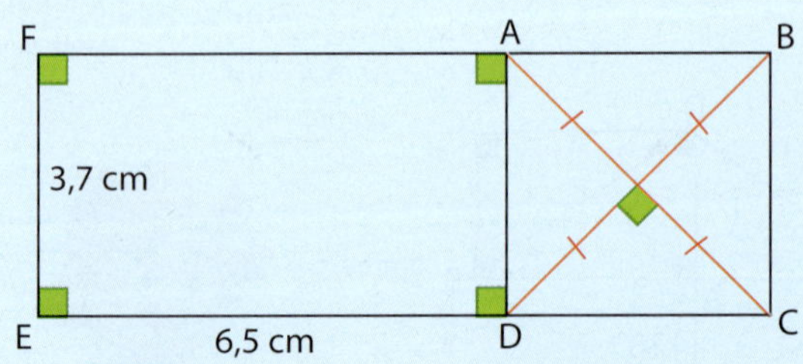

Pour s'évaluer

Pour chaque exercice 43 à 52, trouve la ou les bonnes réponses.

Énoncés	Réponse A	Réponse B	Réponse C	Réponse D
43 Dans la figure ci-dessous, quel triangle n'est pas isocèle ? 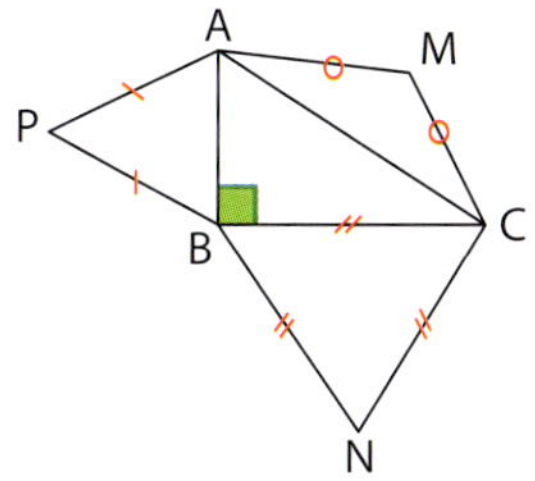	PAB	ABC	MAC	NBC
44 ABC est un triangle isocèle en B tel que AB = 5 cm et AC = 7 cm. Le segment [BC] mesure :	5 cm	7 cm	3 cm	On ne peut pas savoir
45 DEF est un triangle tel que $\widehat{DEF} = 75°$, $\widehat{DFE} = 75°$ et DE = 6 cm. Alors :	DF = 6 cm	DEF est isocèle en E	DEF est isocèle en D	DEF est un triangle quelconque
46 MNP est un triangle tel que $\widehat{PMN} = 90°$ et PM = MN = 3 cm. Alors :	MNP est un triangle rectangle	MNP est un triangle isocèle	MNP est un triangle équilatéral	$\widehat{MPN} = \widehat{MNP}$
47 La figure ci-dessous permet d'affirmer que : 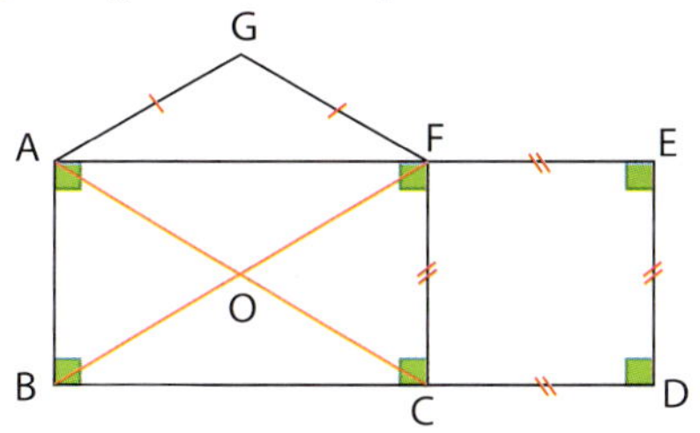	AOFG est un losange	ABCF et ABDE sont des rectangles	CDEF est un carré	CDEF est un losange
48 La figure dessinée à main levée ci-dessous permet d'affirmer que : 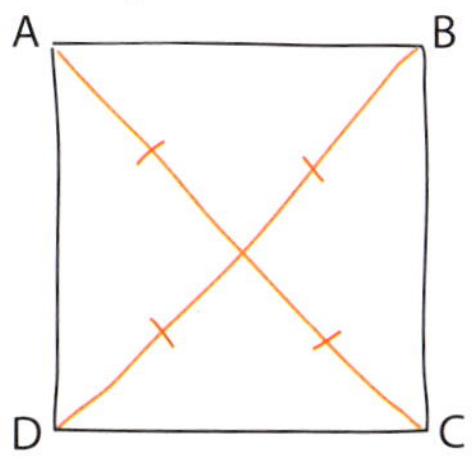	AB = DC	AB = AD	ABCD est un rectangle	ABCD est un carré
49 ABCD est un carré. Alors [AC] et [BD] :	sont parallèles	sont perpendiculaires	sont de même longueur	ont le même milieu
50 EFGH est un rectangle. Alors [EF] et [GH] :	sont parallèles	sont perpendiculaires	sont de même longueur	ont le même milieu
51 IJKL est un losange de centre O. Alors :	IJK est un triangle isocèle	JKL est un triangle équilatéral	OJK est un triangle isocèle	OIJ est un triangle rectangle
52 Combien d'axes de symétrie possède un rectangle ?	1	2	4	0

Tu peux vérifier tes réponses p. 255 et si tu veux continuer ton entraînement rendez-vous sur le **site compagnon**

Devoir à la maison

1 Sur une copie de classeur (grand format/grands carreaux), placer comme ci-dessous les points C, M, A, E, I et D en utilisant le quadrillage pour se repérer :

1. Le Sage du village S se trouve à 12 cm du Vieux Chêne C et à 8 cm du Dragon D.
Marquer le point S et tracer en vert le triangle CDS.

2. La Grande Tour G se trouve à 13 cm du Village Indien I et à 15 cm du Dragon D.
Marquer le point G et tracer en rouge le triangle DGI.

3. Le Baobab B se trouve à 14 cm du Moulin M tel que le triangle MAB soit isocèle en B.
Marquer le point B et tracer en bleu le triangle MAB.

4. Trouver l'emplacement d'Octave l'ours O tel que le triangle OAE soit équilatéral.
Marquer le point O et tracer en noir le triangle OAE.

5. Le Trésor T se trouve à l'intersection des « chemins » [BG] et [SO]. Marquer le point T.

2 **1.** Sur une feuille de papier calque posée sur une carte de France, réaliser les constructions décrites ci-dessous pour retrouver le nom des villes manquantes :

- le triangle formé par Strasbourg, Paris et une troisième ville française est équilatéral ;
- le quadrilatère formé par Le Mans, Troyes, Périgueux et une quatrième ville française est un rectangle.

2. Coller ensuite la feuille de papier calque sur la copie et expliquer clairement les constructions.

Du côté du site compagnon

Le nombre d'or

En savoir plus
site compagnon

Ce nombre, à la fois étonnant et mystérieux, intrigue savants et géomètres depuis la plus Haute Antiquité. Son écriture décimale est infinie ! Une valeur approchée au millième du nombre d'or est 1,618.

Le nombre d'or serait une expression d'esthétique dans de nombreux domaines tels que la géométrie, l'architecture ou la peinture.

On parle par exemple de **rectangle d'or** pour un rectangle dont le rapport de la longueur sur la largeur, $\frac{L}{\ell}$, est égal au nombre d'or. Selon certains, ce nombre donnerait des proportions harmonieuses. Le rapport des dimensions de la façade du Parthénon à Athènes (voir ci-contre) serait égal au nombre d'or.

Le nombre d'or se retrouve également dans la nature. Certaines espèces comme l'ammonite (voir ci-contre) possèdent une structure géométrique en forme de spirale, appelée **spirale d'or**.

Si tu veux apprendre à dessiner un rectangle d'or ou une spirale d'or, rends-toi vite sur le site compagnon !

Chapitre 12

Périmètre et aire

Tangram signifie « la plaquette de la sagesse ».
Ce jeu composé de sept pièces est très utilisé à l'école maternelle.

Je vais apprendre à…

- Comparer géométriquement des périmètres et des aires et les différencier ► *Exercices 23 à 27*
- Calculer le périmètre de polygones et la longueur de cercles dans différentes unités ► *Exercices 28 à 44*
- Calculer l'aire d'un rectangle, d'un triangle rectangle, d'un disque et d'un triangle quelconque dans différentes unités ► *Exercices 45 à 64*

Activités

Après ce QCM, tu peux continuer tes révisions sur le **site compagnon**

Pour revoir

Pour chaque question, trouve la ou les bonnes réponses.

	Questions	Réponse A	Réponse B	Réponse C
1	Quelle est la figure qui a la plus grande aire ?	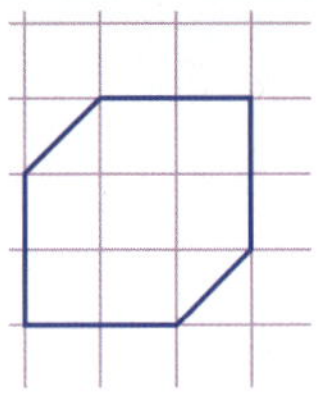	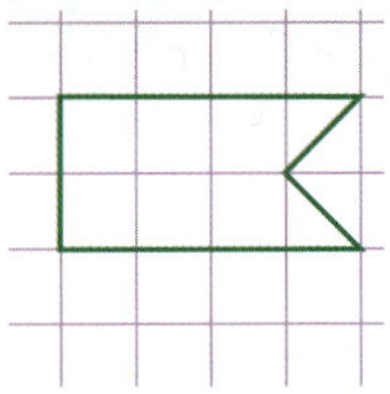	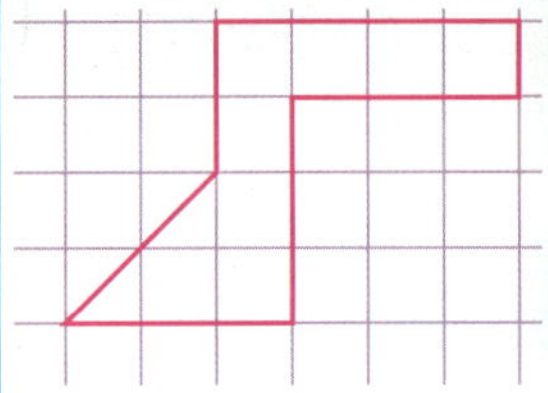
2	Quelle est la figure qui a le plus grand périmètre ?	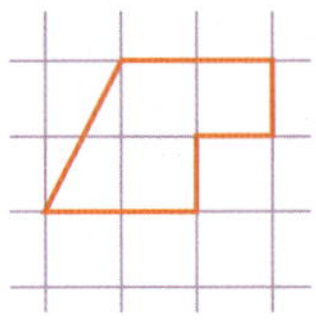	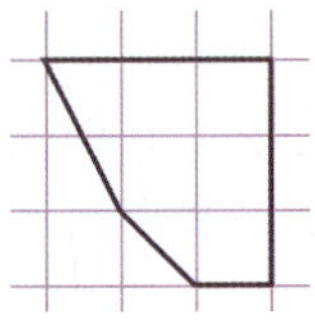	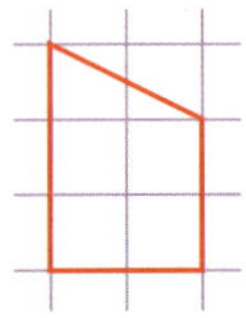
3	Le périmètre d'un carré de 5 dm de côté est égal à :	25 dm	10 dm	20 dm
4	L'aire d'un rectangle de dimensions 7 cm et 3 cm est égale à :	20 cm^2	21 cm^2	100 cm^2
5	L'aire d'un triangle rectangle dont les côtés de l'angle droit mesurent 5 m et 8 m est égale à :	40 m^2	20 m^2	13 m^2

ACTIVITÉ

1. Aire d'une figure

1. Voici deux polygones représentés sur un quadrillage :

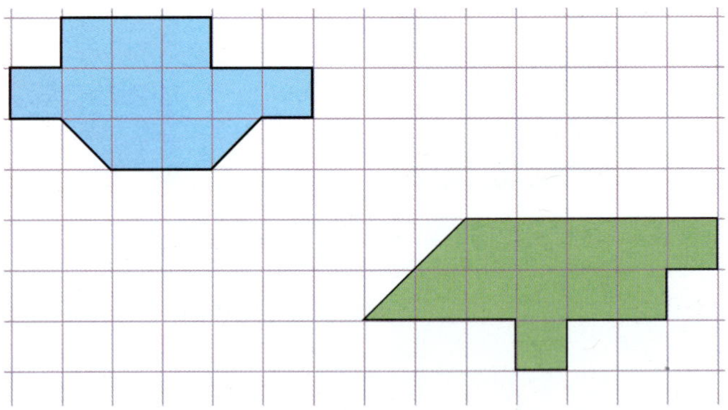

a) Comparer les aires de ces deux polygones.
b) Comparer les périmètres de ces deux polygones.
c) Que peut-on en conclure ?

2. En utilisant le quadrillage du cahier, tracer, dans chaque cas, un polygone qui a :
a) le même périmètre que le polygone bleu mais une aire plus grande ;
b) le même périmètre que le polygone bleu mais une aire plus petite ;
c) la même aire que le polygone vert mais un périmètre plus grand ;
d) la même aire que le polygone vert mais un périmètre plus petit.

ACTIVITÉ 2. Longueur d'un cercle

1. a) Réaliser la manipulation suivante :

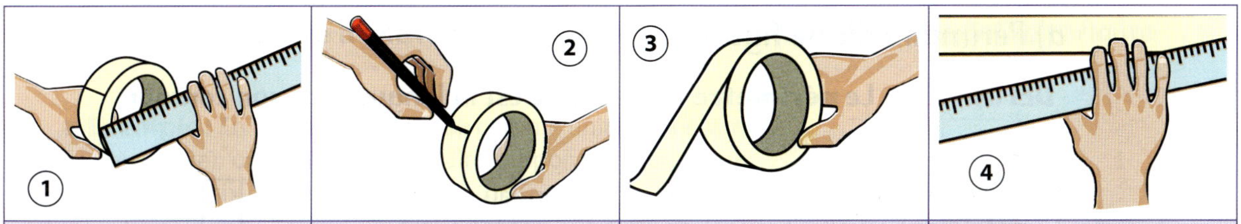

Prendre un rouleau de ruban adhésif et mesurer son diamètre.	Faire une marque au stylo à bille au niveau de l'extrémité du ruban adhésif.	Dérouler le ruban et couper au niveau de la marque.	Coller le morceau de ruban obtenu et mesurer sa longueur.

b) Diviser la longueur du morceau de ruban par le diamètre du rouleau et noter le résultat obtenu.

2. Recommencer l'expérience avec d'autres rouleaux de ruban adhésif de dimensions différentes ou avec d'autres objets circulaires (roue de vélo, rouleau de papier toilette, boîte, etc.). Que remarque-t-on ?

3. Quelle formule semble-t-on pouvoir appliquer pour calculer la longueur d'un cercle ?

ACTIVITÉ 3. Aire d'un triangle

Un triangle rectangle (cas particulier)

1. Construire un triangle JKL, rectangle en J, tel que JK = 3 cm et JL = 5 cm.

2. a) Placer le point M tel que JKML soit un rectangle.

b) Quelles sont les dimensions du rectangle JKML ? Quelle est son aire ?

c) En déduire l'aire du triangle rectangle JKL en expliquant la démarche.

Un triangle quelconque

Le triangle ERH est un triangle quelconque dont on a tracé la hauteur [ET] et tel que RH = 5 cm et ET = 2 cm :

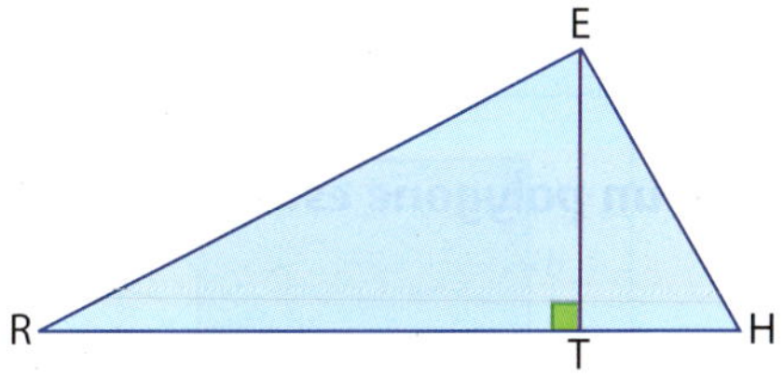

*Une **hauteur d'un triangle** est un segment qui passe par un des sommets de ce triangle et qui est perpendiculaire au côté opposé à ce sommet.*

On construit le rectangle RSMH comme indiqué ci-dessous :

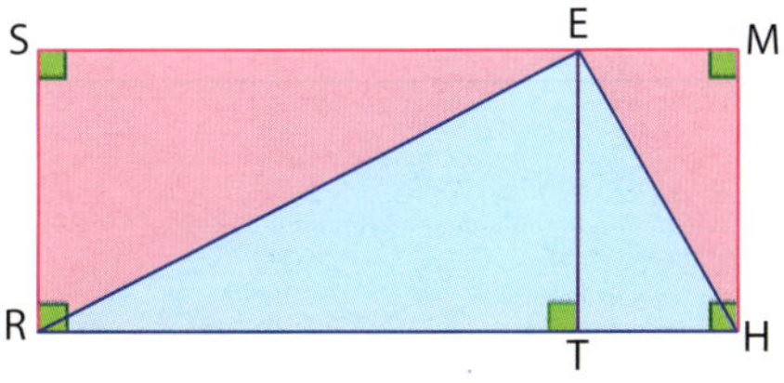

1. a) Que peut-on dire des aires des triangles RSE et RTE ? Expliquer.

b) Que peut-on dire des aires des triangles EMH et ETH ? Expliquer.

c) En déduire l'aire du triangle RHE en expliquant la démarche.

2. Déduire des questions précédentes une formule permettant de calculer l'aire d'un triangle quelconque dont une hauteur est tracée.

Avec un ordinateur

À la fin du manuel, retrouve tes Fiches méthode TICE p. 237 Tableur Géométrie

1 PÉRIMÈTRE ET AIRE

OBJECTIF : *Renforcer la distinction entre aire et périmètre en faisant varier ces grandeurs sous différentes contraintes.*

1. a) Tracer un polygone ayant six sommets (un hexagone). → *Géométrie 7*

b) Afficher le périmètre et l'aire de ce polygone. → *Géométrie 16 et 17*

2. a) Déplacer les sommets du polygone précédent pour que son aire soit égale à 12 cm^2. → *Géométrie 1*

b) Noter sur le cahier les valeurs du périmètre et de l'aire de ce polygone.

3. Lorsque cela est possible, déplacer les sommets du polygone de façon que :

a) l'aire du polygone soit toujours égale à 12 cm^2 et que son périmètre soit au moins 2 fois plus grand qu'il ne l'était au départ ; au moins 3 fois plus grand → *Géométrie 1*

b) l'aire du polygone soit toujours égale à 12 cm^2 et que son périmètre ait réduit de plus de la moitié → *Géométrie 1*

c) le périmètre du polygone soit toujours le même et que son aire soit inférieure à 6 cm^2 ; inférieure à 3 cm^2 → *Géométrie 1*

d) le périmètre du polygone soit toujours le même et que son aire soit supérieure à 18 cm^2 ; supérieure à 24 cm^2. → *Géométrie 1*

Coup de pouce
Pour garder une trace de ton travail, tu peux à chaque fois copier l'écran avec la touche « Impr écran » et le coller dans une feuille de traitement de texte.

4. a) D'après les résultats de la question **3.**, peut-on dire que le périmètre d'un polygone et son aire sont liés ? Expliquer.

b) De même, peut-on dire que le périmètre d'un polygone et son aire varient ensemble, de la même manière ? Expliquer.

2 À LA FÊTE FORAINE

OBJECTIF : *Utiliser un logiciel de géométrie dynamique pour résoudre un problème.*

Un jeu de fête foraine consiste à recouvrir un grand disque avec six petits disques.

1. a) Tracer un disque de rayon 3,5 unités (et éventuellement le colorier en rouge). → *Géométrie 13*

b) Tracer six disques de rayon 2 unités (et éventuellement les colorier en bleu). → *Géométrie 13*

c) En déplaçant chacun des petits disques (il faut déplacer leur centre), recouvrir entièrement le grand disque. → *Géométrie 1*

d) Lorsqu'une solution est trouvée, enregistrer son travail pour le montrer au professeur.

2. a) Recommencer l'expérience précédente en traçant au départ un grand disque de rayon 3,7 unités.

b) Que peut-on penser de ce jeu ?

3 AIRE D'UN TRIANGLE

OBJECTIF : *Mieux comprendre la formule de l'aire d'un triangle quelconque.*

Triangles ayant la même aire

1. a) Tracer un segment [AB] de longueur 10 cm. → *Géométrie 6*

b) Construire un triangle ABC à partir de ce segment. → *Géométrie 7*

c) Afficher l'aire du triangle ABC. → *Géométrie 17*

d) Trouver plusieurs positions possibles pour le point C telles que l'aire du triangle ABC soit égale à 15 cm^2. → *Géométrie 1*

2. a) Activer la trace du point C. → *Géométrie 20*

b) Déplacer le point C en gardant autant que possible l'aire du triangle ABC égale à 15 cm^2.

c) Où le point C semble-t-il devoir être pour que l'aire du triangle ABC soit égale à 15 cm^2 ?

3. En s'inspirant du travail fait aux questions **1.** et **2.**, préciser la position du point C pour que l'aire du triangle ABC soit égale à : **a)** 10 cm^2 ; **b)** 20 cm^2.

Consolidation de la conjecture

1. a) Dans une nouvelle feuille du logiciel, tracer un segment [AB] de longueur quelconque. → *Géométrie 5*

b) Placer un point C n'appartenant pas au segment [AB]. → *Géométrie 2*

c) Tracer la droite parallèle à [AB] qui passe par C. → *Géométrie 9*

d) Placer un point D sur cette droite et construire le triangle ABD. → *Géométrie 2 et 7*

e) Afficher l'aire du triangle ABD. → *Géométrie 17*

2. a) Déplacer le point D. Que constate-t-on pour l'aire du triangle ABD ? → *Géométrie 1*

b) Mettre les points A et B dans une autre position. Que constate-t-on pour l'aire du triangle ABD lorsque l'on déplace le point D ?

3. Quelle conjecture peut-on faire ? Comment peut-on l'expliquer ?

4 LA BOÎTE NOIRE DU CHAPITRE

BOITE NOIRE

Une « boîte noire » est un nouvel outil du logiciel permettant de construire une figure selon un mystérieux programme ! Le but de l'activité est de percer ce mystère…
Pour cela, on peut déplacer les objets mais aussi faire toute nouvelle construction qui aide dans la recherche.

Téléchargement site compagnon

1. Télécharger sur le site compagnon le fichier « boite_noire_12 » et l'ouvrir.

2. Placer trois points A, B et C et appliquer l'outil nommé « boite_noire_12 » à ces trois points.

3. Écrire sur le cahier le programme de construction des objets apparus.

4. Tester ce programme de construction sur les points A, B et C.
Vérifier que l'on retrouve la même construction qu'en utilisant la boîte noire.
Est-ce vrai quelles que soient les positions des points A, B et C ?

Pour s'entraîner

57 Déterminer l'aire de la figure ci-dessous composée de deux demi-disques :

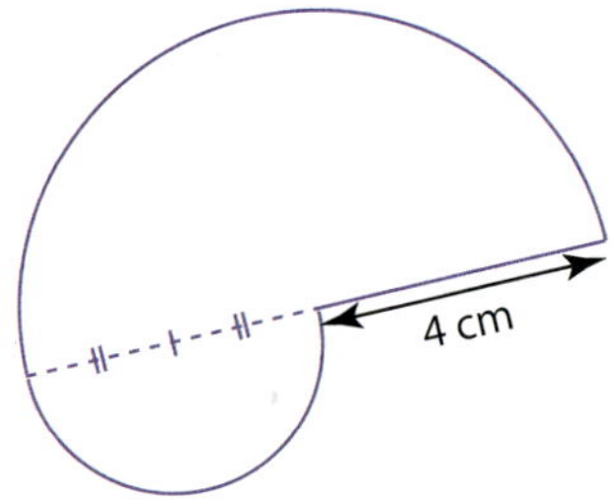

58 Calculer l'aire d'un losange dont les diagonales mesurent 2,7 cm et 5,4 cm.

59 La figure ci-dessous est constituée d'un carré de côté 7 cm et de deux triangles rectangles :

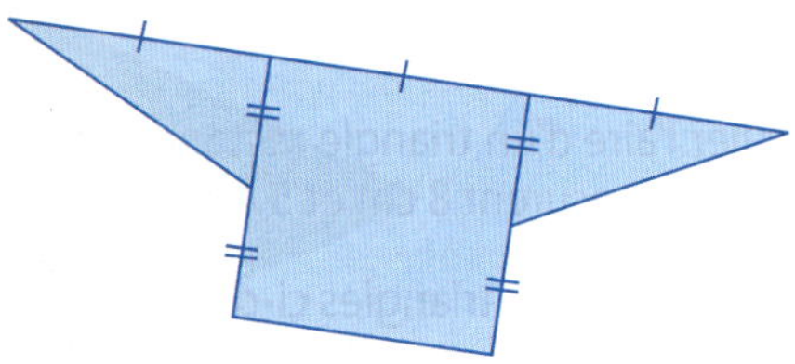

Quelle est l'aire de cette figure ?

60 **1.** Un carré a un périmètre de 14 cm.

a) Quelle est la longueur de son côté ?

b) Quelle est, en cm^2, son aire ?

c) Exprimer cette aire en m^2.

2. Un carré a une aire de 64 cm^2.

a) Quelle est la longueur de son côté ?

b) Quel est, en cm, son périmètre ?

c) Exprimer ce périmètre en m.

61 **1.** Un rectangle dont l'aire est 56 cm^2 a une longueur de 8 cm.

a) Calculer sa largeur.

b) Calculer, en cm, son périmètre.

c) Exprimer ce périmètre en mm.

2. Un rectangle dont le périmètre est 17,2 cm a une largeur de 3,2 cm.

a) Quelle est sa longueur ?

b) Calculer, en cm^2, son aire.

c) Exprimer cette aire en mm^2.

62 Un terrain rectangulaire de 30 m sur 70 m doit être engazonné. Un sac de gazon permet de semer environ 450 m^2 de gazon.
Combien de sacs doit-on acheter pour engazonner tout le terrain ?

63 Le verger du père Lapaille est schématisé ci-dessous :

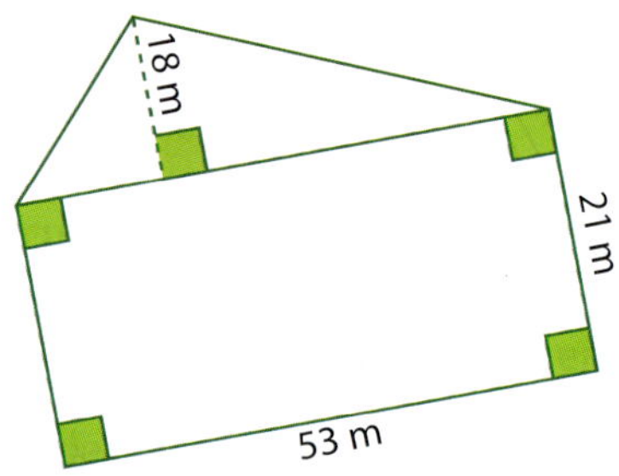

1. Quelle est la superficie du verger ?

2. Adèle prétend que cette superficie est supérieure à 0,2 ha. Est-ce exact ?

64 Une feuille de papier au format A4 est un rectangle de 21 cm de large et 29,7 cm de long.

1. Calculer son aire en cm^2, puis en dm^2.

2. Combien faut-il de feuilles de papier au format A4 pour obtenir une surface d'au moins 1 m^2 ?

Remue-méninges

Les exercices qui suivent sont à faire mentalement

65 Quelle est l'aire d'un carré de périmètre 28 cm ?

66 Quel est le périmètre d'un rectangle de largeur 6 cm et d'aire 54 cm^2 ?

67 Un triangle rectangle d'aire 1,5 m^2 a un côté de son angle droit qui mesure 15 dm.
Quelle est la longueur de l'autre côté de l'angle droit ?

68 Un rectangle d'aire 72 m^2 a un de ses côtés égal à 16 m. Quel est son périmètre ?

69 Un grand carré est constitué de quatre petits carrés de côtés 5 cm.
Quel est le périmètre du grand carré ?

70 Quelle est la meilleure valeur approchée de l'aire d'un disque de longueur 18 m :
9 m^2, 18 m^2, 27 m^2 ou 108 m^2 ?

Pour s'évaluer

Pour chaque exercice **71** à **80**, trouve la ou les bonnes réponses.

Énoncés	Réponse A	Réponse B	Réponse C	Réponse D
71 136,5 dam = ………	13,65 m	13 650 cm	136 500 cm	1 365 m
72 94,51 m² = ………	945,1 dm²	945 100 cm²	9,451 dam²	9 451 dm²
73 Le périmètre de la figure ci-dessous est égal à : 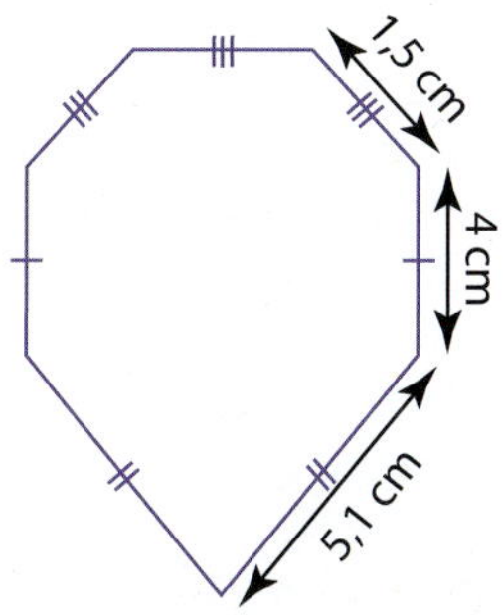	21,2 cm	22,7 cm	30,6 cm	31,85 cm
74 Le périmètre d'un rectangle de dimensions 11 cm et 6,5 cm est égal à :	17,5 cm	35 cm	35,75 cm	71,5 cm
75 La longueur d'un cercle de rayon 6 m est environ égale à :	19 m	28 m	38 m	113 m
76 L'aire d'un triangle rectangle dont les côtés de l'angle droit mesurent 3 cm et 7 cm est égale à :	10 cm²	10,5 cm²	20 cm²	21 cm²
77 L'aire du triangle ABC est égale à : 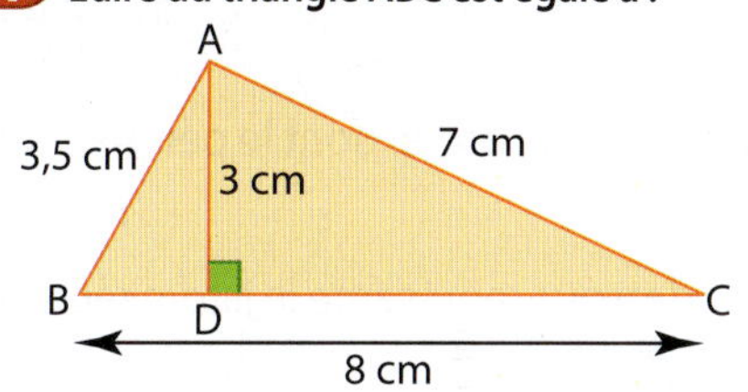	5,25 cm²	10,5 cm²	12 cm²	18,5 cm²
78 L'aire d'un disque de rayon 6 m est environ égale à :	28 cm²	38 cm²	113 cm²	452 cm²
79 Un carré de périmètre 48 cm a une aire égale à :	1,44 dm²	14,4 dm²	1,44 m²	144 cm²
80 L'aire de la figure ci-dessous est égale à : 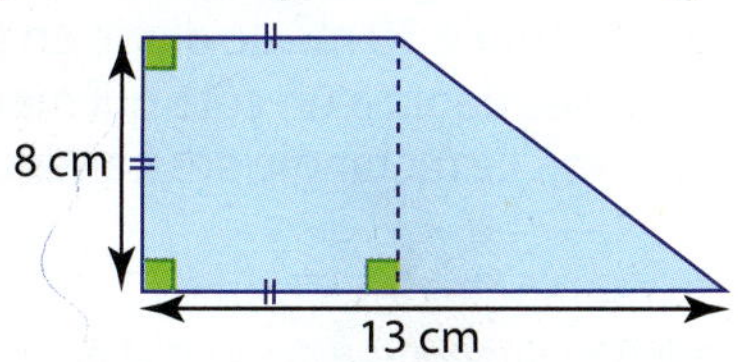	14,5 cm²	42 cm²	84 cm²	104 cm²

Tu peux vérifier tes réponses p. 255 et si tu veux continuer ton entraînement rendez-vous sur le **site compagnon**

Pour approfondir

81 Calculer l'aire de la surface rouge ci-dessous :

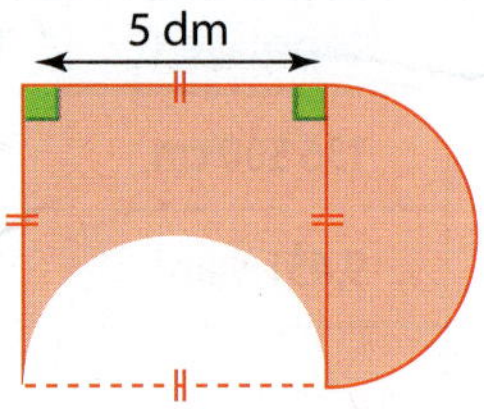

82 Dans chaque cas ci-dessous, calculer la longueur de la ligne rouge formée de demi-cercles sachant que le segment bleu mesure 8 cm.

a)

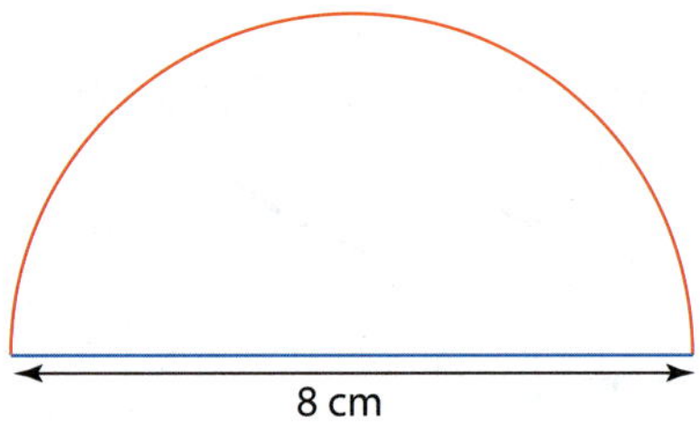

b)

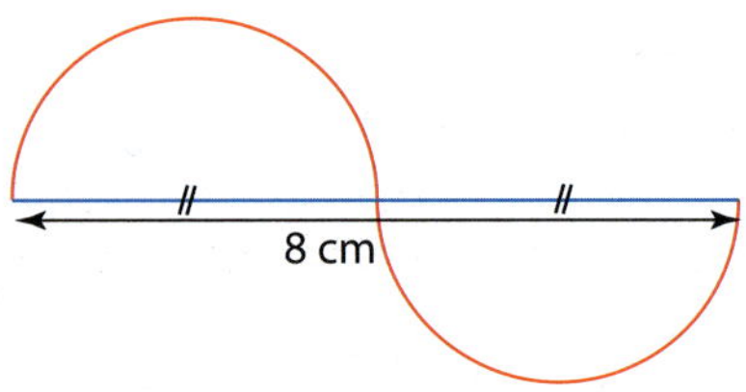

c)

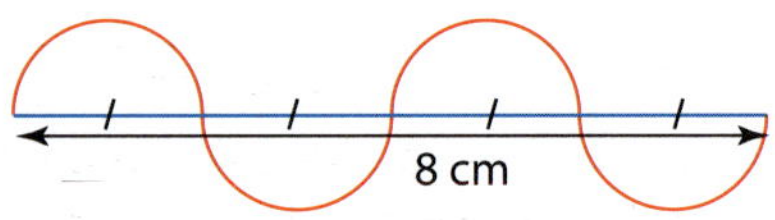

83 Un compact disque a un diamètre de 12 cm. Sa surface (partie hachurée sur la figure) est constituée de la surface du disque diminuée d'un disque de 2 cm de diamètre.
Calculer l'aire de cette surface.

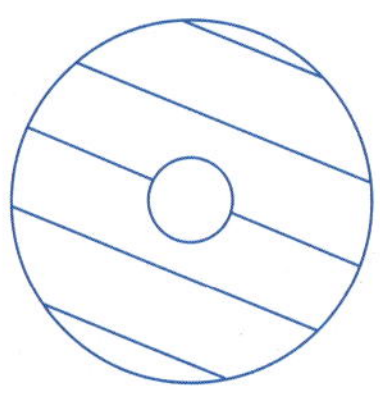

84 La figure ci-dessous est composée d'un carré de côté 2 cm et d'un triangle :

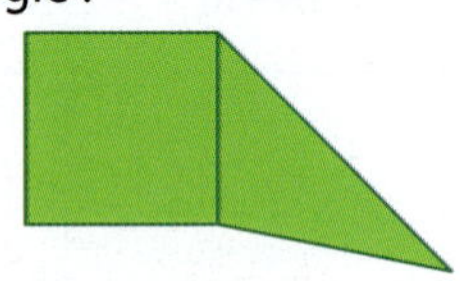

Le carré et le triangle ont le même périmètre. Quel est donc le périmètre de la figure verte ?

85 **1.** Calculer l'aire des deux triangles ci-dessous :

2. Que remarque-t-on ? Comment expliquer ce résultat ?

86 **1.** Tracer un carré de 15,2 cm de périmètre.
2. Tracer un carré dont l'aire est égale à 36 cm^2.

87 Calculer l'aire et la longueur des deux figures tracées en rouge ci-dessous sachant qu'elles sont chacune composées de trois demi-cercles et que le segment bleu mesure 8 cm.

a) **b)**

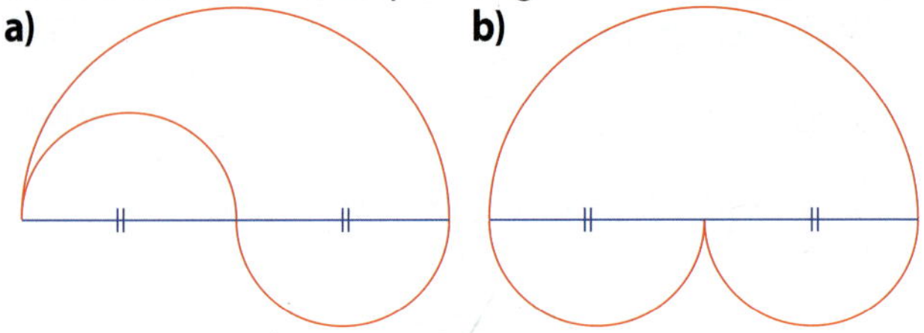

88 Le rectangle ABCF a une aire égale à 152 m^2 et le triangle EFD a une aire égale à 184 m^2.
Calculer la longueur AE.

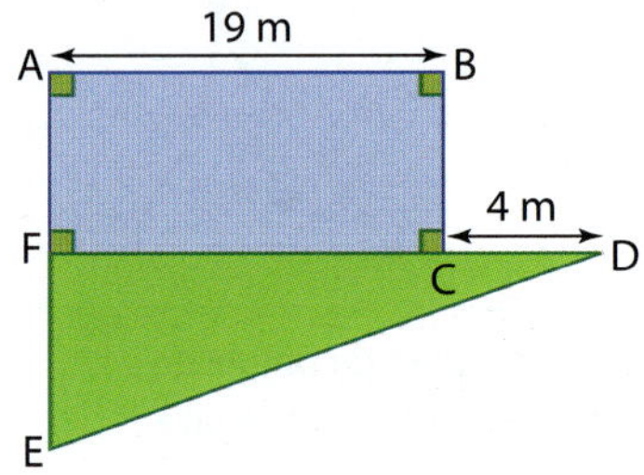

89 **1.** Tracer un rectangle tel qu'un de ses côtés mesure 3,9 cm et que son périmètre soit égal à 29,2 cm.
2. Tracer deux rectangles différents dont l'aire est égale à 12 cm^2.

90 **1.** Tracer un triangle rectangle tel qu'un des côtés de l'angle droit mesure 5,2 cm et que son aire soit égale à 18,98 cm^2.
2. Tracer un triangle équilatéral dont le périmètre est égal à 204 mm.

91 Le plan ci-dessous représente le jardin rectangulaire de la famille Prévert :

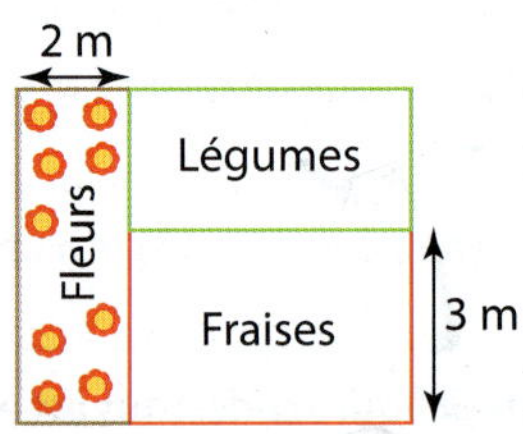

Le jardin, de superficie totale 30 m^2, se divise en trois rectangles. Le rectangle des fleurs a un côté qui mesure 2 m et sa superficie est 10 m^2. Le rectangle des fraises a un côté qui mesure 3 m.
Quelle est l'aire du rectangle des légumes ?

D'après Le Kangourou des mathématiques, 2005.

92 Karim a une bande de papier de 27 cm de long. Il la partage en quatre rectangles de dimensions différentes et trace deux segments joignant les centres de deux rectangles voisins :

*Le **centre d'un rectang** est le point d'intersectio de ces diagonales.*

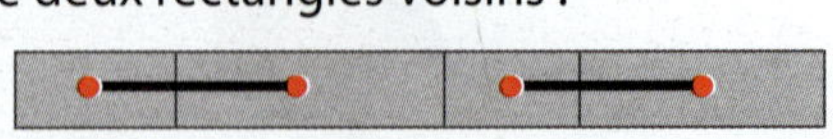

Quelle est la somme des longueurs de ces deux segments ?

93 **3,2,1... Partez** EPS

Une piste d'athlétisme est schématisée ci-dessous. Elle est composée de deux rectangles auxquels on a rajouté deux demi-cercles aux extrémités.

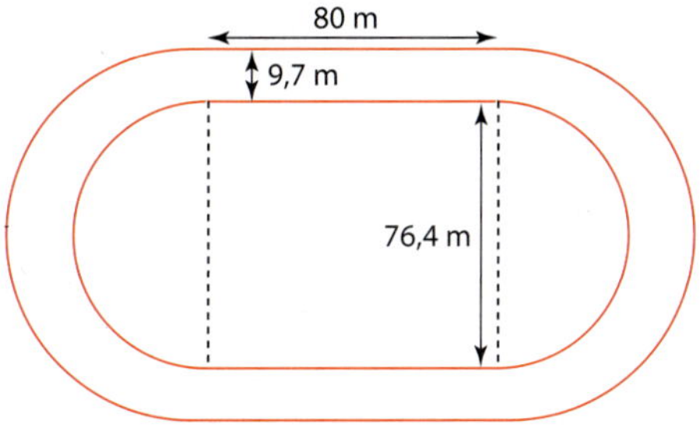

1. Calculer la longueur, en mètres et au dixième près, de la piste intérieure.

2. Calculer la longueur, en mètres et au dixième près, de la piste extérieure.

3. Lorsque l'on fait un tour de stade à l'extérieur de la piste, combien de mètres de plus parcourt-on par rapport à quelqu'un qui fait un tour de stade à l'intérieur de la piste ?

94 Un lotissement est composé de 10 maisons identiques. On veut peindre les portails de ces maisons qui ont tous la forme ci-dessous :

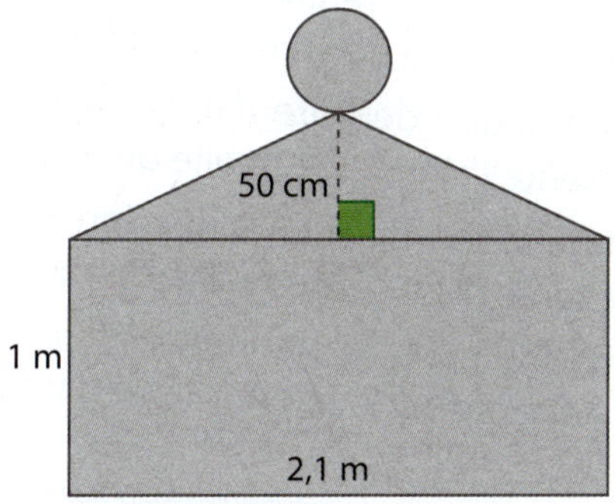

Le diamètre du disque du haut est égal à 20 cm.

La peinture est vendue en boîtes de 1 kg.

Une boîte de peinture permet de couvrir 5 m^2.

On appliquera deux couches de peinture. Combien de boîtes faut-il prévoir pour peindre tous les portails ?

95 Un jardin public, de forme rectangulaire, va être engazonné. On a prévu deux allées gravillonnées (en gris sur la figure). La largeur du jardin est 13 m et sa longueur 23 m. L'allée a une largeur de 80 cm.

Si 15 kg de graines permettent de planter 90 m^2 de gazon, combien de sacs de 15 kg devra-t-on acheter pour ce jardin ?

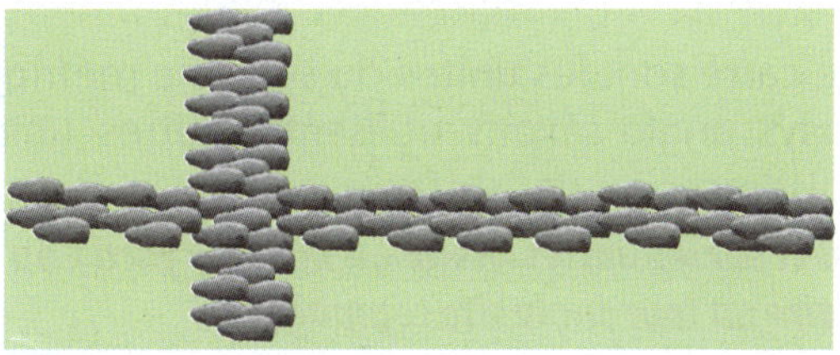

96 On désire poser des dalles de moquette dans la pièce schématisée ci-dessous.
Les dalles sont carrées et leur côté mesure 30 cm.

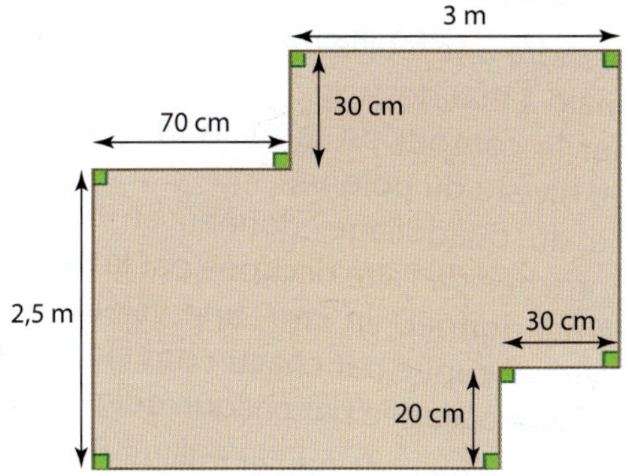

1. Trouver le nombre de dalles nécessaires pour toute la pièce.

2. On vend les dalles par paquets de 40 et le prix d'un paquet de dalles est 27 euros.
De combien de paquets de dalles a-t-on besoin pour cette pièce ?
Quel prix va-t-on payer ?

97 **Le tour de la Terre** GÉOGRAPHIE

Le rayon de la Terre à l'Équateur est environ égal à 6 380 km. Quelle est approximativement la longueur du tour de la Terre ?

98 **Développement durable** THÈME DE CONVERGENCE

On a installé 36 éoliennes à intervalles réguliers sur une longueur de 2 450 m. Une éolienne est implantée à chaque extrémité de la rangée. Quelle distance sépare deux éoliennes ?

99 ***Le défi***

Dans le carré bleu ciel, on a construit une succession de carrés en reliant à chaque fois les milieux des côtés du carré précédent.

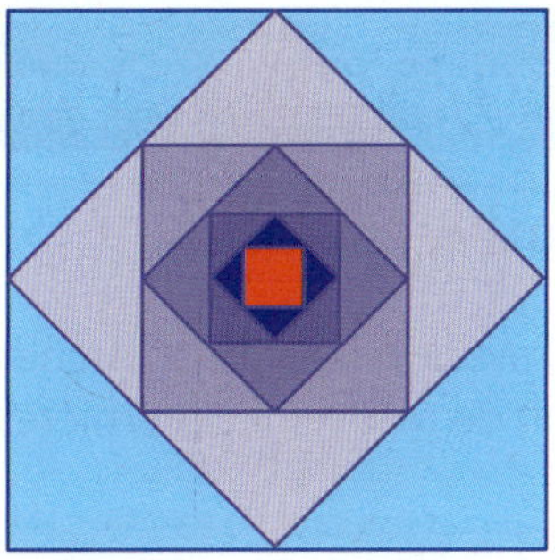

1. Quelle fraction de l'aire du carré bleu ciel représente l'aire du carré rouge ?

2. Quelle fraction du périmètre du carré bleu ciel représente le périmètre du carré rouge ?

100 ***L'énigme***

Je suis un carré. On utilise le même nombre pour exprimer mon périmètre en cm et mon aire en dm^2.
Quelle est la longueur de mon côté ?

Devoir à la maison

1 **1. a)** Prendre une feuille de papier millimétré et poser sa main à plat dessus.

b) Dessiner le contour de la main et refermer le contour au niveau du poignet.

c) À l'aide du quadrillage, donner, en cm², une valeur approchée de l'aire occupée par la main.

d) De même, donner, en cm², une valeur approchée de l'aire occupée par chacun des cinq doigts. Comparer l'aire occupée par chaque doigt

2. Sur une autre feuille de papier millimétré, recommencer l'expérience avec la main d'un adulte et comparer les résultats obtenus avec ceux obtenus à la question **1.**.

3. Trouver, en cm², une valeur approchée de l'aire occupée par son pied.

2 Jacques veut repeindre la façade latérale d'une maison. Les fenêtres sont des carrés de 1 m de côté et la porte est de forme rectangulaire.

Calculer l'aire de la surface à peindre en détaillant les étapes du raisonnement.

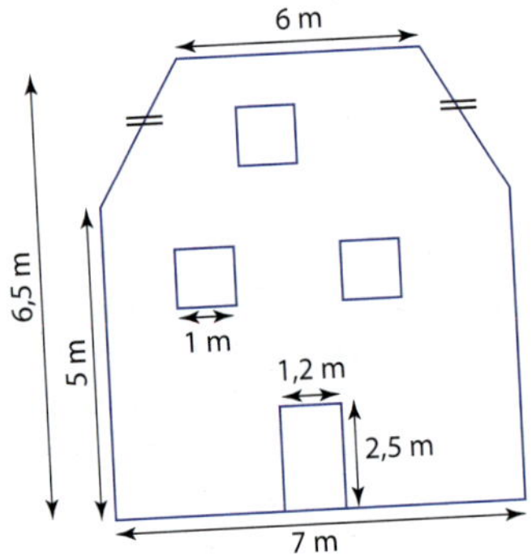

3 RECT est un rectangle représentant une feuille de format A0. On peut partager cette feuille en traçant des rectangles comme sur la figure ci-dessous et obtenir les formats A1, A2, A3, A4, A5 et A6.

Les dimensions du format A4 sont : largeur 21 cm et longueur 29,7 cm.

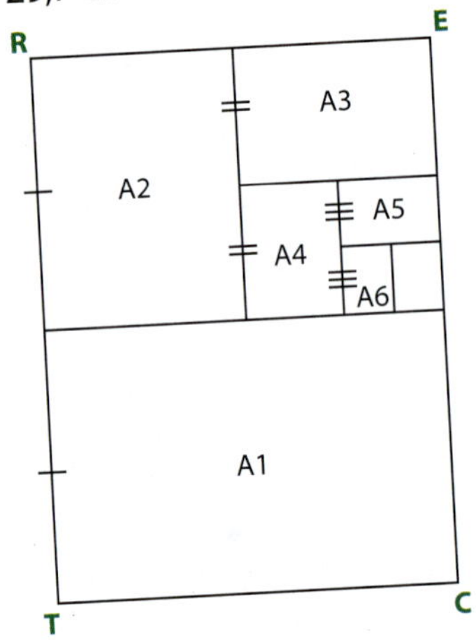

Feuille A0

1. En tenant compte des indications portées sur la figure, trouver les dimensions des feuilles de papier de formats A0, A1, A2, A3, A5, A6.

2. Représenter une feuille de format A5 et une feuille de format A6 en vraie grandeur.

3. Quelle fraction de l'aire d'une feuille de format A0 représente l'aire d'une feuille de format A1 ?

4. Quelle fraction de l'aire d'une feuille de format A0 représente l'aire d'une feuille de format A4 ?

5. Quelle fraction du périmètre d'une feuille de format A4 représente le périmètre d'une feuille de format A6 ?

Du côté du site compagnon

Le nombre π

Vers 250 avant Jésus-Christ, Archimède trouva une méthode qui lui permit de trouver les premières décimales du nombre π.

Si tu veux savoir comment il s'y est pris, va vite sur le site compagnon *!*

Les unités anglo-saxonnes…

Le mètre et le mètre carré sont les unités du système métrique international. Les pays anglo-saxons utilisent d'autres unités pour exprimer des distances ou des surfaces.

Si tu veux en savoir plus sur le système métrique international et sur les unités « foot », « inch », « yard » ou encore « square foot », « square mile » et d'autres encore, va faire un tour sur le site compagnon !

Chapitre 13

Parallélépipède rectangle – Volume

Ce gratte-ciel est resté pendant 20 ans le plus haut d'Europe. En 2009, il est toujours le plus haut de France mais trois tours devraient le dépasser dans les prochaines années. La tour Generali, construite à Paris dans le quartier de la Défense et qui devrait être terminée vers 2012, sera prochainement, avec ses 319 mètres, la plus haute tour d'Europe.

Je vais apprendre à...

- Reconnaître un parallélépipède rectangle et ses différents éléments ► *Exercices 21 à 24*
- Fabriquer un parallélépipède rectangle ► *Exercices 25 à 28*
- Dessiner ou compléter un patron d'un parallélépipède rectangle ► *Exercices 29 à 35*
- Calculer le volume d'un parallélépipède rectangle dans différentes unités ► *Exercices 36 à 46*

Devoir à la maison

1

1. Reproduire cette figure sur un quadrillage :

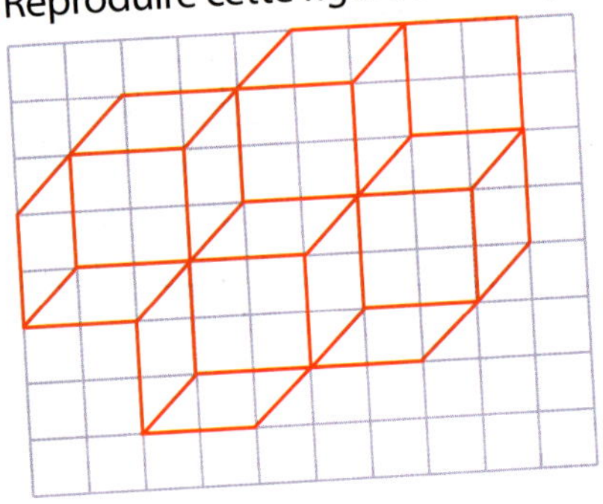

2. La figure ci-dessus est constituée des trois types de quadrilatères suivants :

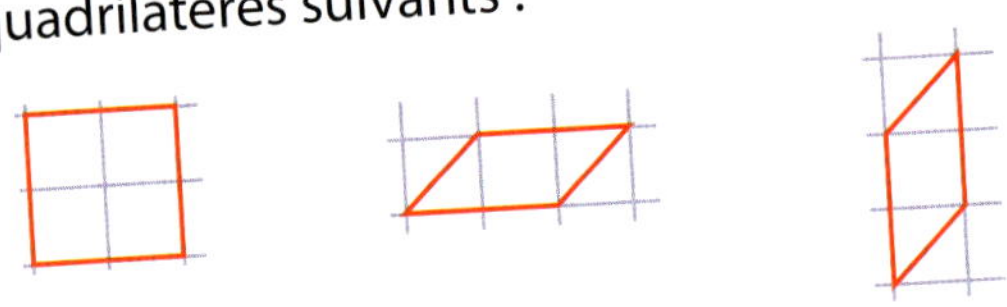

Colorier chaque quadrilatère du même type d'une même couleur sur la figure.

3. Combien voit-on de cubes représentés dans la figure ?

4. Tout le monde voit-il le même nombre de cubes ?

2

On estime qu'une goutte d'eau a un volume de 0,1 mL.

1. a) Si un robinet fuit et laisse passer une goutte d'eau toutes les quatre secondes, quel volume d'eau sera gaspillé en une année ?

b) Quel volume d'eau sera gaspillé en une année si le robinet laisse passer une goutte d'eau toutes les deux secondes ? toutes les secondes ?

c) Quel volume d'eau sera gaspillé en une année si le robinet laisse passer deux gouttes d'eau par seconde ?

2. Chercher le prix d'un mètre cube d'eau et en déduire, dans chacun des cas précédents, le coût de la fuite d'eau sur une année.

3

Un parallélépipède rectangle a pour dimensions 11 cm, 7 cm et 5 cm.

1. Représenter ce solide en perspective cavalière en prenant comme face avant la face de dimensions 11 cm et 7 cm.

2. Même question en prenant comme face avant la face de dimensions 11 cm et 5 cm.

3. Même question en prenant comme face avant la face de dimensions 7 cm et 5 cm.

4. a) Sur une feuille de format A4, faire un patron de ce solide.

b) Découper ce patron et construire le parallélépipède rectangle correspondant.

Du côté du site compagnon

Combien de patrons ?

Le cube a 11 patrons différents mais connais-tu le nombre de patrons différents du parallélépipède rectangle ?

Des unités de volume…

Le mètre cube et le litre sont des unités du système métrique international.
Mais certains pays utilisent d'autres unités pour exprimer des volumes ou des contenances.

Si tu veux en savoir plus sur le système métrique international, le « gallon », la « pinte » ou encore le « koku », rends-toi sur le site compagnon !

26 FICHES MÉTHODE

TICE

Ce livret illustre les **compétences techniques** utilisées dans les pages du manuel pour le tableur **Calc** de la suite **OpenOffice** et le logiciel de géométrie dynamique **Geogebra**. Ces deux logiciels sont libres et gratuitement téléchargeables ici :

OpenOffice :
http://fr.openoffice.org/

Geogebra :
http://www.geogebra.org/

Toutes les **compétences techniques** du livret sont illustrées par des vidéos disponibles sur le **site compagnon**.

Des **Fiches méthode écrites pour d'autres logiciels** sont également disponibles sur le **site compagnon**.

Tableur

Géométrie

Tableur

1 Saisir une formule dans une cellule

On cherche à calculer dans la cellule D3 la somme des deux nombres contenus dans les cellules B3 et C3.

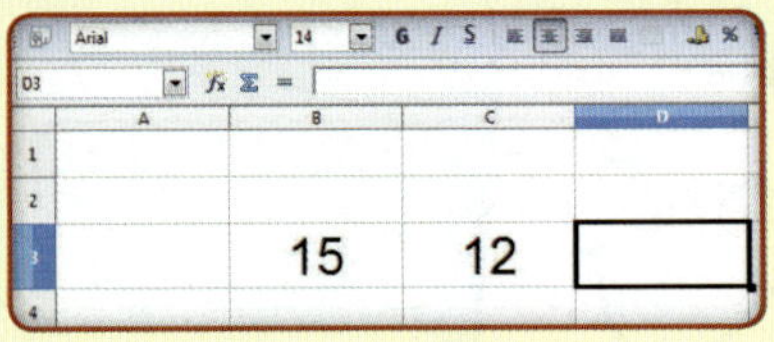

① Écrire un nombre en B3, un autre en C3.

Ici, on écrit 15 en B3 et 12 en C3.

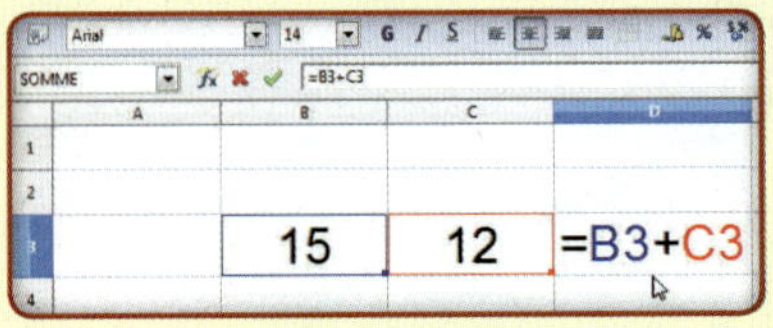

② Cliquer en D3 et écrire « = B3 + C3 ».

Le signe = est utilisé pour indiquer au tableur que l'on va saisir une formule.

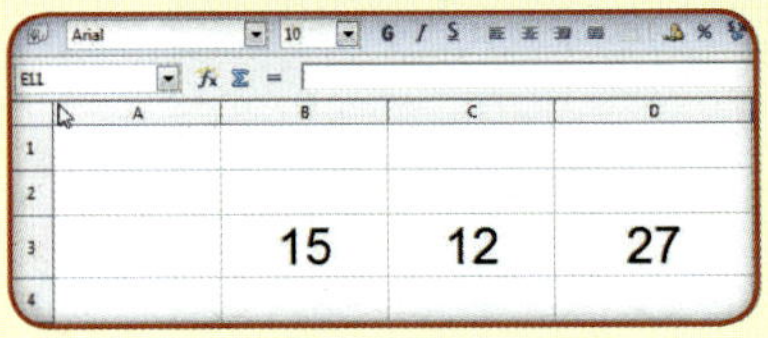

③ Valider la formule en appuyant sur la touche « entrée ».

Le tableur calcule la somme et affiche « 27 ».

Remarque : si l'on change une valeur dans une des deux cellules B3 ou C3, le tableur recalcule automatiquement la somme en D3.

On a entré ici « 33 » en B3 et le tableur calcule automatiquement la somme « 33 + 12 = 45 ».

2 Recopier une formule sur plusieurs cellules

Dans chaque cellule de la colonne C, on veut calculer le produit du contenu des cellules des colonnes A et B se trouvant sur la même ligne.

① En C1 écrire la première formule « = A1 * B1 ».

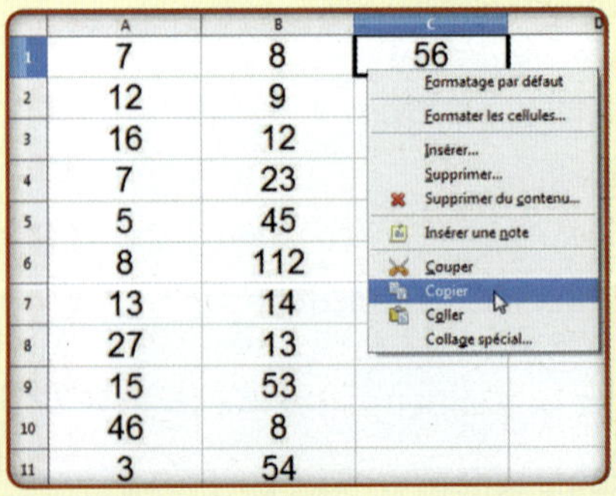

② Faire un clic-droit sur C1 et choisir « Copier ».

3 Sélectionner les cellules de la colonne C dans lesquelles on veut copier la formule.

4 Faire un clic-droit sur cette sélection et choisir « Coller ».

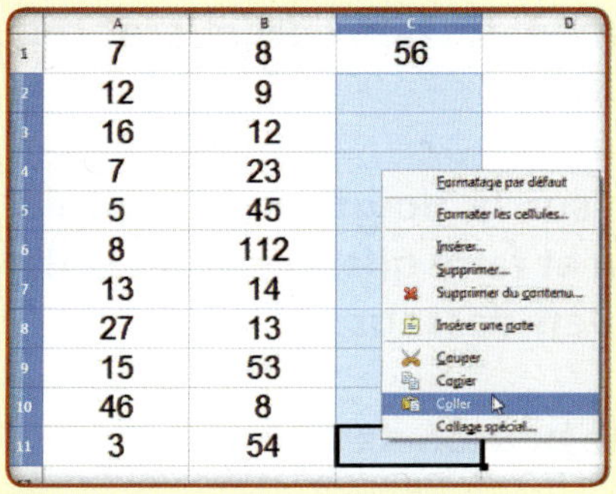

On obtient dans la colonne C le produit des cellules des colonnes A et B se trouvant sur la même ligne.

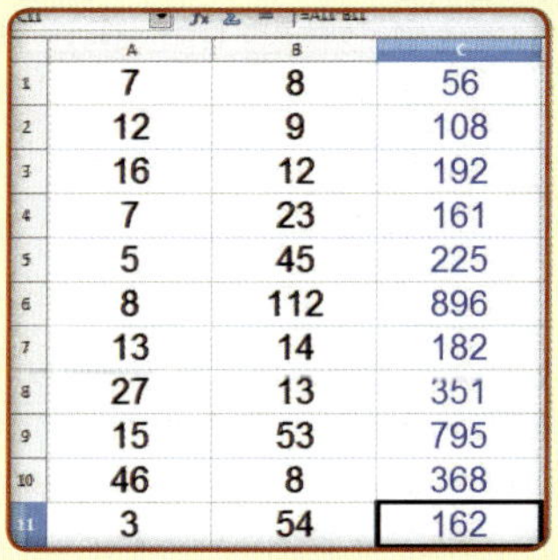

Autre méthode : on peut aussi copier une cellule sur d'autres qui sont sur la même ligne ou dans la même colonne en utilisant la poignée de recopie qui se trouve en bas à droite de chaque cellule ou sélection.

Il suffit alors de cliquer sur cette poignée et de la faire glisser pour sélectionner les cellules où l'on veut recopier la formule et de la lâcher lorsque la sélection est faite.

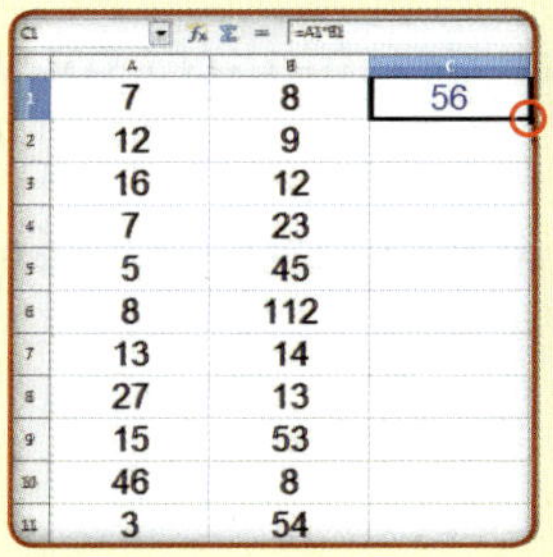

3 Créer une liste de nombres

Dans la colonne A, on cherche à créer une liste de nombres commençant par 10 et à intervalles réguliers, de 2 en 2 par exemple : 10, 12, 14, 16, 18, etc. sans avoir à les écrire tous.

1 **Dans les deux premières cellules de la colonne A, saisir les deux premiers nombres de la liste désirée.**

Ici, le premier (10), pour donner le point de départ et le second (12) pour donner l'écart entre les nombres de la liste (10 + 2 = 12).

② **Sélectionner les deux premières cellules de la colonne A.**

③ **Cliquer sur la poignée de recopie de cette sélection et faire glisser sur les cellules qui se trouvent en-dessous.**

④ **Lâcher le bouton de la souris.**

La liste de nombres désirée est alors créée.

On obtient une série de nombres, de 2 en 2, commençant par 10 et finissant par 28.

4 Créer un diagramme en bâtons, circulaire ou cartésien

On veut présenter des données sous forme de diagramme.

① **Sélectionner l'ensemble des données avec la souris.**

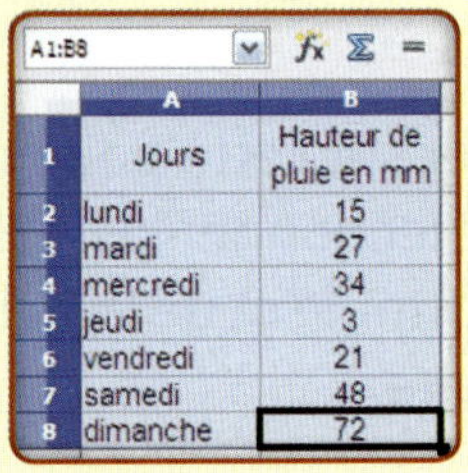

② **Dans le menu « Insertion », cliquer sur « Diagramme ».**

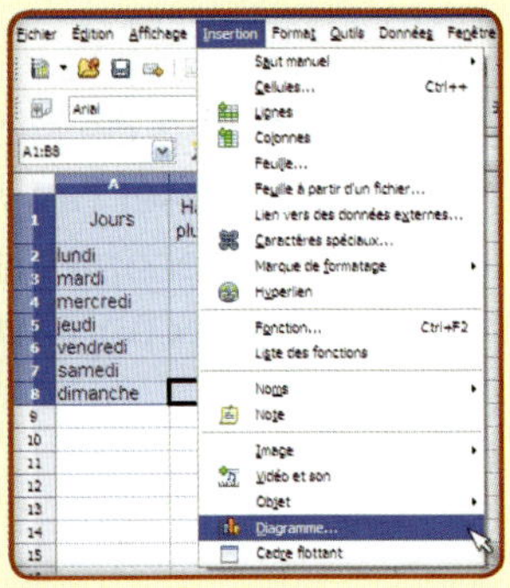

③ L'assistant de diagramme s'ouvre, il comporte quatre étapes.

ÉTAPE 1 : Choisir le type de diagramme souhaité parmi les trois proposés :

diagramme en bâtons

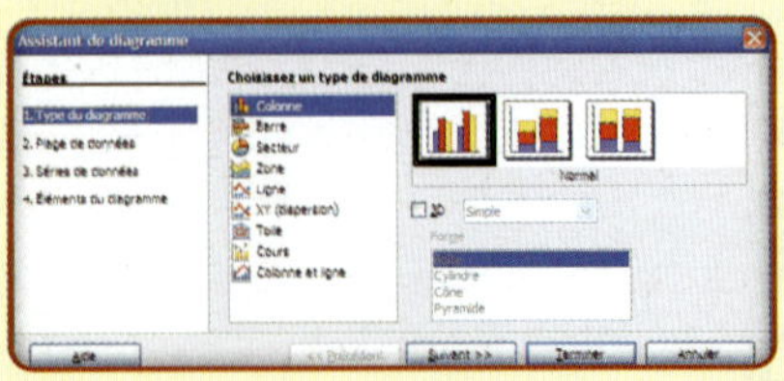

diagramme circulaire

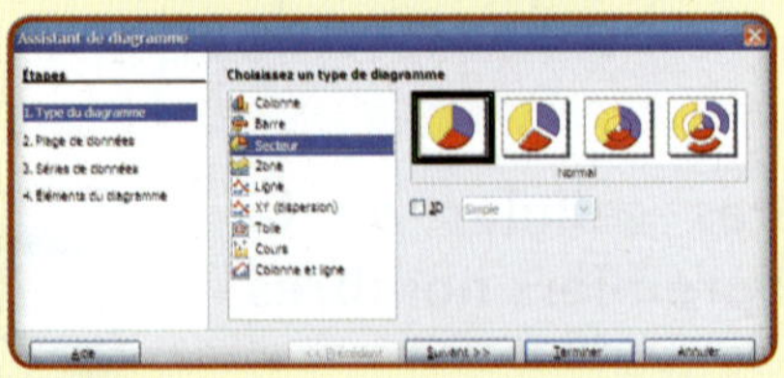

diagramme cartésien

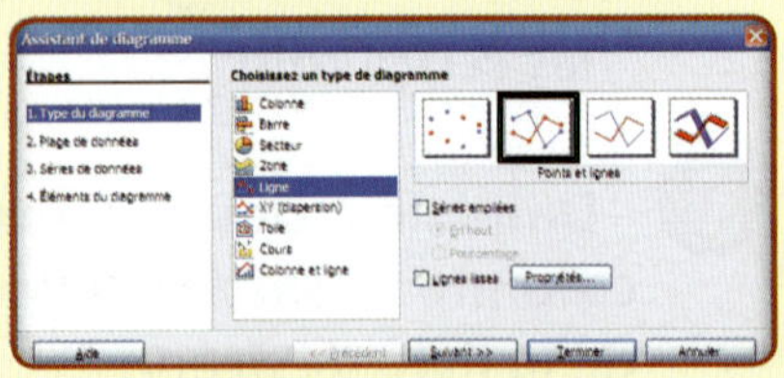

ÉTAPE 2 : Préciser trois éléments sur les données.

• **Où se trouve la plage de données ?** C'est là où se trouvent les données dans la feuille.

Ici, elles étaient sélectionnées avant de lancer l'assistant, cette ligne est déjà remplie.

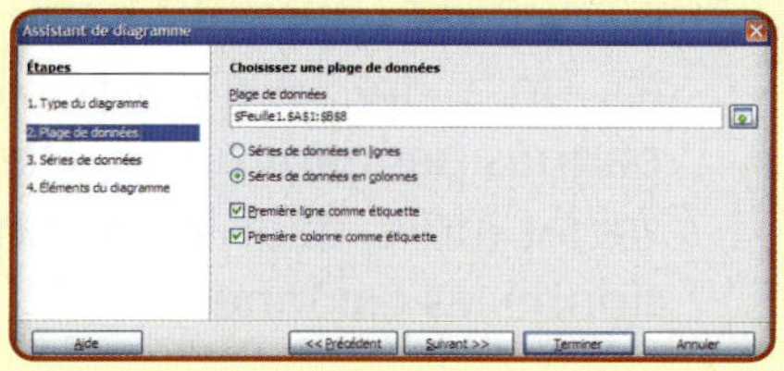

• **Comment sont organisées les séries de données ?** Il faut dire si les séries de données sont en ligne ou en colonnes.

Ici, la seule série de données est en colonne.

• **Où se situent les étiquettes de données ?** Les étiquettes de données peuvent se trouver dans la première ligne, la première colonne ou encore dans les deux.

Dans l'exemple, les étiquettes de données se trouvent dans la première ligne (Jours, Hauteur de pluie en mm) et aussi dans la première colonne (lundi, mardi, etc.)

ÉTAPE 3 : Indiquer les séries de données à représenter.

Ici, comme on a déjà sélectionné la plage de données au départ, le logiciel tente de déterminer les séries qu'il doit représenter. Si cela convient, on ne touche à rien dans cette étape et on passe à la suivante.

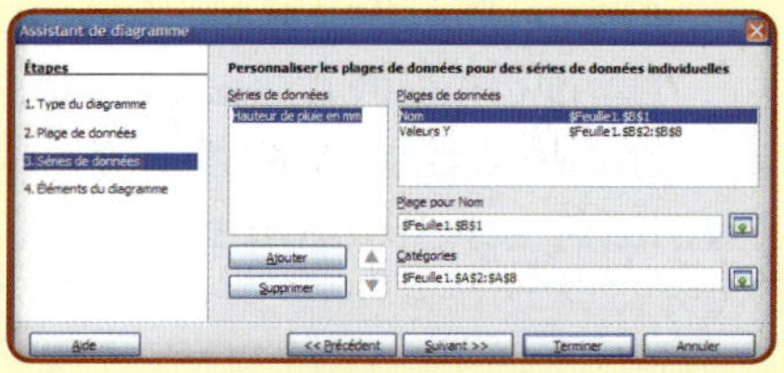

ÉTAPE 4 : Attribuer titres et légendes.

On peut donner un titre au diagramme ainsi qu'aux différents axes. On peut aussi afficher ou non une grille derrière le diagramme pour en faciliter la lecture.
Enfin, on peut choisir d'afficher ou non la légende.

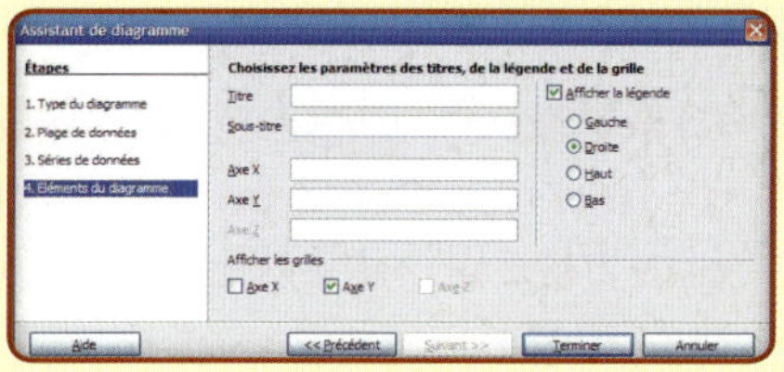

On obtient alors le diagramme demandé.

En bâtons

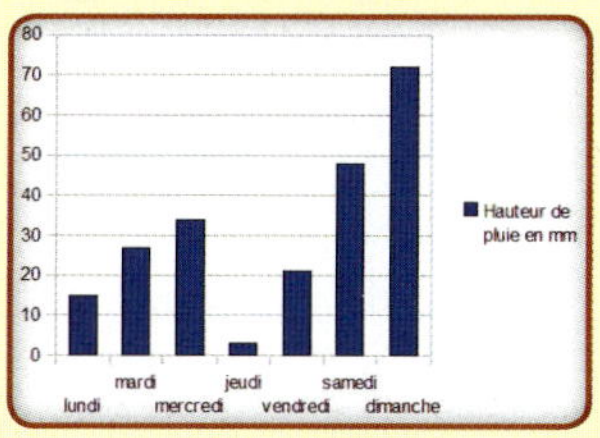

Circulaire

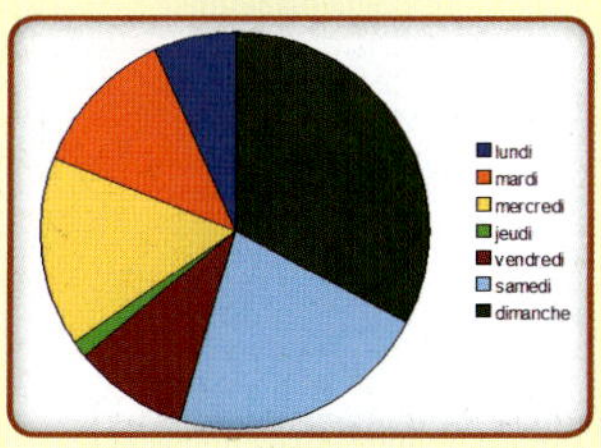

Cartésien

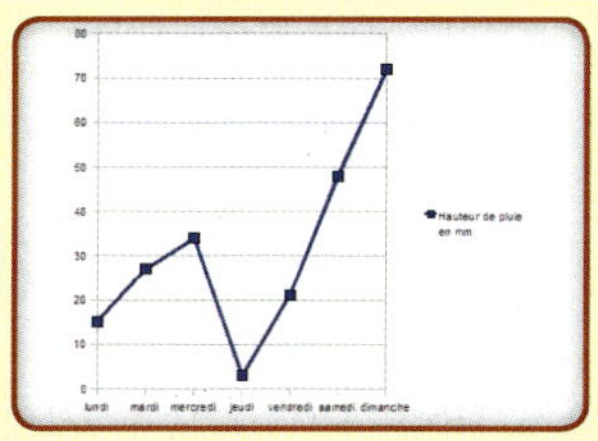

5 Trier une liste de nombres

Dans une colonne, on dispose d'une liste de nombres que l'on souhaite classer du plus petit au plus grand.

1 Sélectionner l'ensemble des données à trier.

Ici, on a dressé mois par mois la liste des salaires gagnés pendant un an. Dans la colonne A, on a rentré les mois ; dans la colonne B, les salaires. On sélectionne les colonnes A et B.

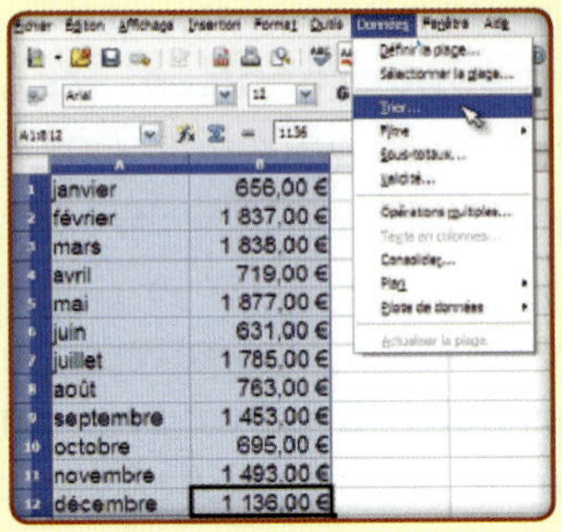

2 Dans le menu « Données », cliquer sur « Trier ».

3 Dans les « Critères de tri », choisir « Colonne B » et « Croissant ».

On va trier les mois par rapport à la somme gagnée dans chacun d'eux et dans l'ordre croissant (du plus petit au plus grand).

Valider en cliquant sur « OK ».

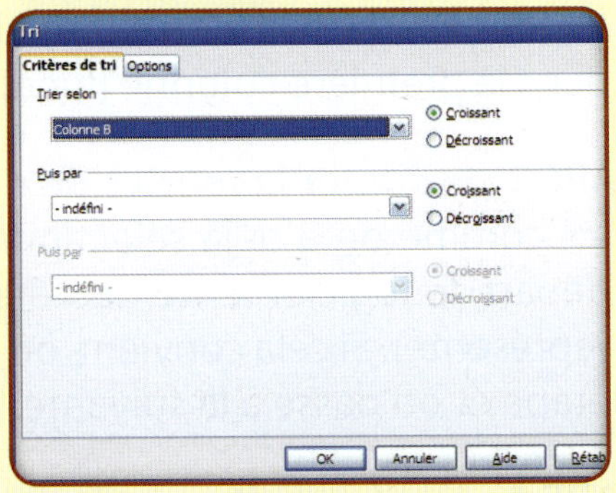

Grâce au tri, on peut facilement lire que c'est au mois de juin que l'on a gagné le moins d'argent (631 €) et que c'est au mois de mai que l'on en a gagné le plus (1 877 €).

	A	B
1	juin	631,00 €
2	janvier	656,00 €
3	octobre	695,00 €
4	avril	719,00 €
5	août	763,00 €
6	décembre	1 136,00 €
7	septembre	1 453,00 €
8	novembre	1 493,00 €
9	juillet	1 785,00 €
10	février	1 837,00 €
11	mars	1 838,00 €
12	mai	1 877,00 €

1 Déplacer un objet

1. **Cliquer sur le bouton « Déplacer ».**

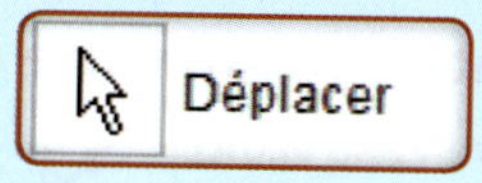

2. **Attraper l'objet à déplacer avec la souris.**

   Ici, on veut déplacer le point A du triangle ABC.

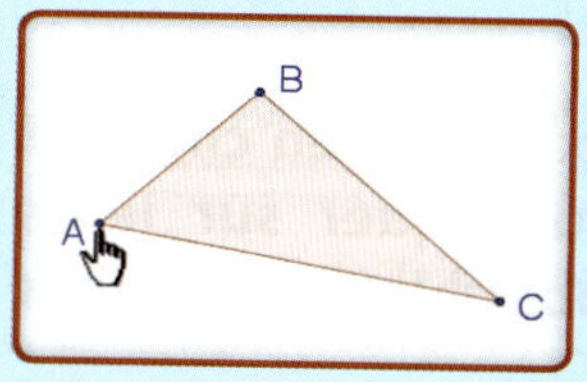

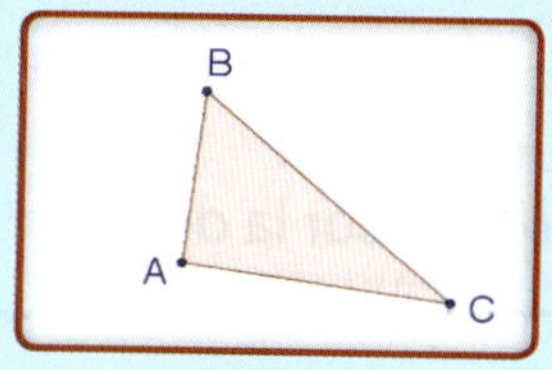

On peut ainsi rendre la figure dynamique.

2 Placer un nouveau point

1. **Cliquer sur le bouton « Nouveau point ».**

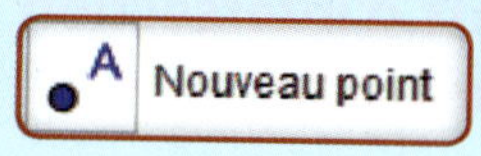

2. **Cliquer sur la feuille ou sur un objet déjà créé pour y placer ce nouveau point.**

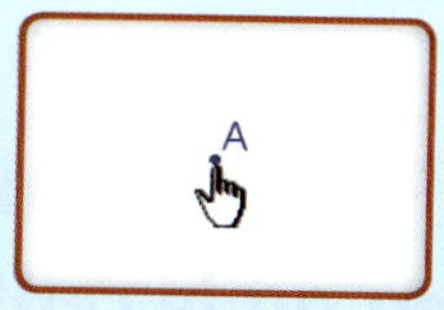

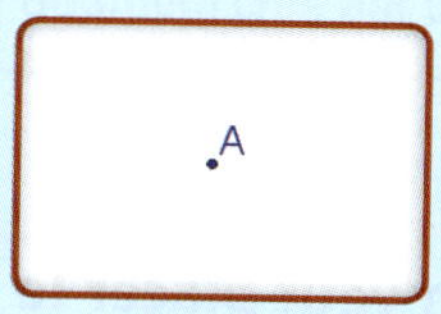

On obtient ainsi un nouveau point.

On a placé ici un point A.

Lexique

A

Abscisse, p. 13 : Nombre permettant de repérer un point sur une demi-droite graduée.

Aire (d'une figure), p. 209 : Mesure de la surface d'une figure.

Angle aigu, p. 161 : Angle de mesure inférieure à 90°.

Angle droit, p. 161 : Angle de mesure 90°.

Angle nul, p. 161 : Angle de mesure 0°.

Angle obtus, p. 161 : Angle de mesure comprise entre 90° et 180°.

Angle plat, p. 161 : Angle de mesure 180°.

Angles adjacents, p. 171 : Angles ayant le même sommet, un côté commun et situés de part et d'autre de ce côté commun.

Are, p. 209 : Un are est égal à un décamètre carré (1 a = 1 dam^2).

Axe de symétrie (d'une figure), p. 177 : Le symétrique d'une figure par rapport à son axe de symétrie est confondu avec la figure.

B

Base, p. 192 : Côté opposé au sommet principal dans un triangle isocèle.

Bissectrice, p. 161 : Droite partageant un angle en deux angles de même mesure.

C

Carré du rayon, p. 209 : Produit du rayon par lui-même.

Cercle, p. 142 : Ensemble de points situés à égale distance d'un même point (le centre du cercle).

Cercles concentriques, p. 154 : Cercles de même centre.

Circonférence (d'un cercle), p. 208 : Longueur du pourtour de ce cercle.

Coefficient de proportionnalité, p. 100 : Nombre qui permet, en multipliant, de passer de la première à la deuxième ligne d'un tableau de proportionnalité.

Comparer, p. 13 : Dire si deux nombres sont égaux ou si l'un est plus petit ou plus grand que l'autre.

Corde, p. 142 : Segment qui relie deux points d'un cercle.

Critère de divisibilité, p. 64 : Condition à remplir par un nombre pour qu'il soit divisible par un autre.

Cube, p. 224 : Pavé droit dont toutes les arêtes ont la même longueur.

D

Degré, p. 161 : Unité de mesure des angles.

Demi-droite, p. 140 : Partie d'une droite.

Une demi-droite est limitée par un point d'un côté et illimitée de l'autre.

Demi-droite graduée, p. 13 : Demi-droite possédant une origine et des graduations régulièrement espacées.

Dénominateur, p. 84 : Nombre qui se trouve «en bas» dans une écriture fractionnaire.

Diagramme circulaire, p. 117 : Représentation graphique sous forme de disque illustrant la répartition de plusieurs données.

Diagramme en bâtons, p. 116 : Représentation graphique sous forme de barres illustrant ou comparant des données.

Diamètre (d'un cercle), p. 142 : Segment qui relie deux points de ce cercle et qui passe par son centre. On appelle aussi « diamètre du cercle » la longueur de ce segment, c'est le double du rayon.

Différence, p. 32 : Résultat d'une soustraction.

Dividende, p. 64 : Nombre que l'on divise dans une division.

Diviseur, p. 64 : Nombre par lequel on divise dans une division.

Droite, p. 140 : Ligne droite passant par deux points.

Droites parallèles, p. 141 : Droites qui ne se coupent jamais.

Droites perpendiculaires, p. 141 : Droites qui se coupent en formant un angle droit.

Droites sécantes, p. 140 : Droites qui se coupent un point.

E

Encadrer, p. 13 : Trouver un nombre plus petit et un nombre plus grand qu'un nombre donné.

Équidistant, p. 177 : À la même distance.

F

Facteur, p. 48 : Nombre utilisé dans une multiplication.

Fraction, p. 84 : Écriture fractionnaire dont le numérateur et le dénominateur sont des nombres entiers.

G

Grandeurs proportionnelles, p. 100 : Grandeurs dont les valeurs de l'une s'obtiennent en multipliant les valeurs de l'autre par un nombre constant.

Graphique cartésien, p. 117 : Représentation graphique sous forme d'une courbe montrant l'évolution d'une grandeur en fonction d'une autre.

H

Hectare, p. 209 : Un hectare est égal à un hectomètre carré (1 ha = 1 hm^2).

Hypoténuse, p. 192 : Côté opposé à l'angle droit d'un triangle rectangle. C'est le côté le plus long d'un triangle rectangle.

I-L

Intercaler, p. 14 : Trouver un nombre compris entre deux autres.

Longueur d'un cercle, p. 208 : Longueur du pourtour de ce cercle.

M

Médiatrice (d'un segment), p. 141 : Droite perpendiculaire à ce segment en son milieu.

Mètre cube, p. 225 : Unité de mesure officielle des volumes.

Multiple (d'un nombre), p. 64 : Nombre faisant partie de la table de multiplication de ce nombre.

N-O

Numérateur, p. 84 : Nombre qui se trouve « en haut » dans une écriture fractionnaire.

Ordre de grandeur, p. 32 et p. 49 : Valeur approchée simple d'un nombre. On utilise notamment les ordres de grandeur pour se faire une idée du résultat d'un calcul.

P

Parallélépipède rectangle, p. 224 : Solide ayant six faces rectangulaires. On l'appelle aussi «pavé droit».

Patron, p. 224 : Dessin qui permet après découpage, pliage et collage de construire un solide de l'espace.

Périmètre, p. 208 : Longueur du pourtour d'une figure.

Perspective cavalière, p. 225 : Manière de représenter sur une feuille des solides de l'espace.

Pourcentage, p. 101 : Proportion d'une quantité par rapport à une autre exprimée à l'aide d'une écriture fractionnaire de dénominateur 100.

Produit, p. 48 : Résultat d'une multiplication.

Q-R

Quotient, p. 64 : Résultat d'une division.

Ranger, p. 14 : Classer des nombres du plus petit ou plus grand (ordre croissant) ou du plus grand au plus petit (ordre décroissant).

Rapporteur, p. 161 : Instrument de mesure des angles.

Rayon (d'un cercle), p. 142 : Segment qui relie un point de ce cercle à son centre. On appelle aussi « rayon du cercle » la longueur de ce segment.

Reste, p. 64 : Différence du dividende et du produit du diviseur par le quotient.

S

Segment, p. 140 : Partie d'une droite. Un segment est limité des deux côtés par deux points.

Somme, p. 32 : Résultat d'une addition.

Sommet principal d'un triangle isocèle, p. 192 : Sommet commun aux deux côtés de même longueur d'un triangle isocèle.

Symétrie axiale, p. 176 : Transformation qui fait correspondre à une figure une autre figure par pliage le long d'un axe.

Symétrique (d'une figure), p. 176 : Figure obtenue par pliage le long d'une droite d'une autre figure.

T

Tableau de données, p. 117 : Tableau permettant de présenter des renseignements chiffrés.

Tableau de proportionnalité, p. 101 : Tableau dans lequel on passe des valeurs de la première ligne à celles de la deuxième en multipliant toujours par un même nombre.

Terme, p. 32 : Nombre utilisé dans une addition ou une soustraction.

V

Valeur approchée, p. 14 et p. 65 : Valeur proche de la valeur exacte d'un nombre.

Valeur exacte, p. 65 : Valeur d'un nombre. Ce n'est pas une valeur approchée.

Corrigés des QCM « Pour s'évaluer »

Chapitre 1
Nombres entiers et décimaux
QCM p. 25

99 B — 100 D — 101 A, B et D — 102 B
103 C — 104 A — 105 D — 106 B et C
107 C — 108 B

Chapitre 2
Addition, soustraction
QCM p. 41

67 D — 68 A — 69 B — 70 B — 71 C
72 B — 73 A — 74 A — 75 D — 76 D

Chapitre 3
Multiplication
QCM p. 57

67 A — 68 B — 69 B — 70 A — 71 A
72 A — 73 D — 74 A et C — 75 D — 76 C

Chapitre 4
Division
QCM p. 73

62 C — 63 D — 64 B, C et D — 65 A et C
66 B et C — 67 A et D — 68 D — 69 B
70 B — 71 B

Chapitre 5
Écritures fractionnaires
QCM p. 93

60 B et D — 61 A, B, C et D — 62 B — 63 D
64 B et D — 65 A et D — 66 A et B — 67 D
68 A, C et D — 69 D

Chapitre 6
Proportionnalité
QCM p. 109

48 A — 49 B — 50 D — 51 C — 52 C
53 B — 54 B — 55 C — 56 A — 57 D

Chapitre 7
Organisation et représentation de données
QCM p. 127

31 A — 32 B — 33 B — 34 B — 35 C
36 B — 37 A — 38 C — 39 D — 40 C

Chapitre 8
Règle · Équerre · Compas
QCM p. 153

60 D — 61 C — 62 A, C et D — 63 B — 64 B
65 B — 66 B, C et D — 67 B — 68 B — 69 B

Chapitre 9
Rapporteur, angles
QCM p. 169

44 B et C — 45 B — 46 A — 47 C — 48 B
49 C — 50 B — 51 B et C — 52 B et D — 53 B

Chapitre 10
Symétrie axiale
QCM p. 185

44 B et C — 45 B — 46 B et D — 47 A et D — 48 C
49 C — 50 A et D — 51 B — 52 C — 53 B

Chapitre 11
Figures usuelles
QCM p. 201

43 B — 44 A — 45 A et C — 46 A, B et D
47 B, C et D — 48 A et C — 49 B, C et D
50 A et C — 51 A et D — 52 B

Chapitre 12
Périmètre et aire
QCM p. 217

71 C et D — 72 B et D — 73 B — 74 B — 75 C
76 B — 77 C — 78 C — 79 A et D — 80 C

Chapitre 13
Parallélépipède rectangle - Volume
QCM p. 233

50 A, C et D — 51 B et C — 52 C — 53 D
54 A, B et D — 55 A, C et D — 56 B
57 D — 58 B, C et D — 59 A et C

Crédits photos

9	BIS / British Museum, Londres / Archives Larbor
11	Presse Sports / Alain Mounic
20	Urba Images / G. Danger
27	Fotolia / Aurélien Pottier
28 ht	AFP / Philippe Huguen
28 bas	RMN / Martine Beck-Coppola
29	BIS / Ph. Bayle / Archives Nathan
40	Cosmos / David Parker / SPL
43	BIS / Coll. Archives Larbor
44	Sipa / Nivière
45	Los Alamos National Laboratory / LeRoy N. Sanchez
56	Frank Leslie's Illustrated Newspaper
59 g	Fotolia / Jérôme Labarbe
59 d	Fotolia / Marco Rullkötter
60	Fotolia / Victor Zastol'skiy
61	RMN / BPK, Berlin
81	Corbis / Larry Lee Photography
95 g	BIS / NASA / Archives Larbor
95 m g	BIS / NASA / Archives Larbor
95 m d	BIS / NASA / Archives Larbor
95 d	NASA / Johns Hopkins University / Applied Physics Laboratory / Carnegie Institution of Washington
96	Bridgeman-Giraudon
97	Fotolia / D. Leonis Caldicola
98	AFP / Daniel Garcia
111	Cosmos / Andrew Syred / SPL
112	Leemage / North Wind Pictures
130 ht	Collection Artedia / Philippe Chaix et Jean-Paul Morel

Édition : Béatrice Jovial-Vernet

Couverture : Fred Jély et Jean-Gabriel Jauze

Conception graphique : Fiat Lux

Illustrations : Jean-Gabriel Jauze

Recherche iconographique : Anne Mensior

Fabrication : Jean-Philippe Dore

Coordination artistique : Pierre Taillemite

Réalisation et schémas : Nord Compo

IMPRIM'VERT
Votre imprimeur agit pour l'environnement

Compogravure : Nord Compo
N° 10216840 - Dépôt légal : juin 2015
Imprimé en France par Clerc

Le site compagnon

Pour te connecter au site, il faut que tu tapes cette adresse :
www.bordas-myriade6e.fr

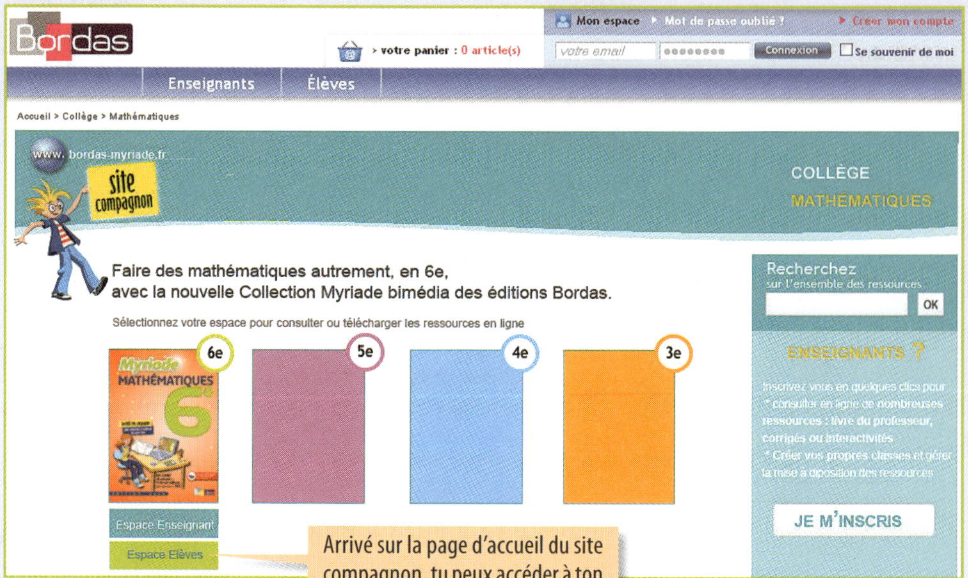

Arrivé sur la page d'accueil du site compagnon, tu peux accéder à ton espace élèves.

Ici, tu peux rentrer des mots clés (*par exemple* : cercle, fraction, addition) pour trouver toutes les informations qui contiennent ce mot.

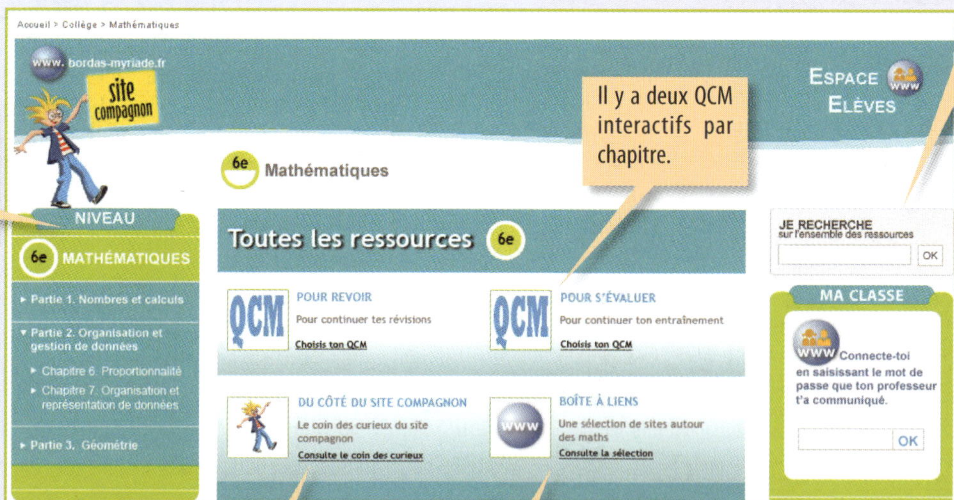

Dans cette colonne, tu peux choisir le chapitre.

Il y a deux QCM interactifs par chapitre.

Ici, tu trouveras les documents et les liens pour en savoir plus sur les thèmes traités dans les rubriques « Du côté du site compagnon » du manuel.

En ouvrant cette boîte, tu trouveras une sélection de sites concernant les mathématiques.

Tu trouveras dans cet espace réservé à ta classe des ressources déposées à ton intention par ton professeur (des animations, des fichiers informatiques, des vidéos...) ainsi que Géonima® (un logiciel qui te permettra de tracer des figures comme sur une feuille de papier).